DR. DR. RAINER
ZITELMANN

WENN DU NICHT MEHR BRENNST, STARTE NEU

MEIN LEBEN ALS HISTORIKER, JOURNALIST UND INVESTOR

FBV

Bibliografische Information der Deutschen Nationalbibliothek
Die Deutsche Nationalbibliothek verzeichnet diese Publikation in der Deutschen Nationalbibliografie.
Detaillierte bibliografische Daten sind im Internet über http://dnb.d-nb.de abrufbar.

Für Fragen und Anregungen:
info@finanzbuchverlag.de

2. erweiterte Auflage 2020

ein Imprint der Münchner Verlagsgruppe GmbH
Nymphenburger Straße 86
D-80636 München
Tel.: 089 651285-0
Fax: 089 652096

Redaktion: Ansgar Graw
Umschlaggestaltung: Marc-Torben Fischer
Coverfoto: Annyck Benth
Satz: inpunkt[w]o, Haiger (www.inpunktwo.de)
Druck: GGP Media GmbH, Pößneck
Printed in Germany

ISBN Print 978-3-95972-310-7
ISBN E-Book (PDF) 978-3-96092-570-5
ISBN E-Book (EPUB, Mobi) 978-3-96092-571-2

Inhalt

Vorwort von Dr. Hermann Otto Solms

Das Leben von Rainer Zitelmann ist das eines Reisenden. Das Leben eines Mannes, der nicht stehen bleibt, den es immer weiterzieht und der offen und neugierig ist für alles, was ihm auf dieser Reise begegnet. Dabei entwickelt er sich stets weiter und kennt zielstrebig nur eine Richtung – nämlich vorwärts.

Das erste Mal bin ich Rainer Zitelmann Anfang der 90er-Jahre begegnet. Ich war zu einem Redaktionsbesuch bei der »Welt« in Berlin. Dort arbeitete er zu dieser Zeit als Redakteur. Doch bei der Tätigkeit als Journalist sollte es nicht bleiben. Seine berufliche Reise sollte noch weitergehen.

In all den Jahren, die ich Rainer Zitelmann nun kenne, war er in zahlreichen unterschiedlichen Bereichen und Branchen tätig – sei es als Journalist, Historiker, Buchautor, Unternehmer oder Immobilienexperte. Doch ganz egal, was er in Angriff genommen oder wo er sich engagiert hat, er war immer sehr erfolgreich.

Das liegt zu einem Großteil daran, dass er immer offen für etwas Neues ist. Er verfügt über eine nicht enden wollende Neugier und Wissbegier. Auch scheut sich Rainer Zitelmann nicht davor, ganz neu zu starten. Im Gegenteil. Mehrmals in seinem Leben hat er einen beruflichen Neustart begonnen. Nicht aus Zwang, sondern aus Neugierde und aus Begeisterung. Beides Eigenschaften, die ihn ausmachen und gleichzeitig sehr starke Triebfedern in seinem Leben sind.

Diesen Mut und diese Entschlossenheit respektiere ich. Beispielsweise, dass er mit 59 Jahren die eigene Firma verkauft und noch einmal eine Doktorarbeit geschrieben hat. Das trauen sich nicht viele zu. Rainer Zitelmann schon. Er sticht aus der Masse heraus, schwimmt gerne gegen den Strom und kennt keine Selbstzweifel.

Wie in beruflicher Hinsicht, so begab sich Rainer Zitelmann auch politisch auf eine Reise. Diese Reise hatte viele Stationen, die zum Teil nicht unterschiedlicher sein konnten. Seine Neugier und sein Interesse an und für Politik begannen schon in jungen Jahren. Bereits als Junge las er den »Spiegel« und die »Frankfurter Rundschau«. Ganz außergewöhnlich ist, dass er als 8-Jähriger einen Schriftwechsel mit Willy Brandt hatte. Das können wahrlich nicht viele von sich behaupten – schon gar nicht in diesem Alter. Rainer Zitelmann hat Brandt nach der verlorenen Bundestagswahl im Herbst 1965 angeschrieben und eine Antwort samt persönlich signiertem Foto erhalten, das lange Zeit an der Wand seines Kinderzimmers hing.

Seine politische Reise ging vom ehemaligen SPD-Fan weiter in Richtung Kommunismus. Zitelmann gründete eine Rote Zelle und wurde Gefolgsmann der maoistischen KPD/ML. Als ich ihn kennenlernte, war er überraschenderweise bei der FDP angekommen und engagierte sich hier, seit Ende der 90er-Jahre vor allem mit Bezug auf Immobilien-Themen. Er moderierte Kongresse und gründete die FDP-nahe »Liberale Immobilienrunde e.V.«.

Mit all diesen Erfahrungen, die Rainer Zitelmann auf seiner Lebens-Reise gemacht hat, ist er stets ein kritischer Dialogpartner gewesen, dessen Kommentare zu Themen aus der Wirtschaft, der Politik und der Finanzwelt ich schätze. Er ist ein kluger Kopf, dem es immer gelingt, die Dinge auf den Punkt zu bringen und nicht selten auch den Finger in die Wunde zu legen.

Seine Autobiografie ist wie all seine Bücher kurzweilig geschrieben und dabei auch noch amüsanter Lesestoff, der interessante Einblicke in das ungewöhnlich bewegte und abwechslungsreiche Leben von Rainer Zitelmann gibt. Dieses Buch zeigt auch, wie spannend es sein kann, mehrmals im Leben ganz neu zu starten und sich in ganz andere Lebenswelten zu begeben. Rainer Zitelmann sieht darin Chancen. Er lässt sich nicht von äußeren Zwängen abhalten – und schon gar nicht aufhalten.

Ich bin fest davon überzeugt, dass die Reise von Rainer Zitelmann noch weitergehen wird. Dass er noch viele Neuanfänge vor sich hat und diese mit der für ihn typischen Freude und Begeisterung anpacken wird.

Wenn man bedenkt, dass sowohl seine Großeltern als auch seine Eltern bis ins hohe Alter hinein sehr aktiv waren, dann kann man sich vorstellen, wohin die Reise noch gehen wird. Rainer Zitelmann ist ein Mann, der noch viel vorhat – darauf bin ich gespannt.

Dr. Hermann Otto Solms
Vizepräsident des Deutschen Bundestages a.D.

Vorwort

Manche Autoren erklären zu Beginn ihrer Autobiografie, sie hätten lange mit sich gerungen und gezweifelt, ob es richtig sei, über ihr Leben zu schreiben. Und dann sei es dem Lektor eines Verlages, ihren Freunden und ihrer Frau mit vereinten Kräften doch noch gelungen, sie zu überreden, sich der Mühe zu unterziehen. Sie fügen dann bescheiden hinzu, vielleicht gebe es ja auch das eine oder andere, was nicht völlig uninteressant sei ... Ich habe diese Selbstzweifel nicht. Ich finde mein Leben unglaublich interessant, aufregend und vor allem ziemlich ungewöhnlich. Das reicht mir als Grund, um darüber zu berichten.

Von meiner Berufsausbildung her bin ich Historiker. Dessen Aufgabe ist es, wie Leopold von Ranke einmal formuliert hat, aufzuzeigen, »*wie es eigentlich gewesen*« ist. Um nichts anderes geht es in dieser Autobiografie. Ich will damit weder irgendjemanden belehren noch versuchen, mich selbst zu analysieren. Das zumindest war mein Vorsatz, als ich mit dem Schreiben begann. Später konnte ich es mir dann doch nicht verkneifen, hie und da selbstanalytische und auch einige »belehrende« Passagen einzuflechten.

Es kann große Freude machen, gegen den Strom zu schwimmen – aber man braucht viel Kraft und starke Nerven dafür. Und es ist aufregend, mehr als nur ein Leben zu führen. Seit ich 20 Jahre alt bin, bewundere ich Arnold Schwarzenegger, der mehrere Leben gelebt hat, als Bodybuilder, Geschäftsmann, Filmstar und Politiker. Das war und ist auch mein Lebenskonzept.

Das Modell, das früher vorherrschte, nämlich eine Ausbildung zu machen oder ein Fach zu studieren und dann das ganze Leben lang das Gleiche zu tun, hat eine Berechtigung, und es wird – entgegen anderen Voraussagen – auch in Zukunft Menschen geben, die einem solchen Weg folgen. Dagegen ist nichts einzuwenden. Wer aber darüber nachdenkt, aus gewohnten Pfaden auszubrechen, für den könnte dieses Buch eine Ermutigung sein. Die Schnelligkeit der Veränderungen in unserer Welt wird ohnehin immer mehr Menschen dazu zwingen, herauszufinden, ob in ihnen mehr als nur eine Begabung steckt.

Viele Bürger der neuen Bundesländer waren nach dem Zusammenbruch des Sozialismus zu einem beruflichen Neustart gezwungen. Manche haben darüber geklagt, andere haben darin eine große Chance gesehen und diese genutzt. Bei mir, einem Westdeutschen, war es anders: Ich habe nicht deshalb mit etwas Neuem begonnen, weil ich dazu gezwungen gewesen wäre, sondern weil ich neugierig war. Und weil ich irgendwann merkte, dass ich meinen Beruf zwar gerne ausübte, aber nicht mehr mit brennender Begeisterung. Das war für mich Grund genug, nach Neuem Ausschau zu halten. Nacheinander war ich Historiker, Cheflektor, leitender Journalist, Unternehmer und Investor. Alles, was ich unternahm, tat ich mit Freude und Begeisterung. Aber nichts davon wollte ich mein ganzes Leben lang tun.

Sie erfahren in diesem Buch unter anderem, wie ich

- eine Zeitungsanzeige mit 128 Worten formulierte und damit die politische Klasse (einschließlich Bundeskanzler Kohl) in helle Aufregung versetzte;

- als Cheflektor des Ullstein-Verlages und Ressortleiter der »Welt« die politische Linke herausforderte, bis mein Auto in Flammen aufging;

- dank der (teilweise geheimen) Unterstützung mächtiger Männer im Axel-Springer-Konzern überlebte, obwohl meine politischen Gegner mich vorübergehend ins Abseits gestellt hatten;

- von der Politik und Geschichte zur Immobilie kam und das führende Unternehmen für die PR-Beratung der Immobilienbranche aufbaute;

- mit einem anfänglichen Kontostand von minus 10.000 Mark in wenigen Jahren Millionär wurde;

- fast ohne Eigenmittel am Berliner Immobilienmarkt viele Millionen investierte und damit »unendliche« Renditen erzielte.

Ich verschweige aber auch nicht meine Dummheiten und Schwächen – vom exzessiven Hasch- und Alkoholmissbrauch bis zu Fehlern in der Menschenführung während meiner Zeit als Unternehmer. Ausführlich wird zudem meine Zeit als Gründer einer Roten Zelle und Gefolgsmann der maoistischen KPD/ML beschrieben.

Ein kluger Kopf, auf dessen Urteil ich sonst viel gebe, hat mir empfohlen, nicht so offen über meine Schwächen zu schreiben. Er hat mir zugleich nahegelegt, etwas bescheidener zu sein, wenn es um meine Erfolge geht. Ich bin weder dem einen noch dem anderen Rat gefolgt. Dies soll eine ehrliche Autobiografie sein, in der Sie als Leser mich so erleben, wie ich bin.

Schon früh habe ich fast alles aufbewahrt: von den Schülerzeitungen über die politischen Abhandlungen in meiner linken Periode bis zu den Unterlagen über meine Immobilieninvestitionen, mit denen ich in den vergangenen zwei Jahrzehnten vermögend wurde. Das war gut so, denn ich habe zwar ein sehr gutes Gedächtnis, weiß jedoch aus wissenschaftlichen Untersuchungen, wie stark dies Menschen täuschen kann, wenn es um ihre eigene Vergangenheit geht.

Es gibt Autobiografien, in denen die Autoren ausführlich von Erlebnissen in ihren ersten Lebensjahren (manche sogar vor ihrer Geburt!) berichten, obwohl wissenschaftlich bewiesen ist, dass es unmöglich ist, sich daran zu erinnern. Wer sich für das Thema interessiert, dem empfehle ich die faszinierenden Arbeiten der Gedächtnisforscherin Julia Shaw. Sie weist nach, dass die meisten Menschen ihre autobiografische Gedächtnisleistung massiv überschätzen und selbst felsenfest überzeugt sind, bestimmte Dinge hätten sich so zugetragen, die sich tatsächlich nie oder ganz anders ereignet haben. Daher stütze ich mich, anders als viele auf Erinnerungen basierende Autobiografien, in diesem Buch, so weit möglich, auf schriftliches Material. Und dies ist auch ein Grund, warum ich erst mit dem siebten bzw. achten Lebensjahr beginne. Nicht, weil ich nicht wüsste, dass frühkindliche Erfahrungen prägend sein können. Sondern weil ich weiß, dass unsere vermeintlichen Erinnerungen gerade an diese Zeit besonders anfällig für Fehler sind.

Ganz persönliche Dinge, die den Privatbereich anderer Menschen – etwa meiner Freundinnen oder Geschwister – berühren, lasse ich weg. Nicht, weil mir diese Menschen nicht wichtig wären. Im Gegenteil. Aber ich möchte deren Privatsphäre respektieren.

Das ist eine Zwischenbilanz. Ich denke, dass ich in 10 oder 20 Jahren noch mehr zu berichten haben werde. Meine Großmutter mütterlicherseits, Marie Hock, ist 106 Jahre alt geworden, mein Vater Arnulf Zitelmann hat mit 87 Jahren ein 1.200 Seiten starkes Buch geschrieben, meine Mutter Dietlinde Zitelmann mit 82 Jahren Kurse für Erwachsene in der Volkshochschule gegeben. Ich hoffe, ich habe gute Gene, und setze auf ein langes Leben. Ich habe noch viel vor.

Für diese erweiterte Neuauflage der zuerst 2017 erschienenen Autobiografie habe ich das Kapitel 16 hinzugefügt, in dem ich beschreibe, was nach dem Verkauf meiner Firma im Jahre 2016 geschehen ist. „Ich erobere die Welt" – diese Überschrift ist natürlich mit einem Augenzwinkern zu verstehen, aber Sie werden sehen, dass mein Lebensmotto auch im Alter von 62 Jahren unverändert geblieben ist: Setze dir größere Ziele!

Dr. Dr. Rainer Zitelmann, November 2019

Prolog

Drei Tage vor Heiligabend, am 21. Dezember 2015, war mein engster Mitarbeiter am Telefon. Ich wartete gerade vor der Gepäckkontrolle am Frankfurter Flughafen, so wie fast jede Woche. Und so wie seit 15 Jahren jeden Tag etwa zehn Mal telefonierte ich mit Holger Friedrichs, dem Leiter der PR-Abteilung meiner Firma »Dr. ZitelmannPB.«. Ich erzählte ihm eine gute Nachricht von einem Kunden, der seinen Vertrag um zwei Jahre verlängert hatte. Friedrichs ging gar nicht darauf ein, sondern erwiderte: »Ich habe auch eine Nachricht, aber eine schlechte. Ich gehe. Ende Januar bin ich weg.«

Das war ein Schock. Die geschäftliche Partnerschaft mit Holger Friedrichs hatte 15 Jahre gedauert. Und jetzt das. Völlig überraschend. Drei Tage vor Weihnachten. Aus heiterem Himmel. Meine Firma hatte im letzten Jahr viele gute Mitarbeiter verloren, vor allem durch meine Schuld. Ich hatte einige Fehler gemacht. Mich zu wenig um die Firma gekümmert, weil ich den rechten Spaß verloren hatte. Ich hatte mehr Freude daran, meine zweite Doktorarbeit zu schreiben. Und ich war immer schon ein schwieriger Chef, mit dem viele Mitarbeiter nicht zurechtkamen. Einer war mir immer treu geblieben und hatte Tag und Nacht für die Firma gearbeitet, als wäre es die eigene.

Und nun geht: *er*. Der Mitarbeiter, von dem fast alles abhängt! Was er konnte, konnte ich nie. Ein PR-Genie mit einer schlafwandlerischen Sicherheit für Presse- und Öffentlichkeitsarbeit. Am 1. Oktober 2001 hatte ich ihn eingestellt. Ich hatte meine Firma ein Jahr zuvor gegründet. Weil ich ein guter Verkäufer bin, war es mir gelungen, sieben Kunden zu gewinnen, mit denen ich startete.

Jeder zahlte 120.000 D-Mark im Jahr. Aber nach einem Jahr dämmerte es mir, dass ich eine Firma gegründet hatte, von der die Kunden mehr Kompetenz in der PR forderten, als ich selbst sie hatte. Ja, ich war vorher einige Jahre lang ein erfolgreicher und bekannter Journalist gewesen. Doch von PR verstand ich nur wenig, so wie übrigens die meisten Journalisten.

Damals bewarb sich eine junge Frau bei uns, die sich dann letztlich für einen anderen Job entschied. »Wenn Sie mir einen bringen, der was von PR versteht«, versprach ich ihr, »dann bekommen Sie 1.000 D-Mark Belohnung.« Sie brachte Friedrichs. Ich wusste sofort: Das war der richtige Mann. Mir gefiel seine Studienkombination – Philosophie und Chemie –, und er hatte vor allem mehrere Jahre PR-Erfahrung.

Friedrichs ist ein ruhiger Typ. Ganz das Gegenteil von mir. Der nur zehn Prozent von dem redet, was ich rede. Der wenig lacht – bzw. nur dann, wenn man dazusagt, dass man gerade einen Witz erzählt hat. Aber ein Mensch, dem man zu 100 Prozent vertrauen kann. Nur das und der große Fleiß – sowie eine gehörige Portion Selbstbewusstsein – verbinden uns beide. Jetzt stehe ich hier vor dem Gepäckband am Frankfurter Flughafen, und er sagt mir, dass er in wenigen Wochen weg sei. »Was wollen Sie machen?« Dazu wollte er nichts sagen.

Hatte ihn ein Kunde abgeworben? Würde er seine eigene PR-Firma aufmachen und vielleicht dabei einige Kunden und Mitarbeiter mitnehmen? Mehrere Kunden hatten sich sogar vertraglich zusichern lassen, dass sie sofort kündigen können, wenn Friedrichs die Firma verlassen sollte. Ich tippte spontan darauf, dass er sich selbstständig machen wollte. Diese Befürchtung hatte ich vor vielen Jahren manchmal gehabt, aber wenn das jemand über 15 Jahre nicht tut, rechnet man irgendwann nicht mehr damit. Vor allem, weil wir uns immer super verstanden haben – und bis heute super verstehen.

»Herr Friedrichs, wenn Sie schon gehen, dann bitte nicht sofort. Das geht auf keinen Fall. Sie wissen, in welcher schwierigen Situation die Firma ist. Das fliegt mir komplett um die Ohren.« Vielleicht war das ein wenig übertrieben, aber die Situation ohne Friedrichs wäre auf jeden Fall sehr schwierig geworden. Er war nicht zu erweichen: 31. Januar. Keinen Tag länger. »Dann bin ich weg.«

In einer solchen Situation kann man sehr unterschiedlich reagieren, zum Beispiel: »Warum passiert das *mir*? Was für eine Schweinerei! Wie undankbar ist der?! Lässt der mich von heute auf morgen im Stich …« Glücklicherweise habe ich nicht die Gewohnheit, so zu reagieren. Vor allem nicht, wenn es wirklich ernst wird. Dann überlege ich sofort: »Wofür könnte das Problem gut sein? Wie kann ich die Chance nutzen, die in dem Problem steckt?«

Zwei Minuten nachdem Friedrichs (ich sieze mich mit ihm wie mit allen Mitarbeitern und übrigens auch, bis auf vier oder fünf Ausnahmen, mit allen männlichen Freunden) mir eröffnet hatte, dass er geht, hörte ich mich sagen: »Was halten Sie davon, wenn ich Ihnen die Firma verkaufe?« Mir schoss dieser Gedanke spontan durch den Kopf, als ich mich zwang zu überlegen: »Wo könnte die Chance in diesem Problem liegen?« Ja, liegt darin nicht eine Riesenchance für mich? Eine solche Firma, die den eigenen Namen trägt und von der jeder glaubt, sie sei nicht viel wert ohne einen selbst, ist schwer zu verkaufen. Man kann sie höchstens an eine andere Firma verkaufen, die dann aber in der Regel von einem verlangt, dass man noch einige Jahre an Bord bleiben soll. Als Angestellter! Das wäre so für mich, wie wenn ich mich scheiden ließe, und der Richter sagen würde: »Bedingung ist aber, dass Sie weitere vier Jahre mit dieser Frau zusammenleben.« Viele Firmenchefs machen so etwas. Für mich wäre das nichts.

Und nun kündigt mein engster Mitarbeiter. Das könnte eine Chance sein … Zwei Tage nach dem Telefonat saßen Friedrichs und ich mit einem Wirtschaftsprüfer und zwei Steuerexperten zusammen, danach führten wir Gespräche mit den Banken. Diskutierten, wie man den Verkauf strukturieren und finanzieren könnte. Fünf Wochen später unterschrieben wir beim Notar den Kauf- und Übertragungsvertrag für 100 Prozent der Firmenanteile sowie eine Beratungs- und Kooperationsvereinbarung für die nächsten drei Jahre.

Ich habe die Firma zu einem vernünftigen Preis verkauft, aber es kam mir nicht darauf an, das Maximum rauszuholen. Mit Immobilien hatte ich genug Geld verdient. Jetzt ging es nicht um eine Million mehr oder weniger, sondern darum, sauber aus der Sache rauszukommen. Den Mitarbeitern eine Perspektive zu geben. Die Kunden nicht im Stich zu lassen. Meinem engsten Mitarbeiter, dem ich viel zu verdanken habe, eine Chance zu eröffnen. Der Firma eine Zukunftsperspektive zu hinterlassen. Und selbst ganz frei zu werden. Wäre mir der Verkauf nicht gelungen, hätte ich die Firma im schlimmsten Fall abwickeln müssen. 40 Mitarbeiter wären ohne Job gewesen.

Durch den Verkauf der Firma fühlte ich mich frei, befreit. Ich flog erst einmal für sieben Wochen nach New York, wo ich 2012 eine Wohnung gekauft hatte, die sonst vermietet ist. Nun wohnte ich selbst dort und verbrachte die Zeit ohne Plan und ohne Programm. Ich wollte erst einmal die neue Freiheit und den Sommer in Manhattan genießen.

Ich musste nicht mehr von Termin zu Termin. In den letzten 15 Jahren war jeder Tag verplant, meist schon zwei bis drei Monate im Voraus. Zum Abschied haben mir die Mitarbeiter ein kleines Buch geschenkt und ausgerechnet, dass ich 468.845,44 Flugmeilen geflogen und 129.142,94 Kilometer mit der Bahn gefahren bin. Um 136 Kunden zu gewinnen und zu betreuen, 22 in Hamburg, 13 in Frankfurt, 23 in München, fünf in Stuttgart, sieben in Düsseldorf, vier in Köln, drei in Bonn usw. Mir hat diese Arbeit eine Riesenfreude gemacht, so wie die anderen Dinge, die ich zuvor im Leben gemacht hatte – als Historiker, als Verlagslektor und als Journalist. Aber es war nun einmal nie mein Konzept, das ganze Leben über nur eine Sache zu tun.

Kapitel 1: Von der Galaktischen Zeitung zum Roten Banner

Wir waren vier Geschwister. Für jedes Kind hatte meine Mutter ein Album angelegt. Neben Fotos schrieb sie dort in kurzen Berichten auf, wie sie ihren Sohn und ihre drei Töchter erlebt hat. Für 1964, ich war damals sieben Jahre, findet sich ein Foto, wie ich an meiner ersten Schreibmaschine sitze, die ich mir zu Weihnachten gewünscht hatte. Seitdem sind nur wenige Tage in meinem Leben vergangen, an denen ich nicht an der Schreibmaschine oder – später dann – am PC gesessen hätte.

Meine Berufswünsche als Kind wechselten. Mit sieben Jahren wollte ich unbedingt Archäologe werden. Das war mein großer Traum. Damals waren wir in ein Neubaugebiet in der Frankfurter Nordweststadt gezogen. Da konnten wir überall aufsammeln, was wir »Römerscherben« nannten, also Bruchstücke aus Krügen und anderen Gefäßen. Ich sammelte alles: Münzen, eine Pfeilspitze, Teile von Tongefäßen – all das war mehr als 1.600 Jahre alt. Ich war oft den ganzen Tag mit den Archäologen zusammen und sah zu, wie sie beispielsweise einen Keller aus der Römerzeit freilegten. Dort wurden bedeutende Funde einer ehemaligen Siedlung der Römer gemacht.

Für das Frühjahr 1966, ich war acht Jahre alt, finden sich drei ungewöhnliche Bilder und Kommentare meiner Mutter in dem Album. Eines zeigt mich neben einer riesigen Fotocollage. Für die Collage hatte ich Fotos von bekannten deutschen Politikern aus Zeitungen und Zeitschriften ausgeschnitten und aufgeklebt. Ganz groß sieht man den für seine bissigen Zwischenrufe im Bundestag bekannten SPD-Politiker Herbert Wehner mit seiner markanten Pfeife. Meine Mutter überschrieb das Foto: »Das Interesse für Politik wächst«.

Daneben ein anderes Foto – wie ich als Achtjähriger im Grundgesetz lese: »Studium der Verfassung«, hatte meine Mutter dazugeschrieben, und: »Seit Beginn der Wahl Herbst 1965 wird die Archäologie beiseitegelegt, Rainer ist nur noch ›SPD-Politiker‹. Jede Zeitung, Spiegel, Nachrichten usw. sind wichtig, allen voran Willy Brandt ... Dein Zimmer hängt voller Bilder der Politiker, Rainer weiß darüber bestens Bescheid. Das Zimmer ist stets in guter Ordnung mit einem ›Bürotisch‹.«

Und dann schließlich ein ungewöhnliches Bild mit einem ungewöhnlichen Kommentar. Ich sitze in meinem Zimmer am Schreibtisch. Das Zimmer sieht nicht aus wie ein Kinderzimmer, sondern wie ein Büro. An der Wand hängt ein persönlich von Willy Brandt signiertes Foto. Und daneben schrieb meine Mutter: »Unser SPD-Abgeordneter in seinem ›Büro‹. Willy Brandt hochverehrt. Von ihm persönlich Brief + Bild erhalten.«

Kaum dass ich lesen gelernt hatte, las ich Magazine und Zeitungen wie den »Spiegel« und die »Frankfurter Rundschau«, die meine Eltern abonniert hatten. So wie andere Jungen die Fußball-Bundesliga verfolgten (die mich nicht im Geringsten interessierte), verfolgte ich gebannt jede Landtags- und Bundestagswahl. 1965 fieberte ich mit Brandt, dem Kanzlerkandidaten der SPD – er verlor. Warum ich mich so für Brandt begeisterte, kann ich nicht sagen. Er war ein charismatischer Politiker, und meine Eltern wählten SPD. Brandt wurde scharf von seinen konservativen Kritikern angegriffen – das machte ihn mir sympathisch.

Als Achtjähriger malte ich Hefte mit politischen Karikaturen und Zeichnungen. Die SPD und Brandt waren die Guten, die CDU und Ludwig Erhard die Bösen. Und die NPD-Leute malte ich mit Hakenkreuz. Vor allem finden sich in den Heften Entwürfe für die Wahlwerbung der SPD. »Man kann wieder wählen. Man wählt SPD«, lautete einer der Slogans, die ich aufzeichnete. Ob ich ihn mir selbst ausgedacht oder irgendwo aufgeschnappt hatte, weiß ich heute nicht mehr. Jedenfalls zeigte sich darin ein sehr frühes Interesse für Politik einerseits und Marketing andererseits. Beide Themen sollten mich mein Leben lang begleiten. Manche Zeichnungen waren sehr kindlich, z.B. »Erhard ist doof, Willy ist gut. Nur SPD«. Dazu eine Zeichnung von Erhard mit seiner Zigarre. Eine Zeichnung fertigte ich offenbar an nach dem enttäuschenden Ausgang der Wahl mit der tröstenden Prognose: »1969 wird Willy Brandt gewählt«.

Mein Vater und ich schickten die Hefte mit den Zeichnungen an Willy Brandt. Als ich diese Autobiografie schrieb, fand ich die Aufzeichnungen im Archiv der Friedrich-Ebert-Stiftung – zusammen mit der Korrespondenz. Brandt schrieb mir am 5. November 1965: »Über deine Aufzeichnungen aus der Zeit des Wahlkampfes habe ich mich sehr gefreut, vor allem auch darüber, dass ein Junge in deinem Alter schon so regen Anteil am politischen Leben nimmt.« Dazu schickte er mir eine signierte Autogrammkarte. Im Archiv fand sich ein Entwurf des Briefes (wahrscheinlich durch einen Referenten) mit persönlichen Änderungen von Brandt. Der Leiter des Archivs der Friedrich-Ebert-Stiftung schrieb mir dazu: »Da der Entwurf des Antwortschreibens handschriftliche Einarbeitungen von Willy Brandt trägt, können Sie getrost davon ausgehen, dass er die beiden Büchlein auch tatsächlich gesehen hat.« Mein handschriftlicher Antwortbrief fand sich ebenfalls noch nach über 50 Jahren im Archiv.

Dass mein Vater mich darin bestärkte, meine Kritzeleien dem SPD-Vorsitzenden zu schicken, ist nur eines von vielen Beispielen dafür, dass er und meine Mutter der Meinung waren, ich sei ein besonderes Kind mit besonderen Fähigkeiten. Als meine Mitarbeiter nach dem Verkauf meiner Firma mir ein Büchlein mit einer

Chronologie der vergangenen 15 Jahre als Abschiedsgeschenk machten, fand ich diese Anmerkung meiner Eltern darin: »Wir, deine Eltern aber, hielten den Atem an. Es existierte kein Ratgeber, der uns helfen konnte, mit einem überbegabten Kind in der Familie den normalbürgerlichen Alltag zu bestehen.«

Manche Psychologen kritisieren, wenn Eltern ihren Kindern immer wieder vermittelten, etwas ganz Besonderes zu sein, machten sie diese damit zu Narzissten. Vielleicht ist das tatsächlich so, aber manche Psychologen sind heute der Ansicht, eine kräftige Dosis Narzissmus sei keineswegs schädlich, sondern hilfreich. Ein hohes Selbstwertgefühl und die damit verbundene Überzeugung, etwas Besonderes zu sein, ist vielleicht die entscheidende Voraussetzung, um im Leben etwas Besonderes zu leisten.

Während im Alter von acht bis zehn Jahren bei mir die Politik im Vordergrund gestanden hatte, wechselte das – ebenso intensive – Interesse mit elf Jahren zum Thema Raumfahrt und Astronomie. Im Dezember 1968 startete die Apollo 8 zum Mond. Das erste Mal umkreisten drei Amerikaner den Mond, diesmal noch ohne auf ihm zu landen. Das faszinierte mich: Für mich gab es jetzt nur die Themen Astronomie und Raumfahrt. »Die Raumfahrt steht im Vordergrund«, schrieb meine Mutter in das Fotoalbum. Andere Jungen verkleideten sich zu Fastnacht als Indianer oder Cowboys. Ich wurde Astronaut. Damals gab es keine fertige Verkleidung für Astronauten zu kaufen. Meine Mutter nähte mir einen Raumanzug, mein Vater bastelte mir aus Styropor einen Astronautenhelm und sogar eine Strahlenpistole, wie ich sie in der der Science-Fiction-Fernsehserie »Raumpatrouille« über das Raumschiff Orion gesehen hatte.

Mit elf Jahren startete ich mein erstes Zeitungsprojekt, eine Zeitung über Raumfahrt und Astronomie. Meine Mutter schrieb 1968 in das Fotoalbum: »Eine Astronautenzeitung in eigener Herstellung zeigt Begabung für Druck, Schriftstellerei. Die Ausdauer bei Dingen, die interessieren, ist enorm. Fast ausschließliche Beschäftigung mit einem Interessengebiet über lange Zeit. Kritisch zur Umwelt, zu den Lehrern!«

Was meine Mutter schrieb, ist später in meinem Leben so geblieben: Die »fast ausschließliche Beschäftigung mit einem Interessengebiet über lange Zeit« ebenso wie eine kritische Haltung zur Umwelt und die Begabung für das Schreiben.

Das Projekt nannte ich »Galaktische Zeitung«. Ich habe noch einige dieser Ausgaben, etwa die aus dem Juni 1969, das war bereits die Nummer 30. Zu Weihnachten hatte ich mir eine Spiritus-Umdruckmaschine gewünscht. Damals gab es keine Fotokopiergeräte, wer etwas vervielfältigen wollte, schrieb auf sogenannten Matrizen, die mit einem Spiritusdrucker vervielfältigt wurden.

Ich war bei dieser Zeitung alles in einer Person: Herausgeber, Redakteur, Drucker und Vertrieb. Nur die Abbildungen ließ ich lieber von einem Freund zeichnen, weil ich das selbst nicht gut konnte. Später ließ ich auch einzelne Artikel von Freunden schreiben. Damals entdeckte ich zwei Dinge, die mir bis heute Freude machen: erstens das Schreiben und zweitens die Akquisition: Wahrscheinlich staunten die Ladenbesitzer nicht schlecht, als ein 11-jähriger Junge zu ihnen hereinspaziert kam und fragte: »Haben Sie Interesse an einer Anzeige in einer Schülerzeitung?«

In einer Ausgabe, in der ich ausführlich die erste Landung auf dem Mond beschrieb (Apollo 11 im Juli 1969), gab es beispielsweise die Anzeige eines Buchladens: »Bücher Korb Nordwestzentrum«. Ich hatte mir überlegt, was für den Ladenbesitzer und für die Leser meiner Zeitung interessant sein könnte, das waren Bücher über die Mondlandung und über Astronomie. Der Anzeigentext lautete: »Hier einige der vielen Mondbücher, die im BÜCHER KORB nordwestzentrum erhältlich sind: Flug zum Mond (Burda-Verlag) für nur 10 DM, Hallo Erde (Metzler) usw.«

In der Nr. 32 informierte ich: »Liebe Leser, heute wollen wir etwas über Anzeigen sagen. Eine Anzeige ist Reklame ... In dieser Zeitung kostet jede Zeile 20 Pfennige ... Man kann sich folgende Farben aussuchen: Violett, grün, schwarz, rot, blau. Eine Anzeige auf der ersten Seite ist nur bis zu einer Größe von 3 Zeilen möglich, sie kostet 5 Mal so viel wie normal.« Dann gab es noch ein Sonderangebot für größere Anzeigen.

In der Zeitung findet sich auch eine Eigenanzeige für den »Astronautik-Club«, den ich gegründet hatte. Jahrzehnte später berichtete mir Ronny Kohl, ein bekannter Finanzjournalist, er sei damals Mitglied in meinem Club gewesen, in dem wir unsere Begeisterung für die Weltraumfahrt teilten. Ich hatte den Ronny Kohl, dessen Artikel ich in »Euro am Sonntag« las, gar nicht mit dem Ronny aus meiner Kindheit zusammengebracht.

Eine Eigenanzeige warb in der Zeitung für einen neuen »Sammelband der Galaktischen Zeitung, 5-farbig«, den man mit Preisvorteil kaufen konnte. Außerdem überlegte ich mir, wie ich mit meiner Umdruckmaschine Geld verdienen könnte. Deshalb eine weitere Eigenanzeige: »Wir drucken alles, 50 Blätter in 5 Farben, alles inbegriffen, nur 1,50 DM. Rufe sofort an! Nach 1 Stunde ALLES GEDRUCKT! ES LOHNT SICH!« Ob jemand von diesem Angebot Gebrauch machte, weiß ich nicht mehr.

Ich verschlang viele Bücher über Astronomie, wusste auswendig alles über jeden Planeten in unserem Sonnensystem – wie viele Monde er hat, wie hoch die Schwerkraft dort ist, wie groß er im Durchmesser ist usw. Damals begann ich meine ersten kleinen Buchbesprechungen zu verfassen. Die erste fand ich in Nr. 30 der Galaktischen Zeitung, besprochen hatte ich ein Buch mit dem Titel »Raumfahrt – das große Abenteuer«. In der Nr. 32 besprach ich das Buch »Der Mond« aus der Reihe »Was ist was?«: »Das Buch endet mit den Worten: ›Die Welt, in der wir leben, die Erde ... ist schön, aber sie ist zu klein für den Menschengeist. Er wird nicht ruhen, bis er die Gestirne erreicht hat.‹« Später in meinem Leben würde ich viele Hundert Rezensionen schreiben, und heute habe ich ein eigenes Internetportal »Empfohlene Wirtschaftsbücher«, auf dem ich Buchbesprechungen veröffentliche.

1970, ich war damals 13, stand wieder die Politik im Vordergrund. Die Schülerzeitung, die ich jetzt herausgab, war schon professioneller hergestellt. Sie hieß »Yeah«, wurde im Offsetdruck produziert und auf der ersten Seite stand: »auflage 2000 Stück, preis: lehrer 1 dm. schüler 0,10 dm.« Die Zeitung entwickelte sich – so wie meine eigene Gesinnung – zunehmend nach links. Das war Ende der 60er- bzw. Anfang der 70er-Jahre nichts Ungewöhnliches, im Gegenteil. Die gesellschaftliche Atmosphäre war stark geprägt von der 68er-Bewegung. Ende der 60er-Jahre waren linke Studenten in deutschen Universitätsstädten auf die Straße gegangen. Sie demonstrierten gegen den Krieg in Vietnam, aber auch ganz generell gegen den Kapitalismus, gegen die »Konsumgesellschaft« und gegen »autoritäre Strukturen«. Heute wird diese Bewegung überwiegend positiv gesehen – ich teile diese Einschätzung nicht. Viele negative Veränderungen unserer Gesellschaft hatten ihren Ausgangspunkt in dieser Kulturrevolution von 1968. Das analysierte ich später in meinem Buch »Wohin treibt unsere Republik?«.

Auch meine Eltern waren links und an meiner Schule standen eigentlich alle mehr oder minder links, die Lehrer ebenso wie die Schüler. Es ging nicht darum, ob man links war, sondern zu welcher linken Fraktion man gehörte. Selbst die »Naturfreundejugend«, in der meine älteren Mitschüler engagiert waren, die die Zeitung »tumor« herausgaben, stand sehr, sehr weit links. Ungewöhnlich war allenfalls, dass ich schon mit 13 Jahren stark politisch engagiert war, denn die Mitschüler aus der Naturfreundejugend, mit denen ich viel Zeit verbrachte, gingen alle in die 12. oder 13. Klasse, während ich erst in der 8. Klasse war.

Die erste Seite meiner eigenen Zeitung »Yeah« vom November 1970 zeigte eine zum kommunistischen Gruß geballte Faust, die Geldscheine zerknüllte. Darunter stand: »Einen Finger kann man brechen, fünf Finger sind eine Faust! Vereint sind wir stärker!« Und in der Zeitung findet sich ein Artikel über die »Rote Zelle«, die ich an meiner Schule gegründet hatte.

Ich hatte vorher andere Schülerzeitungen herausgebracht, und es war mir gelungen, die Firma Neckermann als Anzeigenkunde zu gewinnen. Da war die Zeitung allerdings noch nicht so extrem links. Der Marketingchef von »Neckermann Nordwest-Zentrum« traute seinen Augen nicht, als er in der vierten Ausgabe von »Yeah« neben seiner Anzeige (»Einkaufen im Nordwest-Zentrum. Da gibt's nur eins: einkaufen bei Neckermann. Dem beliebten Familien-Kaufhaus«) ein Foto eines fetten Kapitalisten fand, der im Geld badete – mit der großen

Bildzeile: »Macht den Unternehmern Dampf – Klassenkampf.« Als ich ihm das Belegexemplar vorbeibrachte und nach der nächsten Anzeige fragte, meinte er: »Also das musst du verstehen, dass wir unter dieser Voraussetzung keine Anzeigen mehr schalten können. Auch Neckermann ist ja ein Unternehmen. Und wenn da zum Klassenkampf aufgerufen wird, nein, also das geht nun wirklich nicht mehr.«

Das verstand ich, hatte aber schon neue Finanzierungsmöglichkeiten gefunden. Es gab in Frankfurt mehrere linksradikale Buchhandlungen, so etwa das »libresso« oder die »Karl-Marx-Buchhandlung«. Ich marschierte als 13-Jähriger ins libresso, eine große Buchhandlung in bester Lage, direkt am Opernplatz. Heute befindet sich dort ein teures Restaurant. Damals hingen an den Wänden riesige Poster von Marx, Engels, Lenin, Stalin und Mao. Unter jedem Poster stand eine Parole, zum Beispiel: »Es lebe die Diktatur des Proletariats« (bei Stalin) oder »Dem Volke dienen« (bei Mao). »Haben Sie Interesse, eine revolutionäre Schülerzeitung mit einer Anzeige zu unterstützen?«, fragte ich den Besitzer der Buchhandlung. Beide Buchläden sagten zu.

Das war nicht selbstverständlich, denn die Leute, die hinter den Buchhandlungen standen, mochten sich überhaupt nicht. Bei der Karl-Marx-Buchhandlung waren das die Genossen vom »Revolutionären Kampf« – Daniel Cohn-Bendit, später Abgeordneter für die Grünen im Europaparlament, und Joschka Fischer, der spätere grüne Außenminister. Beim libresso war es die KPD/ML. Die rivalisierenden linksextremen Gruppen waren nicht so begeistert, dass eine Anzeige auch für die Buchhandlung der jeweils anderen Fraktion in meiner Zeitung erschien.

Ich war oft im libresso, denn die Buchhandlung war mit einem Café verbunden, in dem sich die ML-Szene traf. Bei einem der Besuche wunderte ich mich, warum an einem Regal ein Eispickel hing. Das war das Regal, in dem die trotzkistische Literatur lag. Daneben ein Zettel: »Die Trotzkisten sollen nicht vergessen, wie Trotzki umgekommen ist.« Das war makaber. Der russische Revolutionär Leo Trotzki war 1940 in seinem Exil in Mexiko von einem Agenten Stalins mit einem Eispickel ermordet worden. Die KPD/ML (Roter

Morgen), die hinter dem libresso stand und auf Stalin und Mao schwor, schloss sich 1986 übrigens absurderweise ausgerechnet mit der trotzkistischen »Gruppe Internationaler Marxisten« (GIM) zur »Vereinigten Sozialistischen Partei« (VSP) zusammen. Sie ging 1996 in der PDS auf, die heute »Die Linke« heißt.

Zurück ins Jahr 1970: Ich ging auf die Ernst-Reuter-Schule in der Frankfurter Nordweststadt. Das war eine der bekanntesten Schulen in Deutschland und mit 2.600 Schülern seinerzeit wohl auch die größte. Es gibt zu ihr sogar einen eigenen Wikipedia-Eintrag: »*Sie wird ausdrücklich als Modell- und Experimentalschule angesehen, die den neuen gesellschaftspolitischen Bedingungen dadurch gerecht werden soll, dass sie kritische Bürger einer neuen Gesellschaft erzieht. Als Modell- und Experimentalschule sollte sie zum Ausstrahlungspunkt für weitere Schulen im gesamten Bundesgebiet werden.*«

Wie erwähnt waren auf der Ernst-Reuter-Schule fast alle Lehrer sehr weit links. Der »rechteste« Lehrer, an den ich mich erinnern kann, gehörte der SPD an. Viele Lehrer waren Mitglied im »Sozialistischen Lehrerbund«. Es gab zwei Lehrer, die mich »entdeckt« hatten und darum wetteiferten, wer mich für seine Gruppe gewinnen könnte. Einer hieß Dieter Kraffert, er war Mitglied der maoistischen KPD/ML. Er hatte gerade ein Haus im Frankfurter Westend besetzt und schrieb in meiner Zeitung einen »Augenzeugenbericht von der Besetzung des Hauses Liebigstraße 20«.

Die andere Lehrerin, die sich bemühte, mich zu »agitieren«, war Mitglied der »Roten Panther« und Freundin des ehemaligen SDS-Chefs Karl Dietrich »KD« Wolff. Sie brachte mir die Publikationen des März-Verlages sowie des Rote-Stern-Verlages mit. Diese Verlage gaben einerseits Schriften der amerikanischen Black-Panther-Bewegung heraus, andererseits die Aufsätze und Reden des nordkoreanischen Diktators Kim Il Sung. Der Freund der Lehrerin hatte 1970 Nordkorea besucht und war begeistert zurückgekehrt.

Ich schloss mich zunächst keiner dieser Gruppen an, sondern gründete meinen eigenen Verein, die »Rote Zelle Ernst-Reuter-Schule«. Das erste Treffen der Roten Zelle fand am 4. Dezember 1970 statt – ich war ein halbes Jahr zuvor 13 Jahre alt geworden. Auf die Idee war ich gekommen, als ich eine Folge des konservativen »ZDF-Magazins« sah. Dieses Magazin wurde von 1969 an von einem glühenden Antikommunisten moderiert, Gerhard Löwenthal. Damals war er für uns das Feindbild. Mitte der 90er-Jahre sollte ich ihn persönlich kennen- und schätzen lernen, weil er einer der wenigen war, die nicht nur über die Unterdrückung im fernen Chile oder Südafrika berichteten, sondern auch über das Unrecht in der DDR.

Löwenthal hatte sich in einer seiner straff konservativen Sendungen heftig darüber erregt, dass sich überall an den Universitäten Rote Zellen gebildet hatten. Das gefiel mir. Rote Zelle. Das war offenbar etwas, worüber sich die Konservativen so richtig aufregten. »Wenn der Feind uns bekämpft, dann ist das gut und nicht schlecht«, war eines meiner Lieblingszitate aus der sogenannten Mao-Bibel – einem kleinen roten Büchlein mit den »Worten des Vorsitzenden Mao Tse-tung«.

Löwenthals Sendung war für mich der Auslöser, selbst eine Rote Zelle an meiner Schule zu gründen. Ich überzeugte Mitschüler, mitzumachen. Wir trafen uns jede Woche, und ich gab Schulungen über die Schriften von Mao. Ich wurde zum Sprecher der Sekundarstufe 1 gewählt – das waren alle Schüler bis zur 9. Klasse.

Mit meiner Roten Zelle stand ich in der gewählten Schülervertretung (SV) gegen die Anhänger der SDAJ, die Jugendorganisation der Moskau-treuen DKP. Wir schrieben allerdings D»K«P und »S«DAJ konsequent mit Anführungszeichen, weil diese aus unserer Sicht den Kommunismus längst verraten hatten. So wie Axel Springer in seinen Zeitungen »DDR« in Anführungszeichen setzte, um damit zum Ausdruck zu bringen, dass sie nicht demokratisch war. Einmal war sogar das Fernsehen bei uns in der Schule und interviewte mich über die Rote Zelle – und mir war es am wichtigsten, in dem kurzen Interview gegen die SDAJ zu wettern, gegen die ich Artikel in meiner Zeitung schrieb. So berichtete ich empört, dass die SDAJ-Schülergruppe einen Genossen rausgeworfen habe, nur weil er das DDR-System kritisierte.

Unsere Zeitung benannte ich um in »Rotes Banner«, sie war nun das »Organ der Roten Zelle Ernst-Reuter-Schule«. Einmal half uns ein sympathisierender Lehrer, der nachts heimlich in der Schuldruckerei unsere Zeitung druckte. Ansonsten finanzierte ich die Zeitung und die Rote Zelle durch die Anzeigen der linksextremen Buchläden. Andere Anzeigen, wie etwa die Werbung für eine Fahrschule in der Ausgabe 4/71, bekamen wir nur noch selten. Eine neue Methode der Finanzierung, die ich mir ausgedacht hatte, war der Verkauf von Broschüren, Büchern und Postern aus China.

Dazu muss man wissen: Es gab in Peking einen »Verlag für fremdsprachige Literatur«. Da erschien beispielsweise die »Peking Rundschau« in deutscher Sprache, die ich jede Woche las. Zudem druckten die Chinesen Bücher von Marx, Engels, Lenin, Stalin und Mao Tse-tung in deutscher Sprache. Und sie druckten große farbige Poster dieser »Klassiker des Marxismus/Leninismus«. Ich schrieb im Alter von 14 Jahren einen Brief nach Peking: »Liebe Genossen, seit einiger Zeit beziehe ich die Bücher und Poster aus eurem Verlag. Ich habe eine Bitte: Könnt ihr uns diese Bücher und Poster kostenlos schicken? Ich würde sie gerne an unserer Schule verkaufen, um die revolutionäre Schülerarbeit unserer Roten Zelle zu finanzieren. Mit sozialistischem Gruß. Rainer Zitelmann.« Die Antwort aus Peking war positiv. So hatte ich nach dem Wegfall der alten Anzeigenkunden (wie Neckermann) einen Weg gefunden, die Zeitung und die Aktivitäten der Roten Zelle zu finanzieren.

Was mit den Chinesen geklappt hatte, funktionierte auch mit den Vietnamesen. Ich bestellte Schriften der Nationalen Front für die Befreiung Südvietnams in deutscher Sprache und verkaufte sie über Anzeigen im »Roten Banner«. In einer Anzeige wird beispielsweise »Das Testament des Präsidenten Hô Chí Minh« für 50 Pfennige angeboten, ebenso eine Schrift über das Massaker von My Lai.

Ich besitze noch einige Ausgaben dieser Zeitung, und darin schrieb ich zum Beispiel über »Umweltverschmutzung«, »Hilfe für Indochina«, »Aktion Widerstand – ein Sammelbecken für Nazis« oder »Angela Davis: neues Opfer der US-Justiz«. Ein wichtiges Thema war der Vietnamkrieg: »Für den Profit der Reichen – geht Nixon über Leichen«, so überschrieb ich einen Artikel. In der gleichen Ausgabe veröffentlichte ich einen sehr kritischen Artikel über den »Sozialismus«

in Polen. »Sozialismus« hatte ich in Anführungszeichen gesetzt. Es ging um Arbeiterdemonstrationen in Polen. Die westliche Presse verzerre die Wahrheit, wenn sie behaupte, die Streiks richteten sich gegen den Sozialismus, denn den hätten die Regierenden in Polen längst verraten.

Daneben gab es Artikel, die sich sehr kritisch mit einzelnen Lehrern auseinandersetzten. Ich griff Lehrer scharf namentlich an, was für einiges Aufsehen sorgte. So hieß es in einem Artikel über »Die Methoden von H. Murmann« (Name geändert, R.Z.): »Er stellt Schüler in die Ecke, zieht sie an den Haaren, stößt ihre Köpfe aneinander, greift Schüler persönlich an und duldet keine Verteidigung.«

Als meine Eltern von Frankfurt nach Messel umzogen (ein Dorf in der Nähe von Darmstadt), gründete ich an der Schule gleich eine Niederlassung der Roten Zelle. Da war das Klima ein ganz anderes als an der Ernst-Reuter-Schule. In der Nr. 3/71 berichtete ich: »An der Georg-Büchner-Schule in Darmstadt darf das Rote Banner nicht mehr verkauft werden! Einige Schüler der Georg-Büchner-Schule hatten dort auf dem Schulgelände das Rote Banner verkauft. Die Verkäufer fanden die begeisterte Zustimmung der Schüler für unsere Zeitung: Innerhalb von 10 Minuten wurden über 30 Exemplare verkauft. Doch dann mussten wir aufhören. Eine Lehrerin erschien und beschlagnahmte ca. 15 Exemplare des Roten Banners und teilte uns mit, wir dürften diese Zeitung nicht mehr auf dem Schulgelände verkaufen ... Dieses Verbot wurde später auch noch offiziell vom Direktor, Herrn Born bestätigt.«

Der Direktor meinte, wir würden die Ordnung der Schule gefährden, das könne er nicht dulden. Dazu schrieb ich in dem Artikel: »Wir gefährden also die Ordnung an der Schule. Das geben wir zu! Wir sind gegen die herrschende Ordnung, die uns Schülern fast keine und den Lehrern fast alle Rechte gibt. Vorerst werden wir unsere Zeitung vor dem Schulgelände verkaufen.« Auch das half nichts. Kurz darauf hatte ich einen Termin bei dem Direktor, der mir rundheraus erklärte, entweder würde ich die Schule freiwillig verlassen, oder er werde dafür sorgen, dass ich von der Schule verwiesen werde. Ich ging.

Die nächste Schule, in der ich mich anmeldete, war das Victoria-Gymnasium in Darmstadt. Sofort gründete ich dort eine Rote Zelle. Ich habe noch die erste Ausgabe der »Roten Schülerpresse 1/72«, in der ich schrieb: »Am 9.11.72 hat sich an der Vico die Rote Zelle konstituiert.« Deren wichtigste Aufgabe sei der »Kampf gegen die bürgerliche Ideologie, wie sie täglich an den Schulen verbreitet wird«. Verantwortlich zeichnete ich allerdings nicht mehr selbst. Ich glaube nicht, dass mehr als eine Ausgabe dieser Zeitung erschienen ist. Denn ich hatte mich inzwischen entschieden, diese Aktivitäten einzustellen und mich einer der maoistischen Gruppen anzuschließen, die damals in Deutschland sehr aktiv waren.

Kapitel 2: Mao, Marx und Reich

Nachdem sich die 68er-Studentenbewegung zerstreut hatte, entstanden aus ihr zahlreiche linksradikale Gruppen, die alle gegen »Kapitalismus und Imperialismus« waren, sich untereinander jedoch aufs Schärfste bekämpften. Da gab es die Trotzkisten, die sich auf den russischen Revolutionär Leo Trotzki beriefen, da gab es sogenannte »Spontis« (einer von ihnen war der spätere Außenminister Joschka Fischer) und da gab es die Maoisten, die sich selbst »ML-Bewegung« (ML stand für Marxisten-Leninisten) nannten oder als K-Gruppen bezeichnet werden.

Viele spätere Politiker der Grünen gehörten diesen K-Gruppen an – so beispielsweise der spätere Umweltminister Jürgen Trittin, Baden-Württembergs Ministerpräsident Winfried Kretschmann und die Vizepräsidentin des Deutschen Bundestages Antje Vollmer. Auch bekannte konservativ-liberale Journalisten wie der frühere »Handelsblatt«-Chefredakteur Bernd Ziesemer oder Alan Posener (»Die Welt«) waren in ihrer Jugend in K-Gruppen aktiv.

1971 zählte das Bundesinnenministerium 250 linksextreme Organisationen mit 84.300 Mitgliedern. Diese Gruppen gaben 420 Publikationen mit einer Gesamtauflage in Millionenhöhe heraus. Gerd Koenen schreibt in seinem Buch »Das rote Jahrzehnt«, der organisierte Linksextremismus der 70er-Jahre werde heute erheblich unterschätzt und habe einen weitaus bedeutenderen Umfang gehabt als die 68er-Bewegung. Während das Kernpotenzial der 68er-Revolte bei maximal 20.000 Aktiven gelegen habe, seien in den 70er-Jahren 80.000 bis 100.000 Personen in den diversen linksrevolutionären und kommunistischen Gruppen organisiert gewesen.

Eine dieser Gruppen war die KPD/ML. Davon gab es sogar gleich mehrere. Ende 1968 in Hamburg gegründet, spaltete sie sich mehrfach. Da die Parteien den gleichen Namen trugen, wurden zur Unterscheidung in Klammern oft die Zeitungen hinzugefügt, die sie herausgaben. Die beiden »größten« Parteien waren die KPD/ML (Roter Morgen) – die angeblich in Frankfurt sogar mehr Mitglieder hatte als die FDP – und die KPD/ML (Rote Fahne).

Bei der KPD/ML (Rote Fahne) war Dieter Kraffert engagiert, einer meiner Lehrer von der Ernst-Reuter-Schule. Bevor ich nach Darmstadt zog, gab er mir einen Zettel mit einer Adresse der Partei in Darmstadt. Da sollte ich mich melden. Ich trat mit 14 Jahren dem Jugendverband der Partei bei, dem KJVD (Kommunistischer Jugendverband Deutschlands). Richtiges Mitglied konnte man da allerdings nur schwer werden, wenn man zur »falschen Klasse« gehörte. Das heißt: Wer Arbeiter war, wurde leicht aufgenommen, »kleinbürgerliche Intellektuelle« wie ich (die allerdings die Mehrheit stellten) hatten es schwerer. Wir waren formal nur Sympathisanten, auch wenn wir jeden Tag für die Organisation tätig waren und Funktionen innehatten. Mich dieser Gruppe anzuschließen, war mit mehreren Opfern verbunden. Das erste Opfer waren meine langen Haare. Lange Haare wurden nicht geduldet. Die seien ein Zeichen kleinbürgerlicher Dekadenz. In der Partei der Arbeiterklasse musste der Haarschnitt »proletarisch« sein, also kurz. Wollte ich dazugehören, dann blieb mir nichts anderes übrig, als zuerst einmal den schweren Gang zum Friseur zu gehen.

Das Zweite, was ich opfern musste, war die Rote Zelle. Die Genossen der KPD/ML erklärten mir, es sei halt nun einmal in der derzeitigen Phase der Revolutionsvorbereitung nicht wichtig, »kleinbürgerliche Intellektuelle« zu gewinnen, wie sie an Gymnasien anzutreffen seien. Vielmehr müsse man das Proletariat, also die Arbeiter überzeugen (wir nannten das damals: »agitieren«). Viele

Arbeiter gab es zwar nicht in der Partei, aber genau dies sollte geändert werden. Schließlich kämpften wir im Sinne von Marx, Lenin und Stalin für die »Diktatur des Proletariats«.

Für mich hieß das konkret: keine Rote Zelle mehr, sondern morgens in aller Frühe aufstehen und vor Beginn der Schule an den Fabriktoren die »Rote Fahne« und den »Kampf der Arbeiterjugend« verkaufen. »Kampf der Arbeiterjugend« hieß die Zeitung unserer Jugendorganisation. In Darmstadt war der Hauptsitz der großen Pharmafirma Merck. Und so fand ich mich als 14-Jähriger vor den Betriebstoren von Merck, verteilte dort unsere Betriebszeitung (»Der rote Merckarbeiter«) und verkaufte die »Rote Fahne«. Ziel war es, Adressen von Arbeitern einzusammeln, die man für die Betriebszelle gewinnen sollte.

Weil ich gut formulieren konnte, verfasste ich jetzt regelmäßig Flugblätter für den KJVD, in denen ich aus unserer Sicht politische Ereignisse kommentierte. Ich besitze beispielsweise noch ein Flugblatt, in dem ich ausführlich den Ausgang der Bundestagswahl 1972 analysierte. Sarkastisch endete das Flugblatt: »Das einzig Begrüßenswerte finden wir, dass beide große Parteien vor der Wahl erklärten, sie würden Steuererhöhungen durchführen: Hut ab vor dieser Offenheit.«

Für einen Jugendlichen von 14 oder 15 Jahren war das alles recht aufregend. Wir trafen uns nachts, um Parolen wie »Weg mit dem KPD-Verbot!« an Hauswände und Fabriktore zu sprühen. Einmal lief ich vor der Polizei davon, rannte gegen eine Parkbank und musste ins Krankenhaus, um mir mein Knie punktieren zu lassen. In der Nacht verbuddelten wir Parteiunterlagen im Wald, weil wir befürchteten, man werde unsere Partei verbieten. Bei den Sitzungen sprachen wir uns aus konspirativen Gründen nicht mit unseren wirklichen Namen an. Wir befürchteten immer, der Verfassungsschutz könnte uns abhören. Ich glaube, mein Tarnname war Dieter. Fast jeden Abend hatten wir Sitzungen, vor allem Schulungen. Wer sich einer dieser Gruppen verschrieben hatte, der fand eigentlich für nichts anderes mehr Zeit. Entsprechend vernachlässigte ich die Schule.

Immer wieder gingen wir auf Demonstrationen, bundesweit. Disziplin war dabei in jeder Hinsicht großgeschrieben. Die Maoisten erkannte man daran, dass sie – ganz anders als etwa die linken Sponti-Demonstranten – nicht nur alle kurze Haare hatten, sondern diszipliniert in Reihen mit einer bestimmten Anzahl von Demonstranten marschierten. Dabei sangen wir kommunistische Kampflieder (die ich heute noch auswendig kann) und skandierten Parolen wie etwa: »Wir werden kämpfen, wir werden siegen, der Kapitalismus muss unterliegen.« Ich habe gehört, bei der Demonstration einer K-Gruppe hätten sich die Studenten alle »Blaumänner« angezogen, damit man sie für echte Proletarier halte. Da die jedoch alle neu waren, wirkte das eher lächerlich und trug bestimmt nicht dazu bei, Arbeiter für die revolutionäre Sache zu gewinnen.

Meine Eltern waren entsetzt, als ich im August 1972 an einer Demonstration der KPD/ML bei den Olympischen Spielen in München teilnehmen wollte. Sie verboten mir das, aber ich verließ nachts heimlich das Haus und fuhr mit meinen Genossen nach München. Unter der Parole »Straße frei für die Kommunistische Partei« versuchten einige der Demonstranten gewaltsam die Bannmeile zu durchbrechen. Glücklicherweise musste ich da nicht mitmachen; das war einigen Genossen vorbehalten, die Schutzkleidung und Helme trugen. Ja, ich kam damals viel herum als Demonstrationsreisender.

In der Freizeit arbeitete ich unbezahlt in der Druckerei unserer Partei in Darmstadt. Dort wurden die »Rote Fahne« und der »Kampf der Arbeiterjugend« gedruckt, aber auch all die anderen Publikationen, die ich jeden Tag las. Da gab es etwa den »Kommunistischen Nachrichtendienst«, der mehrfach in der Woche erschien und die Weltereignisse aus Sicht der maoistischen Ideologie interpretierte. Es gab ein theoretisches Organ, »Der Bolschewik«, daneben den »Jungen Bolschewik« und vieles andere mehr. Wir druckten beispielsweise die 13 Bände der Gesammelten Werke von Josef W. Stalin nach, die in den 50er-Jahren in der DDR erschienen waren. Es war das erste Mal im Leben, dass ich arbeitete – aber kostenlos, für die Partei. Wir gingen Blut spenden oder verkauften

Sachen auf dem Flohmarkt, um Geld für die revolutionäre Sache, also für unsere Partei, einzunehmen. Manche Genossen gingen in den Ferien sogar nach Albanien, um dort zu arbeiten und beim Aufbau des Sozialismus zu helfen. Den Frauen wurde vorher erklärt, sie dürften auf keinen Fall Röcke tragen, weil sich das im sozialistischen Albanien nicht gehörte.

Ich war in den Ferien in einem Jugendlager des KJVD. Da wurden wir zwei Wochen lang geschult, lasen gemeinsam die Schriften von Marx, Engels, Stalin und Mao. Zum Teil spielten sich absurde Szenen ab. Wir schliefen alle in einem Saal, und einer hörte nachts noch Beethoven, was einen anderen störte, der schlafen wollte. Der Beethoven-Hörer hatte irgendein Lenin-Zitat über Beethoven parat. Darauf erwiderte der andere mit einem Zitat des bulgarischen Kommunistenführers Georgi Dimitroff, dass man sich die Zeit richtig einteilen sollte. Schließlich flog statt einem Argument einer der dicken braunen Lenin-Bände durch die Luft.

Eines Abends hatten wir alle zu viel getrunken. Prompt fingen wir an, Witze über unsere eigene Parteizeitung zu machen. Dort waren Arbeiter mit schwieligen (und viel zu großen) Fäusten oder bedrohlichen Hämmern in der Hand abgebildet, mit entschlossenem, revolutionärem Blick. Oft waren die Fäuste größer als der Kopf, worüber wir uns nach ein paar Bieren lustig machten. Die Zeichnungen stammten, wie vieles in unserer Partei, aus der von uns bewunderten stalinistischen KPD der 20er-Jahre. Wir machten Witze darüber, weil diese Abbildungen so gar nicht in unsere Zeit passten und recht kurios wirkten.

Am nächsten Tag gab es eine sehr ernste Besprechung. Es war eigens jemand vom Zentralbüro unserer Partei angereist, um nach dem Rechten zu sehen. Er habe gehört, einige Genossen seien offenbar »ideologisch nicht richtig gefestigt« und hätten »kleinbürgerlich-intellektualistische Standpunkte« vertreten. Unseren Hinweis, dass wir erstens besoffen waren und es zweitens nur um diese Zeichnungen gegangen sei, ließ der Führungsgenosse nicht gelten. Er belehrte uns, was wir da kritisiert hätten, sei nichts anderes als der »proletarische Pinselstrich«. Das habe ich mir gemerkt.

An einem Nachmittag ging ich mit einem älteren Genossen spazieren. Ich bemerkte, es sei doch eigentlich traurig, dass wir hier im Kapitalismus geboren wären und nicht etwa im sozialistischen China und Albanien. Mein Genosse meinte darauf: »Wenn du im Sozialismus geboren wärst, dann wärst du bestimmt für den Kapitalismus.« Er hatte gespürt, dass ich zu den Menschen gehöre, die immer gegen den Strom schwimmen.

Meine Bemerkung über China und Albanien mutet aus heutiger Sicht absurd an: Wie konnte sich ein intelligenter, junger Mensch wünschen, in einer Diktatur in ärmlichen Lebensverhältnissen aufzuwachsen statt in einem freien Land mit einem hohen Lebensstandard? Wahrscheinlich waren China und Albanien einfach nur Projektionsflächen für unsere idealistischen Utopien von einer vermeintlich besseren Welt. Eigentlich wussten wir nicht so viel über China und Albanien, sondern nur das, was wir in der »Peking Rundschau« oder in der Zeitschrift »China im Bild« lasen. Oder das, was wir in »Radio Tirana« hörten.

Ich weiß noch genau, wie ich nachts um 23 Uhr diesen Radiosender hörte, der in 23 Sprachen seine revolutionären Botschaften verbreitete. Die Sendung begann mit der kommunistischen Fanfare »Die Internationale«, dann meldete sich der Sprecher: »Hier ist Tirana. Hier ist Tirana. Mit einer Sendung in deutscher Sprache«. Es gab regelmäßige Erfolgsberichte, etwa unter der Überschrift »Die marxistisch-leninistische Weltbewegung wächst und erstarkt«.

Unsere Feindbilder waren klar. Eigentlich waren alle unsere Feinde, außer den Chinesen, den Albanern und den Nordkoreanern. Die »US-Imperialisten« und alle kapitalistischen Länder waren sowieso unsere Feinde. Zu den Feinden gehörten auch die Sowjetunion, die kommunistischen Ostblockstaaten und die DDR. Sie hätten, so unsere Überzeugung, die kommunistischen Ideale längst verraten. Absurderweise glaubten wir, zur Zeit von Stalin sei es den Arbeitern in der Sowjetunion besser gegangen. Als nach dessen Tod Nikita Chruschtschow die Entstalinisierung einleitete, sei dies der Beginn der kapitalistischen Entartung gewesen.

Junge Menschen sind oft sehr idealistisch. Es gibt ja den Ausspruch, wer mit 20 kein Sozialist sei, habe kein Herz, und wer mit 30 noch einer sei, keinen Verstand. Aber was bringt junge Menschen, die in Freiheit und Wohlstand aufwachsen, dazu, für die »Diktatur des Proletariats« zu kämpfen? Und was bringt sie dazu, einen Massenmörder wie Stalin zu verherrlichen?

Bei mir persönlich spielte ein gutes Stück pubertärer Rebellion mit. Mein Vater war links. Er hatte mit den 68ern gegen den Vietnamkrieg protestiert. Er war evangelischer Pfarrer und hatte eine »Basisbibel« geschrieben, die die Bibel links auslegte. Um gegen einen solchen Vater zu rebellieren, hätte ich entweder ganz rechts werden müssen, oder ... Ja, oder: Ich hängte ein Riesenplakat des Diktators Stalin in meinem Kinderzimmer auf. Darunter stand: »Es lebe die Diktatur des Proletariats!« Das gefiel meinen Eltern ganz und gar nicht.

Aber was wussten die schon? Ich sah mich ihnen – und eigentlich fast allen anderen Mitmenschen – als überlegen an, weil ich all die wichtigen Bücher der Klassiker des Marxismus-Leninismus gelesen hatte. Die anderen, so meine Überzeugung, hatten das »falsche Bewusstsein«, waren von den bürgerlichen Medien hoffnungslos manipuliert. Ich las mehr als die anderen Parteimitglieder. Es gab keine der wichtigen Schriften von Marx, Engels, Lenin, Stalin und Mao, die ich nicht intensiv studiert hätte. Ich habe heute noch in einem Ordner die Zusammenfassungen, die ich über Bücher wie »Was tun?« von Lenin oder Friedrich Engels' »Anti-Dühring« für mich anfertigte. Bald schon galt ich – obwohl erst 15 Jahre alt – als Theoretiker, der bestens Bescheid wusste über Marxismus und Leninismus, politische Ökonomie, dialektischen und historischen Materialismus und überhaupt über die revolutionäre Theorie.

So war ich dafür auserkoren, die Schulungen für Studenten durchzuführen, die in Dieburg (einer Stadt in der Nähe von Darmstadt) auf die Fachhochschule der Post gingen und mit unserer Partei »sympathisierten«. Richtige Mitglieder durften sie ja nicht werden, weil sie eben das Pech hatten, dass sie nicht Arbeiter waren, sondern »kleinbürgerliche Intellektuelle«.

Die Studenten – so zwischen 20 und 30 Jahre alt – wunderten sich, als sie das erste Mal ihren Schulungsleiter sahen, der selbst noch Schüler und erst 15 Jahre alt war. Ich war mächtig stolz, und es gefiel mir, mein Wissen zu demonstrieren. Dieses Wissen führte jedoch dazu, dass ich mehr kritische Fragen in der Partei stellte als die weniger belesenen Genossen. Das wurde nicht gerne gesehen. Man warf mir immer wieder vor, ich habe zwar ein großes theoretisches Wissen, sei aber noch nicht richtig »ideologisch gefestigt«. Ideologisch gefestigt war der, der keine kritischen Fragen stellte.

Ende 1972 geriet die Partei in eine große innere Krise. Ein Zeichen der inneren Auflösung war, dass eine massive parteiinterne Diskussion entbrannte – so etwas hatte es vorher nie gegeben. Ich empfand das als befreiend, weil mir schon länger viele Dinge nicht gefallen hatten. Ich verfasste ein Papier, das am 19. Februar 1973 in einer großen Dokumentation zur »Parteidiskussion« veröffentlicht wurde. Dort schrieb ich: »Man wirkt planlos, ziellos, mit falschen oder überhaupt keinen Theorien über den westdeutschen Imperialismus und falschen Parolen.« Ich kritisierte einen »Dogmatismus, sind wir doch bestrebt, die Erfahrungen der KPen anderer Länder in gewisser Weise schematisch und dogmatisch auf unsere Situation zu übertragen«. Vor allem plädierte ich für mehr theoretische Analysen: »Wer kann z.B. aus dem KJVD Darmstadt die Dollarkrise richtig einschätzen? Außer allgemeiner Phraseologie, dass es im Imperialismus immer wieder zu Krisen kommt ...« Das war wohlgemerkt noch keineswegs eine Abwendung von der ML-Ideologie, aber ich hatte zunehmend Zweifel, ob das, was wir taten, wirklich sinnvoll sei.

So ging es vielen in der Partei, und die KPD/ML löste sich bald – wie die meisten anderen ML-Gruppen – in zahlreiche Splittergruppen auf. Ich tat mich mit einigen wenigen Genossen aus Darmstadt zusammen, und wir verfassten im April 1973 ein Papier, in dem wir die Meinung vertraten, bevor wir weiter revolutionär arbeiten, müssten wir stärker an der revolutionären Theorie arbeiten und auf der Basis von Marx die Verhältnisse in der Bundesrepublik besser analysieren, um daraus eine revolutionäre Strategie zu entwickeln.

Im Frühjahr 1973 schloss ich mich einer der vielen Splittergruppen an, die aus der KPD/ML (allerdings nicht aus »meiner«, sondern aus der Rote-Morgen-Gruppe) entstanden war, den »Frankfurter Marxisten-Leninisten«. Im Mai 1973 fuhr ich mit den Genossen von der FML zur Demonstration gegen das sowjetische Staatsoberhaupt Leonid Breschnew, der Deutschland besuchte. Die Demonstration am 19. Mai in Dortmund, von verschiedenen ML-Gruppen (vor allem von der KPD/AO) vorbereitet, wurde verboten. Es gab zahlreiche Verhaftungen. Die Sowjetunion, die wir als »sozialimperialistisch« bezeichneten, war für uns der Hauptfeind.

Meine wichtigste Aufgabe bei den FML war es, ausführliche Analysen über die anderen ML-Gruppen und deren Strategie anzufertigen. Ich war mit meinen Eltern und Geschwistern im Sommerurlaub, saß jedoch von morgens bis abends an der Schreibmaschine, um diese sehr umfangreichen Analysen über andere Gruppen anzufertigen. Wir wollten in Abgrenzung zu diesen Gruppen eine eigene Strategie entwickeln.

Bei den FML herrschte eine noch striktere und rigidere Disziplin, und jeder, der nur leicht abweichende Meinungen vertrat, wurde schnell als Trotzkist oder Ähnliches diffamiert, auch wenn der Abweichler mit Trotzkismus absolut nichts zu tun hatte. Ich trat aus dieser Gruppe nach nur einem Dreivierteljahr wieder aus und begründete das am 29. Dezember 1973 in einem Papier »Zur Kritik der FML«: »In dogmatischer Weise werden konkrete Schlussfolgerungen der chinesischen und albanischen Genossen heruntergebetet.« Ich kritisierte meine Genossen der FML: »Sie haben weiterhin nicht begriffen, dass es unsere Aufgabe nicht sein kann, die jüngsten Parteitagsberichte (aus China und Albanien) einfach abzuschreiben, sondern dass wir sie selbstständig überprüfen müssen.« Um das zu bekräftigen, zitierte ich Mao: »Worauf auch der Kommunist stößt, er muss stets fragen: ›Warum‹. Er muss seinen eigenen Kopf gebrauchen und es von A bis Z durchdenken, er muss überlegen, ob es der Realität entspricht und wirklich wohlbegründet ist.« Die Genossen reagierten richtig sauer, es kamen mehrere führende FMLer ins Haus meiner Eltern, wo ich ja noch wohnte. Sie verlangten die sofortige Herausgabe aller Unterlagen der Gruppe, womit ich kein Problem hatte.

Ich tat mich mit einigen Freunden zusammen, und wir entschlossen uns, »Das Kapital« von Karl Marx gründlich zu studieren. »Das Kapital« war ein schwerer Brocken. Drei dickleibige Bände, die nicht einfach geschrieben waren. Ich fasste alle Bände auf Hunderten Seiten zusammen, und wir diskutierten das gemeinsam in unseren Kapital-Schulungen. Allein zu dem ersten Kapitel des ersten Bandes, in dem es um die Werttheorie ging, las ich Dutzende Werke der Sekundärliteratur, darunter kritische Bücher, so von dem österreichischen Nationalökonomen Eugen Böhm-Bawerk. Ich schrieb in der Schule lange Referate. Ich habe noch alle in einem Ordner zu Hause. Eines dieser Referate umfasste 24 Seiten im engen Zeilenabstand und handelte von der Marx'schen Werttheorie. Ob meine Lehrer das wirklich verstanden, weiß ich nicht.

Denn wir fingen an, in einer Sprache zu sprechen und zu schreiben, die außer uns Wissenden niemand verstand. Eines meiner Lieblingsbücher zur Interpretation des »Kapitals« hieß »Zur Logik des Kapitals«. Das Buch war in einem Stil geschrieben, der an jenen des deutschen Philosophen Georg Wilhelm Friedrich Hegel angelehnt war. Das las sich beispielsweise so: »Marx konstatiert die Funktionalisierung des Sinnlich-Konkreten zur Darstellungsform des Abstrakt-Allgemeinen nicht als naturhaftes Resultat der Organisation der Empirie durch die autonome, abstrakte Kapitallogik, sondern kann durch die Rückführung der Formbestimmtheiten des Abstrakt-Allgemeinen auf gesellschaftliche Beziehungen der Menschen die Formbestimmtheiten reiner Kapitallogik als Ausdruck und Träger gesellschaftlicher Verhältnisse erkennen.«

Ein Freund von mir schrieb seinen Deutschaufsatz im gleichen Stil und erhielt dafür eine 5, weil die Lehrerin nichts verstand. In einer solchen Sprache zu sprechen, verlieh uns das Gefühl, Teil einer Elite zu sein, die über Einsichten verfügte, die der Masse – und das waren eigentlich alle außer uns Marx-Spezialisten – verwehrt blieben.

Und dann kam eine Zeit, in der ich auf einmal von all der Politik, von Marxismus, Leninismus, Revolution nichts mehr wissen wollte.

Ich hatte über Jahre all das vernachlässigt, was andere Kinder und Jugendliche in meinem Alter taten: in Diskos gehen, auf Konzerte, mit Freunden Zeit verbringen, Drogen ausprobieren, erste sexuelle Erfahrungen sammeln. Für nichts davon hatte ich Zeit gehabt. Ich war, wie es später eine Klassenkameradin formulierte, »die Revolution in Person«.

In der 11. und 12. Klasse gehörte ich zu den besten Schülern und hatte in den meisten Fächern eine 1 oder 2. Meine Leistungskurse waren Mathematik und Biologie, mein Wahlpflichtfach Physik. Nicht gerade typisch für jemanden, der später Geschichte und Politik studieren würde. Wahrscheinlich hing das mit meinem familiären Hintergrund zusammen: Der Vater meiner Mutter, Lothar Hock, war ein bekannter Professor für physikalische Chemie, und in diesem Familienzweig waren alle eher naturwissenschaftlich orientiert. Dagegen war der Vater meines Vaters Pfarrer, und in diesem Familienzweig waren die Theologen oder Anwälte stärker vertreten.

Obwohl ich in der Oberstufe sehr gute Leistungen erbrachte, brach ich irgendwann aus. Schnell, fast von heute auf morgen. Ich hatte meine erste Freundin, begann Haschisch zu rauchen. Nicht hin und wieder, sondern exzessiv, täglich. Ich war damals 18 Jahre alt. Ich »flippte aus«, wie man damals sagte, was konkret hieß: Schule schwänzen und kiffen. Ich glaube, das tat mir zunächst ganz gut, nach diesen Jahren der gnadenlosen Parteidisziplin und Erstarrung. Ich hatte viel nachzuholen. Und ich tat es exzessiv. Meine Noten verschlechterten sich so dramatisch, dass ich nach Gesprächen mit der Schulpsychologin in der 13. Klasse beschloss, die Schule abzubrechen. Zunächst wollte ich arbeiten gehen, Geld verdienen. Nach wenigen Wochen, in denen ich bei der Post arbeitete und am Bahnhof Pakete in Güterwaggons einräumte, stand für mich fest: Arbeit ist nichts für mich. Die Schule ist dann doch das kleinere Übel.

Bevor ich mich wieder an meiner Schule anmeldete, machte ich meinen ersten längeren Urlaub ohne meine Eltern. Ich trampte drei Wochen mit meiner Freundin durch ganz Frankreich. Wir hatten nur 440 Mark dabei, was auch damals nicht viel war. Wir schliefen im Schlafsack oder wurden von netten Leuten eingeladen. Später verbrachte ich oft Urlaube in Luxushotels, die auch sehr schön waren. Aber der Urlaub damals war einer der schönsten in meinem Leben. Wir waren frisch verliebt und hatten drei Wochen lang nur Sonne und blauen Himmel. Per Autostop legten wir mehr als 5.000 Kilometer zurück. Wir waren an der Côte d'Azur, überquerten die Pyrenäen, besuchten die Atlantikküste und Paris.

In dem Jahr, in dem ich nicht auf der Schule war, fing ich an, Karate zu trainieren. Ich betrieb das mit großem Eifer, trainierte viermal in der Woche. In der Schule war ich unsportlich gewesen, aber mein Biologielehrer, der Präsident des Hessischen Gewichtheberverbandes war und den ich sehr bewunderte, hatte mich motiviert, in den Gewichtheberverein »Athletik Club Siegfried« in Darmstadt einzutreten. So wie alle Dinge im Leben übertrieb ich es, und nach einigen Monaten zog ich mir eine Hernie am Bauch zu, weil ich zu schwer trainiert hatte. Das war mir eine Lehre, und ich achtete später stets darauf, zwar sehr hart, aber korrekt und mit langsamen Bewegungen zu trainieren. Danach zog ich mir keine größere Verletzung mehr zu. Die Liebe zum Hanteltraining ist bis heute geblieben, und seit ich 20 Jahre alt bin, trainiere ich regelmäßig vier- bis sechsmal in der Woche mit Gewichten.

Mich wieder an der Schule anzumelden, um die 13. Klasse zu absolvieren und Abitur zu machen, war nicht so einfach. Ein Großteil der Lehrerschaft war strikt dagegen, mich wieder auf der Schule aufzunehmen. Und das hatte einen guten Grund. Ich gehörte zwar in der 11. und 12. Klasse von den Leistungen her zu den besten Schülern. Doch ich war immer wieder mit den Lehrern massiv aneinandergeraten.

In der 8. Klasse hatte ich als einziger Schüler der Schule eine 5 in »Betragen«, was die schlechteste Note war (eine 6 gab es hier nicht). Die Jungen in unserer Klasse wetteiferten darum, wer die meisten Einträge in das Klassenbuch bekam, etwa: »Zitelmann stört den Unterricht.« Ich war richtig stolz darauf, mit großem Abstand die meisten Vermerke gesammelt zu haben, ließ dann jedoch vor Ende des Schuljahres das Klassenbuch verschwinden. Natürlich wurde ich verdächtigt, es entwendet zu haben, aber man konnte mir nichts beweisen.

Ich hatte in diesen Jahren vier sogenannte Klassenkonferenzen. Da sitzen der Direktor und alle Lehrer, die einen unterrichten, zusammen, um über disziplinarische Maßnahmen zu beraten. Bei der ersten Klassenkonferenz war ich stark verunsichert und hätte fast geheult, zumal ich ja kurz vorher schon von einer Schule gehen musste, um nicht verwiesen zu werden. Bei den anderen Konferenzen spielte ich jedoch die Lehrer gegeneinander aus. Ich suchte die Schwächen der Lehrer und machte sie zum Thema – statt der disziplinarischen Vergehen von mir, um die es eigentlich gehen sollte.

Eine sehr konservative Lehrerin, Frau Dr. Kruse, weigerte sich, vor den Zeugnissen die Noten mit den Schülern zu diskutieren – das sei nicht erlaubt. Ich: »Warum machen es dann die anderen Lehrer alle, wenn es nicht erlaubt ist?« Sie: »Wenn die anderen Lehrer bei Rot über die Ampel gehen, gehe ich trotzdem nicht.« Das protokollierte ich, ließ es von meinen Mitschülern unterschreiben und verteilte das Protokoll auf der Klassenkonferenz an die anderen Lehrer. Darauf ging die Diskussion nicht mehr gegen mich, sondern ich hatte erfolgreich einen Keil zwischen Dr. Kruse und die anderen Lehrer getrieben. Sie wusste sich nur damit zu helfen, dass sie die Umwandlung der Konferenz von einer Klassenkonferenz (an der der betroffene Schüler teilnehmen darf) zu einer Konferenz über meine Betragensnote beantragte (bei der ich nicht anwesend sein durfte).

In den folgenden Jahren gab es mehrere solcher Konferenzen, die sämtlich negativ für die Lehrer ausgingen, die sie beantragt hatten. Bei einem, der unter anderem ahnden lassen wollte, dass ich häufig unpünktlich war, hatte ich protokolliert, wie oft er selbst zu spät zum Unterricht kam. Auch dieses Protokoll, das ich wieder von einigen Mitschülern unterschreiben ließ, verteilte ich bei der Konferenz an die Kollegen des Lehrers und die Direktorin. Peinlich für den Lehrer. »Seien Sie ein Vorbild und kommen pünktlich, dann werde ich das auch gerne künftig tun«, meinte ich.

Damals war ich der Anführer der linken Schüler in meiner Schule. Bevor ein neues Halbjahr begann, schlug ich den anderen vor, in welchen Kurs wir gemeinsam gehen würden. Ich versammelte meine linken Mitschüler und erklärte ihnen, was in dem Gemeinschaftskundekurs aus meiner Sicht im nächsten Halbjahr gelehrt werden sollte. Zuvor hatte ich schon lange Hausarbeiten vorbereitet, so etwa zum Thema »Revolutionäre Rätedemokratie«. Zu Beginn des Kurses stellte ich die Lehrer vor die Wahl, entweder nach dem von mir ausgearbeiteten Konzept vorzugehen – oder ... Ja, die Alternative war, dass ich den Unterricht systematisch störte und sabotierte. Manche Lehrer folgten meinem »Vorschlag«, andere nicht.

Im Deutsch- und Sozialkundeunterricht verwickelte ich meine Lehrer in lange Dialoge, die sich nicht selten über eine oder zwei Unterrichtsstunden erstreckten. Mir machte es Freude, mich intellektuell mit den Lehrern zu messen und mit ihnen zu argumentieren. Mein Deutschlehrer, Heinz Weber, hatte daran ebenso viel Vergnügen wie ich, und oft vergaßen wir beide, dass es 25 oder 30 weitere Schüler gab, die für uns eigentlich nur Zuhörer waren, so wie man das heute von Talkshows kennt. Andere Lehrer waren jedoch davon genervt, dass ich weder irgendwelche Regeln noch Autoritäten akzeptierte.

Verständlicherweise waren diese Lehrer froh, als ich mich von der Schule abgemeldet hatte, und wollten um jeden Preis verhindern, dass ich wieder aufgenommen wurde. Zum Glück hatte ich eine Direktorin, Friedegard Krause, die erstens linksliberal gesinnt war und die mich zweitens sehr mochte. Sie setzte durch, dass ich wieder an der Schule aufgenommen wurde. Lust hatte ich zwar immer noch keine, und ich lernte überhaupt nichts. Selbst für das Abitur, für das meine Mitschüler kräftig büffelten, lernte ich nicht eine Minute. Natürlich war das Abitur schwerer für mich, weil ich ein Jahr Pause gemacht hatte und der Stoff somit länger zurücklag. Nur deshalb, weil ich aus der 11. und 12. Klasse gute Vornoten hatte, bestand ich das Abitur immerhin mit einem Schnitt von 2,0.

Irgendwann hörte ich mit dem Haschischrauchen auf. Der Grund: Ich nahm einen LSD-Trip und hatte ein Horrorerlebnis. Ich hatte den Trip auf einer Party bei einem Freund genommen, war dann aber nach Hause gegangen, um meine Schwester zu besuchen. Auf dem Heimweg empfand ich die Häuser in dem Dorf als so hoch wie Wolkenkratzer in New York. Ich hatte auch »vergessen«, dass meine Eltern im gleichen Haus wie meine Schwester wohnten. Daran erinnerte ich mich erst, als sie in der Tür standen. Sie merkten sofort, dass etwas nicht mit mir stimmte, und erkannten, dass ich unter Drogeneinfluss stand. Zehn Stunden lang hatte ich Halluzinationen und vor allem Angst, ich könnte verrückt werden oder sterben. Von Drogen wollte ich nach diesem Horrortrip nichts mehr wissen. Allerdings fing ich später an, exzessiv Alkohol zu trinken.

In der 13. Klasse hatte ich einen Klassenkameraden, der auch links eingestellt war. Er las gerade ein Buch von Dieter Duhm: »Angst im Kapitalismus«. Das solle ich unbedingt lesen, so meinte er. Zunächst wollte ich nicht, weil ich ja eigentlich von Politik nichts mehr wissen mochte. Doch dann las ich das Buch und war fasziniert. Ich erlebte die Lektüre als Befreiung. Der Autor verband Psychoanalyse und Marxismus. Auf einmal war nicht mehr nur von Klassen, Produktivkräften und Produktionsverhältnissen die Rede, wie in der klassischen marxistischen Theorie, sondern auch von Menschen mit ihren Ängsten und Bedürfnissen.

Am Schluss des Buches finden sich »Psychologische Bemerkungen zum Verhalten in linken Gruppen«. Hier zeigte Duhm die psychologische Funktion des Dogmatismus, wie ich ihn in den ML-Gruppen kennengelernt hatte: »Das Dogma entlastet den Einzelnen von inneren Zweifeln und erleichtert ihm die Identifizierung mit der Gruppenautorität, wodurch die akute Angst vor der Gruppe (als Richter) vermindert werden kann. Wo das Dogma zum Fundament der psychischen Sicherheit wird, da darf es nicht gefährdet werden. Folgerichtig werden alle Andersdenkenden mit der heftigsten Intoleranz bekämpft.« Ich hatte nun das Gefühl, das theoretische Rüstzeug zu haben, um zu verstehen, was ich in diesen Gruppen erlebt hatte.

In den kommenden Monaten las ich weitere Bücher mit diesem Ansatz, vor allem von Wilhelm Reich. Die »Charakteranalyse«, »Die sexuelle Revolution«, den »Einbruch der sexuellen Zwangsmoral«, »Die Massenpsychologie des Faschismus«. Reich, ursprünglich ein Schüler des Begründers der Psychoanalyse, Sigmund Freud, entwickelte einen eigenen Ansatz, eine für mich und viele andere

Menschen damals faszinierende Mischung aus Psychoanalyse und Marxismus. So wie ich im Alter von 13 bis 17 alle wichtigen Schriften von Marx, Engels, Lenin, Stalin und Mao gelesen hatte, besorgte ich mir jetzt mit 19 und 20 Jahren die Bücher von Wilhelm Reich und die wichtigsten Werke von Sigmund Freud.

1977 schrieb ich eine Abrechnung mit dem Dogmatismus der ML-Gruppen, in denen ich mich bewegt hatte. Darin hieß es: »Kritik darf in diesen Gruppen höchstens an unwesentlichen Nebenpunkten ... geübt werden. Grundsätzlichere Kritik ist immer gleich ein Angriff auf die Parteilinie und wird entsprechend beantwortet. Der Kritiker ist gleich ein ›Links- oder Rechtsopportunist‹, ein ›Zurückweichler‹, ein ›kleinbürgerlicher Kapitulant‹, ein ›Studierstubenhocker, der sich vor der Praxis des Klassenkampfes drücken will‹ usw. usf. Für jede von der offiziellen Parteilinie abweichende Position gibt es bestimmte Schubladen, in die der Kritiker sofort einsortiert wird.« Daraus sprach die angestaute Frustration nach den Jahren, die ich in solchen Gruppen verbracht hatte. »›Karriere‹ in der Organisation«, so schrieb ich weiter, »macht nur der, der immer ›prinzipienfest‹ die Parteilinie gegen alle Abweichungen verteidigt, wer sich kritiklos unterordnet und die jeweiligen ZK-Beschlüsse am besten nachplappert.« Meine Kritik veröffentlichte ich Ende 1977 in einer Broschüre unter dem Titel: »3 Aufsätze von einem Insider, der keine Lust mehr an dem Verein hat«. Sie erschien in einem kleinen Verlag und wurde in linken Buchläden verkauft.

Später wurde ich gefragt, warum ich mich als Rebell überhaupt solchen Gruppen mit einer rigiden Disziplin angeschlossen hatte. Die Disziplin hatte jedoch zwei Seiten: In diesen Gruppen waren ein extremes Maß an Pünktlichkeit und Zuverlässigkeit sowie ein strenger Arbeitsethos gefragt. Wer nur fünf Minuten zu spät zu einer Sitzung kam, musste Selbstkritik üben. Das gefiel mir. Der sehr lockere anarchische Umgang in sogenannten Sponti-Gruppen war nichts für mich. Die andere Seite der Disziplin war jedoch, dass abweichende Meinungen nicht geduldet wurden. Das widerstrebte mir dagegen sehr, und deshalb stand ich stets in einer inneren Opposition.

Eine der kleinen Schriften von Mao Tse-tung, die ich immer wieder las, trug den Titel »Gegen den Liberalismus«, womit keine bestimmte politische Einstellung gemeint war, sondern eine bestimmte Arbeitsweise. Darin hieß es: »Die Arbeit nicht gewissenhaft leisten, sie ohne einen bestimmten Plan, eine bestimmte Orientierung verrichten, alles formell und oberflächlich erledigen und nach dem Spruch ›Solange einer Mönch ist, läutet er die Glocke‹ in den Tag hinein leben – das ist eine neunte Erscheinungsform [des Liberalismus].« Oder: »Wenn man genau weiß, dass jemand im Unrecht ist, und sich doch mit ihm nicht prinzipiell auseinandersetzt, sondern um des lieben Friedens und der Freundschaft willen darüber hinwegsieht ..., oder wenn man, um das gute Einvernehmen mit ihm zu wahren, die Frage nur flüchtig streift, ohne ihre gründliche Lösung anzustreben ..., so ist das eine der Erscheinungsformen des Liberalismus.«

Ich war mit 20 Jahren nach wie vor Kommunist, aber ich hatte mich einen entscheidenden Schritt entfernt vom rigiden Leninismus-Stalinismus, der mich in meiner Jugend geprägt hatte. Statt der kommunistischen Kampflieder von Ernst Busch (»Der heimliche Aufmarsch«) hörte ich jetzt mit meinen Freunden die Lieder der Berliner Sponti-Anarcho-Band »Ton, Steine, Scherben«. Im Nachhinein ist es erschreckend, wenn man sich die Texte von deren Platte »Macht kaputt, was euch kaputt macht« anhört. Einer der bekanntesten Songs lautete zum Beispiel:

> Letzten Montag traf Mensch Meier in der U-Bahn seinen Sohn
> Der sagt: »Die woll'n das Rauch-Haus räumen, ich muss wohl wieder zu Hause wohnen.«
> »Is ja irre«, sagt Mensch Meier »sind wa wieder einer mehr
> In uns'rer Zwei-Zimmer-Luxuswohnung und das Bethanien steht wieder leer
> Sag mir eins, ham die da oben Stroh oder Scheiße in ihrem Kopf?
> Die wohnen in den schärfsten Villen, unsereins im letzten Loch
> Wenn die das Rauch-Haus wirklich räumen, bin ich aber mit dabei
> Und hau den ersten Bullen, die da auftauchen ihre Köppe ein.«

Ich kann nicht verstehen, wie die Grünen-Politikerin Claudia Roth, damals Managerin von »Ton, Steine, Scherben«, noch heute ein völlig unkritisches Verhältnis zu ihrer Vergangenheit hat und diese Gruppe, die offen zur Gewalt gegen Menschen aufrief, in Interviews immer wieder als harmlose linke Protestband idealisiert und keinerlei Distanz oder Selbstkritik erkennen lässt. Zu Recht wäre die Empörung groß, wenn ein CDU-Politiker stolz erklären würde, er sei in seiner Jugend Manager einer rechtsextremen Skinhead-Rockband gewesen.

Dabei steht in dem Buch »Keine Macht für Niemand: Geschichte der Ton, Steine, Scherben«, dass die Band während ihrer Konzerte Flugblätter und andere Propagandaschriften der Terrorgruppe RAF verteilte und gezielt Leute aufforderte, ihre Personalausweise zu »verlieren«, um sie dann an Untergetauchte – also an Terroristen – weiterzugeben. Die Gruppe bestellte 10.000 Katapulte aus Hongkong, die sie dem Album »Keine Macht für Niemand« beilegen wollte, damit den gewalttätigen Liedern die entsprechenden Taten folgen. All das wird heute unterschlagen, wenn die 68er-Zeit und ihre Nachwehen Anfang der 70er-Jahre idealisiert werden.

Für mich kam Mitte der 70er-Jahre eine Wende. Nach »Angst im Kapitalismus« veröffentlichte Duhm 1975 ein weiteres Buch, das mich sehr prägte: »Der Mensch ist anders«. Auf dem Umschlag stand: »Besinnung auf verspottete, aber notwendige Inhalte einer ganzheitlichen Theorie der Befreiung. Kritik am Marxismus. Beiträge zur Korrektur.« In Duhms Buch las ich für mich aufregende und befreiende Sätze wie etwa: »Der Marxismus tritt mit dem Anspruch auf, die menschliche Existenz unter kapitalistischen Bedingungen hinlänglich beschreiben zu können. Er ignoriert dabei wichtige anthropologische und psychologische Grundtatsachen, welche das menschliche Leben ebenso prägen wie spezifisch gesellschaftliche.«

Mit der Lektüre der Bücher von Dieter Duhm begann für mich langsam die Abwendung vom Marxismus. Freilich vollzog sich diese nicht von einem Monat auf den anderen, sondern erstreckte sich als Prozess über viele Jahre. Während ich als Teenager die Wandlung von einem dogmatischen »MLer« zu einem weniger dogmatischen »Reichianer« durchlief, folgte in meinen 20ern die Wandlung vom

Linken zu einem demokratischen Rechten oder Nationalliberalen. Es gab nicht eine einzelne Erfahrung, die zu dieser Wandlung führte, sondern es waren mehrere Faktoren.

Die ML-Bewegung war in ihrer Endphase betont national. In dem Frankfurter »libresso«, von dem ich berichtete, hing auf einmal neben den riesigen Postern von Marx, Engels, Lenin, Stalin und Mao eine ebenso große Deutschlandfahne. Diese nationale Prägung der ML-Bewegung mag mich möglicherweise beeinflusst haben. Der antideutsche Affekt, für Teile der Linken charakteristisch, war mir jedenfalls immer fremd. Bücher wie das der beiden Linksnationalen Peter Brandt und Herbert Ammon über »Die Linke und die nationale Frage«, das 1981 erschien, beeindruckten mich.

Eine Frage, die dazu beitrug, mich der politischen Linken zu entfremden, war deren zunehmende Begeisterung für die multikulturelle Gesellschaft und ihre Überheblichkeit gegenüber Angehörigen unterer sozialer Schichten, die diese Begeisterung oft nicht zu teilen vermochten. Ich empfand es als Arroganz, wenn linke Intellektuelle sich über »Vorurteile« einfacher Menschen empörten, deren Erfahrungen mit Migranten eben nicht durchweg positiv waren. Denn jene Intellektuellen, die sich im Gefühl moralischer Überlegenheit über »Stammtischgerede« einfacher Menschen erregten, hatten in ihrem sozialen Umfeld überwiegend Kontakte zu Migranten, die eine Bereicherung für unsere Gesellschaft sind und mit denen es wenig Konflikte gab. Das sah bei einfachen Menschen teilweise anders aus. Ich diskutierte darüber oft mit Linken und Konservativen und fand zunehmend, dass ich – zumindest in diesem Punkt – eher so dachte wie Konservative.

Die Abwendung von der Linken war ein langsamer Prozess, und als ich nach dem Abitur 1978 mit dem Studium begann, verstand ich mich trotz mancher kritischen Vorbehalte weiterhin als Marxist. Ich besuchte unter anderem Seminare über marxistische Theorie und diskutierte stundenlang mit Professor Helmut Dahmer. Die anderen Studenten verstanden nicht viel, wenn der Professor und ich – beide sehr belesene Marxisten – über marxistische Theorie debattierten. Der endgültige Bruch mit dem Marxismus erfolgte, als ich während meines Studiums begann, mich mit der nationalsozialistischen Zeit zu beschäftigen.

Kapitel 3: Entdeckungen über Adolf Hitler

Dass ich Geschichte und Politikwissenschaft studieren wollte, war für mich klar, da Politik seit frühester Kindheit mein Hauptinteressengebiet war. Besondere Berufsziele verband ich damit aber nicht. Ich wusste nicht, was ich werden wollte, und hatte mir darüber auch nie ernsthaft Gedanken gemacht. Hätte man mich als Teenager gefragt, dann wäre mein Traumberuf sicher der Berufsrevolutionär gewesen, wie ihn Lenin idealisiert beschrieben hatte. Nun gut, das war natürlich keine richtige Berufsperspektive, also studierte ich erst einmal.

Vorher hätte ich eigentlich zur Bundeswehr gemusst, doch ich drückte mich. Ich könnte das heute mit meinem damals linken politischen Standpunkt begründen, aber das wäre nur die halbe Wahrheit. Denn dann hätte ich ja den Kriegsdienst verweigern können, um beispielsweise in einem Altenheim zu arbeiten. Doch ich hatte weder zu dem einen noch zu dem anderen Lust.

Ich muss zugeben, dass ich damals geschummelt habe. Vor der Musterung für die Bundeswehr trank ich jede Menge Kaffee und hielt bei den Kniebeugen sowie beim Blutdruckmessen die Luft an, um den Blutdruck in die Höhe zu treiben. Ich hatte vorher sogar geübt, wie man ganz unauffällig die Luft anhalten kann. Mein Ziel, ausgemustert zu werden, erreichte ich nicht, ich wurde mit »T2« als »verwendungsfähig mit Einschränkung für bestimmte

Tätigkeiten« eingestuft. Ich legte Widerspruch gegen den Bescheid ein und musste zum Facharzt der Bundeswehr, der mich offensichtlich für einen Simulanten hielt. Immerhin wurde ich für ein Jahr zurückgestellt und dann noch einmal zur Musterung vorgeladen.

Ich brachte ein Jahr später nicht nur das Attest eines mir wohlgesinnten Internisten mit, der vegetative Dystonie bescheinigte. Sondern ich hatte eine frische Narbe am Bauch und einen Gipsarm – die bereits erwähnte Sportverletzung war vom Kraftsport und eine andere vom Karatetraining, was ich allerdings verschwieg, da ich wahrheitswidrig behauptete, keinen Sport zu treiben. Diesmal wurde ich tatsächlich ausgemustert.

Ein Bekannter, der diese Passage im Manuskript las, war regelrecht empört über mein Verhalten, was ich auch verstehe: Ja, ich hatte geschummelt, um mich vor der Bundeswehr und vor dem Ersatzdienst zu drücken. Dass ich gelogen hatte, entsprach nicht meinem Charakter, weil ich ansonsten ein sehr ehrlicher Mensch bin. Aber dass ich alle Tätigkeiten, die mir keine Freude machten, sabotierte und stets nach einem Weg suchte, auf keinen Fall irgendwelche Dinge zu tun, die mir keinen Spaß machten, das war eine Haltung, die mich mein ganzes Leben lang begleitete.

Im Wintersemester 1978/79 schrieb ich mich für das Studium der Geschichte und der Politikwissenschaft ein, um das Staatsexamen für das Lehramt an Gymnasien zu erwerben. Zwar war Lehrer nie mein Traumberuf, schon damals nicht, aber ich interessierte mich eben für Politik, und so entschied ich mich für diese Studienfächer. Dennoch war ich in den ersten Semestern nicht besonders motiviert. Fast hätte ich das Geschichtsstudium sogar abgebrochen, weil ich es hasste, dass ich Latein nachlernen musste. Für Fremdsprachen hatte ich nie ein großes Talent. Das hing mit meiner ausgeprägten Aversion zusammen, irgendetwas auswendig zu lernen. In Mathe musste ich nichts auswendig lernen, da ging es einfach darum, dass man es verstand. Und so war es auch in Deutsch oder Sozialkunde. Aber bei Fremdsprachen muss man sich nun einmal Vokabeln eintrichtern. Das hatte ich schon in der Schule nicht gemocht, und deshalb war

Französisch mein mit Abstand schlechtestes Fach. Und nun musste ich vier Stunden die Woche Latein nachlernen, was mich nicht im Geringsten interessierte. Ich bekam sogar regelrechte Bauchschmerzen in den Lateinstunden. Zum Glück hielt ich durch, machte mein Kleines Latinum und konnte Geschichte weiterstudieren.

Mit größerem Engagement als beim Studium war ich beim Bodybuilding-Training, zu dem ich nach Anfängen im Gewichtheben und Karate gewechselt war. In meinem Studium bekam ich zwar (mit einer Ausnahme) bei allen Scheinen eine »1«, aber richtig begeistert war ich anfangs nicht. Ich fühlte mich unterfordert. Das änderte sich durch zwei Professoren. Der eine hieß Klaus Bringmann und war ein angesehener Spezialist für Alte Geschichte. Bei ihm besuchte ich mehrere Seminare über Cäsars Diktatur. Bringmann sah in mir ein Talent und weckte meine Begeisterung für das Studium. Ich besuchte ihn häufig in der Sprechstunde, einmal kam er sogar zu mir nach Hause, wo wir intensiv über Probleme der Cäsar-Forschung diskutierten. Ich erinnere mich, wie er mir das größte Kompliment bereitete, das er wohl einem Studenten machen konnte: Er meinte, ich schriebe in einem Stil wie … Julius Cäsar.

Der andere Professor hatte den beeindruckend langen Namen Prof. Dr. Dr. h.c. Karl Ottmar Freiherr von Aretin. Er kam aus einer bekannten bayerischen Adelsfamilie, war mit Ruth Uta von Tresckow verheiratet, einer Tochter des Wehrmachtsgenerals und Widerstandskämpfers beim Hitler-Attentat vom 20. Juli 1944, Henning von Tresckow. Bei von Aretin besuchte ich 1980/81 erstmals Seminare über die Zeit der Weimarer Republik und des Nationalsozialismus, so etwa über die Rolle der Kirchen im Dritten Reich und über Geschichtsverfälschungen in der rechtsradikalen Literatur über die NS-Zeit.

Bis dahin hatte ich mich nicht sehr intensiv mit dieser dunklen Epoche der deutschen Geschichte befasst. Nach der marxistischen Theorie war der »Faschismus« eine Form der Diktatur des Finanzkapitals, sozusagen der letzte Versuch, das kapitalistische System vor dem Untergang zu bewahren. Zweifel an dieser Theorie kamen mir, als ich begann, mich näher mit dieser Zeit zu beschäftigen.

Jetzt las ich die bekannte Hitler-Biografie des FAZ-Herausgebers Joachim Fest, die mich sehr beeindruckte. Die Einsicht, dass die marxistische Theorie das Phänomen des Nationalsozialismus nicht erklären konnte, trug dazu bei, dass ich mich generell vom Marxismus entfernte.

Die Idee zu promovieren hatte ich nicht selbst, sondern der Assistent des bereits erwähnten Althistorikers Bringmann. »Sie haben so großes Talent, Sie müssen promovieren«, meinte er. Ich fragte zwar zuerst einmal, wozu das gut sein solle, fand aber an dem Gedanken Gefallen, da mir die wissenschaftliche Arbeit Freude machte. Vielleicht wäre das ja auch eine Berufsperspektive, später mal Geschichtsprofessor zu werden. Doch das stand nicht im Vordergrund, sondern das wachsende Interesse an der Hitlerforschung. Ich las Hunderte Bücher über Hitler und den Nationalsozialismus und entschloss mich schließlich, über ein Thema der Hitlerforschung zu promovieren.

Neben von Aretin und Bringmann »entdeckte« mich ein anderer Hochschullehrer, Wolfgang Michalka, ein Experte für die Zeit des Nationalsozialismus, der viele Aufsätze und Bücher dazu veröffentlicht hatte. Zugleich war er Herausgeber der Zeitschrift »Neue Politische Literatur«. Er ermunterte mich, dort Buchbesprechungen zu veröffentlichen. Das war ungewöhnlich, denn normalerweise schrieben dort anerkannte Wissenschaftler, nicht jedoch Studenten. Ich veröffentlichte in dieser angesehenen Fachzeitschrift schon im Alter von 25 Jahren einen langen Aufsatz zum Thema »Hitlers Erfolge – Erklärungsversuche in der Hitlerforschung«.

Bei der Lektüre all der Literatur über Hitler und das Dritte Reich hatte ich eine Forschungslücke entdeckt: Es gab zwar schon ein Büchlein und einige Aufsätze über Hitlers Weltanschauung, aber noch niemand hatte sich systematisch mit Hitlers Denken, insbesondere mit seinen sozial-, wirtschafts- und innenpolitischen Vorstellungen befasst. Warum interessierte mich das Thema? Mir war, so wie sicher den meisten Menschen, unbegreiflich, wie so viele Deutsche – Arbeiter wie Bürgerliche – einem Mann wie Hitler folgen konnten.

Mir war klar, dass seine fanatische Rassenideologie bestimmt nicht der Grund war. Als jemand, der sich intensiv mit Revolutionstheorien und politischer Ökonomie befasst hatte, nahm ich mir Hitlers sozialpolitisches und wirtschaftspolitisches Gedankensystem vor. Schon in meiner Staatsexamensarbeit, die ich 1983 verfasste, setzte ich mich mit dem Thema auseinander. Sie umfasste 250 Seiten und lautete: »Soziale Zielsetzungen und revolutionäre Motive in Hitlers Weltanschauung als Forschungsdesiderat.« Dort hatte ich ein Forschungsprogramm formuliert. Ich hatte die gesamte wissenschaftliche Literatur zum Thema aufgearbeitet, Fragen gestellt und Hypothesen entwickelt, denen ich dann in meiner Doktorarbeit nachgehen wollte.

Das Studium schloss ich mit der Bestnote 1,0 ab – »mit Auszeichnung bestanden«. Ich hatte mit meinen Eltern vereinbart, dass sie mich bis zum Abschluss des Studiums finanziell unterstützten. In einer der vielen harten Auseinandersetzungen, die ich mit Anfang 20 mit meinem Vater hatte und bei der er mir androhte, mich »rauszuschmeißen«, sagte ich: »Okay, ich ziehe aus, aber nur, wenn ich 1.000 DM im Monat bekomme.« Ich muss zugeben, dass ich darüber sogar eine rechtliche Vereinbarung beim Notar geschlossen habe. Ich hatte mir das selbst ausgedacht und den Inhalt der Vereinbarung vorformuliert: Meine Eltern sollten mir 1.000 DM im Monat geben – abzüglich des Betrages, den ich eventuell als Bafög erhalten würde. Damit ich das nicht ausnutzte und Dauerstudent würde, legten wir auf meinen Vorschlag hin fest, diese Vereinbarung gelte nur so lange wie die Förderungshöchstdauer für das Bafög. Eine solche Vereinbarung zu schließen ist sicher recht ungewöhnlich, aber hier zeigte sich schon mein Sicherheitsstreben, was finanzielle Dinge anlangt – und ein Faible für schriftliche Verträge, die mir lieber waren, als mich auf mündliche Zusagen zu verlassen.

Nach dem Ersten Staatsexamen musste ich, da die Vereinbarung mit meinen Eltern ausgelaufen war, auf eigenen Beinen stehen. Meine Eltern hatten sich an den Vertrag all die Jahre genau gehalten, und selbstverständlich hielt auch ich mich daran und kümmerte mich nun um eine »Anschlussfinanzierung«. Es gab mehrere Stiftungen, die besonders begabte Studenten für eine Promotion förderten. Für eine solche Förderung brauchte man einen sehr guten Studienabschluss und Gutachten von zwei Professoren.

Ich hatte das Glück, dass mein Doktorvater Professor von Aretin ein international sehr renommierter Wissenschaftler war, dessen Wort etwas zählte. Auf sein Gutachten vom Januar 1984 bin ich sehr stolz. Von Aretin schrieb: »Herr Zitelmann ist ohne Zweifel der begabteste Student, der mir in meiner 20-jährigen Lehrtätigkeit untergekommen ist … Zu dieser Begabung kommt ein enormer, an Besessenheit grenzender Fleiß, der ihn befähigt, sich auch in ganz andere, abgelegene Themen in kurzer Zeit einzuarbeiten.« Er schloss das Gutachten mit der Versicherung, er könne sich »dafür verbürgen, dass das Ergebnis (der Dissertation, R.Z.) für die Zeitgeschichte von großem Interesse sein wird«.

Ich hatte mich bei vier Institutionen beworben: Bei der Studienstiftung des deutschen Volkes, bei dem von Aretin geleiteten Institut für Europäische Geschichte in Mainz, bei der SPD-nahen Friedrich-Ebert-Stiftung und beim Evangelischen Studienwerk Villigst. Die Studienstiftung lehnte trotz der sehr guten Noten und Gutachten zunächst den Antrag auf ein Stipendium ab.

Aus der Begutachtung ergebe sich ein »modifiziert negatives Votum«, so die Studienstiftung, die die Einwände des Gutachters (der in solchen Fällen nicht genannt wird) konkret benannte. Mein Motto war damals schon, kein »Nein« zu akzeptieren, und ich widerlegte in einem ausführlichen Brief die Einwände des Gutachters. Tatsächlich gelang es mir, mit meinen Argumenten zu überzeugen, und im Juli 1984 bekam ich doch noch eine Zusage der Studienstiftung für das Promotionsstipendium. Im Mai hatte ich jedoch schon eine Zusage der Villigst-Stiftung erhalten, die in den nächsten zwei Jahre meinen Lebensunterhalt finanzierte.

Ich nahm mir zunächst vor, alle Äußerungen von Hitler, also seine Bücher, Reden und Aufsätze, zusammenzutragen, und hoffte, dabei auch neues Material zu entdecken. Damals gab es noch nicht die großen wissenschaftlichen Editionen von Hitlers Reden und Aufsätzen. Ich musste also in viele Archive gehen, um das Material zu sammeln. Ich ging alle Ausgaben der NS-Zeitung »Völkischer Beobachter« aus zwei Jahrzehnten durch und kopierte im Bundesarchiv in Koblenz Tausende Seiten mit Hitler-Reden, sichtete im Institut für Zeitgeschichte in München Tagebücher und private Papiere von Hitler-Vertrauten und trug erstmals die bis dahin unbekannten Aufsätze zusammen, die Hitler 1928 bis 1930 in der NS-Zeitschrift »Illustrierter Beobachter« veröffentlicht hatte. Ich las auch Hitlers »Mein Kampf« und sein weniger bekanntes »Zweites Buch«, in dem er sich vor allem zur Außenpolitik ausgelassen hatte.

Mein Ziel war es, aus all diesen verstreuten Äußerungen Hitlers Denkweise zu rekonstruieren, insbesondere seine sozial-, wirtschafts- und innenpolitischen Vorstellungen. Dabei stellte ich immer wieder die Frage, was in den Reden bloße, nach außen gerichtete Propaganda war und was seinen wirklichen inneren Überzeugungen entsprach. Denn Hitler war ein Meister der Demagogie und verstand es oftmals, Anhänger und Gegner über seine wahren An- und Absichten zu täuschen.

In der Einleitung zu meiner Doktorarbeit hieß es: »Da Hitler der Meinung war, die Masse sei dumm und unfähig zu differenziertem Denken, sind seine Reden auch dann nach dem ›Schwarz/Weiß‹- und ›Gut/Böse‹-Schema aufgebaut, wenn er selbst wesentlich differenzierter über verschiedene Sachverhalte dachte.« Ich entwickelte eine Methode, ein dreifaches Raster, um festzustellen, ob Äußerungen des Diktators nur taktisch motiviert oder ernst gemeint waren. So verglich ich das, was Hitler im kleinen Kreis gesagt hatte, z.B. in seinen langen nächtlichen Monologen unter engen Vertrauten im Führerhauptquartier, mit dem, was er öffentlich erklärte. Ich untersuchte zudem, wie häufig und wie konstant sich bestimmte Gedankenmuster wiederholten, zu welchen Themen seine Meinungen gleich blieben und zu welchen sie sich änderten.

Ein weiteres Kriterium war schließlich die innere Schlüssigkeit seiner Aussagen. »Wir haben«, schrieb ich in der Einleitung meiner Doktorarbeit, »von bestimmten, axiomatisch festgelegten

Grundannahmen Hitlers auszugehen, die ihm sein ganzes Leben hindurch als Fixpunkte dienten, von denen ausgehend er seine Stellungnahme zu allen konkreten Einzelproblemen entwickelte.« Das war beispielsweise seine Idee vom »ewigen Kampf«, die sich bei ihm sozialdarwinistisch begründete. Oder es gab da das »Persönlichkeitsprinzip«, wonach Geschichte immer nur von einzelnen herausragenden Persönlichkeiten gestaltet werde. »Wenn sich eine Ansicht Hitlers logisch und stringent aus den von ihm entwickelten Grundprinzipien ableiten lässt«, so folgerte ich, »liegt somit die Vermutung nahe, dass es sich hier um einen ernstzunehmenden Teil seiner Weltanschauung und nicht bloß um eine auf Propagandawirkung abzielende bzw. bloß taktisch gemeinte Äußerung handelt.«

Im Laufe meiner Forschungen entdeckte ich, dass Hitler sich viel intensiver mit sozial- und wirtschaftspolitischen Themen auseinandergesetzt hatte, als man dies bislang vermutete. Es gab ja das Hitler-Bild vom fanatischen »Teppichbeißer«, der auf eine irrationale Weise die Massen hypnotisiert habe. Dieses Bild war offenbar falsch. Und falsch war auch das marxistische Bild von Hitler als Kapitalistenknecht. Im Gegenteil. Er teilte viele antikapitalistische Ansichten der Linken, und seine Vorstellungen waren in mancher Hinsicht eher links als rechts, wie ich in meiner Doktorarbeit belegte. Dies war einerseits eine wichtige wissenschaftliche Erkenntnis für mich. Ich konnte dadurch die Massenwirksamkeit Hitlers und des Nationalsozialismus besser verstehen. Diese wissenschaftliche Erkenntnis trug aber auch dazu bei, dass ich mich politisch von meinen früheren linken Ideen zunehmend entfernte.

Auch eine andere bis dahin in der Forschung vorherrschende Meinung, Hitler habe als Endziel die Wiederherstellung einer vormodernen Agrarutopie angestrebt, erwies sich als falsch. Diese Theorie herrschte bis dahin in der Geschichtswissenschaft vor, aber meine Forschungen zeigten, dass das Gegenteil richtig ist. Hitler war vielmehr ein überzeugter Anhänger der modernen Industriegesellschaft und bewunderte sogar in mancher Hinsicht die Vereinigten Staaten. Das alles war neu.

Während die Arbeit in den Archiven viel Zeit verschlungen hatte, dauerte das eigentliche Verfassen der 709 Seiten umfassenden Dissertation weniger als drei Monate. Ich schrieb mit Schreibmaschine, oder besser gesagt: mit zwei Schreibmaschinen. Denn ich hatte meinen Schreibtisch mit zwei Stühlen und zwei Schreibmaschinen ausgestattet: eine Maschine für den normalen Text und eine für die etwa 1.700 Anmerkungen mit mehreren Tausend Fundstellen im hinteren Teil. Wenn eine der Anmerkungen mit all den Quellennachweisen kam, rutschte ich vom linken Stuhl auf den rechten.

Weil ich ungeduldig auf die Reaktion meines Doktorvaters war und nicht bis zum Abschluss der Arbeit warten wollte, brachte ich ihm jede Woche etwa 50 Seiten, manchmal auch mehr. Er sollte sie lesen und mir in der nächsten Woche ein Feedback geben. Als er zweimal hintereinander nicht dazu gekommen war, explodierte ich: »Hören Sie, das ist jetzt schon das zweite Mal hintereinander, dass Sie meine neuen Kapitel nicht gelesen haben, obwohl wir das doch so verabredet hatten. Ich möchte nicht, dass das noch einmal passiert.«

Das war ziemlich ungehörig – so sprach sonst mit Sicherheit kein Doktorand mit Professor von Aretin. Er blieb aber ruhig und fragte nur, was er bis zum nächsten Mal lesen sollte, und las künftig, was wir verabredet hatten. Meinem Freund, der auch bei ihm promovierte, sagte er später allerdings: »Der Zitelmann ist hochintelligent. Aber wenn Sie mal was nicht genau einhalten, was Sie besprochen haben, dann springt der über den Tisch und geht einem an die Gurgel.« Nun, das habe ich zwar nie getan, aber so kam es offenbar an. Ich reagiere bis heute oft extrem, wenn jemand sich nicht genau an eine Verabredung hält, und dabei habe ich keinerlei Respekt vor Autoritäten. Dass ich damit – wie in diesem Fall bei von Aretin – Erfolg hatte, bestätigte mich in diesem Verhalten. Ich verstand damals nicht, dass ich dennoch einen Preis dafür zahlte, weil die betroffenen Personen sich ihren Teil dachten. Vielleicht war es mir auch einfach egal, was sie dachten, weil ich mich im Recht fühlte, wenn ich darauf bestand, dass eine Verabredung eingehalten wurde.

Ich bin von Aretin dankbar, dass er mich dennoch weiter unterstützte, und zwar gegen den Widerstand von Kollegen. Der zweite Gutachter, Professor Hans-Christoph Schröder, sagte mir direkt ins Gesicht, er habe die Dissertation nach der Hälfte der Lektüre zunächst aus Verärgerung in die Ecke geworfen. Ihn, einen Sozialdemokraten, ärgerte es, dass in dieser Arbeit die linken Elemente in Hitlers Denken so stark betont wurden. Auch der Dekan des Fachbereichs Gesellschafts- und Geschichtswissenschaft, dessen Unterschrift auf meiner Promotionsurkunde steht, war nicht mein Freund. Helmut Dahmer war ein engagierter Trotzkist, in seinem Zimmer hing ein Bild des russischen Revolutionärs Leo Trotzki. Er hat in den 70er-Jahren Trotzkis »Schriften über Deutschland« herausgegeben und war später *spiritus rector* einer kommentierten Edition von dessen Gesamtwerk.

Mein Doktorvater von Aretin setzte sich mit seiner Bewertung durch, und ich bekam die Bestnote »summa cum laude«. In seinem Gutachten begründete von Aretin diese Benotung: »Der wissenschaftliche Ertrag der Arbeit ist ungewöhnlich groß. Die Forschung wird in Zukunft an diesem Buch nicht vorbeikommen ... Ich stehe nicht an, diese Arbeit, was am Anfang nicht zu erkennen war, für den wichtigsten Beitrag zur Hitler-Biografie seit dem großen Buch von Fest zu halten.« 1987 erschien die Dissertation als Buch mit dem Titel »Hitler. Selbstverständnis eines Revolutionärs«. Wie würden Öffentlichkeit und Forschung es aufnehmen? Ich war gespannt. Es lag schon ein provokatives Element darin, dass ich weitgehend auf moralische Bewertungen verzichtete. Ich bin bis heute der Meinung, dass es nicht die Aufgabe des Historikers ist, Dinge zu bewerten, sondern Dinge zu verstehen. Und ich wollte Hitler so verstehen, wie die Geschichtswissenschaft andere Personen der Geschichte auch verstand. Das moralische Urteil über ihn, so fand ich, stand ja ohnehin fest – warum sollte ich das mit aufdringlichen Formulierungen ständig wiederholen?

Die Reaktion der Fachwelt auf meine Dissertation war überaus positiv. Schon vor der Veröffentlichung meiner Arbeit war ich von der »German Studies Association«, einer renommierten

Vereinigung amerikanischer Wissenschaftler, die sich mit deutscher Geschichte und Politik befassen, zu einem Vortrag über die Ergebnisse meiner Forschung eingeladen worden. Wolfgang Michalka hatte mich als Referent empfohlen und mir bei der Beantragung der Finanzierung der Reise geholfen. Da ich kein Geld hatte, nach Amerika zu fliegen, wurde mir die Reise vom Auswärtigen Amt bezahlt.

Bevor ich die Reise antrat, kaufte ich mir einen Anzug – den ersten in meinem Leben. Ich konnte schlecht in Bluejeans vor den Wissenschaftlern sprechen. Ein stilsicherer Freund, mit dem ich einkaufen ging, empfahl mir, zu dem Anzug statt einer Krawatte (die ich auch nicht besaß) eine Fliege zu kaufen: »Die werden fast alle einen Schlips tragen, da fällst du mit deiner Fliege auf.«

Es war das erste Mal, dass ich nach Amerika flog, ja, sogar das erste Mal, dass ich überhaupt in meinem Leben in einem Flugzeug saß. Ich hielt Mitte Oktober 1986 auf dem Kongress in Albuquerque, New Mexico, einen Vortrag über die Ergebnisse meiner Doktorarbeit. Zugleich schrieb ich einen Bericht über die 10. Jahrestagung der Vereinigung in der FAZ – unter der Überschrift: »Der Sonderweg und die deutsche Frage«.

Eines Morgens, es war der 30. Mai 1987, rief mich Gerald Kleinfeld an, der Gründer der »German Studies Association«, der gerade in Deutschland war: »Herzlichen Glückwunsch! Haben Sie heute schon ›Die Welt‹ gelesen?« Nein, hatte ich noch nicht. »Die Welt« war die erste Tageszeitung, in der eine Besprechung meines Buches erschien: »War Adolf Hitler ein Revolutionär? Rainer Zitelmanns wichtiger Beitrag zur Zeitgeschichte.« Verfasser war der bekannte Historiker Professor Andreas Hillgruber, der das Buch als »einen der wichtigsten Beiträge zur Hitler-Forschung der letzten Jahre« lobte.

Es folgte eine Flut positiver Besprechungen. In dem traditionsreichsten, 1859 gegründeten Periodikum »Historische Zeitschrift« schrieb der Historiker Professor Peter Krüger: »Rainer Zitelmann hat eines jener Bücher geschrieben, bei denen man sich wundert, warum sie nicht schon seit langem vorliegen.« Und in dem führenden zeitgeschichtlichen Organ, den vom Münchner Institut herausgegebenen »Vierteljahrsheften für Zeitgeschichte«, formulierte ein polnischer Historiker: »Zweifellos steht Dr. Zitelmann das Verdienst zu, dass er alle anderen Hitler-Biografen wesentlich ergänzt, wenn nicht überholt hat.« Das renommierte »Journal of Modern History« schrieb: »Sein Buch bildet einen Meilenstein in unserem Verständnis von Adolf Hitler.«

Insgesamt war der Tenor der Besprechungen ganz überwiegend positiv, ob nun in Tageszeitungen wie der »Süddeutschen« und der FAZ oder in internationalen Fachzeitschriften wie den französischen »Annales« oder in amerikanischen Fachzeitschriften. Daher wurde das Buch unter dem Titel »Hitler. The Policies of Seduction« ins Englische übersetzt.

Als wichtigste Bestätigung empfand ich das Werk des renommierten amerikanischen Historikers John Lukacs, »The Hitler of History« (deutsch: Hitler. Geschichte und Geschichtsschreibung, erschienen bei Luchterhand), das 1997 herauskam. Das Buch gab einen umfassenden Überblick über die weltweite Hitlerforschung. Keinen Hitlerforscher bzw. -biograf, mit Ausnahme von Joachim C. Fest, zitierte Lukacs häufiger als meine Arbeiten, deren Thesen er sich anschloss und die er außerordentlich positiv beurteilte.

Im Juni 2017 wird die 5. Auflage meines Hitler-Buches erscheinen – mit einem ausführlichen Beitrag über die Entwicklung der Hitler- und NS-Forschung in den vergangenen 20 Jahren. Als ich diesen Beitrag verfasste, sichtete ich das erste Mal seit zwei Jahrzehnten sehr umfassend die Forschungen über Hitler und den Nationalsozialismus. Ich wollte wissen, ob die Forschung die Thesen meines Buches über die Modernität der Vorstellungen Hitlers in den vergangenen zwei Jahrzehnten eher aufgenommen oder verworfen hat.

Viele bis dahin vertretene Auffassungen, wie etwa die, Hitler habe eine antimoderne Agrarutopie angestrebt, waren in meinem Buch mit einer großen Fülle von Quellen widerlegt worden. Die Belege, die ich für Hitlers Technikbegeisterung anführte, für seine wirtschaftlich begründeten »Lebensraum«-Vorstellungen oder für seine Bewunderung der amerikanischen Industriegesellschaft, waren so eindeutig, dass viele Autoren dem folgten und in ihren Studien auf die entsprechenden Stellen in meinem Buch hinwiesen. »Es ist unverständlich und wohl nur als Folge einer in hohem Maße ideologisch vordisponierten Quellenblindheit zu werten, wenn eine bestimmte Forschungsrichtung sich angesichts der Fülle derartiger Aussagen hartnäckig weigert, dem Hitler'schen Denken das Attribut einer spezifischen Form zeitgenössischer ›Modernität‹ zuzubilligen«, konstatierte zehn Jahren nach Erscheinen meines Buches der Historiker Frank-Lothar Kroll in seiner Habilitationsschrift.

Die Gründe, warum sich trotz dieser vielen Belege manche Historiker dennoch hartnäckig dagegen sträuben, Hitler und den Nationalsozialismus als »modern« zu bezeichnen, liegen darin, dass der Begriff häufig – anders als von mir – normativ-wertend verwendet wird. Der Historiker Wolfgang König konstatierte: »In den Sozialwissenschaften wurde Modernisierung als analytischer Begriff eingeführt, in der Öffentlichkeit war Moderne aber bereits politisch-moralisch besetzt. Moderne stand für das unvollendete Projekt der Aufklärung; es diente dem linken und liberalen Spektrum als Feldzeichen, um sich gegen konservativen Traditionalismus zu positionieren ... Die enge Verbindung von Deskriptivem und Normativem ... in den Begriffen ›Modernisierung‹ und ›Moderne‹ musste in Bezug auf den Nationalsozialismus zu Irritationen führen.«

Auch das Unbehagen vor allem bei linken Historikern, den Nationalsozialismus als »Revolution« zu bezeichnen, hängt damit zusammen, dass mit diesem Begriff ansonsten meist positive Konnotationen verbunden werden. Im allgemeinen Sprachgebrauch gilt der Begriff »Revolution« als positiv, im Gegensatz zu Begriffen wie »reaktionär« oder »konterrevolutionär«. Keine Werbeagentur käme auf die Idee, von einer »Konterrevolution« im Autodesign zu sprechen, aber »Revolution« klingt nach Fortschritt. Ähnliches trifft für Begriffe wie »sozial«, »modern«, »egalitär«, »Wohlfahrtsstaat« oder »Sozialstaat« zu – allesamt Begriffe, die ich selbst durchaus nicht ohne Weiteres mit einer positiven Wertung verbinden würde, die jedoch bei vielen Historikern positiv belegt sind. Das Widerstreben, Hitler und den Nationalsozialismus mit diesen Begriffen in

Zusammenhang zu bringen, speist sich aus der positiven normativen Besetzung dieser Begriffe und der damit verbundenen Inhalte. Unabhängig von meinen Forschungen kamen aber inzwischen viele Historiker zu ähnlichen Befunden und akzentuierten sehr viel stärker die sozialistischen, linken Elemente im Nationalsozialismus. Ein Beispiel dafür ist das 2005 erschienene Buch über »Hitlers Volksstaat« von Götz Aly, das auch jenseits der Fachöffentlichkeit große Aufmerksamkeit erregte.

Doch zurück in das Jahr 1987: Als ich 1987 nach Amerika flog, entwickelte ich zusammen mit dem Präsidenten der German Studies Association, Ronald Smelser von der University of Utah, die Idee für das nächste Buch. So wie ich mich über viele Jahre intensiv mit Hitler befasst hatte, gab es überall auf der Welt Historiker, die über das Leben der führenden Personen des Dritten Reiches geforscht hatten. Ich hatte viele dieser Bücher gelesen, Ronald Smelser hatte selbst eines geschrieben, und zwar über den Chef der »Deutschen Arbeitsfront«, Robert Ley. Meine Idee: Wir wollten auf der ganzen Welt den jeweils besten Experten finden und ihn bitten, in einer biografischen Skizze die wichtigsten Forschungsergebnisse auf etwa 20 Seiten zusammenzufassen.

Wir gewannen Autoren aus Deutschland, den USA, Frankreich, Großbritannien, Italien und anderen Ländern. 1989, zwei Jahre nachdem meine Doktorarbeit über Hitler erschienen war, kam bei der Wissenschaftlichen Buchgesellschaft der Band »Die braune Elite. 22 biografische Skizzen« heraus. Das Buch war über lange Zeit das wichtigste Standardwerk über die führenden Persönlichkeiten des Dritten Reiches und erschien in zahlreichen Auflagen. Es enthielt unter anderem Aufsätze über den NS-Ideologen Alfred Rosenberg, die später in Hitlers Auftrag ermordeten Nationalsozialisten Ernst Julius Röhm und Gregor Straßer, über den »linken« Nationalsozialisten und Hitler-Gegner Otto Straßer, über Hitlers Chefarchitekten Albert Speer, Außenminister Joachim von Ribbentrop, SS-Führer Heinrich Himmler, Propagandaminister Joseph Goebbels, Hitlers Sekretär Martin Bormann, seinen »Stellvertreter« Rudolf Heß, über Hermann Göring und andere. Später folgten ein weiterer Band sowie einer über die führenden Männer des deutschen Widerstandes gegen Hitler.

Nach dem Abschluss meiner Promotion wollte ich zunächst das fertigbringen, was ich begonnen hatte, nämlich meine Ausbildung als Gymnasiallehrer. Eigentlich wollte ich schon damals kein Lehrer mehr werden, sondern Professor an einer Universität. Aber ich dachte, Lehrerfahrung und die Didaktik, wie man sie in einem Referendariat lernt, könnten auf jeden Fall nützlich sein. So trat ich im April 1986, zwei Monate nach meiner Promotion, eine Stelle als Studienreferendar an einer Schule in Darmstadt an.

Die eineinhalb Jahre, die ich an der Schule unterrichtete, machten mir Spaß. Die Schüler, die sonst manchmal sehr grausam mit Referendaren umgehen, akzeptierten mich, wohl weil ich einen Doktortitel hatte und es somit für sie keinen Zweifel an meinem Fachwissen gab. Außerdem imponierte ihnen, dass ich Bodybuilding betrieb, was man mir ansah. Ich war ein strenger Lehrer, denn da ich selbst früher ein extrem schwieriger und rebellischer Schüler war, wusste ich, dass man eher fertiggemacht wird, wenn man zu milde als wenn man zu streng ist. 1987 bestand ich die Zweite Staatsprüfung für das Lehramt an Gymnasien, erneut »mit Auszeichnung«. Dass ich nunmehr dreimal hintereinander, bei den beiden Staatsexamen und bei der Promotion, mit Auszeichnung abgeschlossen hatte, machte mich stolz.

Das heißt nicht, dass ich keine Probleme gehabt hätte. Ganz im Gegenteil: Ich habe in diesen Jahren sehr viel getrunken. Während ich tagsüber studierte oder – später – meine Doktorarbeit schrieb, verbrachte ich die Nächte in Diskotheken und Bars und trank viel mehr, als mir gut tat. Viel Zeit verbrachte ich mit amerikanischen Soldaten, die in Darmstadt stationiert waren und die mir gerne einen ausgaben, weil sie mich lustig und unterhaltsam fanden und weil ich viele schöne Mädchen kannte. Außerdem verdiente ich Geld über die Amerikaner: Im Laden der US-Armee konnte ich nämlich steuerfrei Produkte einkaufen, die ich anschließend weiterverkaufte. Das war keine neue Idee – viele machten auf diese Weise mit Zigaretten oder Alkohol Geld. Ich kam auf die Variante, Vitamine (E, B6, B12) zu kaufen, die es dort in Megadosen gab. Für den vier- bis fünffachen Preis verkaufte ich sie im Sportstudio an

Bodybuilder weiter. Bei Zigaretten war die Gewinnspanne wesentlich niedriger.

Paradoxerweise trainierte ich vier- bis fünfmal die Woche morgens früh, auch wenn ich in der Nacht davor total betrunken war. Oft war mir morgens noch schlecht, aber meine Disziplin brachte mich dann doch ins Sportstudio. »Du bist kein Mensch, sondern eine Maschine«, meinte mein Freund. Doch das sah nur so aus. So wie alle Alkoholiker wollte ich nicht wahrhaben, dass ich zunehmend abhängig wurde und ein ernstes Problem hatte. Ein Freund, der selbst einmal Alkoholprobleme gehabt hatte, sprach mich auf das Thema an und drückte mir einen Fragebogen der »Anonymen Alkoholiker« in die Hand, mit dem man selbst testen konnte, ob man gefährdet oder gar schon abhängig ist. Das Ergebnis war nicht ganz eindeutig, und ich trank weiter. Meine Lieblingsgetränke waren Bier oder Bacardi mit Orangensaft, am liebsten 50/50 gemischt. Sehr oft hatte ich Filmrisse, ich konnte mich nicht mehr an den Abend zuvor erinnern. In mehr als nur einer Nacht musste mir meine damalige Frau Andrea nachts einen Eimer ans Bett bringen, damit ich mich übergeben konnte. Andrea hatte ich im März 1983 geheiratet, ich war 25 Jahre, sie 19. Dass meine Ehe auseinanderging, war meine Schuld und hatte auch mit diesen Alkoholproblemen zu tun.

Zwei Gespräche waren entscheidend dafür, dass ich mit dem Trinken aufhörte. Das erste Gespräch führte ich mit Jürgen Rust, einem Freund, dem ich mein Leid klagte, dass ich seit ein paar Monaten keine neue Freundin fand. »Du hast früher immer die schönsten Mädchen gehabt, und du bist ein Typ, auf den die Frauen stehen. Aber du läufst jeden Abend mit einer Fahne rum, redest eine Menge Scheiß und jede merkt sofort, dass du ein Alkoholproblem hast. So jemand will doch keine haben.« Das war hart. Aber es stimmte. Ich hörte nach diesem Gespräch auf zu trinken.

Das Problem war nur: Das hatte ich häufiger schon versucht. So wie fast jeder Alkoholiker hatte ich immer wieder Trinkpausen eingelegt, die mir und anderen beweisen sollten, dass ich nicht abhängig sei. Inzwischen hatte ich aber gemerkt, dass die Schwierigkeit nicht so sehr darin besteht aufzuhören, sondern vielmehr darin, nicht wieder anzufangen. Etwa drei Wochen nach dem Gespräch rief ich nachts bei der Telefonseelsorge an, um über mein Problem mit jemandem zu sprechen.

Mein Gesprächspartner am Telefon legte mir nahe, was mir schon mein Freund empfohlen hatte, nämlich zu den »Anonymen Alkoholikern« zu gehen. Ich konnte schon damals ganz gut reden und erklärte ihm wortreich und wortgewandt, warum das nichts für mich sei. Er ließ sich nicht blenden und meinte: »Ich habe den Eindruck, Sie wollen gar nicht wirklich aufhören zu trinken.« Das saß. Ich spürte, er hatte recht. Ja. Ich konnte mir ein Leben ohne Alkohol gar nicht mehr vorstellen. Was sollte ich nachts in den Diskos und Bars machen? Cola trinken? Und dann sagte er einen wichtigen Satz, der mir vielleicht das Leben rettete: »Schauen Sie sich das doch einfach mal an, es verpflichtet Sie zu nichts.«

Das tat ich dann auch. Zunächst war ich angenehm überrascht, dass es die »Penner«, die ich bei den »Anonymen« erwartet hatte, dort nicht gab. Das waren typische Mittelschichtsleute, so wie ich. Und in vielem, was sie erzählten, fand ich mich wieder. Nur mit einem Unterschied: Sie waren den traurigen Weg als Alkoholiker sehr viel länger gegangen als ich. Einer meinte: »Mit Alkoholismus ist es wie mit einer Schwangerschaft. Du bist schwanger oder nicht. Halb schwanger geht nicht.« Nun gut, ich war wohl erst in der dritten Woche schwanger.

Das fand ich auch, als ich mir erneut den Fragebogen vornahm, den ich zwei Jahre zuvor schon einmal ausgefüllt hatte. Einerseits kreuzte ich mehr Fragen mit »Ja« an als zwei Jahre zuvor. Das gab mir zu denken. Andererseits gab es Fragen, die ich glücklicherweise nicht mit »Ja« ankreuzen musste: Ob ich jeden Morgen zittere, ob ich schon mal Rasierwasser getrunken oder ob ich eine Entziehungskur hinter mir hätte. Mir wurde klar: Entweder du tust das, was dir diese Leute in der Gruppe sagen, die es geschafft haben, mit dem Trinken aufzuhören: »Lass das erste Glas stehen, geh regelmäßig in die Meetings«. Oder – ja, oder ich mache weiter, komme in zwei Jahren wieder und kreuze dann auch diese Fragen mit »Ja«

an. Die nächsten Jahre ging ich regelmäßig in die Meetings, bald hatte ich auch wieder eine hübsche Freundin, und von da an habe ich in meinem Leben nie mehr Alkohol getrunken.

Manchmal werde ich gefragt, was die Gründe für meinen exzessiven Alkohol- und Haschischkonsum gewesen seien. Dahinter steckt die Vorstellung, es gebe bestimmte Gründe oder Problemlagen, warum jemand abhängig wird. Ich sehe das anders. Ich denke, es gibt dafür keine besonderen Gründe, außer dem, dass es eben einen gewissen Prozentsatz von Menschen gibt, die ganz generell zu einem Suchtverhalten neigen und deshalb an Substanzen hängenbleiben, die die allermeisten Menschen gefahrlos konsumieren können.

Etwa 90 Prozent der Deutschen trinken Alkohol, aber nur bei etwa 6,5 Prozent (bei Männern etwa 9,5 Prozent) liegen Alkoholmissbrauch bzw. Alkoholabhängigkeit vor. Etwa 16 Prozent der 18- bis 20-Jährigen konsumieren Cannabis (ich vermute, zu meiner Jugendzeit waren es mehr), aber die wenigsten tun es exzessiv oder werden davon psychisch abhängig. Ich habe bei den Anonymen Alkoholikern gelernt, dass es nicht um bestimmte Substanzen geht, von denen man abhängig wird. Diese sind beliebig austauschbar. Viele Menschen, die ich bei den Anonymen Alkoholiker kennenlernte, waren vor oder nach ihrer Alkoholsucht von anderen Substanzen abhängig, etwa von Medikamenten, Nikotin oder Drogen. Ich war sogar viele Jahre von Cola Light abhängig und trank oft schon am Vormittag drei bis vier Liter. Man spricht bei einem solchen Verhalten von Suchtverlagerung.

Für mich war es wichtig zu erkennen, dass ich zu den Suchtmenschen gehöre. Meine Folgerung lautete, mich von Dingen fernzuhalten, die süchtig machen können. Ich war beispielsweise nie im Leben spielsüchtig, würde aber auch niemals in ein Spielcasino gehen. Schließlich muss ich nicht alle Süchte ausprobieren. Mit dem Alkohol aufzuhören und mich von anderen Suchtmitteln fernzuhalten, war die wichtigste Entscheidung in meinem Leben. Denn ohne diese Entscheidung wäre mein Leben mit Sicherheit völlig anders verlaufen.

Kapitel 4: Vier Jahre Freie Universität

Nach Promotion und Zweitem Staatsexamen bewarb ich mich für eine Stelle als Wissenschaftlicher Assistent. In der Zeitung fand ich zwei attraktive Angebote, und zwar vom Deutschen Historischen Institut in London und von der Freien Universität Berlin. Beide Städte wären mir recht gewesen. Ich mag Großstädte – je größer, desto besser. Ich bin in einer Großstadt, Frankfurt am Main, geboren worden und hatte in Dörfern und einer mittelgroßen Stadt – Darmstadt – gelebt. Danach wusste ich, dass ich ein Großstadtmensch bin. Ich bewarb mich für beide Stellen und bekam die Zusage aus Berlin. Allerdings hatte ich da auch ein wenig Glück, denn ich war – wie mir Professor Jürgen W. Falter, bei dem die Stelle angesiedelt war, in seiner ehrlichen Art erklärte – eigentlich nur die zweite Wahl. Der zuerst Auserkorene hatte eine andere Zusage angenommen und daraufhin in Berlin abgesagt.

Zunächst musste ich eine Wohnung finden, was auch damals in Berlin nicht so einfach war. Eines Abends saß ich in Darmstadt mit meinem Freund Uli Born in einem Café. Uli wurde der »Videokönig von Frankfurt« genannt, weil ihm schon mit Mitte 20 zahlreiche Videotheken in der Mainmetropole gehörten. Als ich ihm erzählte, ich plane, nach Berlin zu ziehen, meinte er: »Ich habe dort eine Wohnung, aber die ist untervermietet.« Er habe – so wie manche jungen Männer aus Westdeutschland damals – formal seinen ersten Wohnsitz in Westberlin angemeldet, da Westberliner nicht zur Bundeswehr mussten. Als sich herausstellte, dass die Wohnung zufällig nur fünf Minuten von meiner künftigen Arbeitsstelle entfernt war, bat ich ihn, mir sofort Bescheid zu sagen, wenn die Untermieterin irgendwann kündigen sollte. Es war wie sechs Richtige im Lotto, dass sie einige Tage später genau zu dem Datum kündigte, an dem ich umziehen wollte. Ich glaube nicht an Vorbestimmungen, aber in dieser Situation dachte ich doch, wenn es das Schicksal gibt, dann will es, dass ich nach Berlin gehe.

In der Stadt lebte ich mich schnell ein. Ich beging nicht den Fehler, den manche Menschen machen, die nach dem Umzug jedes Wochenende in die alte Heimat fahren und sich dann wundern, warum sie am neuen Wohnort nicht heimisch werden. Ich ging jeden Abend aus und lernte schon bald meine erste Berliner Freundin kennen, eine Deutschgriechin, mit der ich einige Jahre zusammenblieb.

Professor Falter, bei dem ich im November 1987 anfing, war und ist einer der bekanntesten Politikwissenschaftler und Wahlforscher in Deutschland. Er hatte mit »summa cum laude« promoviert und sich später unter anderem mit der historischen Wahlforschung einen Namen gemacht. Falter hatte erforscht, wer die Wähler der NSDAP waren, und zwar mit modernen EDV-gestützten Methoden. Eines seiner Ergebnisse war, dass viel mehr Arbeiter für die Nationalsozialisten gestimmt hatten, als man zuvor annahm. Seit 1983 leitete er den Bereich »Vergleichende Faschismusforschung« am Zentralinstitut für Sozialwissenschaftliche Forschung der Freien Universität Berlin. Das war nun auch meine Arbeitsstelle.

Normalerweise arbeitet ein Hochschulassistent einem Professor zu. Falter ließ mir jedoch eine maximale Freiheit, mich um meine Dinge zu kümmern. Die Zuarbeit für seine Projekte erledigten andere Assistenten, die vielleicht weniger Ambitionen hatten als ich selbst. Ich empfand es als Glücksfall, mit ihm zu arbeiten, weil er hochintelligent, humorvoll und ehrlich ist. Es machte mir Spaß, mittags bei der Pizza mit ihm – durchaus auch kontrovers – zu debattieren. Ich liebe es, mit Menschen zu diskutieren, die eine hohe Auffassungsgabe haben und gut argumentieren können. Unterm Strich lagen wir gar nicht so weit auseinander. Wissenschaftlich waren wir auf einer Wellenlänge, politisch war ich inzwischen eher nationalliberal und er eher bürgerrechtsliberal.

Als Hochschulassistent musste ich Seminare geben, aber der Aufwand dafür war überschaubar. Ich musste nur vier Stunden in der Woche unterrichten, das waren zwei Seminare. Das machte mir Spaß. Ich unterrichte gerne. Zum Beispiel gab Falter gemeinsam mit mir im Sommersemester 1988 ein Seminar über die Auflösung der Weimarer Republik. Im Wintersemester 1988/89 veranstaltete ich allein ein Seminar zur »Nationalsozialistischen Wirtschafts- und Sozialpolitik« und eines über »Biografische Deutungsversuche des Nationalsozialismus«. In den nächsten Jahren gab ich, teilweise allein und teilweise zusammen mit Falter, Seminare über die Mitglieder der NSDAP, über die extreme Rechte in der Bundesrepublik Deutschland, über »Die Linke und die Nation«, über »Nationalsozialismus und Modernisierung«, über »Adenauers Deutschlandpolitik und ihre Kritiker« und über »Neutralismus in der Bundesrepublik«.

Zu dem letzten Thema wollte ich mich eigentlich in den nächsten Jahren habilitieren. Die Habilitation ist Voraussetzung, um Professor zu werden, was damals mein Ziel war. Worum ging es bei meinem Vorhaben? Nationalneutralisten waren Menschen und Gruppen, die sich für die Wiedervereinigung Deutschlands engagierten und der Meinung waren, die Chancen dafür seien am besten, wenn sich das wiedervereinte Land aus den bestehenden Militärbündnissen heraushielt, also weder Mitglied in der Nato noch im Warschauer Pakt war. Es gab Dutzende Gruppen – viele davon ziemlich weit links oder ziemlich weit rechts –, die ein solches Ziel anstrebten. Aber es gab auch in den großen demokratischen Parteien einzelne Politiker, die in den 50er-Jahren einen solchen Ansatz verfolgten und die sich kritisch mit Konrad Adenauers Politik der Westintegration auseinandersetzten, weil sie glaubten, so sei die deutsche Einheit nicht zu erreichen.

Ich sammelte enorme Mengen an Material zu diesem Thema, wahrscheinlich zu viel. Ich stand Hunderte Stunden am Kopierer, kopierte Bücher, Aufsätze, Zeitschriften und Dokumente aus Archiven. Mein Zimmer quoll über von Aktenordnern. Letztlich habe ich jedoch nie angefangen, die Arbeit zu schreiben, doch dazu später. Das Material sollte gleichwohl nicht nutzlos gesammelt sein, ich gab es meinem mit Abstand begabtesten Studenten, Alexander Gallus, der es für seine Promotion nutzen konnte. Ich hatte ihn schon als Abiturient kennengelernt, weil er mich bat, mein Hitler-Buch, dessen Thesen in seinem Geschichtsunterricht diskutiert worden waren, als Abschiedsgeschenk des Oberstufenkurses für seinen Lehrer zu signieren. Später studierte er auch bei mir an der FU Berlin. Heute ist er selbst ein bekannter Professor für Politikwissenschaft, der sich nicht zuletzt mit intellektuellen Außenseitern im 20. Jahrhundert befasst.

Jemand wie Gallus war leider die Ausnahme unter den Studenten. Was mir am wenigsten Freude machte, war die Korrektur der Hausarbeiten und Abschlussarbeiten der Studenten. Ich fühlte mich so ähnlich wie ein hochmusikalischer Mensch, der den ganzen Tag Anfängern zuhören muss, wie sie auf einem hoffnungslos verstimmten Klavier spielen. Sätze fangen irgendwo an und hören nirgendwo auf, sind logisch nicht stimmig und zeugen eigentlich nur davon, dass der Student nicht richtig verstanden hat, was er da überhaupt schreibt. Das ist eher die Regel als die Ausnahme. Man kann solche Arbeiten kaum redigieren, denn zuvor müsste man erraten, was mit einem Satz gemeint sein könnte, und ihn dann ganz neu formulieren. Ich weigerte mich auch, die Praxis mitzumachen, dass eigentlich jeder eine 1 oder eine 2 bekommt. Für mich war es eine wirkliche Qual, viele dieser Arbeiten zu lesen.

Obwohl ich nie begonnen hatte, meine Habilitationsschrift zu verfassen, entstand doch als Abfallprodukt meiner Recherchen ein Buch, nämlich »Adenauers Gegner. Streiter für die Einheit«. Es enthielt biografische Skizzen über die Widersacher des ersten Bundeskanzlers – über die SPD-Politiker Kurt Schumacher und Gustav Heinemann, den FDP-Politiker Thomas Dehler, den CDU-Politiker Jakob Kaiser und den Publizisten Paul Sethe. Ich veröffentlichte das Buch 1991 und schrieb dazu eine Serie für »Die Welt«, weil ich der Meinung war, dass nach der Wiedervereinigung allzu einseitig Adenauers Politik gepriesen wurde. Ich fand damit begeisterte Zustimmung bei Sozialdemokraten, obwohl ich denen politisch sonst nicht nahestand. Für die Taschenbuchausgabe schrieb der SPD-Vordenker Erhard Eppler sogar ein Vorwort. Und die führenden SPD-Politiker Egon Bahr und Peter Glotz verfassten positive Besprechungen im »Tagesspiegel« und in der »Welt«.

Dagegen machte ich mir bei CDU-nahen Historikern und Politikwissenschaftlern mit diesem Buch keine Freunde. Sie fanden, Adenauer sei darin zu schlecht weggekommen. Vielleicht hatten sie nicht ganz unrecht und mein kritisches Urteil war in diesem Fall etwas getrübt dadurch, dass mir Adenauer nie so recht sympathisch war. Adenauers Gegner, die sehr viel nationaler eingestellt waren als er, waren mir schon aus diesem Grund sympathischer, ganz besonders Thomas Dehler von der FDP. Da ich jedoch – auch in diesem Buch – mit bewertenden Urteilen zurückhaltend war, hat es aus meiner Sicht bleibenden Wert, und ich muss an der Darstellung von Adenauers Kritikern nichts korrigieren, auch wenn ich manches heute selbst etwas anders bewerten würde.

Was machte ich sonst den ganzen Tag in den vier Jahren an der Uni – außer Lehrveranstaltungen zu geben, Hausarbeiten und Abschlussarbeiten zu redigieren und eifrig Material für meine Habilitation zu sammeln und auszuwerten? Als Erstes schrieb ich eine kleine Biografie über Hitler. Meine Dissertation war ja keine Biografie, sondern behandelte nur bestimmte Aspekte von Hitlers Weltanschauung. 1988 trat der Muster-Schmidt-Verlag an mich heran. In diesem Verlag gab es eine große, anerkannte Reihe mit Biografien, »Persönlichkeit und Geschichte«, die heute über 170 Porträts über bekannte Personen der Geschichte umfasst. Das Büchlein über Hitler war veraltet, und der Verlag, der durch die vielen positiven Besprechungen über meine Dissertation auf mich aufmerksam geworden war, fragte mich, ob ich für diese Reihe eine Hitler-Biografie schreiben wolle. Ich tat das gerne, zumal diese Reihe in vielen

Schulen verwendet wurde und ich so meine wissenschaftlichen Forschungsergebnisse in einer einfachen Sprache für ein breiteres Publikum aufbereiten konnte. Auch über dieses Buch gab es eine Reihe positiver Besprechungen in Tageszeitungen und Fachzeitschriften, wobei die wissenschaftliche Leistung jedoch nicht annähernd vergleichbar war mit meiner Dissertation. Die kleine Hitler-Biografie erschien in Übersetzungen auch in Italien und Tschechien.

In den nächsten Jahren gab ich einige Sammelbände heraus, in denen viele Wissenschaftler zu Wort kamen. Über die Bände zur »Braunen Elite« habe ich schon berichtet. Ende der 80er-Jahre lernte ich zwei Wissenschaftler kennen, mit denen ich 1990 einen viel beachteten Sammelband über »Die Schatten der Vergangenheit« herausgab. Es waren Eckhard Jesse und Uwe Backes, die heute beide Professoren für Politikwissenschaft sind (wobei Jesse inzwischen emeritiert ist). Wir sahen viele Dinge ähnlich, obwohl wir ein unterschiedliches Wissenschaftsverständnis hatten: Während Jesse und Backes eher normativ argumentierten, wollte ich Fakten sprechen lassen und historische Zusammenhänge rekonstruieren, ohne Bewertungen von außen heranzutragen.

Mit beiden entwickelte sich eine Freundschaft und eine intensive Zusammenarbeit. Jesse ist einer der führenden Extremismusforscher, beschäftigt sich also wissenschaftlich sowohl mit Links- als auch mit Rechtsextremisten. Politisch sind beide in der Wolle gefärbte Liberale mit einem konservativen Einschlag. Uns gefiel nicht, dass der einstmalige antitotalitäre Konsens, auf den die Bundesrepublik gründete, zunehmend durch einen einseitigen, nur »antifaschistischen« Konsens ersetzt wurde.

Wir gründeten gemeinsam den »Veldensteiner Kreis«, in dem sich junge Historiker und Politikwissenschaftler trafen, um sich über historische und politikwissenschaftliche Themen auszutauschen. Uns verband das Gefühl, als eine jüngere Generation das umzusetzen, was der bekannte Historiker Martin Broszat vom Institut für Zeitgeschichte in München einige Jahre zuvor als »Historisierung des Nationalsozialismus« bezeichnet und eingefordert hatte.

Unser wichtigstes Projekt war der 1990 gemeinsam herausgegebene Sammelband »Die Schatten der Vergangenheit. Impulse zur Historisierung des Nationalsozialismus«. Im gemeinsamen Vorwort schrieben wir: »Den Anstoß zu diesem Sammelband gab die Beobachtung, dass die an sich unausweichliche Auseinandersetzung mit dem Nationalsozialismus vielfach in Form einer ritualisierten ›Bewältigungsstrategie‹ geführt wird.«

Ein Beispiel dafür war aus unserer Sicht der sogenannte Historikerstreit, der 1986/87 unter anderem durch einen FAZ-Artikel des Historikers Ernst Nolte ausgelöst worden war. Nolte wurde von seinen Kritikern vorgeworfen, den Nationalsozialismus durch Vergleiche zum Stalinismus zu »relativieren«. Ich selbst wurde später oft als Nolte-Schüler bezeichnet. In einer an der FU Berlin entstandenen Dissertation über die »Neue Rechte« schreibt Alice Brauner beispielsweise, »dass Zitelmann bei dem umstrittenen Historiker Ernst Nolte promoviert hat«. So wie manches andere, was über mich geschrieben wurde, war auch das falsch. Wahrscheinlich hatte die Autorin das einfach ungeprüft aus unzuverlässigen Quellen abgeschrieben. Dabei hatte sie bei mir studiert und hätte es daher durch eine einfache Rückfrage an mich herausfinden können. Ich habe in meinem ganzen Leben nie eine Vorlesung oder ein Seminar bei Ernst Nolte besucht und war auch nie sein Schüler.

Im Gegenteil. Noltes Deutung des Nationalsozialismus und meine eigene waren geradezu konträr, wie ich in meinem Beitrag für den Sammelband (»Nationalsozialismus und Antikommunismus«) zeigte. Nach Nolte war der Nationalsozialismus primär eine überschießende Reaktion des Bürgertums auf die Bedrohung durch den Kommunismus. In meiner Kritik zeigte ich überraschende Übereinstimmungen zwischen der marxistischen Faschismustheorie und Noltes Thesen auf. Ich betonte im Gegensatz zu Nolte und auch im Gegensatz zur marxistischen Faschismustheorie die Gemeinsamkeiten zwischen diesen beiden rivalisierenden Spielarten des Sozialismus – so wie das bereits der liberale Theoretiker Friedrich August von Hayek getan hatte.

Obwohl ich wissenschaftlich eine Gegenthese zu Nolte vertrat, gefiel mir der polemische und diffamierende Stil nicht, in dem sich seine – überwiegend linksorientierten – Kritiker mit ihm auseinandersetzten. Ich lernte Nolte in Berlin persönlich kennen. Er lud mich zu sich nach Hause ein, und wir diskutierten sachlich über unsere gegensätzlichen Sichtweisen.

Nolte war, wie er selbst einmal einräumte, eigentlich kein Geschichtsforscher, sondern eher ein Geschichtsdenker. Die Entdeckung und akribische Interpretation von Quellen war seine Sache nicht – eher die geschichtsphilosophische Reflexion. Ich hatte dabei nicht den Eindruck, dass er von unlauteren Motiven getrieben wurde. Ich plädierte also für eine sachlichere Auseinandersetzung mit ihm und ärgerte mich, dass es genau daran in den Debatten über die nationalsozialistische Zeit oft mangelte.

In dem Sammelband »Die Schatten der Vergangenheit« kamen 23 sehr unterschiedliche Autoren zu Wort – eher konservative Historiker wie Nolte, Liberale wie Imanuel Geiss und Linke wie Herbert Ammon und Wolfgang Kowalsky. Auch mein Chef, Jürgen Falter, steuerte einen Beitrag bei. Das Buch fand sehr große Beachtung in einer breiten Öffentlichkeit. In der liberalen »Zeit« erschien eine positive Besprechung mit der Überschrift: »Wider gängige Stereotypen. Ein Sammelband bemüht sich um eine Versachlichung der Auseinandersetzung mit der NS-Zeit.« Auch die »Süddeutsche Zeitung«, der »Tagesspiegel« und die FAZ veröffentlichten positive Rezensionen. Brigitte Seebacher-Brandt, die Ehefrau von Willy Brandt, besprach den Band wohlwollend im »Rheinischen Merkur«, und Peter Brandt, der Sohn von Willy Brandt, schrieb eine positive Rezension in der »Welt«.

Sehr weit links orientierte Historiker sahen das allerdings ganz anders. Alexander Ruoff kritisierte den Sammelband als Teil einer Diskursstrategie einer »Neuen Rechten«, die eine Änderung des Geschichtsbewusstseins und der politischen Kultur der Bundesrepublik beabsichtige. Ziel sei dabei ein »Richtungswechsel von einer offen revisionistischen und apologetischen Linie zu einer *Historisierung* und *Einordnung* des Nationalsozialismus«. Wolfgang Wippermann, der bei

Nolte promoviert hatte, jedoch weit links stand, attackierte den Band mit einem ähnlichen Tenor.

Ein Jahr danach gab ich – gemeinsam mit Michael Prinz von der Universität Bielefeld – einen weiteren Sammelband bei der Wissenschaftlichen Buchgesellschaft heraus. Darin ging es um das Thema »Nationalsozialismus und Modernisierung«. Wir hatten mehrere Autoren versammelt, die die modernisierende Funktion des Nationalsozialismus belegten. Schon der bekannte liberale Soziologe Ralf Dahrendorf hatte die These vertreten, der Nationalsozialismus habe einen Modernisierungsschub in der deutschen Gesellschaft bewirkt. Der Nationalsozialismus habe »für Deutschland die in den Verwerfungen des kaiserlichen Deutschland verlorengegangene, durch die Wirrnisse der Weimarer Republik aufgehaltene soziale Revolution vollzogen«, argumentierte er. Die Menschen seien dabei aus überlieferten, engen Bindungen herausgelöst und »einander gleichgemacht« worden. Freilich, so Dahrendorf, sei Hitler nicht ausgezogen, um diese soziale Revolution auszulösen und zu vollenden. Seine Politik habe vielmehr das Gegenteil des Gewollten bewirkt.

Zwar stimmte ich Dahrendorf und anderen Autoren zu, die die modernisierende Funktion des Nationalsozialismus betonten. Mit der These von dem Widerspruch zwischen Intention und Wirkung, wonach also diese Modernisierung gar nicht beabsichtigt gewesen sei, hatte ich mich schon kritisch in meiner Doktorarbeit auseinandergesetzt. Dort wies ich nach, dass Hitler sich selbst als sozialen Revolutionär sah und durchaus kein Gegner der Modernität war.

Der Historiker Klaus Hildebrand kommentierte die Kontroverse um die Modernität des Nationalsozialismus später so: »Dass die nach wie vor andauernde Kontroverse überhaupt entstehen konnte, ja vielleicht sogar entstehen musste, hat, wie das oftmals in vergleichbaren wissenschaftlichen Streitfällen anzutreffen ist, mit den Begriffen zu tun, die für den umstrittenen Gegenstand benutzt werden: Die einen, wie Hans Mommsen und Heinrich August Winkler beispielsweise, binden das Projekt der Moderne, den Prozess der Modernisierung und den Befund von Modernität in normativem

Sinn an Demokratisierung, Emanzipation und Humanität, die anderen, Rainer Zitelmann und Michael Prinz beispielsweise, lösen diesen positiv konnotierten Zusammenhang auf und testieren selbst einer zutiefst verwerflichen Existenz wie dem Nationalsozialismus moderne Absichten und modernisierende Wirkungen ...«

Es handelte sich indes nicht lediglich um einen Streit um Begriffe. In meinem Beitrag für den Band von Prinz und mir wandte ich mich gegen den – nach dem Zusammenbruch der kommunistischen Systeme zwar verständlichen, aber naiven – Fortschrittsoptimismus. Verbreitet war damals eine Sichtweise wie in dem 1987 erschienenen Buch »Die demokratische Weltrevolution«. Darin schrieb der Staatsrechtler Martin Kriele, es gebe eine Gesetzmäßigkeit, nach der am Ende die Demokratie ihren weltweiten Siegeszug antreten werde. Er berief sich dabei auf die teleologische Geschichtsphilosophie von Hegel und Kant, wonach die Weltgeschichte eine Geschichte des Fortschritts der Freiheit und des Bewusstseins der Freiheit war.

Auch ich fragte 1991 in meinem Beitrag für den von Prinz und mir edierten Band: »Spricht der Zusammenbruch der Diktaturen in Osteuropa und der sich dort vollziehende Demokratisierungsprozess nicht für den unauflösbaren Zusammenhang von Demokratisierung und Modernisierung?« Meine Antwort darauf fiel jedoch, anders als bei Kriele und anderen Autoren, skeptisch aus: »Zweifelsohne besteht die Gefahr, dass wir uns zu sehr von der Faszinationskraft gegenwärtiger Entwicklungen beeindrucken lassen. Skepsis ist angebracht, wenn manche Beobachter vorschnell von einem Ende der Geschichte sprechen, das mit dem endgültigen Sieg der demokratischen Ordnung gekommen sei.« 26 Jahre nachdem ich diese Sätze schrieb, ist leider offenkundig, dass meine Skepsis begründet war. Der unaufhaltsame Fortschritt in der Technik erscheint als ein Gesetz, aber dass dies mit einem unaufhaltsamen Fortschritt in Richtung Demokratie und Freiheit einhergeht, hat sich leider als Irrtum herausgestellt.

Ich kritisierte damals nicht nur den aus meiner Sicht naiven Fortschrittsoptimismus, sondern ganz generell eine politisierte Geschichtswissenschaft. Mich störte die emotionale Aufgeladenheit und Aufgeregtheit der Diskussion, denn Wissenschaft sollte sich um Erkenntnis bemühen und dabei gegensätzliche Meinungen aushalten. Durch den Historikerstreit war die Debatte jedoch hochemotionalisiert. Das führte zu absurden Blüten: Nachdem ich den ersten Band der »Braunen Elite« bei der Wissenschaftlichen Buchgesellschaft herausgebracht hatte, wollte ich das Projekt zusammen mit dem amerikanischen Historiker Ronald Smelser fortsetzen. Wieder war es uns gelungen, international renommierte Historiker aus vielen Ländern zu gewinnen, die 21 weitere Porträts über die führenden Männer des Nationalsozialismus schrieben.

Einer davon war der bekannte britische Historiker Ian Kershaw. Sein Beitrag für den Band wurde zum Problem. Inzwischen war leider der Lektor, der den ersten Band ausgesprochen professionell betreut hatte, verstorben. Seine Stelle bei der Wissenschaftlichen Buchgesellschaft hatte ein Nachfolger eingenommen, bei dem das Engagement für eine vermeintlich gute Sache jedenfalls deutlich stärker ausgeprägt war als seine Fachkenntnisse der Geschichtswissenschaft. Der neue Lektor suchte offenbar krampfhaft mit dem antifaschistischen Eifer der richtigen (also linken) Gesinnung nach Belegen für rechtslastige Beiträge – und fand diese vermeintlich ausgerechnet in dem Beitrag des Autors Ian Kershaw, der heute der bekannteste britische Experte für den Nationalsozialismus ist und später eine voluminöse Hitler-Biografie veröffentlichte. Dass Kershaw selbst ein Linker war, wusste der fachlich wenig beschlagene Lektor indes nicht. Ich hatte den Eindruck, er halte Kershaw für einen rechten Geschichtsrevisionisten, obwohl er das natürlich nicht so deutlich sagte. So gab es Streit um Kershaws Beitrag, weil der Lektor dort Rechtslastigkeit witterte, wo zuallerletzt Anlass dafür gegeben war.

Ich war schließlich so entnervt durch den Lektor (dessen Namen ich erfolgreich verdrängt habe), dass ich einen Freund, Enrico Syring, bat, das von mir initiierte und bis dahin begleitete Projekt zu Ende zu führen. Daher trägt der zweite Band dieses Sammelwerkes die Namen von drei Herausgebern. Mit dem Verlag überwarf ich mich endgültig, als er im November 1998 per Brief mit einer »auf den ersten Blick für Sie sicher ungewöhnlichen Anfrage« an mich herantrat, nämlich ob ich einverstanden sei, dass mein Name als Herausgeber auf dem zweiten Band gestrichen werde, weil ich mich inzwischen »einem völlig anderen Arbeitsfeld zugewandt« habe. Selbstverständlich, so hieß es weiter, »würden die Honorarvereinbarungen aufgrund Ihres großen Anteils am Zustandekommen der Bücher überhaupt von dieser Regelung nicht betroffen sein«. Natürlich lehnte ich den unverschämten Vorschlag, der mit den anderen Herausgebern auch nicht abgestimmt war, ab.

Zwar musste ich eine solche Erfahrung zum Glück nur ein einziges Mal machen, doch auch sonst bereitet die Herausgabe eines wissenschaftlichen Sammelbandes nicht nur Freude, sondern ist eine überaus anstrengende Sache. Nach jedem Sammelband schwor ich mir, dies sei der letzte gewesen. Denn kaum ein Autor gibt pünktlich ab, viele halten sich nicht an die Umfangsvorgaben und andere formale Regeln, manche können nicht gut schreiben, sind aber uneinsichtig und beleidigt, wenn man sie darauf hinweist, dass ihrem Text eine sprachliche Überarbeitung guttäte. Andererseits knüpft man durch eine solche Herausgebertätigkeit neue Kontakte zu Wissenschaftlern, womit das Netzwerk erweitert wird. Dennoch, wer nie einen Sammelband herausgegeben hat, unterschätzt die damit verbundene Arbeit. Ich jedenfalls kann viel schneller und problemloser ein Buch alleine schreiben, als einen Sammelband herauszugeben.

In den Jahren an der Freien Universität schrieb ich auch einige wissenschaftliche Aufsätze. 1989 erschien im Piper Verlag ein von Wolfgang Michalka herausgegebener Band über den Zweiten Weltkrieg, in dem 50 Historiker Vorgeschichte, Verlauf und Ergebnisse des Krieges analysierten. Mein Beitrag befasste sich mit der »Begründung des ›Lebensraum-Motivs‹ in Hitlers Weltanschauung«. Ich wies darin nach, dass der von Hitler nach außen propagierte »Kampf gegen den jüdischen Bolschewismus« nur eine Propagandaparole war, an die er selbst nicht glaubte. Zahlreiche Äußerungen Hitlers im vertrauten Kreis zeigten, dass er in Wahrheit in Stalin einen neuen Zaren sah, den er in vieler Hinsicht sogar bewunderte. Der Krieg gegen Russland war vor allem ökonomisch motiviert, weil Hitler Russland und die Ukraine als Rohstoffquelle und Absatzgebiet sah. Der Beitrag ist mir so wichtig, dass ich ihn 2017 im Anhang der Neuauflage meines Hitler-Buches abdrucke.

Neben wissenschaftlichen Fachbeiträgen publizierte ich häufiger Artikel in der Wochenzeitung »Rheinischer Merkur«. Erwähnen möchte ich den Beitrag, den ich im November 1988 zusammen mit Eckhard Jesse unter dem Titel »Die Tabus der Tabubrecher« veröffentlichte. Der Chefredakteur der Wochenzeitung, Thomas Kielinger, hatte uns eine prominente Stelle eingeräumt, nämlich die komplette dritte Seite. Es ging um die Rede des Präsidenten des Deutschen Bundestages, Philipp Jenninger, zum Gedenken an den 50. Jahrestag der Reichspogromnacht in Deutschland. Dessen Rede führte zu einem großen Skandal. Einige, die ihn bewusst missverstehen wollten, unterstellten ihm, er habe Hitler und den Nationalsozialismus beschönigt, weil er bei der Verlesung seiner Rede die Anführungszeichen zu manchen Begriffen nicht ausreichend betont habe. Es entstand eine hysterische Diskussion in Deutschland und im Ausland, und Jenninger musste sofort von seinem Amt zurücktreten.

In der damals aufgeregten Situation versuchten Eckhard Jesse als Politikwissenschaftler und ich als Historiker die Rede ruhig zu analysieren. Wir wandten uns in dem gemeinsamen Artikel gegen die immer wieder vorgetragene These, es gebe Themen, über die man nicht öffentlich sprechen dürfe. »Verbirgt sich dahinter nicht auch eine Arroganz jener, die selbst glauben, aufgeklärt und urteilsfähig zu sein, dies aber dem angeblich ›mündigen Staatsbürger‹ absprechen möchten? Sind solche Argumente nicht auch problematisch, weil sie kontraproduktiv wirken? Weil der Eindruck entsteht, wichtige Aspekte sollten verschwiegen, notwendige Diskussionen unterdrückt werden?«

Man warf Jenninger vor, er habe die Zustimmung der Deutschen zu Hitler überzeichnet, was jedoch eindeutig nicht der Fall war. »Aber war es nicht«, so fragten Jesse und ich, »der – bisher selten unternommene – Versuch des ›Verstehbarmachens‹ und des ›Verstehens‹ dessen, was geschah?« Damals gab es nicht viele, die es wagten, Jenninger gegen ungerechtfertigte Kritik zu verteidigen. Zu den wenigen Ausnahmen gehörte der CDU-Politiker Armin Laschet, der das lesenswerte Buch »Philipp Jenninger – Rede und Reaktion« (zusammen mit Heinz Malangré) herausgab. Dort wurde auch der Aufsatz von Jesse und mir erneut veröffentlicht. In der Folge wurden Jenninger und seine Rede rehabilitiert, unter anderem dadurch, dass der spätere Vorsitzende des Zentralrats der Juden in Deutschland, Ignatz Bubis, demonstrativ umstrittene Passagen aus Jenningers Ansprache in eine eigene Rede übernahm, ohne damit Anstoß zu erregen.

Ebenfalls im »Rheinischen Merkur« veröffentlichte ich im Juni 1991 einen Beitrag unter dem Titel »Träume vom neuen Menschen«. Damals war die These verbreitet, mit dem Zusammenbruch des Kommunismus sei das »Ende des utopischen Zeitalters« (Joachim Fest) oder gar das »Ende der Geschichte« (Francis Fukuyama) erreicht worden. Ich hielt nicht viel von diesen Thesen. »Die Geschichte des zwanzigsten Jahrhunderts vermittelt eine eindeutige Lehre: dass das Grauen im Gewand der hoffnungsvollen Verheißung daherkommt. Das hehre Ideal der klassenlosen Gesellschaft endete im Archipel GULag, die Utopie der geschlossenen Volksgemeinschaft in Auschwitz.« Der pessimistische Schluss meines Beitrages lautete: »Ob die leidvollen Erfahrungen mit den realen Experimenten des ›neuen Menschen‹ den wirklichen Menschen eine Lehre sein werden, ist jedoch zweifelhaft. Vermutlich lautet der Schluss eher, das Experiment müsse unter besseren Bedingungen und mit neuen Zielvorgaben wiederholt werden.«

Das war eine so ungewöhnliche Sicht, dass der Redakteur des »Rheinischen Merkur« sie nicht verstand und den Artikel so redigierte und umschrieb, dass am Schluss genau das Gegenteil dessen vertreten wurde, was ich geschrieben hatte. Durch die Umformulierung sah es so aus, als ob ich nicht *befürchte*, sondern mir selbst *wünschte*, dass das sozialistische Experiment noch einmal wiederholt werde. Zwar entschuldigte sich der Chefredakteur bei mir, und es gab eine Korrektur in der nächsten Ausgabe, aber Leser, die mich kannten, wunderten sich sehr.

Brigitte Seebacher-Brandt sagte mir, sie habe geglaubt, ich hätte einen über den Durst getrunken, als ich den Artikel verfasste. Und der »Spiegel« staunte: »Der Berliner Historiker Rainer Zitelmann hat allen Ernstes vorgeschlagen, das realsozialistische Experiment einer heilen Welt ›unter besseren Bedingungen und mit neuen Zielvorgaben‹ zu wiederholen.« Später veröffentlichte ich diesen Artikel, der mir besonders wichtig war, in der Ursprungsfassung in dem von Richard Saage herausgegebenen Band »Hat die politische Utopie eine Zukunft?«.

Neben den Sammelbänden, Aufsätzen und den Recherchen für meine Habilitation begeisterte ich mich immer mehr dafür, Buchbesprechungen zu schreiben. Ich hatte ja schon als Kind in meiner Schülerzeitung Buchtipps gegeben und später viele Bücher zusammengefasst und bewertet – allerdings damals nur für mich und einige Freunde. Nun hatte ich die Gelegenheit, in Tageszeitungen, Wochenzeitungen, Fachzeitschriften und im Rundfunk Buchbesprechungen zu publizieren.

Ich habe sie nicht gezählt, aber ich bin sicher, dass es Hunderte Besprechungen von historischen und politischen Büchern waren, die ich Ende der 80er- und Anfang der 90er-Jahre veröffentlicht hatte. Die meisten von ihnen schrieb ich für die »Süddeutsche Zeitung« und die FAZ. Auch »Die Welt«, die »Neue Zürcher Zeitung«, der »Rheinische Merkur« und der Berliner »Tagesspiegel« druckten viele meiner Buchbesprechungen. Sogar die »Zeit« und die linke »taz« publizierten manchmal Rezensionen aus meiner Feder. Mir machte das Spaß, außerdem besserte ich damit mein Gehalt als Hochschulassistent nicht unerheblich auf, denn besonders die Rundfunksender und die überregionalen Tageszeitungen zahlten ordentliche Honorare. Vor allem aber erhöhte ich damit meine Bekanntheit, mein Netzwerk weitete sich aus. Kritiker witterten bald ein »Rezensionskartell«.

Die Wahrheit ist oft banaler. Der für Buchbesprechungen beim »Tagesspiegel« zuständige Redakteur erklärte mir mal in aller

Offenheit: »Eigentlich teile ich Ihre Positionen nicht. Aber ich mag Sie als Mensch, und vor allem liefern Sie ausnahmslos Texte ab, an denen ich nichts mehr machen muss – und nie auch nur einen Tag später als versprochen.« Den verantwortlichen Redakteur bei der »Süddeutschen«, Peter Diehl-Thiele, freute es, wenn er mir hie und da ein riesiges Bücherpaket schickte und dann eine Menge Besprechungen bekam, die sprachlich und von der Länge passten, ohne dass er damit Arbeit hatte.

Nur bei der FAZ kam ich zunächst nicht weiter. Ich wollte unbedingt auch dort meine Besprechungen unterbringen. Immer wieder schickte ich Angebote, die unbeantwortet blieben. Manch einer hätte wahrscheinlich irgendwann frustriert aufgegeben. Es ist eine meiner Stärken, dass ich dazu gar nicht neige. Ich bin lieber zu penetrant, als die Flinte rasch ins Korn zu werfen. Also schickte ich unverdrossen weiter meine Besprechungen an die FAZ, und eines Tages bekam ich die positive Antwort, die Zeitung werde einen Text abdrucken. Der zuständige Redakteur hatte gewechselt und jetzt war Eckhard Fuhr (der später zur »Welt« wechselte) verantwortlich für die Besprechungen. Ihm gefielen meine Texte offenbar besser als seinem Vorgänger. Von da an war ich für einige Jahre einer der meistgedruckten Rezensenten politisch-historischer Bücher auch in der FAZ. Ich sah mich darin bestätigt, dass man nicht zu früh aufgeben soll.

Durch die Besprechungen und Bücher wurde ich so bekannt, dass Fernsehjournalisten auf mich aufmerksam wurden. So lud mich der ZDF-Historiker Professor Guido Knopp zu einer Diskussion über »Hitler heute« in prominenter Besetzung ein. Neben mir diskutierten die angesehenen Professoren Eberhard Jäckel und Klaus Hildebrand sowie die bekannte Psychoanalytikerin Margarete Mitscherlich und der deutsche Literatur-Papst Marcel Reich-Ranicki. Das war allerdings erst Mitte der 90er-Jahre, als ich die Universität schon verlassen hatte.

Die vielen Besprechungen und Sammelbände, so muss ich heute zugeben, hielten mich leider von dem ab, worauf ich mich besser konzentriert hätte, nämlich von meiner Habilitation. Ich sammelte zwar eifrig Material, aber ich fing nicht an zu schreiben, weil ich immer noch einen neuen Sammelband herausgeben oder eine weitere Besprechung veröffentlichen wollte. Die Stelle, die ich angetreten hatte, war auf sechs Jahre befristet. Vermutlich hätte ich die Habilitationsschrift doch noch erstellt, aber ich kündigte den Vertrag zu Ende Februar 1992, 20 Monate bevor er ausgelaufen wäre. Dabei verstand ich mich mit meinem Chef sehr gut. Die Gründe für meine Kündigung waren andere.

Der wichtigste Grund war, dass ich durch die Wiedervereinigung zunehmend politisiert worden war. Seit vielen Jahren war ich ein vehementer Befürworter der Wiedervereinigung gewesen, was einem damals allerdings schon den Vorwurf des Nationalismus einbrachte. Die meisten Intellektuellen hatten die deutsche Zweistaatlichkeit als Endzustand der Geschichte verklärt oder als gerechte Strafe für Hitlers Verbrechen. Nur wenige, so wie Axel Springer, hatten an dem Gedanken der deutschen Einheit festgehalten.

Als ich im Fernsehen sah, dass die Mauer gefallen war, kamen mir die Tränen – was aus politischen Gründen bis dahin nie geschehen war. Am folgenden Tag ließ ich meine Lehrveranstaltung an der Uni ausfallen und ging mit meinen Studenten dorthin, wo sich Geschichte nunmehr live abspielte.

Die Welt erlebte in diesen Monaten einen epochalen Umbruch – den Zusammenbruch des kommunistischen Systems, die Wiedervereinigung Deutschlands. Sosehr mir die Beschäftigung mit historischen Themen Spaß machte, so spürte ich doch andererseits den Drang, selbst stärker in die politischen Debatten einzugreifen, zu gestalten und nicht nur zu analysieren. Sollte ich in diesen Jahren größter historischer Umbrüche meine Zeit in historischen Archiven verbringen und eine Habilitationsschrift über ein Thema verfassen, das sich politisch inzwischen erledigt hatte? Oder sollte ich mitten im Geschehen mitwirken und mich noch stärker an den bevorstehenden geistigen Auseinandersetzungen und intellektuellen Debatten beteiligen?

Aus meiner Sicht musste ich mich nun entscheiden, ob ich vor allem Wissenschaftler sein wollte oder jemand, der aktiv in die politischen und intellektuellen Debatten eingriff. Beides zugleich zu sein, davon hielt ich nicht viel. Denn ich fand, dass die Vermengung von Wissenschaft und Politik – egal welcher Couleur – ungut ist: Der Wissenschaftler soll sich um möglichst objektive Erkenntnis bemühen, der Politiker will aktiv verändern und gestalten. Wissenschaftler, die die Wissenschaft als Fortsetzung der Politik mit anderen Mitteln betrachteten, waren mir stets suspekt, gleichgültig, ob diese Politik eher links oder eher rechts ist.

In dieser Situation bekam ich ein Angebot des Münchner Verlegers Herbert Fleissner, dem eine ganze Verlagsgruppe gehörte, unter anderem – gemeinsam mit dem Axel-Springer-Verlag – die Verlagsgruppe Ullstein-Propyläen. Fleissner hatte ich kennengelernt, als wir das Buch »Die Schatten der Vergangenheit« in seinem Verlag herausgaben. Und nun fragte er mich, ob ich Cheflektor für die Verlage Ullstein und Propyläen werden wollte.

Kapitel 5: Bücher gegen Links

Am 1. März 1992 trat ich meine Stelle als Cheflektor der Verlage Ullstein und Propyläen an. Cheflektor in einem der größten und traditionsreichsten deutschen Buchverlage zu sein – das war eine tolle Herausforderung, die mich begeisterte. Dass ich deutlich mehr verdiente als an der Uni, war mir willkommen, aber eindeutig Nebensache. Was mich reizte, war insbesondere die politische Gestaltungsmöglichkeit, die ich hier hatte.

Der Ullstein-Buchverlag war 1903 gegründet worden. Sechs Jahre später erschien die erste große »Weltgeschichte«. Für derartige Renommierwerke wurde 1919 der Propyläen Verlag gegründet. 1959 hatte Axel Springer die Mehrheit an dem Verlag erworben. Kurz vor seinem Tod verband Springer im Januar 1985 den Ullstein Buchverlag mit der Münchner Verlagsgruppe Langen-Müller-Herbig des Verlegers Dr. Herbert Fleissner. So entstand die damals drittgrößte deutsche Buchverlagsgruppe.

Fleissner war politisch nicht unumstritten. 1981 hatte er die Erinnerungen von Franz Schönhuber (»Ich war dabei«) veröffentlicht. Schönhuber war damals stellvertretender Chefredakteur des Bayerischen Rundfunks und moderierte die beliebte Sendung »jetzt red i«. Ende 1983 gründete er mit einigen Freunden aus der CSU die rechte Partei »Republikaner«. Sein Buch, in dem er die Waffen-SS verharmloste, wurde zu Recht kritisiert, nicht nur von Linken. Als Fleissner 1989 das Buch im Ullstein-Verlag als Taschenbuch herausbrachte, protestierten 42 Mitarbeiter, und er nahm den Titel wieder aus dem Programm.

Doch das war einige Jahre, bevor ich dort anfing. In der Zeit meines Wirkens hat er nie versucht, rechtsradikale Bücher im Ullstein- oder Propyläen-Verlag zu platzieren.

Ich habe Herbert Fleissner in diesen Jahren sehr gut kennengelernt. Sicherlich stand er politisch rechts von mir, und manche Bücher, die er in seinen anderen Verlagen herausbrachte, hätte ich (und hätten auch seine Kinder, die heute seine Verlage führen) bestimmt nie verlegen wollen. Aber als Rechtsradikalen habe ich Fleissner nie erlebt. Ansonsten hätten renommierte Autoren wie Willy Brandt, Elie Wiesel, Salcia Landmann, Ephraim Kishon oder Simon Wiesenthal ihre Bücher sicher nicht von Fleissner publizieren lassen. Kishon, dessen Bücher allein in Deutschland über 25 Millionen Mal verkauft worden waren, hat immer wieder Fleissner öffentlich verteidigt.

In meiner Zeit als Cheflektor habe ich sehr eng mit Fleissner zusammengearbeitet und von ihm auch als Geschäftsmann viel gelernt. Einmal sagte er mir: »Verdienen Sie das Geld als Unternehmer und investieren es dann in Immobilien.« So hatte er es getan – und das habe ich später auch gemacht. Er erzählte mir stolz, dass er kurz nach dem Mauerbau, als niemand in West-Berlin investieren wollte, dort eine Immobilie zu einem Schnäppchenpreis erworben hatte. »Die habe ich mir nicht einmal vorher angeschaut, bei dem Preis konnte man einfach nichts falsch machen.« Damals interessierte ich mich noch nicht für Immobilien, aber hörte das erste Mal, wie man mit Investments »gegen den Strom« Geld verdienen kann.

Für mich war der Wechsel von der Uni in den Verlag auch der Wechsel vom öffentlichen Dienst in die freie Wirtschaft. Zur Vorbereitung meldete ich mich erst einmal bei einem Benimm-Kurs der in Berlin bekannten Trainerin Gisela Tautz-Wiessner an. Ich hatte das Gefühl, dass ich hier erheblichen Nachholbedarf hatte – und absolvierte den Kurs später mehrfach. Danach ermunterte ich Tautz-Wiessner gleich, ein Buch zu diesem Thema in unserem Verlag zu veröffentlichen.

Meine Aufgabe als Cheflektor war es, Ideen für Bücher zu entwickeln, außerdem ausländische Lizenzen zu kaufen und darüber hinaus eine Abteilung von anfänglich 17 Lektoren zu leiten. Der Start war nicht einfach. Ich war mit 34 Jahren jünger und unerfahrener als alle meine Mitarbeiter. Und viele von denen hatten nicht auf mich gewartet. Der eine oder andere, der Fleissner nicht mochte oder vielleicht selbst gehofft hatte, den begehrten Job zu bekommen, versuchte anfangs, meine Arbeit zu sabotieren. Zudem hatte jeder einzelne Mitarbeiter mehr Berufserfahrung im Verlagswesen als ich. Zwar hatte ich in den Jahren zuvor einen Beratervertrag beim Straube-Verlag in Erlangen gehabt, aber meine neuen Mitarbeiter waren teilweise seit Jahrzehnten im Buchgeschäft. Manche ließen mich das spüren, andere wieder unterstützten mich. Und ich lernte sehr schnell.

Über mir gab es im Verlag zwei Personen als Verlagsleiter, den jungen Sohn des Verlegers, Michael Fleissner, sowie Klaus Müller-Crepon. Beide hätten nicht unterschiedlicher sein können. Fleissner war jung, aggressiv, amerikanisch geprägt. Er hatte in den USA gelebt und war, durch den dortigen Geschäftsstil geprägt, erfolgsorientiert. Er war begeisterter Hobbyrennfahrer und hatte einen dominanten Führungsstil. Müller-Crepon war das Gegenteil. Vornehm, bürgerlich, interessiert an Kunst und schöner Literatur, exzellente Manieren, aber als Führungskraft weich. Wenn Müller-Crepon Geburtstag hatte, war sein Zimmer voll Blumen und Gratulanten, bei Michael Fleissner eher nicht. Bei den Mitarbeitern war Müller-Crepon sicher beliebter als der junge Fleissner, aber das störte Letzteren nicht.

Denn wenn Müller-Crepon vornehm eine Anweisung formulierte, wurde das eher als ein unverbindlicher Vorschlag empfunden, eine Option, für die man sich entscheiden konnte – oder eben auch nicht. Das war bei dem jungen Fleissner ganz anders. Wenn der etwas sagte, überlegte keiner, ob er das nun machen sollte oder nicht. Ich beobachtete das genau und entschied mich, dass es mir lieber ist, wenn die Mitarbeiter machen, was ich sage, als wenn sie mich mögen. Selbst verstand ich mich zudem sehr gut mit Michael Fleissner. Als er mich mal aggressiv anging, schoss ich direkt entsprechend zurück – seitdem respektierten und mochten wir uns. Es brauchte allerdings fast zwei Jahrzehnte, bis ich verstand, dass es kein Fehler sein muss, wenn Mitarbeiter einen mögen, und dass man mit einem aggressiven Führungsstil nicht nur Gutes bewirkt, sondern oft das Gegenteil dessen, was man erhofft. Ich denke, solche Einsichten hat man nicht, wenn man Anfang oder Mitte 30 und extrem ehrgeizig ist, wie Michael Fleissner und ich das damals waren.

Die Verlage Ullstein und Propyläen lebten nicht primär von den politischen Büchern, die damals große Aufmerksamkeit erregten. Wirtschaftlich wichtiger war beispielsweise das jährlich neu edierte »Guinness-Buch der Rekorde«, das selbst Auflagenrekorde erzielte, an die kein anderes Sachbuch herankam. Meine Verantwortung lag auch bei derartigen Kassenschlagern. Und obwohl mich die politischen Titel primär interessierten, schlug ich dem Verleger auch andere Veröffentlichungen vor, so etwa die erste Biografie über Bill Gates. Damals, Anfang der 90er-Jahre, kannten die meisten Menschen den Namen von Bill Gates nicht, wohl aber seine Produkte und seine Firma Microsoft. Also nannte ich das Buch »Mr. Microsoft«.

Die Titelfindung für die Bücher bereitete mir viel Freude. Hier hatte der Verleger Herbert Fleissner ein großes Talent. Ob er ein Buch verlegte oder nicht, entschied er oft nur danach, ob man einen guten Titelvorschlag hatte. Da konnte es durchaus passieren, dass ich ihm ein interessantes Buchprojekt vorschlug, für das er sich aber nicht erwärmte, weil ihn der Buchtitel nicht überzeugte. Andererseits konnte er sich für ein Projekt nur wegen des Titels begeistern, ohne das Manuskript gelesen zu haben. Dazu hatte er als Verleger, dem etwa zwei Dutzend Verlage gehörten, auch keine Zeit.

Es machte Spaß, zusammen mit Fleissner Titel auszudenken. Die Titelvorschläge, die die Autoren selbst machten, waren meist unbrauchbar. Titel und Umschlag sind ja entscheidend, denn der Leser liest das Buch erst, nachdem er es gekauft hat. Und ein gutes Buch mit einem schlechten Titel und einem unattraktiven Umschlag hat es schwer. Deshalb legte ich immer sehr viel Wert auf gute Titel, und übrigens auch auf die Texte der sogenannten U4. Mit der »U4« (Umschlagseite 4) ist die Rückseite des Buches gemeint, auf der mit wenigen Sätzen die Neugier des Käufers geweckt werden sollte.

Unser Verlag bekam unglaublich viele Manuskripte angeboten, und ich lernte, wie schwer es für einen unbekannten Autor ist, sein Erstlingswerk zu veröffentlichen. Keiner der Lektoren hatte Zeit, die Manuskripte von vorne bis hinten zu lesen. Oft musste der Lektor nach fünf Minuten Querlesen entscheiden, ob ein Buch wohl brauchbar (also verkäuflich) sein würde oder nicht. Jeder Autor, der ein Buch anbietet, ist von seinem Werk hochgradig überzeugt. Viele sind sicher, dass sie den nächsten großen Bestseller landen werden. Ich erinnere mich an einen Autor, der ein Buch über den »Spiegel« herausbringen wollte. Er rechnete uns vor, wie toll die Auflage sein würde, wenn – was er für bescheiden hielt – nur zehn Prozent aller »Spiegel«-Leser sein Buch kaufen würden. Die Witwe eines Künstlers flehte uns an: »Die Welt wartet auf dieses Buch.« Das war aus ihrer Sicht auch richtig. Denn ihre Welt, also die Welt ihrer Freunde und Bekannten, wartete tatsächlich darauf. Manchmal gelang es solchen Autoren, das Herz des Verlegers zu erweichen, so auch in diesem Fall. Die Welt, von der die Witwe gesprochen hatte, war leider nur einige Hundert Personen groß, wie sich dann herausstellte. Das Buch wurde ein Flop.

Wer mit einer Empfehlung kommt, hat es einfacher. Einmal rief mich der renommierte Politikwissenschaftler und Adenauer-Biograf Hans-Peter Schwarz an und empfahl das Manuskript eines gewissen Gerd Habermann. Das war ein ausgezeichnetes Werk eines ebenso klugen und belesenen wie engagierten Marktwirtschaftlers, das wir »Der Wohlfahrtsstaat. Die Geschichte eines Irrweges« nannten.

Wiederholt wurden uns Bücher von Journalisten des Springer-Verlages angetragen, die vertraglich verpflichtet waren, zuerst unserem Verlag ihre Manuskripte anzubieten. Ich erinnere mich an den »Welt am Sonntag«-Autor Peter Bachér. Der schrieb regelmäßig kurze Essays über das Leben im Allgemeinen und die Menschen mit ihren Schwächen im Besonderen. Sein Buch mit dem Titel »Heute ist Sonntag. Einladung zum Innehalten« wurde ein riesiger Erfolg. Wir positionierten es als Geschenkbüchlein, das sich viele Zehntausend

Male verkaufte. Wie man bei Blockbuster-Filmen versucht, mit einem zweiten Teil an den ersten Streifen anzuknüpfen, taten wir das auch. Nach dem Erfolg von »Heute ist Sonntag« folgte das nächste Büchlein mit dem Titel »Und wieder ist Sonntag. Vom Glück des Augenblicks«.

Von solchen Büchern lebte unser Verlag, aber mein Herz schlug für die politischen und historischen Bücher. Da verließ ich mich nicht auf Angebote von Autoren und da kaufte ich auch keine Lizenzen aus dem Ausland, sondern entwickelte eigene Ideen und ging damit auf potenzielle Autoren zu. Das machte mir Spaß, und dafür hatte ich auch Talent.

Ein Beispiel dafür war ein Buch des Regensburger Politikwissenschaftlers Jens Hacker. Ich hatte einen Vortrag von ihm gehört, in dem er endlos viele Zitate von Politikern, Kirchenleuten, Gewerkschaftern, Wissenschaftlern und Journalisten zusammengetragen hatte, die sich in den 70er- und 80er-Jahren vehement gegen eine deutsche Wiedervereinigung ausgesprochen hatten. Viele davon verharmlosten und beschönigten dazu noch die DDR. Übrigens waren das keineswegs nur linke Politiker und Wissenschaftler, sondern auch viele aus der CDU oder deren Umfeld. Nach dem Zusammenbruch des Kommunismus und der Wiedervereinigung wollte niemand mehr etwas von seinen damaligen peinlichen Äußerungen wissen. Ich schlug Hacker vor, ein Buch zu schreiben, das mit den großen Irrtümern dieser Leute abrechnete.

Wir nannten das Buch dementsprechend »Deutsche Irrtümer«. Und dann überredete ich den Autor zu einem aggressiven Untertitel: »Schönfärber und Helfershelfer der SED-Diktatur im Westen.« Der Professor mochte den Untertitel nicht und warf mir später vor, ich hätte ihn allzu hartnäckig bedrängt. Aber das Buch wurde ein Verkaufserfolg und fand große Beachtung. Natürlich ärgerten sich all die Personen, die dort zitiert wurden, mächtig, da Hacker an Äußerungen erinnerte, von denen sie gehofft hatten, sie seien längst vergessen.

Übrigens war das Konfliktpotenzial für mich geradezu ein Entscheidungskriterium, ob ich ein Buch herausbrachte oder nicht: Bot jemand ein Manuskript zu einem politischen Thema an, fragte ich ihn zuerst, wer sich über das Buch ärgern werde. Konnte er diese Frage nicht beantworten, war es schwer für ihn, mich zu überzeugen.

Wurde ein Buch negativ in bestimmten Medien besprochen, war das sogar eine gute Reklame. Ich erinnere mich an das Buch von Wolfgang Kowalsky: »Rechtsaußen ... und die verfehlten Strategien der deutschen Linken«, das ich 1992 herausbrachte. Kowalsky stand selbst politisch links, er arbeitete in der Grundsatzkommission der IG Metall. Aber er war ein nonkonformistischer Querkopf, den ich deshalb schätzte. Ich hatte einen Aufsatz von ihm gelesen, in dem er sich kritisch damit auseinandersetze, wie die Linke mit untauglichen Strategien den Rechtsextremismus bekämpfte, und schlug ihm vor, ein Buch zu diesem Thema zu schreiben. Das tat er. Die linke »Frankfurter Rundschau« brachte einen Verriss und schrieb: »Vor Wolfgang Kowalskys als ›Report‹ getarnter Polemik muss gewarnt werden.« Ich schaltete sofort eine Anzeige für das Buch, und zwar mit genau diesem Zitat samt Quelle: »Vor diesem Buch muss gewarnt werden. Frankfurter Rundschau«.

Es erschien in der Reihe »Ullstein Report«, die ich zusammen mit unserem Marketingberater erfunden hatte. Das waren Paperback-Ausgaben, die in der Regel so um die 20 Mark kosteten und in denen Autoren zu aktuellen und kontroversen Themen schrieben.

Ein kontroverses Thema war damals das Asylrecht. Ich gewann Heinrich Lummer, den ehemaligen CDU-Innensenator von Berlin, dafür als Autor. Sein Buch hatte einen roten Umschlag mit gelbem Aufdruck: »Asyl. Ein missbrauchtes Recht«. Dazu gab es auf dem Umschlag immer plakative Headlines, das hatte ich mir ausgedacht. In diesem Fall: »Zeitbombe unserer Gesellschaft. Die Feigheit der Politiker. Die Tricks und die Kosten. Der Ausweg.« Was Lummer hier als Ausweg vorschlug, wurde später in der Gesetzgebung tatsächlich umgesetzt. Damals war es hochkontrovers. Einer unserer Vertreter flog hochkant aus einer Buchhandlung heraus, als er diesen Band anbot. Die Buchhändlerin erklärte ihm, er brauche nicht mehr wiederzukommen. Dazu muss man wissen, dass die meisten Buchhändler politisch eher links eingestellt sind.

Ein anderer Band in dieser Reihe hatte den Titel: »Sozialkriminalität in Deutschland.« Die plakativen Headlines lauteten: »Tatort Wohlfahrtsstaat. Missbrauch sozialer Leistungen. So wird der Staat betrogen. Was ist zu tun?« Autor Werner Bruns, ein FDP-Mann, wusste, wovon er sprach. Er war Referent im niedersächsischen Sozialministerium. Auf der Rückseite des Buches textete ich: »Die widerrechtliche Erschleichung von Arbeitslosengeld, Sozialhilfe, Wohngeld, Kindergeld und anderen sozialen Leistungen ereignet sich in Deutschland Tag für Tag im großen Stil. Jährlich fließen über 10 Milliarden D-Mark in die Hände von Sozialbetrügern. Trotzdem ist dieses Thema ein Tabu in der öffentlichen Diskussion ... Es geht dem Autor nicht um die Denunziation von Betrügern, sondern um die dringend gebotene Stabilisierung des sozialen Netzes für die wirklich Bedürftigen.«

In einem Band setzte sich der damalige FAZ- und spätere »Bild«-Redakteur Ralf Georg Reuth kritisch mit Manfred Stolpe, dem Ministerpräsident von Brandenburg, auseinander, der im Verdacht stand, unter dem Decknamen »IM Sekretär« für die Stasi gearbeitet zu haben. Reuth, ein investigativer Journalist, der sich nachts mit Informanten traf, veröffentlichte in dem »Report« bisher nicht publizierte Dokumente. Stolpe beschwerte sich persönlich auf höchster Ebene des Springer-Verlages über dieses Buch.

Das kontroverseste Buch war das von Jörg Haider, dem Vorsitzenden der österreichischen FPÖ, der die ehemalige Schwesterpartei der deutschen FDP auf einen rechten – jedoch aus meiner damaligen Sicht nicht rechtsextremen – Kurs gebracht hatte. »Freiheit, die ich meine«, hieß der Band. Ich lernte den Autor persönlich kennen und verbrachte mit ihm zwei Tage auf einer Alm in Kärnten, wo wir über das Buch diskutierten. Ich wollte mir persönlich ein Bild von ihm machen. Ich war in vielen Punkten anderer Meinung als er, aber ein Nazi war Haider gewiss nicht. Innerhalb des Verlages mussten wir das Buchprojekt unter einem Decknamen verfolgen, weil wir wussten, dass es einige Mitarbeiter strikt ablehnen würden.

Auch wenn ich vielen konservativen und rechtsliberalen Autoren ein Forum bot, bemühte ich mich zugleich um Nonkonformisten aus dem linken Lager. Wolfgang Kowalsky habe ich bereits erwähnt. Ein anderer war Tilman Fichter, bekanntes Mitglied des linksradikalen Sozialistischen Deutschen Studentenbundes (SDS) in den 60er-Jahren und seit 1987 Referent für Schulung und Bildung beim Parteivorstand der SPD. Also bestimmt kein Rechter. Aber ein Linker, dem das Thema »Nation« wichtig war. »Die SPD und die Nation« lautete denn auch der Titel von Fichters Buch. Der Untertitel: »Vier sozialdemokratische Generationen zwischen nationaler Selbstbestimmung und Zweistaatlichkeit«. Auf dem Buchcover waren Fotos der SPD-Vorsitzenden Kurt Schumacher, Willy Brandt, Helmut Schmidt und Oskar Lafontaine abgebildet. In seinem Buch kritisierte Fichter Oskar Lafontaine, der stets strikt gegen die deutsche Einheit war.

Wir wollten auch die Memoiren von Egon Krenz herausbringen, dem langjährigen Stellvertreter – und späteren Nachfolger – von SED-Chef Erich Honecker. Als historisches Dokument hätten sie wertvoll sein können, aber ich befürchtete, Krenz könnte, wenn man ihn damit alleine ließ, weniger das berichten, was er tatsächlich erlebt hatte, sondern würde daraus ein Lobpreis machen, wie schön der Sozialismus war. Deshalb wollte ich ihm einen Historiker an die Seite stellen, der darauf achtete, dass die Memoiren kein politisches Pamphlet würden, sondern wirkliche historische Erinnerungen, die als Quelle einen bleibenden Wert hätten.

Der Potsdamer Historiker Manfred Görtemaker hatte an dem Projekt Interesse, und Krenz akzeptierte sowohl die Idee als auch die Person von Görtemaker. Wir besuchten Krenz zu Hause und sprachen mit ihm lange über das Thema. Mir fiel auf, dass er die ganze Zeit ununterbrochen alles mitschrieb, was Görtemaker und ich sagten, das fand ich ungewöhnlich. Als dann Anklage gegen Krenz erhoben werden sollte (später wurde er verurteilt), erklärte er uns, er wolle das Projekt nicht weiter verfolgen, da er Angst hatte, er könnte sich mit bestimmten Aussagen selbst belasten.

Neben den aktuellen Titeln war ich für das wissenschaftliche Buchprogramm verantwortlich, das wir bei Propyläen herausbrachten. In diesem Verlag waren renommierte Reihen erschienen, wie etwa die »Propyläen Weltgeschichte«. Ein großes Projekt war eine Buchreihe mit dem Titel »Propyläen Geschichte Deutschlands«. Das waren dickleibige und großformatige Bände, die man zu einem sehr stolzen Preis auf Subskription bestellen konnte. Für den Verlag rechneten sich solche Projekte mit vielen Bänden erst, wenn sie vollständig waren und er günstige Paperback-Ausgaben drucken und beispielsweise in Kaufhäusern anbieten konnte. Der Verleger und der kaufmännische Leiter des Verlages ärgerten sich deshalb mächtig darüber, dass die Lektoren seit Jahren unfähig waren, das Projekt zum Abschluss zu bringen. Subskribenten kündigten verärgert, weil die versprochenen Bände nicht erschienen.

Der Verlag hatte renommierte Professoren gewonnen und Verträge mit ihnen abgeschlossen. Die Autoren kassierten bei Unterzeichnung des Vertrages bereits Vorauszahlungen auf ihr Honorar. Einige hielten die Verträge ein und lieferten die Manuskripte mehr oder minder pünktlich ab. Andere waren im Verzug, und zwar nicht nur um Monate, wie das leider nicht selten vorkommt, sondern um Jahre. Der zuständige Lektor, ein älterer, sehr liebenswürdiger Herr, konnte sich gegenüber den Professoren nicht durchsetzen. Er sah seine Aufgabe darin, mir die Briefe mit den Ausflüchten der Autoren weiterzureichen, in denen diese wortreich um Verständnis dafür baten, warum sie zum wiederholten Male einen fest vereinbarten Termin für die Manuskriptabgabe nicht eingehalten hatten. Die Briefe endeten stets mit dem Versprechen, das überfällige Manuskript komme aber »sicher« dann und dann.

Dieses Spiel ging nun schon viele Jahre so, und es war nicht abzusehen, wie die Reihe jemals komplettiert werden könnte. Der zuständige Lektor war mächtig stolz auf die Bekanntschaft und Vertrautheit mit den berühmten Professoren, die er sogar in vielen Fällen duzte. Ein Problem war beispielsweise der Band über die Jahre 1933–1945, den der renommierte Historiker Hans Mommsen schreiben sollte. Doch der war seit mehr als einem Jahrzehnt im Verzug. Mommsen hatte am 29. August 1977 einen Vertrag mit dem Verlag geschlossen, in dem die Abgabe des Manuskriptes für den 1. September 1980 vereinbart worden war.

»Sie müssen verstehen, der Hans hat im Moment sehr starke Verpflichtungen, aber er wird das Buch ganz sicher nächstes Jahr abliefern« – solche und ähnliche Versicherungen hörte ich wieder und wieder von dem Lektor. Ich verstand, dass er den Konflikt mit den berühmten Autoren scheute, weil er das gute Verhältnis nicht aufs Spiel setzen wollte. Offenbar funktionierte diese sehr nachgiebige Art nicht.

Daraufhin übernahm ich die Sache selbst und rief die säumigen Autoren an: »Sie wissen, dass Sie seit ... im Verzug sind mit dem Manuskript. Wann dürfen wir damit rechnen?« Die Autoren entschuldigten sich und erklärten mir die Gründe für die Verzögerung, jeder nannte mir ein neues Datum. »Kann ich mich ganz sicher darauf verlassen, dass Sie diesen Termin diesmal wirklich einhalten?« Nachdem die Autoren das nachdrücklich versicherten, sagte ich: »In Ordnung. Ich möchte Ihrer Aussage vertrauen. Nach den Erfahrungen der Vergangenheit werden wir jedoch eine Vereinbarung schließen, dass Ihr Vertrag automatisch als aufgelöst gilt, sollten Sie diesen Termin wiederum nicht einhalten.« Ich gebe zu, dass dieser neue Ton den Professoren nicht gefiel. Wenn sie protestierten, konterte ich: »Vor fünf Minuten haben Sie mir gesagt, es sei 100 Prozent sicher, dass das Manuskript zu dem von Ihnen genannten Termin kommt. Hat das vielleicht nicht gestimmt? Ansonsten verstehe ich nicht Ihr Problem mit dieser Vereinbarung.«

Die Professoren unterschrieben und einige gaben dann auch ihr Manuskript ab. Doch Hans Mommsen, der Autor aus einer berühmten Historikerfamilie, hielt sich auch nicht an die neue Vereinbarung, und damit war der Vertrag, auf dessen Erfüllung der Verlag vergeblich so viele Jahre gewartet hatte, nicht mehr gültig. Ich suchte einen neuen Autor, und Karlheinz Weißmann erklärte sich bereit, das Werk zu schreiben und damit die Lücke zu füllen.

Das Buch, das er schrieb, war nicht zu beanstanden, wie etwa der Historiker Klaus Hildebrand, einer der weltweit angesehensten Experten für die Zeit des Nationalsozialismus, in einer Rezension bestätigte. Hildebrand urteilte in dem führenden Fachorgan der deutschen Geschichtswissenschaft, der »Historischen Zeitschrift«, dass Weißmann eine Darstellung des Dritten Reiches verfasst habe, die aus ihrer »tiefen Ablehnung der braunen Jakobinerherrschaft keinen Hehl macht« und die »sich von ihrem Versuch um historisches Verstehen nicht auf Irrwege der Urteilsbildung führen lässt, sondern stets im verbindlichen Radius der geschichtswissenschaftlichen Forschung bleibt«. Weißmanns Buch, so das Resümee von Hildebrands Rezension, »das im Übrigen gut geschrieben ist, lässt erneut erkennen, dass Hitlers Gewaltherrschaft nichts anderes als eine verheerende Spur der Zerstörung hinterlassen hat, deren Folgen von geradezu bedrückender Gegenwärtigkeit sind«.

So weit das Urteil des renommierten Bonner Historikers. Aber Weißmann war ein Vertreter der »Neuen Rechten«, und das war das Signal für andere Autoren der Buchreihe, jetzt Sturm zu laufen. »Historiker distanzieren sich von Rechten«, schrieb beispielsweise der »Spiegel«. Der Herausgeber der Buchreihe, Dieter Groh, der es in all den Jahren nicht zuwege gebracht hatte, die Reihe zu komplettieren und auf die Autoren einzuwirken, damit sie ihre Verpflichtungen erfüllten, protestierte öffentlich gegen das Buch.

Sehr überzeugend wirkte dieser Protest nicht, denn selbst »Die Zeit«, die inhaltlich auf der Seite von Groh stand, konstatierte, der Herausgeber der Reihe habe »versagt«. »Denn hätte er sich schon früher einmal um das Schicksal der Reihe gekümmert – der Zitelmann'sche Überraschungscoup hätte nicht gelingen können.« Dass der Herausgeber »eines so wichtigen historiografischen Unternehmens« erst durch die Zusendung des Buches davon erfahren habe, »das dürfte ein in der Wissenschafts- und Verlagsgeschichte einmaliger Vorgang sein«, schrieb »Die Zeit«.

Der »Rheinische Merkur« kritisierte den Herausgeber ebenfalls und zeigte Verständnis für mein Vorgehen: »Der Band wurde 1977 in Auftrag gegeben, Ablieferungsfrist: 1980. Bis 1992 entstand keine Zeile. Der säumige Professor bekam eine letzte Chance. Vergeblich. Andere, namhafte Historiker wurden angesprochen. Sie winkten ab.« Über Weißmanns Buch lasse sich zwar streiten, so der »Rheinische Merkur«, aber: »Der verantwortliche Herausgeber, der erst jetzt vom Autorenwechsel erfahren haben will und nun so überrollt tut, hat seit 1980 dem Stillstand zugesehen. Dass da schließlich ein Cheflektor zur Tat schreitet – wen wundert es bei so viel Indolenz?«

Weißmann erhielt vom Verlag eine ordentliche Abstandszahlung, aber sein Buch wurde nach meinem Ausscheiden aus dem Verlag aufgrund des Protestes eingestampft. Die Kündigung des Vertrages mit Mommsen war eine unvermeidbare Entscheidung, aber ihn durch Weißmann zu ersetzen, war ein Fehler. Denn nach außen erschien es so, als hätte ich den der SPD eng verbundenen Hans Mommsen herausgedrängt, weil er mir nicht politisch genehm gewesen sei und ich es lieber gesehen hätte, dass das Buch von einem »Neuen Rechten« geschrieben würde. Das klang für den Außenstehenden plausibel, aber es stimmte nicht.

Hans Mommsens Arbeiten über den Nationalsozialismus schätzte ich, auch wenn wir beide – etwa in der Frage nach der modernisierenden Funktion des Nationalsozialismus – verschiedene Positionen vertraten. In anderen Kontroversen, so etwa in der Historikerdebatte über die Urheberschaft des Reichstagsbrandes 1933, stand ich auf Mommsens Seite. Ich hätte ihn gerne als Autor gehabt, zumal die Fachwelt schon lange auf eine große Monografie zur NS-Zeit von ihm wartete und mir der Verleger die Aufgabe gestellt hatte, das Projekt möglichst zügig zum Abschluss zu bringen. Deshalb war ich froh, dass ich mich mit Mommsen auf einen neuen Abgabetermin einigen konnte und hoffte, dass er wegen der neuen Klausel, wonach der Vertrag beendet würde, wenn er diesen Termin wieder verstreichen ließ, sich diesmal an seine Zusage halten werde. Aber er lieferte nie sein Manuskript ab, übrigens auch nicht nach der Aufhebung des Vertrages mit Weißmann und nach meinem Ausscheiden aus dem Verlag. Das belegt, dass ich Mommsen zu Recht gekündigt hatte, denn er hätte ja danach die Gelegenheit gehabt, seinen vertraglichen Verpflichtungen endlich nachzukommen. 2015 ist der verdienstvolle Historiker verstorben.

Die rege Publikationstätigkeit der Verlage Ullstein und Propyläen erregte die politische Linke. Der Philosoph Jürgen Habermas beklagte in einem »Spiegel«-Essay: »Rainer Zitelmanns zeitgeschichtliches Programm im ehrwürdigen Ullstein-Verlag«. Und der SPD-

Politiker Peter Glotz mahnte in der Zeitschrift »Neue Gesellschaft/ Frankfurter Hefte«: »Für die Linke ist es ein Jammer ... Ullstein und Siedler sind heute prägender als Piper und Hanser.« Ich empfand das als großes Kompliment. Doch es blieb leider nicht bei intellektuellen Diskursen. Eines Tages stank es auf einmal schrecklich im Vorzimmer meines Büros. Der Gestank kam aus einem Briefumschlag mit dem Absender »Rosa Luxemburg Komitee«. Mit dem Spruch von Rosa Luxemburg, die »Freiheit ist immer die Freiheit der Andersdenkenden« hatten die Absender offenbar ein Problem: In dem Briefumschlag lag als Warnung an mich eine tote Ratte. Ein anderes Mal stand ein Grabstein vor dem Eingang zum Verlag, mit meinem Namen darauf.

Am 8. November 1993, das war kurz vor meinem Ausscheiden aus dem Verlag, wollte ich frühmorgens zur Arbeit fahren. Ich fand von meinem Wagen nur noch ein ausgebranntes Wrack. Damals war es noch nicht üblich, dass fast täglich in Berlin Autos von linken Autonomen »abgefackelt« wurden. Die »taz« erhielt ein Bekennerschreiben mit dem Titel: »Erklärung zur Aktion gegen Rainer Zitelmann«. Darin hieß es: »Wir haben am 8.11.1993 das Auto (metallischroter 3er BMW, B-MW 4796) von Dr. Rainer Zitelmann, Friedrich-Wilhelm-Platz 3, Berlin-Friedenau abgefackelt ... Als Cheflektor bestimmt er nicht nur, was in das Programm aufgenommen wird, er hilft auch tatkräftig mit, rassistische Propaganda unters Volk zu bringen ... Wir halten es für notwendig, einen jener seriösen Herrschaften aus ihrer Anonymität herauszureißen, die unter ihrer weißen Weste die braune Unterwäsche tragen.«

Der Anschlag auf mein Auto war keine Ausnahme. Die FAZ berichtete am 5. Februar 1994 über ähnliche Fälle. So wurde der Historiker Ernst Nolte mit Schlägen und Reizgas daran gehindert, einen Vortrag über »Nietzsche und die Gegenwart« zu halten. Einer der Täter, die ihn vor dem Gebäude der katholischen Studentengemeinde in Berlin-Friedrichshain abfingen, schrie: »Das ist ein Nazi«. Auf die Frage des Professors, ob er denn überhaupt seine Werke gelesen hätte, antwortete der Schläger: »Alles.« »Nehmen wir einmal an«, so Jens Jessen, der Kommentator der FAZ, »der

Mann habe die Wahrheit gesagt. Er habe die umfangreichen Schriften Noltes wirklich gelesen und ihre komplexe Argumentation wirklich verstanden, er habe also als Intellektueller beschlossen, einen anderen Intellektuellen nicht mit dem Wort, sondern mit der Waffe zu bekämpfen: Es wäre die vollendete Barbarei ... Eine vergleichbar erschreckende Intellektualität ließen allerdings schon die Täter ahnen, die im November letzten Jahrs das Auto des Historikers und Publizisten Rainer Zitelmann anzündeten. Sie hinterließen ein Bekennerschreiben. Auch hier sollten geschichtliche Werke über das Dritte Reich, eine bestimmte, vielleicht auch nur unterstellte Einschätzung des Nationalsozialismus als Grund für den Anschlag ausreichen.« Es sei »neu und bedrohlich«, so die FAZ weiter, »dass einer sich als Intellektueller zu erkennen gibt und als solcher meint, die Störung des Konsenses gewalttätig bestrafen zu müssen.«

Kapitel 6: Chef der »Geistigen Welt«

Meine publizistische Tätigkeit bei Ullstein war einem Mann im Axel-Springer-Verlag aufgefallen, zu dem der Buchverlag gehörte: Claus Jacobi, einer der bekanntesten deutschen Journalisten. In den 60er-Jahren war er zusammen mit Johannes K. Engel Chefredakteur des »Spiegel«. Im Zuge der Spiegel-Affäre wurde er gemeinsam mit dem Herausgeber des Nachrichtenmagazins, Rudolf Augstein, verhaftet. Nach seiner Freilassung leitete er das Magazin während der einhunderttägigen Haft von Augstein. 1993 bis 1995 war er Chefredakteur der »Welt«. Jacobi erklärte mir, ihm hätten meine Aktivitäten bei Ullstein und Propyläen gefallen und ich sei ihm von verschiedenen Leuten im Axel-Springer-Konzern empfohlen worden. Er suche jemand für die Leitung der Wochenendbeilage »Geistige Welt«. Die »Geistige Welt« hatte eine große Tradition und war 1953 von dem engen Vertrauten Axel Springers, dem bekannten Journalisten Hans Zehrer, gegründet worden.

Ich sagte Jacobi, dass mir diese Aufgabe gefalle, da ich hier die Möglichkeit sähe, das fortzusetzen, was ich bei Ullstein begonnen hatte. Allerdings wollte ich meine Verantwortung für das politische und zeitgeschichtliche Programm bei Ullstein-Propyläen nicht abgeben, sondern wollte das parallel zur neuen Tätigkeit fortführen. Das war auch die Bedingung, die Herbert Fleissner stellte, um dem Wechsel zuzustimmen. Ihm gefiel es gar nicht, dass sein

Cheflektor intern im Springer-Verlag abgeworben wurde. Fleissner machte es zur Bedingung, dass die »Welt« mir gestatte, als Berater des Ullstein-Verlages weiterhin tätig zu sein und das Programm für Politik und Zeitgeschichte dort zu verantworten.

Das war ganz in meinem Sinne. Ich schloss einen Vertrag, in dem es hieß: »Herr Dr. Zitelmann bleibt dem Buchverlag auch nach dem 1.12.1993 als Programmverantwortlicher für Politik und Zeitgeschichte weiter verbunden.« In unmittelbarer und direkter Absprache mit dem Verleger solle ich für die »Programmplanung, die Autorenakquisition und die Konzeption der zeitgeschichtlichen und politischen Titel, und zwar sowohl im Hardcover-Bereich wie für die Reihe ›Ullstein Report‹« weiterhin verantwortlich zeichnen und den Verlag zudem für die Presse- und PR-Arbeit zu den zeitgeschichtlichen und politischen Titeln beraten. Damit hatte ich eine wichtige Stellung im Springer-Verlag, weil ich die Inhalte der »Geistigen Welt« und das politische Programm des Buchverlages bestimmen konnte.

Auch finanziell zahlte es sich aus, denn bei der »Welt« erhielt ich mit 170.000 DM ein etwas höheres Gehalt als bei Ullstein; hinzu kamen Vergütungen in Höhe von 48.000 DM aus dem Beratervertrag mit Ullstein. Für einen Journalisten war das Anfang der 90er-Jahre ein weit überdurchschnittliches Gehalt.

Allerdings hatte ich keine Ahnung, auf was ich mich dabei einließ. Es kommt wohl selten vor, dass schon drei Wochen vor dem Amtsantritt eines Ressortleiters der Chefredakteur Mitarbeitern unmissverständlich und schriftlich klar machen muss, wer künftig das Sagen hat. Denn die Mitarbeiter der »Geistigen Welt« waren über den neuen Chef keineswegs froh. Am 10. November 1993 schrieb Claus Jacobi persönlich einem für eine Seite in der Beilage zuständigen Redakteur folgende »Hausmitteilung-Aktennotiz«: »Lieber Herr xxx, für den Fall, dass es in dieser Hinsicht Unklarheiten geben sollte: Die Seite xxx ist Teil der ›Geistigen Welt‹ und untersteht deren Ressortleiter.« Das war ich, ab dem 1. Dezember 1993.

Auch die anderen Kollegen im Feuilleton hatten nicht auf mich gewartet. Sie waren meist links eingestellt und zeigten das demonstrativ durch entsprechende Aufkleber an ihren Türen (»Ausländer, lasst uns nicht mit diesen Deutschen allein«). Ebenso demonstrativ hängte ich ein großes Bild des verstorbenen Verlegers Axel Springer, den ich sehr bewunderte, in meinem Zimmer auf. Viele Kollegen reagierten darauf mit Kopfschütteln: Anders als ich waren sie keineswegs stolz darauf, im Verlag von Axel Springer zu arbeiten. Statt »Axel Springer Verlag« sagten sie lieber »ASV«.

Als ein mir wohlgesinnter Kollege – ich glaube, es war Herbert Kremp – diese Journalisten auf den kurz zuvor verübten Brandanschlag auf mein Auto ansprach, antworteten sie ausweichend: »Das kann man gut finden, das kann man schlecht finden.« Also: Willkommen war ich nicht. Später erst wurde mir klar, dass Jacobi mich gerade deshalb geholt hatte. Ihm passten diese Stimmungslage und die Einstellungen nicht, und ich hatte mir bei Ullstein den Ruf erworben, mich gegen massive Widerstände durchzusetzen und keinen Konflikt zu scheuen.

Ich startete schon kurz nach meinem Amtsantritt mit einem Paukenschlag. Am 18. Dezember veröffentlichte ich auf der ersten Seite der »Geistigen Welt« einen ganzseitigen Artikel »Wenn Herrschaftsfreie herrschen«. In der Einleitung hieß es: »In der Folge der Kulturrevolution von 1968 kam es zu einer Verschiebung des politischen Koordinatensystems. Die einstigen Tabubrecher haben neue Tabus aufgerichtet. Denkverbote behindern die freie Diskussion. Der linke Konformismus hat zu einem Pluralismus-Verständnis geführt, das rechte und konservative Positionen ausgrenzt.« Ich kritisierte, es herrsche ein unerträglicher Konformismus in weiten Teilen der Republik, und zwar besonders dort, wo »kritische« Geister einflussreich seien, also an geistes- und sozialwissenschaftlichen Fachbereichen der Universitäten, in Medien und Gewerkschaften.

Der Artikel machte deutlich klar, dass ich das, was ich bei Ullstein begonnen hatte, nun bei der »Welt«, einer der angesehensten deutschen Qualitätszeitungen, fortzusetzen gedachte. Viele kluge

Köpfe, die ich als Buchautoren für Ullstein gewonnen hatte, schrieben jetzt in der »Geistigen Welt«. Tilman Fichter, der bei Ullstein das Buch über »Die SPD und die Nation« herausgebracht hatte, publizierte im Februar 1994 einen großen Artikel. Im gleichen Monat schrieb Ullstein-Autor Karlheinz Weißmann eine ganze Seite über die »Doppelmoral der deutschen Gesellschaft im Umgang mit der braunen und roten Vergangenheit«.

Im April veröffentlichte die konservative CDU-Politikerin Elisabeth Motschmann, deren Ehemann Jens einen Ullstein-Report über die Evangelische Kirche, den Sozialismus und das SED-Regime (»Die Pharisäer«) veröffentlicht hatte, eine ausführliche Kritik der feministischen Theologie. In derselben Ausgabe schrieb der Liberale Werner Bruns, ebenfalls Ullstein-Autor, über das »Tabu Sozialkriminalität«. Und Gerd Habermann, der Autor des kritischen Propyläen-Buches zum Wohlfahrtsstaat, publizierte im März 1994 eine Seite zum Thema: »Wenn die Freiheit der Gleichheit geopfert wird: die Entfremdung des Menschen im modernen Wohlfahrtsstaat«.

Klaus Rainer Röhl, Ex-Ehemann der RAF-Terroristin Ulrike Meinhof und einst Herausgeber der linksextremen »Konkret«, inzwischen jedoch ein kämpferischer Konservativer, schrieb im Februar 1994 einen satirischen Beitrag über »Die Generation der Hypochonder«, der Historiker Michael Wolffsohn steuerte im Januar 1994 einen kritischen Artikel über die ausgebliebene »westdeutsche Vergangenheitsbewältigung« und den »Fall Herbert Wehner« bei. Auch die beiden »Welt am Sonntag«-Redakteure Ulrich Schacht und Heimo Schwilk, von denen später die Rede sein wird, veröffentlichten im März 1994 jeder einen ganzseitigen Artikel auf der ersten Seite der »Geistigen Welt«.

Zu den meisten dieser Artikel stehe ich auch heute noch, zu einem jedoch nicht. Das war ein Artikel von Will Tremper, dem Regisseur und Drehbuchautor. Tremper gehörte zum Springer-Urgestein, war seit Jahren regelmäßiger Autor für »Welt am Sonntag«, »Die Welt« und »Hörzu« und verfasste dort viele Filmkritiken. Zudem war er eng befreundet mit Manfred Geist, dem neuen Redaktionsdirektor bei der »Welt«. Ein Artikel von ihm über den Film »Schindlers

Liste« führte zu berechtigter Kritik – ich hätte den Artikel verhindern müssen. Geist, der Tremper direkt nach Erscheinen ganz begeistert zu dem Artikel gratuliert hatte, stahl sich aus der Verantwortung, als die Wellen der Empörung hochschlugen.

Der Artikel war Vorwand für all jene, denen die ganze Richtung, die die »Geistige Welt« eingeschlagen hatte, schon längst nicht mehr passte. Der Widerstand richtete sich nicht nur gegen mich, sondern auch gegen Geist, der zuvor bei der »Welt am Sonntag« Chefredakteur gewesen war und jetzt seine beiden Mitarbeiter Heimo Schwilk und Ulrich Schacht mitbrachte. Schwilk, der sich einen Namen als Ernst-Jünger-Biograf gemacht und für seine Reportagen über den Golfkrieg den Theodor-Wolff-Preis für herausragenden Journalismus verliehen bekommen hatte, wurde Chef des Feuilletons der »Welt«. Ulrich Schacht, der im Frauengefängnis Hoheneck während der dortigen Inhaftierung seiner Mutter geboren wurde und in der DDR später selbst wegen »staatsfeindlicher Hetze« zu sieben Jahren Haft verurteilt worden war, wurde Kulturreporter der »Welt«.

Eine Gruppe von »Welt«-Journalisten, insbesondere aus dem Feuilleton, versorgte regelmäßig die linksalternative »taz« (die in der gleichen Straße ihr Redaktionsbüro hat wie der Springer-Verlag) mit Informationen und vor allem mit den passenden Stichworten. Am 12. März 1994 schrieb die »taz«: »Ausgerechnet die Redakteure der erzkonservativen ›Welt‹ proben den Aufstand. Aus spektakulärem Grund: Das Banner, das Redaktionsdirektor Manfred Geist aus dem Springer-Flaggschiff hisste, ist den meisten entschieden zu braun.« Der Fallschirmjäger-Reservist Geist, den die Kollegen, die ihn nicht mochten – und so auch die »taz« –, als »Manöver-Manni« und »Militärfetischisten« bezeichneten, habe bei seinem Antritt als Redaktionsdirektor gefordert, »das Blatt müsse politischer werden, eindeutiger rechts stehen«. Dafür stünden nun Zitelmann, Schwilk und Schacht, so die »taz«.

Die Stimmung gegen Schwilk, Schacht und mich wurde vor allem von dem Schriftsteller Rolf Hochhuth angeheizt. Er nutzte die berechtigte Kritik an dem Tremper-Artikel, aber mir war damals schon klar, dass das nicht der wahre Grund für seine Aufregung war (bestätigt fühlte ich mich, als er Jahre später seinen Freund, den rechten Historiker David Irving in einem Interview mit der »Jungen Freiheit« vehement verteidigte). Hintergrund für Hochhuths Aufregung war vielmehr, dass ich seinen lukrativen Vertrag mit der »Welt«, laut dem er regelmäßig Texte veröffentlichen und Literaten vorstellen durfte, kündigen wollte. Ich konnte ihn von Anfang an nicht leiden, aus verschiedenen Gründen. Er hatte kurz davor den von der RAF ermordeten Detlev Karsten Rohwedder in einem Theaterstück verunglimpft.

Meine linken Kollegen hatten ein Schriftstück aus meinem Aktenkoffer entwendet und kopiert, aus dem u.a. hervorging, dass Hochhuth auf Geheiß von Geist gekündigt werden solle. Er sprach mich direkt darauf an: »Ich weiß, Sie wollen mich abschaffen.« Geist, der ihn auch nicht leiden konnte, hatte mir gleich nach seinem Amtsantritt gesagt: »Kündigen Sie dem Hochhuth, der passt nicht zu uns.« Ich ließ mich nicht zweimal bitten und kündigte den gut dotierten Vertrag. Hochhuth ging an die Presse und heizte damit die Stimmung weiter gegen mich an. Die linke »Frankfurter Rundschau« brachte einen Artikel »Kolumnist Rolf Hochhuth über Kündigung erzürnt«, in dem es hieß: »In einem Brief an Redaktionsdirektor Manfred Geist, der der ›Frankfurter Rundschau‹ vorliegt, nennt Hochhuth diese Kündigung ein ›Liquidieren nach fünfjähriger treuer Mitarbeit‹ ... Ihm sei vorgeworfen, worden, so beklagt er, ›stinkfaul‹ zu sein.«

»Die Zeit«, die »taz«, die »Süddeutsche Zeitung« und der »Spiegel« berichteten über die internen Kämpfe in der »Welt«. Geist meinte daraufhin zu mir, ich hätte Hochhuth besser nicht kündigen sollen, und nahm den Rauswurf wieder zurück. Trotz seines »militärischen« Auftretens und Images war Geist wahrhaftig kein Held.

Schwilk, Schacht und ich schrieben am 13. März 1994 einen Brief an wichtige Entscheider im Springer-Konzern, nämlich an die Verleger-Witwe Friede Springer, an Ernst Cramer und Bernhard Servatius und an den Anteilseigner Leo Kirch – mit Kopie an Manfred Geist. Darin warnten wir: »Die ›Welt‹ entwickelt sich in eine Richtung, die Axel Springer nie akzeptiert hätte. In der Redaktion werden wir von

Mitarbeitern bekämpft, die noch vor wenigen Jahren bei der »taz«, beim ›Neuen Deutschland‹ oder beim ›Vorwärts‹ tätig waren.«
In diesen Wochen erlebte ich aber auch viel Solidarität. Angesichts der Medienkampagne gaben bekannte Persönlichkeiten eine Ehrenerklärung ab. »Aus langjähriger Kenntnis seiner Person und seiner Veröffentlichungen wissen wir, dass es sich bei Dr. Rainer Zitelmann um einen Historiker und Journalisten handelt, der seine ganze politische Erfahrung zur kompromisslosen Verteidigung der Demokratie gegen Angriffe von Links- und Rechtsextremisten eingesetzt hat.« Neben meinem Doktorvater Prof. von Aretin unterschrieben Brigitte Seebacher-Brandt, der DDR-Bürgerrechtler und Grünen-Politiker Wolfgang Templin, Tilman Fichter von der SPD, der bekannte Fernsehjournalist Andreas Bönte, der Adenauer-Biograf Prof. Hans-Peter Schwarz und der Historiker Prof. Arnulf Baring.

Diejenigen, die mich unterstützten, wurden dafür in linken Medien beschimpft. Die »taz« veröffentlichte am 19. März einen Artikel von Micha Brumlik, in dem es über den DDR-Bürgerrechtler und Grünen-Politiker Templin hieß, vielleicht sei dieser »nur verwirrt« oder aber »ein Nischenossi«. Fichter gab ein ausführliches Interview in der »taz«, in dem er erklärte, dass Zitelmann »in das demokratische Spektrum gehört und weiter in der ›Welt‹ schreiben soll, was er denkt ... Wo kommen wir hin, wenn wir anfangen, Leute mit Mehrheiten aus dem Diskussionsspektrum auszugrenzen? Wir landen in einer Erziehungsdiktatur«.

Brigitte Seebacher-Brandt verteidigte mich in einem großen Artikel in der FAZ am 18. April. Sie wies darin einige Unwahrheiten zurück, die gegen mich verbreitet wurden, etwa, ich sei ein Nolte-Schüler oder ein Gegner der Westbindung Deutschlands. »Wenn Zitelmann beabsichtigt haben sollte, das imperiale Gehabe der Meinungsmacher bloßzustellen und deren geistige Leere zu beleuchten, so hat er sich geschickt angestellt ... Die Erfahrung lehrt, dass je größer das Getöse, desto größer nicht nur das Unrecht, sondern auch die Unsicherheit derer ist, die das Getöse veranstalten. Trägt die Erfahrung auch in diesem Fall? Einem Fall, der den Namen

eines einsamen ›Welt‹-Redakteurs angenommen hat, dessen Bedeutung aber weit über die Person hinausreicht.«
Unter der Überschrift »Erster Erfolg für ›Redaktions-Sowjet‹« triumphierte die »taz« am 30. März: »Die Redakteure, die gegen den Rechtsruck ihrer Zeitung protestierten, dürfen einen ersten Erfolg verbuchen. Heimo Schwilk und Ulrich Schacht, zwei der umstrittenen Kollegen, wurden vergangene Woche zur ›Welt am Sonntag‹ zurückdelegiert ... Der Abgang von Schwilk und Schacht macht ihnen Mut. Zitelmann jedoch bleibt ihnen vorerst erhalten.«

Doch auch ich musste einer Änderung zustimmen und als Chef der »Geistigen Welt« zurücktreten. Ich war mit dem, was ich mir bei der »Welt« vorgenommen hatte, gescheitert. Für Manfred Geist hatte ich ein Papier verfasst, in dem ich aus meiner Sicht »Chancen und Defizite« der Zeitung beschrieb. Darin kritisierte ich, dass sich die »Welt« nicht nach den (vorwiegend konservativen) Lesern ausrichte, »sondern nach den Ansichten der Kollegen von der linksliberalen Konkurrenz«. Als Ursache benannte ich »die traumatische Angst vor dem ›Kampfblatt‹-Image vergangener Zeiten. Hier hat die Anti-Springer-Kampagne Wirkungen bis heute gezeigt. Man hat vor allem Angst, als ›reaktionär‹ oder ›rechts‹ zu gelten. Richtig links kann man auch nicht sein. Das Ergebnis ist Profillosigkeit und Beliebigkeit.« Mein Plädoyer lautete: »›Die Welt‹ muss Konservatismus in moderner Form präsentieren. Das heißt aber gerade nicht Anpassung an einen linksliberalen Zeitgeist.« Mit diesen Auffassungen konnte ich mich jedoch nicht durchsetzen.

Ich hatte unterschätzt, wie stark die Furcht vieler Springer-Journalisten davor war, ihre Zeitung werde als »Kampfblatt« wahrgenommen, das es – so zumindest ihre Sicht – früher gewesen war, als Enno von Loewenstern und andere betont konservative Kommentatoren die Linie bestimmten. Die »Zeit« hatte den konservativen Publizisten von Loewenstern, einstmals stellvertretender Chefredakteur der »Welt« und verantwortlich für die Meinungsseite, als »rechtesten Rechtsaußen der rechten Welt in der nach rechts offenen Richterskala« bezeichnet. Von den – ganz überwiegend linken – Kollegen anderer Zeitung wurden »Welt«-Mitarbeiter damals geschnitten.

Jetzt waren die »Welt«-Macher froh, diesen vermeintlichen Makel langsam abgelegt zu haben. Alle Anstrengungen waren darauf gerichtet, nicht mehr so rechts zu erscheinen. Deshalb wurden Leute wie Rolf Hochhuth engagiert. Und nun, so ihre Sicht, kam der »rechte Zitelmann« und drohte, all diese Bemühungen vieler Jahre in wenigen Monaten wieder zunichtezumachen.

Mir war es dagegen gerade recht, wenn linke Medien wie »taz« und »Frankfurter Rundschau« unsere Zeitung und ihre Linie bekämpften. Meine alte Mao-Parole »Wenn der Feind uns bekämpft, dann ist das gut und nicht schlecht« leitete mich.

War es nicht vermessen zu glauben, ich könnte die Linie der Zeitung gegen den Widerstand eines Großteils der Redaktion ändern? Prägend war für mich die Erfahrung, dass ich bis dahin stets Vorgesetzte gehabt hatte, die mich rückhaltlos unterstützten. Mein Doktorvater von Aretin hatte mich gegen die Widerstände linksstehender Professoren geschützt. Beim Ullstein-Verlag standen der Verleger Herbert Fleissner und sein Sohn Michael bedingungslos zu mir. Fleissner hatte mir einmal versichert: »Ich stehe immer zu Ihnen, auch und gerade dann, wenn Sie Fehler machen.« Meine forsche Haltung gefiel ihm.

Bei der »Welt« war alles anders. Das war für mich eine ganz neue Erfahrung. Claus Jacobi, dem selbst ein wenig unwohl angesichts der vielen linken oder opportunistischen »Welt«-Journalisten war, hatte mich zwar bewusst an Bord geholt. Aber nachdem er mich eingestellt hatte, war er nicht mehr lange Chefredakteur, sondern andere hatten das Sagen. Und diese waren mit meiner Linie ganz und gar nicht einverstanden. Hinzu kam, und auch dies hatte ich unterschätzt, dass Journalisten wie der stellvertretende Chefredakteur Peter Philipps neue Kollegen wie Heimo Schwilk und mich als Bedrohung für die eigene Position wahrnahmen. Ich agierte bei der »Welt« genauso, wie ich es bei Ullstein und in anderen Situationen getan hatte: mit wenig Geduld und kompromissloser Begeisterung für meine Vorhaben. Ich wollte lieber in einem Kampf mit offenem Visier unterliegen, als mich anzupassen oder Personen unterzuordnen, denen ich mich intellektuell überlegen sah.

In diesem Verhalten wurde die Prägung durch das protestantische Pfarrhaus deutlich, in dem ich aufgewachsen war. »Widerrufen kann ich nicht« und »Keiner dreht mich um« waren Titel von Büchern, die mein Vater geschrieben hatte. Sich gegen seine inneren Überzeugungen Autoritäten unterzuordnen oder langsam und vorsichtig zu taktieren – all das war mir durch meine familiäre Prägung vollkommen fremd.

Das waren die Hintergründe, warum ich bei der »Welt« nicht vorsichtiger agiert hatte – und warum ich bei den Machtkämpfen letztlich unterlag. Ab dem 1. Juni, darauf hatte ich mich mit dem Verlag und der Chefredaktion geeinigt, übernahm ich das Ressort »Zeitgeschichte«. Offenbar gab es im Springer-Verlag unterschiedliche Meinungen zu meiner Person, und dies war der Kompromiss zwischen jenen, die hinter mir standen, und anderen, die mich loswerden wollten.

Die Sache war so weit hochgekocht, dass sich sogar der Springer-Aufsichtsrat des Themas annahm. Als Ernst Cramer, einst enger Weggefährte von Axel Springer, von der Kritik an meiner Person gehört hatte, rief er mich an und bat mich, ihm mein Hitler-Buch zur Lektüre zu geben. Er wolle sich eine eigene Meinung über mich bilden. Der Chef des Springer-Archivs berichtete mir, dass Cramer alle meine älteren Artikel aus dem Archiv angefordert habe. Ich hatte und habe einen großen Respekt, wenn sich Menschen ihre Meinung nach sorgfältiger Prüfung bilden und nicht einfach vom Hörensagen.

Nachdem Cramer meine Bücher und Artikel gelesen hatte, bat er mich zu sich. Er erklärte mir, er sei nicht immer meiner Meinung, teile aber viele meiner Ansichten und werde mich gegen ungerechtfertigte Angriffe von Leuten, die mich in eine Rechtsaußen-Ecke stellen wollten, verteidigen. Das tat er denn auch, obwohl er zugleich meine Umsetzung vom Ressort »Geistige Welt« zur »Zeitgeschichte« rechtfertigte. Am 20. Mai 1994 schrieb Cramer einem Leser, meine Berufung zum Chef der »Geistigen Welt« sei ein Fehler gewesen, denn »eine derartige regelmäßige Beilage muss ein bunter Strauß sein, vergleichbar mit einem Buffet, auf dem neben Rehrücken, Buletten und Hühnchenkeule auch Salate, Radieschen, Eis-Schleckereien und Petits Fours angeboten werden, nicht zu vergessen Champagner, Weine, Spirituosen, aber auch Obstsäfte und Mineralwasser«. Diese Mischung hätte ich nicht hinbekommen, weil ich kein »Blattmacher« sei.

Zitelmann, so beruhigte Cramer den kritischen Leser, werde »weiter für ›Die Welt‹ schreiben und ihr neue Federn zuführen ... Er ist ein begabter Autor mit fundiertem Wissen der Zeitgeschichte und ein Mann, der jüngere Autoren kennt, hauptsächlich auch solche, die sich mit neuen und akuten Argumenten dem in Deutschland wachsenden links-restaurativen Trend widersetzen.« Daher sei ich »für ›Die Welt‹ gar nicht verzichtbar«, betonte Cramer. Auch er sehe die Gefahr, so endete sein Brief, »dass der freiheitliche demokratische Grundkonsens bei uns durch einen Neokommunismus im Gewande des Kampfes gegen rassistische Tendenzen aufgeweicht werden könnte«. Cramer schickte mir eine Kopie dieses Briefes und später auch weiterer Briefe, die er zu meiner Verteidigung schrieb.

Dafür bin ich ihm dankbar. Cramer war eine moralische Autorität bei Springer, und ohne ihn wäre es meinen linken Kritikern wohl gelungen, mich abzuschießen. Neben ihm standen zwei weitere Personen hinter mir, der enge Vertraute von Friede Springer und Aufsichtsratsvorsitzende Professor Bernhard Servatius sowie der Springer-Aktionär Leo Kirch. Auf beide werde ich später zurückkommen.

Ab dem 1. Juni 1994 war ich Leiter des Ressorts »Zeitgeschichte«. In dieser Funktion führte ich einige größere, ganzseitige Interviews mit Personen, die ich sehr schätzte. Im August lud ich Joachim Gauck in die Redaktion ein. Gauck war seit 1992 »Bundesbeauftragter für die Unterlagen des Staatssicherheitsdienstes der ehemaligen Deutschen Demokratischen Republik«. Seine Behörde, bald »Gauck-Behörde« genannt, beschäftigte seinerzeit 3.000 Mitarbeiter, die 178 Kilometer Stasi-Akten sichteten. Ich bewunderte den späteren Bundespräsidenten Gauck damals und weiß noch, wie peinlich es mir war, als Geist den von mir Eingeladenen nicht so begrüßte, wie es sich meiner Meinung nach gehörte, sondern sich über den Tisch lehnte und in einer sehr laxen Weise sagte: »Na, dann fangen wir mal an.«

Das anschließende Interview führte ich zusammen mit meinem Kollegen Peter Schmalz, der mir in den internen Auseinandersetzungen bei der »Welt« zur Seite gestanden hatte und später Chefredakteur des von der CSU herausgegebenen »Bayernkurier« wurde. »Wer nicht imstande ist, gegen die Wegnahme von Freiheits- und Persönlichkeitsrechten durch Kommunisten eine antikommunistische Antwort zu geben«, so Gauck, »der verfehlt Tugenden, die ein wirklicher Antifaschist hat ... Und es ist richtig, dass man den Anti-Antikommunismus bekämpfen muss.« Die Unterlagen, die er in seiner Behörde verwaltete, belegten auch die Einflussnahme der Stasi auf westliche Intellektuelle. »Die zeitgeschichtliche Forschung wird sehr viel deutlicher zeigen können, wie die Einflussmöglichkeiten der kommunistischen Ideologie des Ostens gerade auf dem Umweg über den intellektuellen Diskurs in Westdeutschland oder überhaupt in Westeuropa sich Räume geschaffen hat.«

Einen Monat darauf veröffentlichte ich, wiederum zusammen mit Peter Schmalz, ein ganzseitiges Interview mit der bekannten Meinungsforscherin Elisabeth Noelle-Neumann. Sie sah damals schon, dass die sich abzeichnende Zusammenarbeit der Sozialdemokraten mit der PDS »die SPD als Volkspartei gefährdet«. Zudem kritisierte sie in dem Interview, »dass die Einbeziehung der PDS in den politischen Entscheidungsprozess die Grenzen zwischen Demokratie und Totalitarismus verwischt«. Noelle-Neumann, die damals schon 78 Jahre alt war, mahnte uns zur Geduld: »Ich habe Theodor Adorno bewundert, weil er in der Verfolgung seines Zieles, die Gesellschaft und die Menschen zu verändern, so ungeheuer geduldig war. An einer Strategie sollten sich auch jene ein Beispiel nehmen, die ein rechtes Weltbild haben. Regelmäßig hat er Journalisten und Wissenschaftler zu einem Gesprächskreis eingeladen, alle paar Monate, vier Jahre lang. Eine Wirkung hat das aber erst nach etwa zehn Jahren gehabt. Das heißt also: Warum sollten die Konservativen und die demokratischen Rechten ungeduldig sein, wenn sie davon überzeugt sind, dass ihre Sache gut und richtig ist.«

So sah ich das auch: Politische Veränderungen beginnen im intellektuellen Milieu, zuerst oft an den Universitäten. Später erreichen sie die Medien und verändern das politische Denken der Menschen. So war es bei der linken 68er-Bewegung und so würde es auch sein, wenn man eine geistige und politische Gegenbewegung dazu initiieren wollte. Noelle-Neumann, die mich einlud, sie und ihren Mann (ein berühmter Neutronenphysiker und bekannter Koch) zu Hause zu besuchen, bestärkte mich immer wieder darin, trotz aller Schwierigkeiten und Anfeindungen durchzuhalten und in meiner Stellung bei der »Welt« auszuharren. Sie wisse aus eigener Erfahrung, wie es sich anfühle, in die rechte Ecke gestellt zu werden. Ihre Empathie und Ermutigung waren für mich sehr wichtig.

Denn in der folgenden Zeit wurde es bei der »Welt« zunächst noch schwieriger für mich. Ich hatte zwar Schutz von »ganz oben«, aber in der »Welt« viele Gegner, allen voran den stellvertretenden Chefredakteur Peter Philipps, einer der vielen SPD-nahen Journalisten bei der »Welt«. Es mag einen Außenstehenden angesichts des konservativen Images der »Welt« wundern, aber die Mehrheit der Redakteure sympathisierte mit SPD und Grünen. Als die »Welt« später intern eine geheime »Bundestagswahl« veranstaltete, votierten 60 Prozent für Rot-Grün.

Eine Zeit lang hatte Philipps eine starke Stellung in der »Welt«, und ich hatte faktisch Schreibverbot. Philipps' Gegnerschaft war nicht nur politisch bedingt. Er war ein äußerst ehrgeiziger, aber nur mittelmäßig begabter Journalist und umgab sich aus Prinzip mit schwachen und unscheinbaren Gefolgsleuten, die ihm nicht gefährlich werden konnten. In jedem, der ihm intellektuell überlegen war, witterte er eine Gefahr. Er handelte nach dem Motto: »Unter Blinden ist der Einäugige König.« Sämtliche Artikel, die ich anbot, lehnte er ab. Ich kam regelmäßig in mein Büro, hatte aber nichts zu tun. Man hatte mir den neueren PC weggenommen und dafür das älteste Modell aus dem Keller geholt. Auch hatte ich keine Sekretärin mehr. Philipps und seine Gefolgsleute hatten mich totgestellt. Meine Gegner hofften, mich auf diese Weise so zu zermürben, dass ich irgendwann freiwillig gehen würde. Es war jedoch umgekehrt. Ich hielt durch, und Peter Philipps musste später gehen, weil der nächste Chefredakteur Thomas Löffelholz dessen intrigante Persönlichkeit durchschaute.

Ich nutzte die Zeit und schrieb, da ich ja sonst nichts zu tun hatte, während der Arbeit ein Buch mit dem Titel »Wohin treibt unsere Republik?«, das 1995 erschien. Hier stellte ich die Entwicklung der Bundesrepublik Deutschland kritisch als Prozess der Auflösung des antitotalitären Konsenses dar und setzte mich mit den Folgen der Kulturrevolution von 1968 auseinander.

Für das Buch konnte ich das große und gut sortierte Archiv des Springer-Verlages nutzen, zu dessen Chef ich einen sehr guten Draht hatte. Eine wichtige Hilfe war darüber hinaus Noelle-Neumann, die mir umfangreiches Material aus den Umfragen ihres Allensbacher Institutes zur Verfügung stellte. Noelle-Neumann schrieb nach Erscheinen des Buches: »Soweit ich sehe, ist dies das erste Buch, das die demoskopischen Daten mit Sachkenntnis voll in die Analyse einbezieht ... Zahlreiche Zusammenhänge werden hier nüchtern, ohne Polemik, mit vorzüglicher Kenntnis von Personen und Fakten übersichtlich beschrieben; damit sichert dieses Buch die Kenntnis von Vorgängen der Zeitgeschichte, die drohten, nicht mehr wahrnehmbar zu sein.«

Ein zentrales Thema des Buches war der steigende Einfluss der Grünen. Die Einwirkungen dieser Partei, so schrieb ich, gingen weit über ihre Beteiligung an Landesregierungen und die in Wahlen dokumentierten Erfolge hinaus. »Entscheidender ist, dass es den Grünen immer wieder gelingt, politische Themen zu besetzen und die Meinungsführerschaft in der öffentlichen Diskussion zu übernehmen.«

Ein ganzes Kapitel widmete ich der Kritik an der »Sozialdemokratisierung der CDU«, die schon damals begonnen hatte – und viel später unter Angela Merkel ihren Abschluss finden sollte. Mit dem Begriff der »Modernisierung« der CDU sei nichts anderes gemeint »als die Anpassung an den von 1968 geprägten Zeitgeist«, so meine Kritik. »Bei vielen Fragen ist es heute schon so, dass die Grünen die Richtung vorgeben, dann die SPD nachzieht und schließlich die Union mit einem deutlichen Verzögerungseffekt nachhinkt. Die Debatte um die ›Quotenregelung‹ ist ein Beispiel, aber auch bei zahlreichen anderen Themenkomplexen geben die Grünen inzwischen den Ton an. So haben sich in der Diskussion über die Kernenergie die grünen Positionen zunehmend durchgesetzt.« Ich warnte in dem Buch davor, dass die SPD langfristig – entgegen ihren damaligen Beteuerungen – sowohl mit den Grünen als auch mit der PDS zusammenarbeiten werde. Im schlimmsten Fall, so meine Befürchtung, komme es zu einer Linksunion aus SPD, Grünen und PDS, die aus Deutschland eine »DDR light« machen wollten.

Das Buch nutzte ich auch, um meine Positionen klarzustellen, die in der öffentlichen Wahrnehmung oft bis zur Unkenntlichkeit verdreht wurden. So wurde immer wieder behauptet, ich sei ein Gegner der Westbindung Deutschlands, obwohl ich mehrfach genau das Gegenteil geschrieben hatte. In einem Beitrag für das von mir mit herausgegebene Buch »Westbindung« hatte ich bereits 1993 unterstrichen, dass nach dem Ende des Ost-West-Konfliktes »die Einbindung unseres Landes in das westliche Bündnis erneut an Wichtigkeit gewinnt«, weil sich durch die Rückkehr in die alte Mittellage neue Unsicherheiten für Deutschland ergäben. »Nur die Partnerschaft mit den Vereinigten Staaten«, so warnte ich nun in »Wohin treibt unsere Republik?«, »kann uns davor bewahren, dass aus dieser neu-alten Lage wieder eine Isolation Deutschlands resultiert.« Gleichzeitig wandte ich mich scharf gegen die Utopie, den deutschen Nationalstaat aufzulösen und in einem europäischen Bundesstaat aufgehen zu lassen.

Naturgemäß gab es harsche Kritik an dem Buch in Medien wie der »Frankfurter Rundschau«, der »Zeit« oder der »taz«. Die »taz« brachte einen ganzseitigen Verriss, in dem es hieß: »Zitelmanns Analyse verbleibt im Bereich des Ideologischen ... Seine KPD/ML-Vergangenheit lässt grüßen.« Autor des Verrisses war Bernd Rabehl, ehemals einer der Wortführer der 68er-Bewegung, später dann gern gesehener Vortragsredner bei der NPD. Rabehl war 2009 sogar als gemeinsamer Kandidat der beiden rechtsextremen Parteien DVU und NPD für das Amt des Bundespräsidenten im Gespräch, zog seine Zusage jedoch kurz vor der Nominierung zurück. So viel zur Person des Rezensenten, der mein Buch in der linken »taz« als »zu ideologisch« kritisierte.

Hoch rechnete ich es Christian Wulff an, dass er in der »Bild«-Zeitung die Lektüre meines Buches empfahl: »Ein sehr analytisches Buch über die Mediengesellschaft der Political Correctness«. Ich war Wulff öfter in einem liberalen Gesprächskreis begegnet, den der FDP-Mann Werner Bruns in Hannover organisierte. Sehr viel später musste Wulff als Bundespräsident selbst erleben, wie es ist, Zielscheibe einer unfairen Kampagne zu werden.

Am wichtigsten war jedoch für mich der Zuspruch aus der obersten Führungsriege des Springer-Verlages. Bei der Präsentation des Buches am 9. Februar 1995 im Berliner Hilton-Hotel saß der Aufsichtsratsvorsitzende Bernhard Servatius in der ersten Reihe. In einem Mediendienst, der über die Buchvorstellung berichtete, hieß es, dass die Präsenz von Servatius »gleichsam für den Autor des Abends, Rainer Zitelmann, einer Seligsprechung gleichkam«. Der Springer-Vorstandschef Jürgen Richter war dagegen nicht dabei – er gehörte nicht zu meinen Freunden, weil ihm der ständige Ärger um meine Person auf die Nerven ging.

Der Historiker Michael Wolffsohn hielt die Laudatio auf das Buch, und als er geendet hatte, kam Servatius vor den 100 anwesenden Gästen demonstrativ als Erster zu mir und gratulierte mir zu meinem Buch, das er »in einem Zug« und mit allergrößter Zustimmung gelesen habe. Ich freute mich über diese Solidaritätsbekundung des Aufsichtsratsvorsitzenden, zumal die Betriebsratsvorsitzende gerade gefordert hatte, der Verlag solle »den rechten Zitelmann entlassen«. Ich erwiderte: »Professor Servatius, danke für Ihre netten Worte, aber das sind alles nur abgelehnte Artikel, die nicht in der ›Welt‹ erscheinen konnten.« Er beruhigte mich: »Lieber Herr Zitelmann, das wird sich bald ändern. Glauben Sie mir. Da kommt jetzt jemand, der wird dafür sorgen, dass Sie wieder schreiben können.«

Dieser »jemand« war der bereits erwähnte Thomas Löffelholz, ehemals Chefredakteur der »Stuttgarter Zeitung«. Löffelholz war ein vielfach ausgezeichneter Journalist, der unter anderem zweimal den Theodor-Wolff-Preis verliehen bekommen hatte und für seine journalistischen Leistungen mit dem Ludwig-Erhard- und dem Karl-Bräuer-Preis geehrt worden war. Vor seiner Berufung zum

Chefredakteur und Herausgeber der »Welt«, so berichtete er mir später, sei in seinen Gesprächen mit dem Aufsichtsrat ein großes Thema gewesen: »Wie halten Sie es mit Zitelmann?« Löffelholz hatte zufällig kurz davor mein Buch »Adenauers Gegner« gelesen, das ihm gefiel. Er kannte mich nicht, aber ließ sich durch die Anti-Zitelmann-Propaganda nicht verunsichern, sondern wollte sich sein eigenes Urteil bilden.

Ich konnte ihn zuerst nicht einschätzen. In der heißen Phase, als ich befürchten musste, dass der Springer-Vorstandschef Richter meine Entlassung betreiben könnte, sicherte ich mich daher ab. Ich berichtete dem CSU-Politiker Peter Gauweiler, den ich sehr gut kannte und regelmäßig traf, über die Zustände in der »Welt«, und er erzählte dies Leo Kirch, dem Großaktionär der Springer AG. Kirch rief daraufhin direkt bei Richter an: »Lasst den Zitelmann in Ruhe.« Am gleichen Tag erhielt ich einen verwunderten Anruf von dem geschäftsführenden Redakteur Joachim Degenhardt: Er habe gehört, es gebe Gerüchte, dass man mich entlassen wolle. Er verstehe gar nicht, woher diese Gerüchte kämen, auf jeden Fall stimmten sie nicht.

Löffelholz war eine positive Überraschung für mich. Er war ein in der Wolle gefärbter Liberaler und Freigeist, der dafür sorgte, dass ich wieder große politische Kommentare auf der Meinungsseite der »Welt« schreiben konnte. Wenn er spürte, dass mich Leute wie Philipps blockierten, setzte er sich energisch für mich ein. Löffelholz ermunterte mich damals, verstärkt wieder zu historischen Themen in der »Welt« zu schreiben.

Auch mit dessen Nachfolger Mathias Döpfner, der später Vorstandsvorsitzender der Axel Springer AG wurde, verstand ich mich gut. Ich hatte Döpfner in einem von mir initiierten politischen Gesprächskreis, dem »Berliner Kreis«, kennengelernt, als er noch Chefredakteur der Berliner »Wochenpost« war. Unter Döpfner begann eine zweite Phase meiner Tätigkeit bei der »Welt«, nämlich als Leiter des Immobilienressorts. Bevor ich darauf eingehe, möchte ich über zwei politische Initiativen berichten, die im Herbst 1994 und im Frühjahr 1995 für ein großes öffentliches Echo sorgten.

Kapitel 7: Das Liberale Manifest und der 8. Mai 1995

Ende 1993 kam Manfred Brunner zu mir. Er war fast drei Jahrzehnte in der FDP gewesen und zuletzt von 1983 bis 1989 Vorsitzender der bayerischen Liberalen. Doch Anfang Januar 1994 sollte er eine neue Partei gründen, den Bund Freier Bürger. Hauptthema des BFB war die Ablehnung der Einführung des Euro. Brunner war ein Nationalliberaler, davon gab es in der FDP einige. Er fragte mich, ob ich bei der neuen Partei mitmachen wolle. Ich lehnte ab: »Herr Brunner, ich zweifle nicht an Ihrer liberalen Gesinnung. Aber Ihrer Partei werden sich Leute anschließen, die früher mal ganz rechts standen oder immer noch stehen. Sie können doch nicht jeden überprüfen. Wenn Sie 1.000 vernünftige Leute haben und zehn Rechtsradikale, dann werden die CDU und die linken Medien nur über die zehn sprechen, nicht über die 990 anderen. Das Ergebnis wird sein, dass vernünftige Leute, die ein Reputationsrisiko haben, nicht mehr zu Ihnen kommen, dafür jedoch immer mehr Rechtsaußen-Leute. Und dann kippt Ihre Partei.« Genauso ist es gekommen. Aus Frustration über die Rechtsentwicklung, die er nicht verhindern konnte, verließ Brunner 1999 die von ihm gegründete Partei und trat wieder der FDP bei – leider nur für zwei Jahre.

Was war meine politische Position? Links war ich schon lange nicht mehr. Durch meine Auseinandersetzungen mit der politischen Linken hielten mich auch manche ganz Rechten für einen der ihren. Das war ich nie. Manchmal heißt es, man müsse aufpassen, dass man nicht den »Beifall von der falschen Seite« bekommt. Dagegen kann man jedoch nur schwer etwas tun. Aber man muss aufpassen, wie man selbst auf den Beifall von der falschen Seite reagiert. Leider lässt sich bei manchen, die zunächst zu Unrecht als zu rechts beschimpft wurden, dann tatsächlich eine Entwicklung in diese Richtung beobachten. Bekommt man von der einen Seite Prügel und wird von der anderen umarmt, ist es menschlich verständlich, dass man lieber dahin geht, wo man Zuspruch erhält. Aber genau das wollte ich nicht.

Deshalb prägte ich den Begriff der »demokratischen Rechten«, für die aus meiner Sicht im demokratischen Spektrum einer pluralistischen Gesellschaft ebenso Platz sein sollte wie für eine demokratische Linke. Diesen Begriff fand ich treffender als den von meinen Kritikern verwandten Begriff der »Neuen Rechten«, der mir sehr diffus erschien, weil darunter auch solche Leute gezählt wurden, die eine pluralistische Gesellschaft ablehnten und einem rechten Antikapitalismus huldigten. Ich hatte mich jedoch nicht vom linken Antikapitalismus meiner Jugendzeit verabschiedet, um nun einem rechten Antikapitalismus das Wort zu reden.

Für meine Gegner war ich der Wortführer der »Neuen Rechten«. Eine kleine Episode, die für viele andere steht: Ich saß im Flugzeug von Berlin nach Frankfurt. Der Flieger hatte Verspätung. Um Zeit zu gewinnen und meine unvermeidliche Verspätung beim nächsten Termin um einige Minuten zu reduzieren, rannte ich im Landeanflug nach vorne. Durch Lautsprecheransage wurde ich in harschem Ton zweimal ermahnt, mich sofort zu setzen. Was ich aber so lange ignorierte, bis ich vorne war und Platz nahm – zufällig neben Michael Naumann, ehemals Kultusstaatsminister und »Zeit«-Herausgeber, der Erste Klasse flog (ich fliege bei Inlandsflügen stets Economy). Obwohl ich vorher nie mit ihm gesprochen hatte, ging er mich sofort an: »Haben Sie den Ton gehört, in dem man eben mit Ihnen gesprochen hat? Das ist genau der Ton, in dem auch Ihre rechten Artikel geschrieben sind.« Ich fragte ihn, welche Artikel er denn meine. Er konnte keinen einzigen nennen. Auf meine Frage, ob er wenigstens wisse, in welchem Medium er die Artikel gelesen habe, deren Ton ihm so sehr missfalle, nannte er die »Junge Freiheit«.

Ich antwortete ihm, dass ich dort nie einen Artikel geschrieben hatte. Wie die Behauptung, ich hätte bei Ernst Nolte promoviert und sei dessen Assistent oder »Schüler« gewesen, war auch diese ständig wiederholte Behauptung frei erfunden. Nicht frei erfunden ist übrigens, dass Naumann, der mich so scharf wegen meines Tons anging, selbst kurz davor wegen Beleidigung des Berliner Generalstaatsanwaltes, den er als »durchgeknallt« bezeichnet hatte, zu einer Geldstrafe von 9.000 Euro verurteilt worden war.

Im Juli 1993 gab ich der Zeitung »Junge Freiheit« ein Interview. Viele, die mir das vorwarfen, fanden selbst nichts dabei, Zeitungen wie der linksextremen »Jungen Welt« oder dem »Neuen Deutschland« Interviews zu geben. In dem Interview mit der »Jungen Freiheit« äußerte ich mich übrigens durchaus kritisch zur »Neuen Rechten«. Ich erklärte, die Linken seien insofern den Rechten überlegen, weil es in ihren Reihen Nonkonformisten und Querdenker gebe: »Bei den Rechten verstaubt vieles, weil sie niemand in den eigenen Reihen haben, der den Staub wegwischt. Ich würde beispielsweise gerne mal in Ihrer Zeitung einen kritischen Beitrag über rechte Verschwörungstheorien oder über den Dilettantismus vieler sogenannter ›revisionistischer‹ Zeithistoriker lesen.«

Ich fügte hinzu, dass mir die Politisierung der Geschichtswissenschaft ganz generell »zuwider« sei, »wobei mir eine rechte Politisierung ebenso unsympathisch wäre wie die über viele Jahre zu beobachtende Sozialdemokratisierung der ›kritischen‹ Geschichtswissenschaft.«

In dem 1994 von Schwilk und Schacht herausgegebenen Band »Die selbstbewusste Nation« hatte ich einen Beitrag zum Thema »Position und Begriff. Über eine neue demokratische Rechte« veröffentlicht. Hier betonte ich: »Die demokratische Rechte sollte sich nicht deshalb von Rechtsextremisten abgrenzen, um damit der Linken zu gefallen, sondern weil sie ganz andere Ziele als diese verfolgt und sie sich nicht durch solche Kräfte instrumentalisieren lassen darf. Die demokratische Rechte darf nicht die Rolle des nützlichen Idioten für die extreme Rechte spielen, die so viele Linksliberale in den Kampagnen gegen ›Berufsverbote‹ und ›Nachrüstung‹ für die Kommunisten gespielt haben.«

Anfang 1994 lernte ich Alexander von Stahl kennen. Ich hatte ihn zu einer von mir initiierten Gesprächsrunde eingeladen, dem »Berliner Kreis«, in dem sich Wissenschaftler, Journalisten und Politiker regelmäßig trafen. Ehemalige DDR-Bürgerrechtler wie Freya Klier waren ebenso dabei wie die bekannten Journalisten Peter Hahne und Peter Merseburger oder Wissenschaftler wie Arnulf Baring.

Von Stahl folgte meiner Einladung, und als wir uns persönlich kennenlernten, war er mir auf Anhieb sehr sympathisch. Wir stellten rasch fest, dass wir über viele politische Themen ganz ähnlich dachten. Der FDP-Politiker und ehemalige Generalbundesanwalt liebäugelte vorübergehend mit der Gründung einer eigenen Partei. Ich war aus den gleichen Gründen dagegen, wie ich sie Brunner erläutert hatte. Stattdessen schloss ich mich der FDP an. Nicht, weil ich in allen Positionen mit der Partei übereinstimmte – welches Mitglied tut das schon? –, sondern weil sie mir politisch am nächsten war. Das galt zumindest für die Wirtschafts- und Sozialpolitik. Im Bereich der inneren Sicherheit sah ich jedoch Korrekturbedarf. Ich hielt nichts von der Linie von Sabine Leutheusser-Schnarrenberger, die das Thema »Sicherheit für den Bürger« zu geringschätzte.

So sahen das auch Alexander von Stahl und Jürgen Kittlaus, der frühere Polizeipräsident von Berlin. Und so sahen das viele in der Spandauer FDP, die von Wolfgang Mleczkowski geleitet wurde. Im Juni 1994 trat ich der FDP Spandau bei und erarbeitete zusammen mit von Stahl, Kittlaus, Mleczkowski und einem Bankdirektor ein Positionspapier, das wir »Berliner Positionen einer Liberalen Erneuerung« nannten. Den größten Teil dieses Papiers hatte ich geschrieben, und auch heute, mehr als zwei Jahrzehnte später, stehe ich zu den zentralen Positionen. Deshalb möchte ich diese hier etwas ausführlicher zitieren.

1. »Bekenntnis zur Marktwirtschaft«. Unter diesem Programmpunkt hieß es u.a.: »Eine Neidkampagne gegen Besserverdienende dient auch nicht den sozial Schwachen. Was sozial verteilt werden soll, muss zunächst einmal marktwirtschaftlich erarbeitet werden ... Der Sozialstaat muss diejenigen schützen und unterstützen, die nicht arbeiten können. Er darf aber nicht jene unterstützen, die nicht arbeiten wollen.«

2. »Rückbau des Staates«. Hier hieß es, der Staat müsse sich auf seine ursprünglichen Aufgaben, die Gewährleistung der inneren und äußeren Sicherheit, konzentrieren, anstatt durch eine ausufernde Bürokratie und Subventionen die Marktkräfte zu lähmen.

3. »Keine Technologiefeindlichkeit«. Wir forderten, dass die ideologische Blockade z.B. der Gentechnologie ebenso überwunden werden müsse wie die »Kapitulation des Staates im Bereich der Kernenergiepolitik«. Und dann hieß es: »Umweltschutz ist richtig und wichtig ... Ökohysterie darf jedoch nicht Leitfaden der FDP-Politik sein.«

4. »Europa der Vaterländer«. Wir traten für einen Staatenbund statt einem europäischen Bundesstaat ein. »Individuelle Bürgerrechte haben ihre Wurzel und ihre Existenz in den nationalen Staaten. Die Abhängigkeit von der Brüsseler Bürokratie ist jetzt schon erdrückend.« Zudem warnten wir vor einer Abschaffung der D-Mark und der Einführung des Euro, die 1992 im Vertrag von Maastricht beschlossen worden war.

5. »Abschied von Ideologien«. Unter diesem Stichwort kritisierten wir die Ideologie der multikulturellen Gesellschaft. »Ziel muss es sein, den nach der Änderung des Asylrechts sich fortsetzenden

Asylmissbrauch einzudämmen und die hier friedlich lebenden Ausländer zu integrieren.« Zudem wandten wir uns gegen feministisch motivierte Quotierungsregelungen, Antidiskriminierungsgesetze und »akademische Frauenforschung«.

Die Reaktion auf dieses Manifest war ein Aufschrei in den Medien. Die überregionalen Tageszeitungen berichteten auf der Titelseite, in den abendlichen Nachrichtensendungen im Fernsehen und den Politmagazinen war das Papier ein großes Thema. Es wurde gewarnt, die FDP könne einen Rechtsschwenk vollziehen. Die Parteiführung distanzierte sich von unserem Papier. Aber wir bekamen auch sehr viel Zustimmung aus anderen Bundesländern, vor allem aus den Landesverbänden Hessen und Nordrhein-Westfalen. Und in der Berliner Partei sympathisierten etwa 40 Prozent der Mitglieder mit unseren Positionen. Als Alexander von Stahl im Januar 1996 für das Amt des Berliner Landesvorsitzenden kandidierte, unterlag er mit 114 Stimmen zu 170 Stimmen gegen Martin Matz, der später zu der Partei wechselte, zu der er viel besser passte, nämlich zur SPD.

Wegen meiner Tätigkeit als Journalist musste ich mich selbst eher im Hintergrund halten. In der Öffentlichkeit galt ich als »Chefideologe« der Nationalliberalen in der FDP, aber nach außen vertrat Alexander von Stahl diese Richtung. Das war nicht ganz glücklich, denn er war zwar als ehemaliger Generalbundesanwalt bekannt, aber rhetorisch nicht sonderlich mitreißend.

Die FDP entwickelte sich nie ganz dorthin, wo wir sie gerne gesehen hätten. Aber unter Guido Westerwelle entwickelte sie sich später zu einer Partei, die eher unseren Vorstellungen entsprach. Mitte der 90er-Jahre war ich allerdings verärgert darüber, dass wir von der Parteiführung ausgegrenzt wurden. Daran beteiligte sich leider auch Wolfgang Gerhardt, der uns vor dem Mainzer Parteitag im Juni 1995, auf dem er zum neuen Vorsitzenden gewählt wurde, zum Parteiaustritt aufforderte. Sein Vorgänger Klaus Kinkel nannte unsere Thesen »totalen Quatsch«. Umso mehr freute mich, dass der von mir sehr verehrte FDP-Ehrenvorsitzende Otto Graf Lambsdorff diese Reaktionen der Parteiführung öffentlich scharf kritisierte und in einem Gespräch mit der FAZ betonte, ein »gewisser Teil Nationalliberalismus« habe immer zur FDP gehört. »Wir sollten vorsichtig mit einer Beinahe-Gleichsetzung [von Nationalliberalismus und Rechtsextremismus] sein; sonst müsste die FDP sich fragen lassen, ob sie sich nachträglich von Thomas Dehler trennen sollte, denn er war ein Nationalliberaler«, so der wegen seiner konsequent marktwirtschaftlichen Gesinnung als »Marktgraf« bezeichnete Lambsdorff. Er war von 1988 bis 1993 selbst Bundesvorsitzender der FDP gewesen und ärgerte sich so sehr über unsere Ausgrenzung, dass er am 2. August in der FAZ einen ausführlichen Gastbeitrag unter dem Titel »Deutschlands neue Denkverbote« veröffentlichte.

Darin kritisierte Lambsdorff die »Diktatur der Political Correctness«: »Selbst moderat konservative Äußerungen werden an den Rand des Abgrunds der öffentlichen Akzeptanz gedrückt und haben Schwierigkeiten, überhaupt diskussionswürdig zu sein.« Die FDP müsse Denkverboten entgegentreten. Und was die Nationalliberalen anbelangt, betonte Lambsdorff: »Nationalliberale sind immer Teil der FDP gewesen. Sie haben den Liberalismus in bestimmten Phasen der deutschen Nachkriegsgeschichte mitgeprägt oder sogar repräsentiert, wie Thomas Dehler als früherer Parteivorsitzender.«

Im Dezember 1994 erhielt ich vom ehemaligen Parteivorsitzenden der FDP, Erich Mende, einen langen, handschriftlichen Brief. Der 78-Jährige, den ich bis dahin nicht kennengelernt hatte, schrieb, er wolle mir »mit diesem Brief meine Seelenverwandtschaft aus der Seniorengeneration bekunden ... Lassen Sie sich nicht entmutigen!« Mende stand für einen nationalliberalen Kurs und hatte der FDP 1961 mit 12,8 Prozent das bis dahin zweitbeste Ergebnis der Parteigeschichte beschert, das erst 2009 von Westerwelle überboten werden sollte.

Auch Hermann Otto Solms verhielt sich immer fair und beteiligte sich nicht an meiner Ausgrenzung. Im Gegenteil: Solms lud mich sogar am 8. Dezember 1997 als Redner zu einer Veranstaltung ein, die die FDP-Bundestagsfraktion zusammen mit der »Stiftung Haus der Geschichte der Bundesrepublik Deutschland« aus

Anlass des 100. Geburtstages von Thomas Dehler organisierte. Ich sprach neben so prominenten FDP-Politikern wie Hans-Dietrich Genscher, Hildegard Hamm-Brücher, Wolfgang Gerhardt und Wolfgang Mischnick. Thema meines Vortrages war das Verhältnis zwischen Konrad Adenauer und Thomas Dehler. Mit dieser Einladung hatte die Parteiführung ein Signal gegen meine Ausgrenzung gesetzt. Die Vorträge wurden später in dem Buch »Thomas Dehler und seine Politik« veröffentlicht.

Ich bin bis heute Mitglied der FDP und unterstütze sie finanziell sowie als kritischer Dialogpartner, gelegentlich auch mit meiner Expertise zu immobilienwirtschaftlichen Themen. So war ich Mitinitiator der »Liberalen Immobilienrunde«, mit der wir in der Immobilienwirtschaft um Unterstützung und Zuspruch für die FDP werben. Wir luden zu dieser Runde Politiker wie Hermann Otto Solms oder den Parteivorsitzenden Christian Lindner als Referenten ein, ebenso den ehemaligen FDP-Bundestagsabgeordneten Frank Schäffler, der 2011 ein Mitgliedervotum für eine Änderung der Euro-Politik initiiert hatte.

Aber zurück in die 90er-Jahre: Etwa ein halbes Jahr nach der Veröffentlichung des Liberalen Manifests startete ich eine weitere Initiative. Anlass war der 50. Jahrestag des 8. Mai 1945, an dem Deutschlands am Vortag unterzeichnete Kapitulation in Kraft trat. In der DDR war dieses Datum stets als »Tag der Befreiung vom Faschismus« gefeiert worden. Im Vorfeld des 50. Jahrestages entwickelte sich, wie der »Spiegel« am 24. April 1995 beobachtete, *»eine nicht mehr überschaubare Basisbewegung ...: Kirchengemeinden, Geschichtswerkstätten, Schulklassen, Anti-Rassismus-Initiativen oder Schwulengruppen überziehen das Land mit einem dichten Netz von Ausstellungen, Tagungen, Lesungen und Gedenkfeiern. ... Auf Initiative Michel Friedmans, Präsidiumsmitglied im Zentralrat der Juden, und des Hamburger Intendanten Jürgen Flimm unterzeichneten ZDF-Chef Dieter Stolte, der ARD-Vorsitzende Jobst Plog, aber auch die Chefredaktionen von Brigitte, Focus, Stern oder Max den Aufruf ›8. Mai 1995: Die Freiheit hat Geburtstag. Engagieren wir uns!‹ Die Meinungsmacher proklamieren einen ›Tag der Erinnerung und Hoffnung, den wir nicht allein den Parteien und*

Politikern überlassen wollen‹. Den gern geschmähten Politikern mit ihren erstarrten Kranzabwurf-Ritualen Konkurrenz zu machen reizt so manchen guten Menschen. Und so werden Peter Maffay, die ›Toten Hosen‹, Udo Jürgens und viele andere am 7. Mai im Hamburger Thalia Theater die Befreiung besingen. Das ZDF überträgt live.«

Das fand ich bedenklich und nicht angemessen, weil es der Komplexität und Ambivalenz dieses Tages in keiner Weise gerecht wurde. Daher formulierte ich einen Aufruf, der als Anzeige in der »Frankfurter Allgemeinen Zeitung« erschien und für den ich – zusammen mit Heimo Schwilk, Ulrich Schacht und Klaus Rainer Röhl – Hunderte Unterschriften sammelte. Das Vorgehen entsprach meiner Meinung, die ich in diesen Jahren immer wieder prononciert vertreten hatte: Wer die öffentliche Meinung beeinflussen und Diskussionen auslösen wolle, müsse von den erfolgreichen Methoden der Linken lernen.

Der Aufruf begann mit einem Zitat des ersten Bundespräsidenten der Bundesrepublik Deutschland, Theodor Heuss (FDP). Der Text unter der Überschrift »8. Mai 1945 – gegen das Vergessen« war knapp gehalten – und doch haben keine anderen Sätze, die ich in meinem Leben verfasste, so viel Aufregung verursacht wie diese 128 Worte, die erstmals am 7. April 1995 auf Seite 3 der FAZ erschienen:

»›Im Grunde genommen bleibt dieser 8. Mai 1945 die tragischste und fragwürdigste Paradoxie für jeden von uns. Warum denn? Weil wir erlöst und vernichtet in einem gewesen sind.‹ Die Paradoxie des 8. Mai, die der erste Bundespräsident unserer Republik, Theodor Heuss, so treffend charakterisierte, tritt zunehmend in den Hintergrund. Einseitig wird der 8. Mai von Medien und Politikern als ›Befreiung‹ charakterisiert. Dabei droht in Vergessenheit zu geraten, dass dieser Tag nicht nur das Ende der nationalsozialistischen Schreckensherrschaft bedeutete, sondern auch den Beginn von Vertreibungsterror und neuer Unterdrückung im Osten und den Beginn der Teilung unseres Landes. Ein Geschichtsbild, das diese Wahrheiten verschweigt, verdrängt oder relativiert, kann nicht Grundlage für das Selbstverständnis einer selbstbewussten Nation sein, die wir Deutschen in der europäischen Völkerfamilie werden müssen, um vergleichbare Katastrophen künftig auszuschließen.« So weit der Anzeigentext.

Zu den prominenten Ernstunterzeichnern gehörten der damalige Entwicklungshilfeminister Carl-Dieter Spranger (CSU) und der Ehrenvorsitzende der CDU/CSU-Bundestagsfraktion Alfred Dregger sowie der ehemalige Bundesminister Hans Apel (SPD). Unterschriften kamen auch von den ehemaligen Landesministern der CSU bzw. CDU, Peter Gauweiler und Heinrich Lummer, vom ehemaligen Bundesminister Friedrich Zimmermann (CSU), einigen FDP-Politikern wie Alexander von Stahl, Heiner E. Kappel und Hans-Manfred Roth sowie dem einstigen bayerischen FDP-Vorsitzenden und damaligen Chef des Bundes Freier Bürger, Manfred Brunner. Auch eine ganze Reihe anderer Persönlichkeiten, etwa Professoren wie der bekannte Soziologe Erwin Scheuch oder General a.D. Günter Kießling, unterschrieben.

Der Aufruf geriet umgehend zum Politikum. Der Sprecher der Bundesregierung, Peter Hausmann, äußerte ausdrücklich Verständnis für den Aufruf. An den 8. Mai, so der Regierungssprecher, knüpften sich viele Gefühle. Er sei ein Tag der Befreiung, aber auch der Trauer um die Opfer des Holocausts und auf den Schlachtfeldern. Für viele Menschen verbinde sich mit diesem Tag zudem die Erinnerung an den Beginn der Vertreibung. »Es gibt nicht nur ein Gefühl, das an diesem Tag herrscht«, sagte der Regierungssprecher.

Ähnlich differenziert äußerte sich Karl Lehmann, der Vorsitzende der Deutschen Bischofskonferenz. Für ihn sei der 8. Mai zwar ein Tag der Befreiung, aber es sei ungerecht, so der Bischof, wenn nicht der vielen Millionen Vertriebener gedacht würde. »Wenn man darüber spricht, muss man ja noch nicht ein Rechter sein.«

Indes wandte sich der Vorsitzende des Zentralrats der Juden, Ignatz Bubis, mit scharfen Worten gegen den Aufruf. Die SPD-Sprecherin Dagmar Wiebusch forderte, dass sich alle Unterstützer des Aufrufs aus demokratischen Parteien nachträglich distanzieren sollten. Der Grünen-Vorstandssprecher Jürgen Trittin warf der Union und der FDP vor, »ihren rechten Rand nicht mehr unter Kontrolle zu haben«. Mit dem Aufruf werde der einzigartige Charakter des NS-Regimes verdrängt.

Die öffentliche Erregung über den Aufruf war groß, wobei die Medien gespalten waren. Eckhard Fuhr verteidigte uns gegen die Kritik in einem Leitartikel der FAZ: »Es hat jetzt also, so will es die moralisierende Klasse in diesem Lande, der 8. Mai als Tag der Befreiung zu gelten. Und wehe dem, der das nicht in der gebotenen Plattheit täglich wiederholt.« In einem weiteren Artikel schrieb Fuhr: »Zitelmanns Unterschriftenaktion ist eben nicht nur das Erinnern an Selbstverständlichkeiten, sondern eine kühl berechnete politische Aktion. Die politisch-kulturell vorherrschende Linke sollte in ihrer pawlowschen Berechenbarkeit und Dürftigkeit vorgeführt werden. Das ist zu einem guten Teil gelungen.« Auch ein anderer führender Redakteur der FAZ, der für die Innenpolitik Verantwortliche Friedrich Karl Fromme, stellte sich auf unsere Seite.

Dagegen beschimpfte Heribert Prantl in der »Süddeutschen Zeitung« die Unterzeichner der Anzeige als »Relativierer« und »heimlich über die deutsche Niederlage vom 8. Mai 1945 Trauernde«. Die »Zeit« nannte den Text »widerlich«.

Der Publizist Ralph Giordano bezeichnete in der »taz« den Aufruf als Beleg für »das Krebsgeschwür eines demokratiefernen und durch und durch reaktionären Geschichtsrevisionismus auch noch im Deutschland des ausgehenden Jahrhunderts. Die Liste der Unterzeichner deutet auf Metastasen in nachgewachsenen Generationen hin.«

Auf prominente Unterzeichner wurde massiver Druck ausgeübt, sie sollten ihre Unterschrift zurückziehen. Von den 300 Unterzeichnern tat dies jedoch nur einer, Hans Apel von der SPD. Der Ex-Verteidigungsminister erklärte mir und anderen gegenüber später mehrfach, er habe dies schon kurz darauf bereut. Ihm tat es sehr leid, dem Druck nicht standgehalten zu haben.

Die Kritiker setzten sich weniger mit dem Text des Aufrufes auseinander als mit der Liste der Unterzeichner. Unter ihnen war auch eine Handvoll Funktionäre der Partei »Republikaner«. Unterschreiben konnte jeder, und wir stellten keine Nachforschungen darüber an, wer sich hinter welchem Namen verbarg. Kein einziger Republikaner hatte seine Parteizugehörigkeit hinzugefügt.

In einer SAT.1-Fernsehdiskussion im April 1995 in der damals beliebten Sonntagabend-Talkshow »Talk im Turm« (moderiert vom ehemaligen »Spiegel«-Chefredakteur Erich Böhme) wurde ich gefragt, ob es mir nicht zu denken gebe, dass auch Republikaner unterschrieben hätten. Ich entgegnete, ich könne doch nichts dafür, wenn ich sage, dass zwei und zwei vier ist, und mir dann jemand zustimme, dessen Meinungen ich ansonsten nicht teile. Jedenfalls dürfe das ja kein Grund sein, deshalb zu sagen, zwei und zwei seien fünf. Ich fand die Aufregung über diese Unterzeichner auch deshalb nicht sehr überzeugend, weil diejenigen, die sich am lautesten darüber aufregten, nie etwas dabei gefunden hatten, wenn unter »Friedensaufrufen« oder Initiativen gegen »Berufsverbote« neben SPD-Leuten Vertreter der kommunistischen DKP unterzeichneten.

Die Fernsehdiskussion gab mir eine gute Gelegenheit, meine tatsächlichen Positionen darzustellen. Meine Kritiker waren überrascht, dass das Zerrbild, das sie von mir kannten, nicht bestätigt wurde. Im Berliner »Tagesspiegel«, der mir kritisch gegenüberstand, hieß es: »Zitelmann live ist die freundliche Sachlichkeit in Person, das genaue Gegenteil der schreibenden Kunstfigur gleichen Namens.« Ich hätte in der Fernsehdebatte »gesiegt«, weil ich mich über nichts aufgeregt habe.

Wir hatten eine Gedenkveranstaltung in München für den 7. Mai 1995 geplant, zu der Alfred Dregger als Hauptvortragsredner zugesagt hatte. In den Wochen vor der Veranstaltung telefonierte ich immer wieder mit ihm, weil er massiv bedrängt wurde, seine Zusage zurückzuziehen. Dregger war angesichts des Drucks der Unionsführung sichtlich verunsichert, erklärte mir jedoch wiederholt, er »wackle« nicht und stehe zu seiner gegebenen Zusage. Öffentlich erklärte er, wie die FAZ berichtete, es gehe den Kritikern des Aufrufs darum, »alles auf den Begriff der Befreiung von Hitler zu reduzieren und alles andere, was an Schrecklichem mit diesem Tag verbunden sei, zu leugnen«.

Aber in den Telefonaten mit mir räumte Dregger ein, dass Bundeskanzler Helmut Kohl ihn bedrängte, seine Zusage zurückzuziehen. Grund war weniger der Anzeigentext oder das Thema 8. Mai als der geplante Auftritt von Manfred Brunner bei der Podiumsdiskussion. Der war Kohl ein Dorn im Auge, weil Brunner ein vehementer Gegner des Euro war – jenes Projektes, das Kohl besonders am Herzen lag.

Unter diesem Druck begann Dregger zu wanken. Nach jedem Telefonat mit mir schien er wieder gefestigt in seiner Zusage. Aber wenn danach Kohl und der damalige CSU-Vorsitzende Theo Waigel auf ihn einredeten, war er wieder verunsichert. Ich merkte, dass es für ihn ein schwerer Kampf zwischen innerer Überzeugung und Parteiraison war. Schließlich stellte er die Bedingung, wir sollten Brunner wieder ausladen oder die gesamte Podiumsdiskussion absagen. Das lehnten wir ab.

Die Zeitung »Die Woche« berichtete am 5. Mai: »Helmut Kohl, alarmiert vom öffentlichen Echo auf den rechten Aufruf, wollte nicht zulassen, dass am 8. und 9. Mai auch nur ein Schatten auf seine großen Auftritte in London, Paris, Berlin und Moskau fallen könnte ... Er befahl seinem Parteifreund den geordneten Rückzug. Soldat Dregger gehorchte widerstrebend – und bekam dafür ein Lob: Inhaltlich, gestand Fraktionschef Schäuble ihm und der Parteirechten zu, gebe es gegen den Aufruf ›gar nichts einzuwenden, das ist erlaubt und notwendig‹.« Im »Focus« hieß es: »Gleich drei Spitzenpolitiker der Union setzten Dregger in Einzelgesprächen unter Druck«, nämlich Kohl, Waigel und Wolfgang Schäuble.

Am 28. April sagten wir schließlich die ganze Veranstaltung ab. Vorher hatte es zwischen Schwilk, Schacht und mir dazu Meinungsverschiedenheiten gegeben. Ich war gemeinsam mit Peter Gauweiler der Meinung, es bestehe die Gefahr, dass rechtsradikale Trittbrettfahrer aufspringen und medienwirksam an der Veranstaltung teilnehmen würden, ohne dass wir dies verhindern könnten. Das Signal, das davon ausginge, wäre fatal. Schacht und Schwilk sahen diese Gefahr auch, meinten jedoch, wir dürften all die, die uns unterstützt hatten, nicht enttäuschen und klein beigeben. Nach meiner Meinung hatten wir unser Ziel einer breiten Diskussion bereits erreicht, und das Risiko, all dies wieder durch die Veranstaltung zu gefährden, schien mir zu groß.

Wir gaben schließlich eine Presseerklärung heraus, in der wir schrieben: »Obwohl wir die Absage der Veranstaltung bedauern, ist doch ein wesentliches Ziel der Initiative erreicht, nämlich die Einheitssprachregelung von der ›Befreiung‹ zu durchbrechen. Neben den Schrecken der nationalsozialistischen Diktatur, an die die Erinnerung wachgehalten werden muss, wurden in den letzten Wochen in der öffentlichen Debatte auch die Vertreibungsverbrechen thematisiert.«

Es gab in der öffentlichen Diskussion in diesen Wochen nur wenige Zwischentöne. Eine Ausnahme war ein Kommentar von Ulrich Deupmann, einem späteren Redenschreiber des Bundesaußenministers (und heutigen Bundespräsidenten) Frank-Walter Steinmeier, im Feuilleton der »Süddeutschen Zeitung«. Der Tenor seines Kommentars war gerade deshalb bemerkenswert, weil Deupmann inhaltlich der Kritik an unserem Aufruf zustimmte. »Warum«, so fragte er jedoch, »ist die Provokation des Aufrufs ›Gegen das Vergessen‹ eigentlich so furchtbar? Sie hat letztlich etwas ganz Erstaunliches ausgelöst: Die Deutschen diskutieren an Theken und Stammtischen, in Wohnzimmern und Vereinsheimen zurzeit nicht nur über Fußball und die Verkehrsberuhigung der Goethestraße. Sie diskutieren die Frage, ob der 8. Mai 1945 ... ein Tag der Befreiung war oder nicht. Lebendiger ist ein Gedenktag doch wohl selten begangen worden ... Nun wird diskutiert, werden Argumente ausgetauscht, auf die Waage gelegt und für gut oder schlecht befunden: ein herrlich demokratischer Vorgang.«

Warum, so fragte der Kommentator der »Süddeutschen Zeitung« weiter, fänden das denn ausgerechnet diejenigen so schlecht, die sich sonst oft als Wächter der demokratischen Grundrechte schätzen? »Und was soll dieser jakobinische Eifer, mit dem manche rufen: Wer den 8. Mai nicht als Tag der Befreiung begehen wolle, der sei nicht befreit und bereite den Boden für braunen Ungeist, aus dem einst alles wuchs?«

Kapitel 8: Ich entschliesse mich, reich zu werden

Drei Dekaden lang, von meinem 8. bis 38. Lebensjahr, standen für mich Politik und Geschichte im Vordergrund. In den folgenden zwei Jahrzehnten, von 39 bis 59, drehte sich fast alles in meinem beruflichen Leben um Immobilien. Ich blieb ein politisch hochgradig interessierter Mensch, aber den Mittelpunkt meines Lebens bildete jetzt das Thema Immobilie. Oft werde ich gefragt, wie ich denn von der Politik und Geschichte überhaupt zur Immobilie kam. Alles begann mit einem Gespräch mit dem CSU-Politiker Peter Gauweiler und mit dem Entschluss, reich zu werden.

Es muss irgendwann Anfang 1996 gewesen sein, als ich mit Gauweiler in Berlin-Mitte spazieren ging. Ich hatte eine schwierige Zeit hinter mir, und darüber sprach ich mit ihm. Zwar hatte sich meine Situation im Springer-Verlag dank des guten Verhältnisses zu meinem Chef Thomas Löffelholz stabilisiert. Aber eine wirkliche Perspektive für mich sah ich nicht mehr. Ich habe neulich mit Löffelholz darüber gesprochen – er sieht das bis heute anders und meint, ich hätte durchaus eine gute Zukunft als Journalist gehabt. Doch nach den Erfahrungen der vergangenen Jahre hatte ich Zweifel, ob ich mit meinen Ansichten und Haltungen wirklich Karriere bei einer Zeitung machen könnte. Ich glaube nicht, dass ich eine reelle Chance gehabt hätte, irgendwann Chefredakteur der »Welt« zu werden.

In den vorangegangenen Jahren hatte ich manchmal Existenzangst gehabt. Was wäre gewesen, wenn Leute wie Servatius, Cramer und Kirch nicht die Hand über mich gehalten hätten? Was wäre gewesen, wenn ich nicht einen loyalen Chef wie Löffelholz gehabt hätte, sondern noch einmal an jemanden wie Manfred Geist geraten wäre? Würde mich ein Magazin wie »Focus« oder die FAZ einstellen? Ich kannte beispielsweise Helmut Markwort vom »Focus«, den ich sehr bewunderte und bei dem ich den Eindruck hatte, dass er politisch ähnlich dachte wie ich. Aber hätte es sich ein solches Magazin leisten können, »jemanden wie Zitelmann« einzustellen, der auf die Linke wirkte wie ein rotes Tuch auf den Stier? Ich habe damals nicht gefragt, weil ich glaubte, die Antwort zu kennen. Vielleicht hätte ich mich bei der »Welt« gut einrichten und dort Artikel zu historischen Themen schreiben können, wie Löffelholz mir dies vorgeschlagen hatte. Aber ein solch beschauliches Leben wäre mir zu langweilig gewesen, und dafür war ich auch zu ehrgeizig.

All diese Gefühle und Überlegungen beschäftigten mich, als ich das Gespräch mit Gauweiler führte. Zudem hatte ich Anfang 1996 eine schwere persönliche Enttäuschung erlebt, weil meine Ehe mit Ilona, einer 21-jährigen Russin, nach wenigen Monaten scheiterte. Kurz gesagt, in diesen Monaten war ich in keiner guten Verfassung. Gauweiler blieb stehen und schaute mich an: »Querköpfe so wie Sie und ich müssen ordentlich Geld verdienen, um frei unsere Meinung vertreten zu können.« Er selbst war jemand, der nicht – wie viele Berufspolitiker – wirtschaftlich von der Politik abhängig war, sondern der als glänzender Jurist so gut verdiente, dass er wirtschaftlich unabhängig war. Das machte es ihm viel leichter, eine unabhängige Meinung zu vertreten und gegen den Strom zu schwimmen.

Der Satz von Gauweiler war für mich ein Schlüsselerlebnis. Nach diesem Gespräch entschloss ich mich, reich zu werden. Das klingt vielleicht merkwürdig, aber genauso war es. Ich würde Millionär werden! Das war auf den ersten Blick betrachtet ein kühner Entschluss, denn damals lag mein Kontostand bei minus 30.000 DM (auf dem Girokonto) und plus 20.000 DM (auf dem Sparkonto), also eine Freude für jede Bank und wirtschaftlich für mich eine ebenso ungesunde wie unvernünftige Situation. Für einen Journalisten hatte ich zwar sehr gut verdient, aber, so wie manche Gutverdiener, jeden Monat alles Geld ausgegeben und nichts gespart.

Später verstand ich, warum ich kein Geld hatte, nämlich einfach deshalb, weil ich eine negative Einstellung zum Geld besaß. Nicht, dass ich nicht gerne Geld verdient hätte. Aber unbewusst verband ich Geld eher mit negativen als mit positiven Dingen. Das hatte damit zu tun, dass ich als Sohn eines evangelischen Pfarrers aufgewachsen war. Geld, zumindest sehr viel Geld, war da eher suspekt. Menschen, die nach viel Geld strebten, standen erst einmal in dem Verdacht, ziemlich oberflächlich zu sein. Da dachte ich wie die meisten Intellektuellen.

Mein Vater hatte immer wieder gesagt: »Geld ist wie Klopapier.« Damit meinte er: Man brauche es zwar, aber es sei nun einmal dreckig. Jedes Jahr zum Fest bekamen wir die »Weihnachtsgeschichte« von Charles Dickens vorgelesen. Sie handelt von dem reichen, enorm geizigen und habgierigen Kaufhausbesitzer Ebenezer Scrooge. In dem Märchen sieht er den Geist seines verstorbenen Geschäftspartners Jacob Marley, der an einer Kette hängt, die mit den Utensilien des Geschäftslebens bestückt ist – Geldkassetten, Portemonnaies und Ähnliches. Marleys Geist erklärt, er habe sich im Laufe seines Geschäftslebens diese Kette selbst geschmiedet. Er weist Scrooge darauf hin, dass dieser wegen seines Geizes und seiner Geldgier nun selbst an einer solchen Kette hänge, die aber bereits um einiges länger geworden sei. Diese Weihnachtsgeschichte, die mein Vater am Heiligabend schon von seinem Vater, ebenfalls ein evangelischer Pfarrer, vorgelesen bekommen hatte, zeigte uns Kindern, wie gefährlich es ist, nach Geld zu streben. Das waren die negativen Prägungen zum Thema Geld und Reichtum, die sich bei mir im Unterbewusstsein eingeprägt hatten, und die letztlich der Grund für meinen traurigen Kontostand waren.

Positiv belegte Werte waren bei uns zu Hause dagegen Bildung, soziales und politisches Engagement, Ehrlichkeit, Freiheit und vor allem der Mut, gegen den Strom zu schwimmen. Auch diese Werte, die mir meine Eltern vermittelten, hatten mich geprägt, und sie prägen mich bis heute. Mein Vater brachte mir bei, wie wichtig es ist, dass man »sich selbst im Spiegel anschauen kann« und dass man den Mut hat, sich seine eigene Meinung zu bilden, auch wenn man damit alleine steht.

Ich bin sicher, Peter Gauweiler wusste gar nicht, was er bei mir auslöste, als er den Satz sagte: »Querköpfe so wie Sie und ich müssen ordentlich Geld verdienen, um frei unsere Meinung vertreten zu können.« In dieser Sekunde verbanden sich bei mir die positiv belegten Werte Freiheit und Unabhängigkeit, die mir meine Eltern vermittelt hatten, mit dem – bis dahin negativ belegten – Begriff Reichtum. Ich übersetzte das für mich so: »Du musst also reich werden, dann bist du frei und unabhängig.«

Reich werden – aber wie? Dass ich mit meiner jetzigen Tätigkeit kein Millionär würde, selbst wenn ich ordentlich sparte, lag für mich auf der Hand. Mir schossen spontan zwei Begriffe durch den Kopf: »Verkaufen« und »Immobilie«. Dass ich ein Verkaufstalent besaß, die Begabung, Menschen zu überzeugen, wusste ich, und das hatten mir auch schon viele gesagt. Über Immobilien freilich wusste ich nichts. Gar nichts. Ich hatte nur gehört, dass man damit sehr viel Geld verdienen kann, und genau das war es ja, was ich wollte.

Zwar wollte ich die Stellung bei der »Welt« nicht von heute auf morgen aufgeben. Aber gleich nach dem Gespräch mit Gauweiler schaute ich in die Stellenanzeigen der Tageszeitung, um einen nebenberuflichen Job als Immobilienmakler zu finden. Ich meldete mich auf eine Anzeige, die in Aussicht stellte, nebenberuflich mit Immobilien Geld zu verdienen. In dem Gespräch wurde mir jedoch klar, dass die Makler mir zunächst selbst eine Immobilie verkaufen und dann meinen Bekanntenkreis »abgrasen« wollten: »Sie bekommen ein Prozent des Kaufpreises, wenn Sie uns Kunden bringen.« Das war viel Geld, aber nicht das, was ich wollte. Ich wollte Verkaufen lernen, und nicht einfach eine Tippgeber-Provision kassieren, ohne das Immobiliengeschäft selbst zu verstehen.

Bei einem meiner Gespräche traf ich auf jemanden, der mir besser zuhörte als die anderen und bei dem ich mich verstanden fühlte. Bernd Zeitler war Versicherungsvertreter bei der Volksfürsorge, und er meinte: »Bevor Sie Immobilien verkaufen, sollten Sie überhaupt erst einmal verkaufen lernen. Das geht am besten mit Versicherungen. Später können Sie dann Immobilien verkaufen.« Er bot mir einen Bestand von 200 Adressen im Berliner Bezirk Wedding an, und er würde mich persönlich in das Versicherungsgeschäft einführen. Am 26. März 1996 unterschrieb ich meinen »Vertretervertrag für nebenberufliche Mitarbeiter« bei der Volksfürsorge.

Jeden Tag nach Arbeitsschluss war ich bei der Volksfürsorge. Ich begann mit großem Eifer und Begeisterung. Ich setzte mich in die abendlichen Schulungen und lernte alles über Hausrat-, Haftpflicht-, Kfz-, Kranken- und Lebensversicherungen. Ich lernte, wie man richtig telefoniert, und ich lernte die ganz harte Schule der »Kaltakquise«, die mir richtig Spaß machte. In meinem Buch »Reich werden und bleiben« lautet die Überschrift des vierten Kapitels: »Wer reich werden will, muss verkaufen lernen«. Das glaubte ich damals, und heute weiß ich, dass es stimmt.

Manche Kollegen bei der Versicherung verstanden nicht so ganz, warum ich das machte. Da kam einer, der war Doktor, ein angesehener Journalist und Buchautor, und setzt sich abends in die Schulung über Hausratversicherungen?! Mir kam zugute, dass ich bescheiden war und mir nicht einbildete, dass das, was ich bisher im Leben erreicht hatte, hier irgendeine Bedeutung hätte. Bernd Zeitler hatte nur einen Realschulabschluss, aber er war mir als Verkäufer überlegen, das spürte ich, und ich sog begierig alles auf, was er mir beibrachte.

Das Erste, was ich lernte, war zu telefonieren. Ich rief bestehende Kunden an: »Ich brauche mal einen Termin bei Ihnen, es geht um Ihre bestehende Hausratversicherung.« Das war nicht gelogen, aber es war nur die halbe Wahrheit. Ja, es gab etwas umzustellen bei der bestehenden Hausratversicherung, aber eigentlich ging es darum, dem Kunden im Anschluss daran eine Lebensversicherung zu verkaufen, denn nur das brachte eine vernünftige Provision. Mit der Ankündigung, ihm eine Lebensversicherung verkaufen zu wollen, hätte man jedoch mit Sicherheit keinen Termin bekommen.

Ich lernte bald, die Methoden, die man mir beibrachte, zu verfeinern, sodass ich besser zum Ziel kam. Ein Beispiel: Beim Telefonieren sagten viele Kollegen Dinge wie: »Keine Angst, es dauert nur 20 Minuten.« Sie wussten, dass der Kunde eigentlich keinen Termin haben wollte und Angst hatte, er würde den Vertreter nicht mehr los, wenn er erst einmal da war. Ich wandelte diesen Spruch ab: »Ich muss mich jetzt schon entschuldigen, dass ich am Mittwoch dann leider nur 20 Minuten Zeit habe, denn danach habe ich einen anderen Termin. Ich sage das jetzt nur vorher, damit Sie mich nicht für unhöflich halten, wenn ich etwas kurz angebunden bin.« Das war viel besser. Der Kunde atmete auf und dachte sich: »Okay, dann bin ich den rasch wieder los.«

Ein anderes Beispiel: Wenn wir an der Tür von fremden Menschen klingelten, dann fragten die Kollegen, ob man denn schon eine Hausratversicherung habe. Allzu oft sagte der Angesprochene »Ja, habe ich schon«, das Gespräch war beendet und die Tür wieder zu. Ich dachte mir etwas anderes aus: »Guten Tag, es geht um Ihre bestehende Hausratversicherung. Wir überprüfen für unsere Kunden und auch Nicht-Kunden, ob die noch auf dem aktuellen Stand ist.« Das war nicht gelogen, denn tatsächlich gab es alte Versicherungsbedingungen, bei denen zum Beispiel Vandalismusschäden nicht mitversichert waren, und wir konnten den Vertrag ohne Aufpreis umstellen, sodass nunmehr auch der Vandalismus versichert war.

Oft erlebte ich lustige Situationen. Einmal war ich mit Zeitler unterwegs, wir hatten bei jemandem geklingelt. Um uns abzuwimmeln, sagte der Mann an der Tür im herrlichsten Berliner Akzent: »Meene Versicherung is jut, allet neu, wa.« Mein Kollege: »Ist denn auch der Vandalismus mitversichert?« Der Mann: »Ja, det is alles versichert, wa.« Mein Kollege: »Eine Frage noch: Haben Sie denn den kleinen oder den großen Vandalismus versichert?« Das gab es natürlich in Wahrheit gar nicht, und ich musste mich beherrschen, um nicht laut loszulachen. »Ne, ne, ick hab' schon den großen versichert, wa«, so die Antwort dieses Urberliners. Als mein Kollege nachhakte, ob er denn sicher sei, dass dies überhaupt nötig und nicht auch die Versicherung gegen den »kleinen Vandalismus« ausreichend und günstiger gewesen wäre, konnte ich mir das Lachen doch nicht verkneifen. Verkauft haben wir in diesem Fall nichts.

In dieser Zeit lernte ich viel über den Verkauf. Fachwissen war nicht unwichtig, jedoch nicht entscheidend. Das beobachtete ich, als ich mit zwei ganz unterschiedlichen Kollegen unterwegs bei Kunden war. Der eine war fachlich sehr beschlagen, der andere nicht. Der Verkäufer mit dem tollen Fachwissen zeigte den Kunden alle möglichen Versicherungsvarianten auf, und es machte ihm offenbar große Freude, sein Wissen zu präsentieren. Aber er verkaufte nicht viel. »Du hättest besser Lehrer werden sollen«, sagte ich ihm irgendwann. »Du sollst die Kunden nicht zum Versicherungsexperten ausbilden, sondern ihnen etwas verkaufen.« Am Ende eines Gespräches mit dem versierten Vertreter waren die Kunden manchmal verwirrt und ratlos angesichts der vielen Fachinformationen, mit denen er sie überschüttet hatte.

Der andere Kollege wusste nicht viel, obwohl er schon einige Jahre bei der Versicherung war. Mir war es oft peinlich, wenn er Dinge erzählte, die so gar nicht stimmten. Das tat er nicht, um die Kunden zu täuschen, sondern weil er die Produkte selbst nicht richtig verstanden hatte. Außerdem sprach er so schnell, dass man ihm schon aus diesem Grund nur schwer folgen konnte. Aber er machte die meisten Abschlüsse. Ihm gelang es sehr schnell, eine persönliche Beziehung mit dem Kunden herzustellen und Vertrauen aufzubauen. Meist duzte er die Kunden schon nach zehn Minuten. »Mach dir keinen Kopp, das mach ich schon für dich ...«

Ich lernte viel über die Psychologie der Kunden. Einmal hatte ich ein längeres Gespräch mit einem Kunden, dem ich eine Lebensversicherung verkaufen wollte. Er nickte die ganze Zeit zustimmend. Wenn ich ihm etwas erklärte, gab er zustimmende Kommentare, die – scheinbar – von großem Interesse zeugten. Als ich jedoch anfing, den Antrag auszufüllen, protestierte er entschieden: »Was machen Sie da ...?« Er meinte, diese Sache komme für ihn sowieso auf gar keinen Fall infrage. Und das, nachdem er eine halbe Stunde lang mit Kopfnicken und positiven Kommentaren reagiert hatte.

Später begegnete ich häufig diesem »Jasager«-Typ, der seine Einwände nur deshalb nicht formuliert, weil er konfliktscheu ist, weil ihn das Thema gar nicht interessiert und er denkt, dass er den Verkäufer auf diese Weise am schnellsten wieder loswird. Ich lernte, dass man diesen Typ aus der Reserve locken muss. Traf ich später auf einen solchen »Jasager«, unterbrach ich das Gespräch irgendwann: »Herr Kunde, schön, dass Sie das so sehen. Aber seien wir mal ehrlich. Bei jeder Sache auf der Welt gibt es ja Dinge, die dafür, und solche, die dagegensprechen. Was sind denn die drei Dinge, die aus Ihrer Sicht gegen dieses Angebot sprechen?« Ich ließ so lange nicht locker, bis ich dem Kunden seine Einwände und Vorbehalte entlockt hatte.

Als nebenberuflicher Versicherungsvertreter verdiente ich nicht schlecht. Damals beobachteten die linken Medien fast jeden meiner Schritte. Selbst meine – im Grunde für die Öffentlichkeit ganz uninteressante – Tätigkeit als Versicherungsvertreter war im August 1996 der Wochenzeitung »Die Woche« einen großen polemischen Bericht unter der an die Volksfürsorge-Werbung angelehnten Zeile wert: »Keine Sorge, Rainer Zitelmann«.

Nach einigen Monaten meinte Zeitler, ich hätte sehr gut gelernt und sei jetzt so weit, dass ich auch Eigentumswohnungen verkaufen könne, womit man sehr viel mehr verdiente als mit Versicherungen. Das war kein Produkt der Volksfürsorge, aber Zeitler hatte Vertriebsvereinbarungen mit mehreren Bauträgern, die Steuersparprodukte verkauften.

Damals war die Zeit der sogenannten »Sonder-AfA«-Ost, das war die Sonderabschreibung für neu gebaute oder zu modernisierende Immobilien nach dem Fördergebietsgesetz. Steuern sparen war ein Thema, das die meisten Menschen interessierte, besonders, wenn sie gut verdienten. Auch ich selbst war interessiert. Schließlich hatte ich mir vorgenommen, reich zu werden, und da konnte das ein guter

Anfang sein, dachte ich. Bevor ich mit dem Verkauf anfing, wollte ich zudem erst einmal selbst prüfen, ob das eine gute Sache sei. Denn wenn ich nicht hinter einem Produkt stehe, dann kann ich es nicht verkaufen.

Zeitler nahm mich mit zu mehreren Bauträgern, zwei kamen in die Endauswahl. Im ersten Fall handelte es sich um eine Eigentumswohnung in einem schönen Neubau, nahe der Berliner Stadtgrenze. Alles klang gut, man konnte eine Menge Steuern sparen und, so hieß es, es gebe einen guten Mieter, der sichere Mieteinnahmen garantiere, der sei nämlich Staatsanwalt, also Beamter. Ich bestand darauf, mir die Wohnung vorher anzuschauen (was unverständlicherweise viele Käufer von Steuersparprodukten nicht taten) und mit dem Mieter persönlich zu sprechen. Begeistert war der Bauträger davon nicht, aber ich sagte, ich würde nicht kaufen, wenn ich nicht vorher mit dem Mieter gesprochen hätte.

Das war auch gut so. Denn der Mieter erzählte mir, er sei nur vorübergehend eingezogen, weil er Streit mit seiner Frau gehabt habe, und er hoffe, bald sei alles wieder in Ordnung, und dann werde er wieder in das gemeinsame Haus zurückkehren. Das war also der »sichere Mieter«. Ich war skeptisch, weil die meisten anderen Wohnungen noch unvermietet waren. Warum das so war, verstand ich, als der Mieter mir erzählte, es sei hier ziemlich laut, weil in der Nähe eine Eisenbahnstrecke verlief. Er wusste wegen des Lärms genau zu sagen, um welche Uhrzeit nächstens die Züge fuhren. Die Immobilie, die auf dem Papier so toll ausgesehen hatte und mit der man eine Menge Steuern sparen konnte, entpuppte sich auf den zweiten Blick als durchaus riskantes Investment.

Die Alternative dazu war eine zu modernisierende Wohnung in Potsdam. Das Haus, in dem sich die 44 qm große Wohnung befand, war in einem schrecklichen Zustand und musste dringend saniert werden. Aber genau darum ging es auch. Denn das Fördergebietsgesetz begünstigte nicht nur den Neubau, sondern auch die Sanierung von Häusern. Die Modernisierungskosten konnte der Käufer in den ersten fünf Jahren zu 50 Prozent abschreiben, und sich dabei sogar aussuchen, ob er diese 50 Prozent beispielsweise komplett im ersten Jahr geltend machen oder auf mehrere Jahre verteilen wollte. Den Rest der Modernisierungskosten konnte man dann bis zum zehnten Jahr vollständig abschreiben.

Ich habe heute noch die Unterlagen mit der Berechnung, die der Bauträger mir damals vorlegte. Auf dem Blatt stand: Kaufpreis 183.204 DM, davon 130.860 DM Modernisierungskosten. Eigenkapital musste ich nur 18.000 DM mitbringen, wobei ich einen Teil davon als Erstattung aus der Provision bekam. Und dann war da eine verführerische Tabelle, in der Jahr für Jahr die Steuerersparnis stand: 30.750 DM im ersten Jahr, 9.845 im zweiten, 7.379 im dritten Jahr usw. Die Steuerersparnis stand zwar auch bei mir im Vordergrund, aber meine Entscheidung für die Wohnung fällte ich, weil ich an die Lage in Potsdam und an die gute Vermietbarkeit glaubte. Ich besitze die Wohnung heute noch, und mit Ausnahme von einem kurzen Leerstand von einem Monat beim Mieterwechsel ist sie nun seit zwei Jahrzehnten gut vermietet. Dafür, dass es mein erster Immobilienkauf war, hatte ich eine gute Wahl getroffen, obwohl die Wohnung – wie bei fast allen Steuersparmodellen – sicherlich zu teuer war, weil die Steuerersparnis bei solchen Modellen meist schon eingepreist ist.

Positiv war, dass das Steuermodell genau so aufging, wie man es mir versprochen hatte. Allerdings reagierte ich anfangs skeptisch. Alles klang ein wenig zu gut, um wirklich wahr zu sein, so dachte ich. Ich sprach nicht nur mit meinem Steuerberater, sondern fing an, Aufsätze zu lesen, in denen das Steuermodell erklärt wurde. Ich hatte meinen Steuerberater gebeten, mir Material zu geben, damit ich alles selbst nachlesen und verstehen konnte. »So einen Mandanten habe ich ja noch nicht gehabt. Wären alle so wie Sie und würden sich so gründlich informieren, dann gäbe es nicht so viel enttäuschte oder betrogene Immobilienkäufer«, meinte er.

Nachdem ich selbst gekauft hatte und von dem Produkt überzeugt war, konnte ich es auch an andere verkaufen, um Provisionen zu verdienen – und meinem Ziel, durch Immobilien reich zu werden, ein Stück näher zu kommen. Mein erster Kunde war mein Steuerberater, den ich fragte: »Nachdem Sie mir jetzt erklärt haben, dass das eine gute Sache ist, habe ich noch eine Frage: Ist Steuern sparen nicht für Sie selbst auch ein Thema? Oder sind Sie als Steuerberater vielleicht wie der Schuster, der selbst Schuhe trägt, die kaputt sind?« Mein Steuerberater kaufte, und ich verdiente meine erste Provision.

Danach sprach ich andere Leute an. Nach einem Zahnarzttermin fragte ich meinen Zahnarzt, ob Steuern sparen für ihn nicht auch ein Thema sei. Ich hatte gehört, die »Zahnwälte«, wie man sie in der Steuersparbranche nannte, seien besonders gute Kunden. Leider kaufte er nicht. Auch meinen Rechtsanwalt sprach ich an, aber der entschied sich lieber für einen »sicheren« geschlossenen Immobilienfonds, der ihm von der Sparkasse angeboten worden war – und der sich später, so wie die meisten Steuerspar-Immobilienfonds, als Flop erwies. Erfolgreich verkaufte ich jedoch beispielsweise einer bekannten, mit mir befreundeten CDU-Bundestagsabgeordneten eine Wohnung und fand auch andere Kunden. »Sie sind unser bester Verkäufer«, sagte mir der Bauträger, der allerdings pro Jahr auch nur ein Mehrfamilienhaus modernisierte. Ich war stolz darauf und mein Kontostand hatte sich deutlich verbessert. Das Geld gab ich übrigens jetzt nicht mehr mit vollen Händen aus, so wie ich es früher getan hatte, sondern sparte den Zusatzverdienst.

Das, was ich mir an Wissen über steuersparende Immobilieninvestments angelesen hatte, wollte ich nun auch weitergeben. Ich fragte Manfred Waldmann, der im Ressort von Heinz Horrmann bei der »Welt« für das Thema Immobilien zuständig war, ob ich einen Artikel darüber schreiben dürfe, welche Fallstricke Käufer von Steuersparimmobilien meiden sollten. Waldmann ließ mich einen Artikel schreiben, und aus dem einen Artikel wurden mehr und mehr.

Meine Kollegen bei der »Welt« und auch mein Chef verstanden nicht, warum ich auf einmal so viel über Immobilien schrieb, aber ich hatte mich für das Thema regelrecht begeistert und entdeckt, dass es einen Bedarf an fachkundigen Immobilienjournalisten gab, weil die meisten Journalisten zu wenig davon verstanden. Ich arbeitete mich mit einer Gründlichkeit in das Thema ein, wie ich es von wissenschaftlichen Themen gewohnt war. Und ich hatte ja auch einen praktischen Bezug dazu, denn inzwischen war ich selbst stolzer Eigentümer einer Wohnung, auf die bald viele weitere folgen sollten.

Kapitel 9: Die erste tägliche Immobilienseite in Europa

In Tageszeitungen wie der FAZ, der »Süddeutschen Zeitung« und auch bei der »Welt« war der Immobilienteil stets ein Anhängsel an den Anzeigenteil am Wochenende, der nicht viel Beachtung fand. Ich war davon überzeugt, dass die Immobilie als Thema mindestens ebenso spannend ist wie die Aktie, über die Zeitungen im Wirtschafts- und Finanzteil täglich ausführlich berichten. Ich wusste, dass auch meinem neuen Chef Mathias Döpfner die Immobilienthemen wichtig waren, und er hatte ohnehin schon eine Menge bei der »Welt« verändert. Wir sprachen darüber, ob man nicht jeden Tag im Wirtschaftsteil der Zeitung eine ganze Seite bringen könnte, die sich ausschließlich mit Immobilienthemen befasste. »Schließlich«, so mein Argument, »gibt es viel mehr Menschen, die Immobilien besitzen, als solche, die Aktien besitzen, und die Immobilienbranche ist eine der wichtigsten Branchen in unserer Volkswirtschaft, die nur viel zu wenig wahrgenommen wird.«

Döpfner war nicht ganz sicher, ob es für eine tägliche Seite genügend Nachrichten gab. Diese Skepsis war durchaus begründet, denn die Nachrichtenagenturen berichteten kaum über den

Immobilienmarkt und dessen Akteure. Ich hatte jedoch keinerlei Zweifel, dass ich täglich eine Seite füllen könnte. »Wenn Sie wollen, auch drei«, sagte ich im Überschwang der Begeisterung, und fügte hinzu: »Sie müssen mir nur genug Leute geben.« Er schmunzelte: »Nun ja, drei nicht, aber zeigen Sie erst mal für eine Woche, dass Sie eine Dummy-Seite vernünftig füllen können.«

Ab dem 1. Oktober 1999 war ich offiziell »Ressortleiter Immobilien« bei der »Welt«, mein Arbeitsvertrag wurde entsprechend geändert. Der Titel des Ressortleiters war mir wichtig, denn das war ich ja seit Beginn meiner Tätigkeit in der »Welt« gewesen, und auf diese Weise blieb ich Döpfner direkt unterstellt, und nicht etwa dem Ressortleiter der Wirtschaftsredaktion. Ich fragte Döpfner, ob ich den bisherigen stellvertretenden Ressortleiter der Wirtschaft, Robert Ummen, für mein neu geschaffenes Ressort abwerben dürfe. Damit war er einverstanden, und fortan waren wir zusammen mit Manfred Waldmann, der bisher für die Immobilienseite am Samstag zuständig gewesen war, immerhin ein Dreierteam. Damit war das erste eigenständige Immobilienressort bei einer Tageszeitung in Europa geschaffen, und die erste tägliche Immobilienseite konnte starten.

Wir mussten unsere Themen selbst recherchieren und schreiben, da es damals kaum freie Journalisten mit Immobilienkenntnissen gab. Zu den wenigen Ausnahmen gehörte Stefan Loipfinger, ein sehr kritischer Journalist, der sich schwerpunktmäßig mit geschlossenen und offenen Immobilienfonds befasste. Für die Vertreter der offenen Fondsbranche und für den unseriösen Teil der geschlossenen Fondsbranche war er ein rotes Tuch. Ich schätzte ihn wegen seiner großen Fachkenntnisse, die kein anderer Journalist hatte. Im Oktober 1999 begann ich eine zehnteilige Serie mit Loipfinger über die »10 Regeln zum Fondscheck«. Später veröffentlichte er regelmäßig Fondskritiken, die ich in voller Länge bei »welt-online« brachte und in der Zusammenfassung in der Printausgabe.

Ich war von Anfang an sehr internetaffin: Döpfner hatte mich schon vor dem Start von »welt-online« damit beauftragt, den Lesern diese neue, erweiterte Möglichkeit nahezubringen, und ich nutzte sie intensiver als die anderen Ressorts. So brachte ich zum Beispiel im Oktober 1999 einen Artikel unter der Überschrift »Wohnungsunternehmen fordern Stopp der OFD-Anweisung. Streit um Steuervorteile für Altbaumodernisierungen.« Unter dem Artikel stand, dass man den Text der »Verfügung der Berliner Oberfinanzdirektion« im vollen Wortlaut bei »welt-online« finden konnte. Das war damals, vor fast zwei Jahrzehnten, noch ungewöhnlich.

Überhaupt spielten Steuerthemen in jener Zeit eine viel größere Rolle als heute. Mit meinen Artikeln über Steuerthemen hatte ich mir rasch einen Namen in der Immobilienbranche gemacht. Nach der Bildung der rot-grünen Bundesregierung verkündete der neue Bundesfinanzminister Oskar Lafontaine, er wolle nunmehr, so wie im Wahlkampf versprochen, »Abschreibungskünstlern« das Handwerk legen, indem er »Steuerschlupflöcher« stopfe. Diese Bezeichnungen waren allerdings perfide, denn sie erregten den Eindruck, als ob es sich hier um etwas Anrüchiges handle. Dabei taten die Investoren genau das, wozu der Gesetzgeber sie anregen wollte, nämlich sie nutzten die Möglichkeiten der Sonderabschreibung in den neuen Bundesländern und in Berlin. Diese waren nicht beschlossen worden, um Besserverdienern etwas Gutes zu tun, sondern um Investitionen in ostdeutsche Wohnungen anzuregen, die nach Jahrzehnten sozialistischer Planwirtschaft oft in einem beklagenswerten Zustand waren.

Die SPD hatte im Bundestagswahlkampf eine Neidkampagne gegen »Besserverdiener« geführt, und nun wollte sie ihr Wahlversprechen wahrmachen. Sie hatte in ihrem Wahlprogramm eine Mindestbesteuerung angekündigt, wobei völlig unklar war, wie diese in der Praxis umgesetzt werden sollte. Ich recherchierte und gewann Informanten aus dem Bundesfinanzministerium und einen SPD-Bundestagsabgeordneten, der offenbar kein Freund dieser Neuregelung war. Sie spielten mir die Entwürfe für die neue Mindeststeuer-Regelung zu. Dabei handelte es sich um sogenannte Formulierungshilfen, die im Finanzministerium entstanden waren. Diese dienen als Vorlage für Gesetzentwürfe.

Solche Formulierungshilfen sind vertraulich und nicht für die Öffentlichkeit bestimmt. Aber ich hatte die Texte und stellte sie online – zur Verzweiflung des Bundesfinanzministeriums, das vergeblich nach dem Maulwurf suchte, der mir die Informationen zuspielte. Das Problem war, dass diese Bestimmungen, die später zum § 2 Abs. 3 des Einkommensteuergesetzes wurden, so kompliziert waren, dass ich sie nicht verstand. Es tröstete mich, als ich merkte, dass nicht einmal ein durchschnittlicher Steuerberater sie durchdringen konnte.

Zehn Jahre nachdem der Paragraf beschlossen worden war, kritisierte das oberste deutsche Finanzgericht, der Bundesfinanzhof, dass »die Regelungen ohnehin auch für den Fachmann nicht mehr hinreichend verständlich« seien. Zwar gehöre es zu den Pflichten eines Steuerberaters, sich die notwendigen Rechtskenntnisse zu verschaffen. Die »wissenschaftliche Aufarbeitung, teilweise Verwerfung und Rekonstruktion des Wortlauts einer Norm – wie sie im Fall von § 2 Abs. 3, § 10d EStG notwendig seien«, müsse aber auch ein Steuerberater nicht leisten, so der BFH. Das war im Nachhinein eine schallende Ohrfeige für den Gesetzgeber. Als diese Entscheidung erging, war der Paragraf allerdings schon wieder abgeschafft und durch einen anderen (§ 15b EStG) ersetzt worden.

Vereinfacht gesagt, verhinderte es der schwer verständliche Paragraf, dass Investoren weiterhin steuerliche Verluste unbeschränkt mit positiven Einkünften aus anderen Einkunftsarten ausgleichen konnten. Der Ausgleich der Verluste, etwa aus einem Immobilienfonds, mit positiven Einkünften, etwa aus der Tätigkeit als Angestellter, war nur bis zu einer Höhe von 100.000 DM unbeschränkt möglich. Darüber hinaus gehende Verluste ließen sich dagegen nur noch bis zur Höhe der Hälfte der verbleibenden positiven Einkünfte ausgleichen. Weitergehende Verluste konnten für ein Jahr bis zu maximal zwei Millionen DM zurück- oder unbeschränkt vorgetragen werden.

Meine Aufgabe als Journalist war es, den Lesern die komplizierte Materie näherzubringen. Dabei halfen mir die besten Steuerexperten, die es zu diesem Thema gab. Ich traf mich mit Hans-Joachim Beck, damals Vorsitzender Richter am Finanzgericht Berlin, und mit Gregor Kunz sowie Hans-Georg Oelmann, zwei Spezialisten für Immobiliensteuerrecht, am frühen Abend in deren Büro. Sie grübelten und diskutierten bis tief in die Nacht, wie der neue Paragraf wohl zu verstehen sei. In der Praxis war er so kompliziert, dass man ihn ohne Hilfe der EDV in vielen Fällen gar nicht rechnerisch anwenden konnte.

Gleichzeitig war ein weiterer Paragraf – 2b des Einkommensteuergesetzes – beschlossen worden, und mit diesen beiden Neuerungen wollte der Gesetzgeber nun Steuersparmodellen den Garaus machen. Der 2b sollte sämtliche »Verlustzuweisungsgesellschaften« unmöglich machen. Wer sich an einer solchen Verlustzuweisungsgesellschaft beteiligte, konnte Verluste überhaupt nicht mehr – auch nicht innerhalb der bereits beschriebenen Grenzen der Mindestbesteuerung – mit positiven Einkünften aus anderen Einkunftsarten ausgleichen. Ja, noch schlimmer, wer beispielsweise Verluste aus einer Immobilieninvestition bzw. -beteiligung erzielte, die unter diesen Paragrafen 2b fiel, durfte diese Verluste nicht einmal mit positiven Erträgen aus einer anderen Immobilie verrechnen, für die diese Regelung nicht galt. Völlig unklar war indes, was unter einer »Verlustzuweisungsgesellschaft« genau zu verstehen ist. Der Paragraf war diffus formuliert und enthielt eine Menge unbestimmte Rechtsbegriffe.

Darüber schrieb ich viele Artikel, und da man die komplizierten Sachverhalte in der Kürze eines Zeitungsartikels oft nicht ausreichend erklären konnte, publizierte ich längere Versionen im Internet und ermöglichte es den Lesern, dort mit renommierten Steuerberatern zu kommunizieren. So veröffentlichte ich im März 2000 eine Checkliste, die der Steuerexperte Gregor Kunz entwickelt hatte. Darin war die Anweisung der Finanzverwaltung, wie zu prüfen sei, ob ein Angebot unter den Paragrafen 2b falle oder nicht, in einem einfachen Schema dargestellt. Unter dem Artikel stand: »›Welt‹-Leser können ihre Fragen zum Erlass den renommierten Steuerexperten Dr. Beate Dimitrow und Gregor Kunz online stellen.« Der Erlass war im Wortlaut bei »welt-online« abrufbar. So etwas war damals noch ungewöhnlich und trug dazu bei, dass die »Welt« in der Immobilienbranche sehr stark gelesen wurde.

Leute wie Kunz und Beck hatten die Begabung, komplizierte Sachverhalte so zu erklären, dass ein Steuerlaie sie verstehen konnte – vorausgesetzt, er war bereit, sich auf das komplizierte Thema einzulassen. Das traf aber für die gesamte Immobilienbranche zu, denn die Änderungen waren für sie von einschneidender Bedeutung. Anfangs glaubten die meisten Player jedoch gar nicht, was ich da vermeldete. Nach dem Motto, »dass nicht sein kann, was nicht sein darf«, erklärten mir Immobilienleute, es könne ja wohl nicht sein, dass so etwas umgesetzt werde, weil das die ganze Steuersparbranche vernichten würde. Viele, die die schlechten Nachrichten zu lange verdrängten und sich nicht darauf einstellten, waren bald insolvent.

Um die Sache für die Leser auf den Punkt zu bringen, prägte ich einen Begriff für den Paragrafen 2b, der später auch in die Fachliteratur Eingang fand. Die Idee kam mir, als ich die Neuregelung dem damaligen Vorsitzenden des Rings Deutscher Makler (RDM), Franz Rohrer, erklärte. Der meinte empört: »Das ist ja die reinste Fallenstellerei!« Ab sofort nannte ich den Paragrafen in meinen Artikeln nur noch den »Fallensteller-Paragrafen«, und jeder wusste, was gemeint war. Ich fand es für eine kritische Diskussion immer wichtig, komplizierte Dinge auf den Punkt zu bringen und in einem Begriff zu verdichten. Sogar in einem Wirtschaftslexikon wird der § 2b EStG heute so genannt.

Schon bald war ich selbst zum Experten für Immobiliensteuern geworden und kannte mich bei manchen Paragrafen besser aus als der durchschnittliche Steuerberater. Das habe ich Experten wie Hans-Joachim Beck zu verdanken, der sich viele Stunden Zeit nahm, mir die Themen zu erklären. Mit einem anderen Steuerexperten schrieb ich eine Serie zur Auslandsbesteuerung von Immobilien. Wir nahmen uns bei jedem Meeting ein Land vor – beispielsweise die USA oder Großbritannien –, er erklärte mir mehrere Stunden, wie die Immobilienbesteuerung dort funktionierte, und ich schrieb danach auf der Basis dieser Informationen den Artikel. Davon hatten alle drei etwas: der Leser, weil er nützliche Informationen in einer verständlichen Sprache erhielt, der Steuerexperte, weil er namentlich zitiert und dadurch bekannter wurde, und ich selbst, weil ich mehr und mehr Wissen gewann und Material für interessante Artikel bekam.

Jeden Mittag verbrachte ich mehrere Stunden im vornehmen »Journalistenclub« des Axel-Springer-Hauses, um mich mit solchen Fachleuten sowie mit wichtigen Playern der Branche zu treffen. Ich war vorher eine Zeit lang mit anderen Redakteuren in der (weitaus weniger gediegenen) Kantine Mittagessen gegangen, aber das stellte ich bald ein. Die Gesprächsthemen waren für mich uninteressant und sogar ärgerlich. Nicht selten wurden Gerüchte verbreitet oder über Kollegen getratscht, oft hatten die Gespräche einen negativen Tenor. Als ich eines Tages merkte, dass ich mir selbst schon Gedanken machte, welchen negativen Kommentar ich beitragen könnte, griff ich mir an den Kopf: »Was passiert da mit dir? Da gehst du ab sofort nicht mehr hin.«

Den vornehmen Journalistenclub darf an sich jeder Journalist nutzen, aber nur dann, wenn er wichtige Gäste hat, beispielsweise Politiker oder Vorstände von Unternehmen. Ansonsten sah man dort fast jeden Mittag den Aufsichtsrat Cramer sitzen, einige Chefredakteure und manchmal auch Friede Springer. Ich war sicher der häufigste Gast dort, und immer hatte ich einen interessanten Gesprächspartner dabei.

Jeden Samstag veröffentlichte ich eine Porträtreihe »Der Immobilienmann der Woche«. Darin stellte ich wichtige Persönlichkeiten der deutschen Immobilienwirtschaft vor. Ich wollte stets alles ganz genau wissen, und die Gesprächspartner bescheinigten mir, dass ich tiefer bohrte, als sie dies von Pressegesprächen gewohnt waren. Vor allem versuchte ich, die Geschäftsmodelle genau zu verstehen. Bei diesen langen Gesprächen, die meist drei bis vier Stunden dauerten, lernte ich die Branchen-Größen kennen.

Natürlich gab und gibt es in der Immobilien- und Fondsbranche nicht nur seriöse Marktteilnehmer, und es war nicht immer einfach, die Guten von den Schlechten zu unterscheiden. Überzeugend reden und sich gut verkaufen konnten schließlich alle, sonst wären sie nicht so erfolgreich im Vertrieb gewesen. Ich erinnere mich daran, wie mich einer mal hereinlegte. Er hieß Michael O. Vogelbacher und kam von der Firma Roche Finanz, die geschlossene US-Immobilienfonds auflegte. Ich schrieb einen sachlich-wohlwollenden Artikel, der am Samstag erschien. Schon am Montag früh erreichten mich Anrufe von zwei Lesern, die mich fragten, ob ich denn nicht wüsste, dass bei den Fonds vieles im Argen liege. Man könne doch erwarten, so meinten sie, dass ein Journalist vor Ort (also in den USA) dazu recherchiere. Das hätte ich gerne getan, jedoch war dazu leider nicht die Zeit. Aber in Zukunft war ich noch vorsichtiger, denn die Anrufer hatten recht gehabt, und Vogelbacher wurde später sogar wegen Betruges verurteilt. Journalistenkollegen trösteten mich, sie seien auch schon auf ihn reingefallen, er sei ein genialer Rhetoriker.

Neben Artikeln, die eher die Branche interessierten, brachte ich nutzwertige Themen für den Verbraucher. So schrieb ich zusammen mit dem TÜV Süddeutschland eine große Serie über den Pfusch am Bau. In jedem Teil der Serie ging ich detailliert auf bestimmte Mängel ein, so wie etwa Schimmelbefall oder Probleme bei undichten Kellern oder Dächern. Dadurch lernte ich selbst eine Menge. Es war für mich wie ein zweites Studium – eben der Immobilienwirtschaft. Mit einem Makler für Mehrfamilienhäuser schrieb ich eine Serie über Fallstricke und Kriterien beim Kauf von Mietshäusern, in denen ich den Lesern Tipps gab. »Mietshaus niemals ohne Holzschutzgutachten kaufen«, hieß ein Artikel, und ein anderer warnte: »Renditen werden mit Fantasiemieten schöngerechnet.« Natürlich verfasste ich, wie schon immer seit meiner Kindheit, auch Buchtipps, und jetzt ging es um Immobilienratgeber wie etwa »Immobilien für Kapitalanleger«, »Steuerratgeber Immobilien« oder »Europäische Immobilien-Aktien«.

Außerdem führte ich Interviews mit Politikern zur Wohnungspolitik. Eine Überraschung war Christine Ostrowski, damals baupolitische Sprecherin der PDS. Ihre Ansichten waren vernünftiger als die von vielen anderen Politikern. Das Interview mit ihr, das am 14. Juli 2000 erschien, war das letzte vor meinem Ausscheiden aus der »Welt« zum 1. August. Ostrowski übte darin scharfe Kritik an dem auch von mir kritisierten Fallensteller-Paragrafen: »Mir geht es um die Frage, wie privates Kapital für den Wohnungsbau mobilisiert werden kann. Vor Steuern sind die Renditen im Wohnbereich doch so niedrig, dass viele Anleger ihr Geld lieber in Aktien anlegen. Das ist einfach so, das müssen wir auch als PDS realistisch zur Kenntnis nehmen.« Ostrowski blieb noch einige Jahre in ihrer Partei, vertrat dort vernünftige Positionen, war aber dann zunehmend frustriert, warf dem damaligen Parteichef Oskar Lafontaine Populismus vor und trat am 1. Januar 2008 aus.

Ich hatte mir so viel Fachwissen zu Immobilienthemen angeeignet, dass ich ein Buch zu dem Thema schrieb. Es erschien 1999 im Haufe-Verlag unter dem Titel »Reich werden mit Immobilien«. Auf dem Umschlag prangte das Logo der »Welt«. Das Buch erschien in den folgenden Jahren in vielen aktualisierten Auflagen, später dann mit zahlreichen neuen Kapiteln unter dem etwas bescheideneren Titel »Vermögen bilden mit Immobilien«.

Mit dem Thema »Reich werden mit Immobilien« schwamm ich – mal wieder – eindeutig gegen den Strom. 1997 hatte der DAX um 47 Prozent zugelegt, 1998 um 17,7 Prozent und 1999, als mein Buch erschien, um 39 Prozent. Deutschland war damals im Aktienfieber. Immobilien erschienen in dieser Zeit sehr langweilig. Einmal sprach mich ein Kollege aus dem Finanzressort an und fragte, wie viel Rendite man denn mit einer Immobilie machen könne. Als ich etwas von fünf bis sechs Prozent sagte, da lachte er nur und meinte, das mache er am Neuen Markt in einer Stunde.

Viele Menschen stiegen unter dem Eindruck der großen Börsengewinne in den Jahren 1999 und 2000 erstmals in den Aktienmarkt ein. Die Zuflüsse zu Aktienfonds, die 1993 erst bei knapp sechs Mrd. Euro gelegen hatten, betrugen in diesen beiden Jahren zusammengenommen fast 100 Mrd. Euro. Allerdings verlor der DAX dann im Jahr 2000 7,5 Prozent, im Jahr 2001 fast 20 Prozent und 2002 sogar fast 44 Prozent. Da wäre es gut gewesen, einzusteigen, aber das tat kaum noch einer. Die Mittelzuflüsse in den Jahren 2002 und 2003 lagen nur noch jeweils unter vier Mrd. Euro.

»Reich werden mit Immobilien«, das war nicht nur ein Buchtitel, sondern auch für mich ein persönliches Programm. Doch als

Journalist würde ich nicht reich werden, auch wenn ich nebenbei in Immobilien investierte. Das war mir schon bewusst. Ich hatte in meiner Zeit als Immobilienjournalist aber gemerkt, wie unprofessionell die meisten Immobilienunternehmen kommunizierten. Sie hatten den Unterschied zwischen Marketing und seriöser Presse- und Öffentlichkeitsarbeit nicht begriffen und waren insgesamt in der Kommunikation schlecht. So hatte ich die Idee, eine Firma zu gründen, die diese Marktlücke füllte. Das hieß in der Konsequenz, dass ich aus der »Welt« ausscheiden musste. Denn man kann meiner Meinung nach nicht gleichzeitig Journalist sein und PR betreiben, auch wenn manche das dennoch tun. Der Journalist muss unabhängig und kritisch sein, aber wenn er sich von Immobilienunternehmen für PR-Leistungen bezahlen lässt, hat er seine Unabhängigkeit verloren.

Dagegen bedeutete es keinen Interessenkonflikt, wenn man Fachveranstaltungen zu Steuerthemen organisierte und gleichzeitig Journalist war. Und genau dies tat ich ab dem Jahr 1999. Nachdem die tägliche Immobilienseite etabliert war, schrieb ich ein Papier mit vielen weiteren Vorschlägen für den Springer-Verlag – insbesondere in den Bereichen Internet, aber auch Veranstaltungen, Fachpublikationen, Bücher und TV. Es sollte aus meiner Sicht nicht bei der täglichen Immobilienseite bleiben. Eine der Ideen war, Kongresse zu Immobilienthemen zu veranstalten. Ich hatte ein Gespür für die richtigen Themen, ich kannte die richtigen Referenten und wir konnten die Veranstaltungen in der Zeitung bewerben.

Als ich die Idee dem Verlag vorschlug, war man zuerst sehr skeptisch: »Hm, das kostet eine Menge Geld.« Von der Antwort war ich überrascht: »Was heißt ›kostet‹? Damit kann man sogar Geld verdienen, wenn man Tagungsgebühren nimmt.« Ich konnte den Verlag überzeugen, und am 14. September 1999 veranstalteten wir das »1. Welt/Welt am Sonntag Immobilienforum« im Axel-Springer-Haus in Berlin. Es ging um das Thema Immobilieninvestments im Ausland, da ich der Meinung war, dass diese nach dem Ende der Steuerspar-Ära eine größere Rolle spielen würden. Ich fand hochkarätige Referenten, und die Veranstaltung war gut besucht. Sie brachte immerhin einige Zehntausend Mark Gewinn, statt etwas zu kosten. Und sie brachte der »Welt« zusätzliches Prestige in der Immobilienbranche.

Für mich war es ganz logisch, nach diesem Erfolg sofort die nächste Veranstaltung zu planen. Doch ich bekam zu hören: »Mal langsam, Herr Dr. Zitelmann, lassen Sie uns das vielleicht in einem Jahr wiederholen.« Mein Hinweis, der Verlag habe doch sogar etwas Geld damit verdient, half auch nicht. Ich habe es immer gehasst, wenn ich mit Begeisterung und Energie eine Sache zügig vorantreiben wollte und dann ausgebremst wurde.

Bereits vom März 1998 an hatte ich in unregelmäßigen Abständen zusammen mit dem Rechtsanwalt Dr. Peter Decker einen Gesprächskreis, die »Berliner Immobilienrunde« etabliert. Anfangs waren das sehr gut besuchte Abendveranstaltungen mit hochkarätigen Teilnehmern. Auch Döpfner schaute sich mal eine der Veranstaltungen an und war offenkundig beeindruckt. Bislang hatte ich aber nur einmal eine kostenpflichtige Veranstaltung durchgeführt, und zwar im März 1999 zum Thema »Die neue Mindeststeuer«. Finanzpolitiker von SPD und Grünen sowie Steuerexperten referierten. Die anderen Veranstaltungen der »Berliner Immobilienrunde« waren bislang kostenfrei gewesen.

Nachdem ich den Eindruck hatte, dass sich die Begeisterung des Springer-Verlages für mein Veranstaltungskonzept in Grenzen hielt, fragte ich, ob es in Ordnung sei, wenn ich künftig – nebenberuflich – weitere kostenpflichtige Veranstaltungen durchführen würde, aber eben auf eigene Rechnung. Der Verlag stimmte zu, und ich organisierte eine Reihe von Veranstaltungen zu Fachthemen, wie etwa: »Klarheit zum § 2b EStG« (November 1999), »Auswirkungen der Unternehmenssteuerreform und des BMF-Schreibens zu § 2b für die Immobilienwirtschaft« (März 2000) und »Den § 2b EStG rechnen« (April 2000). Referenten waren Steuerexperten aus dem Bundesfinanzministerium, Finanzrichter Beck und ein Referent von der Senatsverwaltung für Finanzen in Berlin. Immer ging es um die Klärung, wie die diffusen Steuerregeln, die die rot-grüne Regierung beschlossen hatte, zu interpretieren und anzuwenden seien. Ich verdiente prächtig an den wirren Gesetzesformulierungen, denn hier bestand ein hoher Aufklärungsbedarf. Dabei war ich nicht nur Veranstalter, sondern griff auch sehr stark ein und gab den Veranstaltungen eine eigene Prägung.

Die Veranstaltungen gibt es heute immer noch, und inzwischen habe ich über 330 ganztägige Kongresse und Seminare der »Berliner Immobilienrunde« durchgeführt. Da ich sie fast immer selbst moderiere, habe ich dabei eine Menge gelernt. Ich bin mir sicher, dass es niemanden gibt, der so viele Fortbildungsveranstaltungen im Immobilienbereich besucht und dabei gleichzeitig Geld verdient hat. Vor allem habe ich dadurch mein Netzwerk aufgebaut, und deshalb führe ich diese Veranstaltungen auch noch nach dem Verkauf meiner Firma Dr. ZitelmannPB. durch.

Während diese Veranstaltungen ohne Interessenkonflikte neben der Tätigkeit bei der »Welt« möglich waren, galt dies nicht für meine andere Idee, die nach wie vor in meinem Hinterkopf herumschwirrte – nämlich die Gründung einer eigenen Firma zur Kommunikationsberatung von Immobilienunternehmen.

Kapitel 10: Ich werde Unternehmer!

Mir ging es so wie wohl vielen Menschen: Die Idee, mich selbstständig zu machen, ging mir zwar immer mal wieder durch den Kopf, aber mir fehlte der Mut dazu. Im Frühjahr 2000 führte ich ein Pressegespräch in Bonn mit Dr. Eckart John von Freyend, damals Vorstandsvorsitzender der größten deutschen börsennotierten Immobiliengesellschaft IVG. John von Freyend war eine der beeindruckendsten Persönlichkeiten der Immobilienwirtschaft. Bevor er im April 1995 Vorstandsvorsitzender der IVG wurde, leitete er die Abteilung »Industrielles Bundesvermögen« des Bundesfinanzministeriums und zuvor war er Mitglied der Hauptgeschäftsführung im Bundesverband der deutschen Industrie (BDI).

Am Ende des Gespräches bot er mir an, mich zum Flughafen zu fahren. Ich wunderte mich ein wenig, denn normalerweise wurde er ja selbst von einem Fahrer chauffiert. Auf dem Weg zum Flughafen fragte er mich, ob ich eine Stelle als Direktor für die Bereiche Strategie und Kommunikation bei der IVG annehmen wolle. »Das ehrt mich sehr, aber das können Sie gar nicht bezahlen«, sagte ich spontan. Er war wohl etwas verblüfft über diese Antwort, denn Journalisten verdienen normalerweise nicht allzu üppig. Ich hatte jedoch damals bei der »Welt« ein Jahresgehalt von 190.000 DM und kam zusammen mit meinen Nebeneinkünften, vor allem aus der »Berliner Immobilienrunde«, auf knapp 400.000 DM, sodass ich bei einem Wechsel ein Gehalt mindestens in dieser Höhe erwartete. John von Freyend eröffnete mir, inklusive Tantiemen, Geschäftswagen usw. würde ich auf etwa 370.000 DM kommen. »Es ist auch nicht nur das Geld, obwohl das natürlich auch wichtig ist«, entgegnete ich. »Wissen Sie, wenn ich von der ›Welt‹ weggehe, dann würde ich etwas anderes machen.« Ich erzählte ihm von meiner Idee, ein Kommunikationsunternehmen zu gründen, das sich ausschließlich auf die Immobilien- und Fondsbranche fokussiert.

Spontan sagte er zu mir: »Dann bin ich Ihr erster Kunde!« Um ganz sicherzugehen, dass dies nicht nur höfliche Worte waren, sondern wirklich ernst gemeint, fragte ich ihn, ob er sich für ein Jahr vertraglich binden würde, und wie viel er bereit sei, dafür zu zahlen. Er nannte mir einen Betrag von 100.000 DM im Jahr und war auch mit einem Jahresvertrag einverstanden.

Nach dem Gespräch war ich wie elektrisiert. Die Idee der Selbstständigkeit wurde von einem vagen Traum zu einem konkreten Plan. John von Freyend war also der Geburtshelfer der Firma, und bis heute bin ich mit ihm befreundet und dankbar für das Vertrauen, das er damals in mich setzte.

In den folgenden Tagen sprach ich weitere Personen an, von denen ich hoffte, dass sie ebenfalls Kunde werden würden, wenn ich mich selbstständig machte. Der Zweite, an den ich mich wandte, war Christoph Kahl, Inhaber des Unternehmens »Jamestown«. Kahl kaufte große Gewerbeimmobilien in den USA, vor allem in Manhattan, und sammelte das Geld dafür mit geschlossenen Immobilienfonds ein. Keiner der vielen Hundert Anbieter von solchen Fonds in Deutschland erwirtschaftete so gute Ergebnisse für die Anleger wie er. Ich hatte ihn schon damals bewundert, und er ist sicher einer der intelligentesten und zugleich integersten Menschen, die ich in meinem Leben kennengelernt habe.

Einige Jahre später bei seiner Rede zu meinem 50. Geburtstag berichtete er: »Ich erinnere mich noch gut an ein Treffen irgendwann im ersten Halbjahr 2000 mit Dr. Zitelmann in Berlin, bei dem er mir zu meiner Überraschung eröffnete, er plane, die Journalistenkarriere zu beenden und sich als Positionierungsberater in der

Immobilienbranche selbstständig zu machen. Ich war beeindruckt von dem persönlichen Mut, die sichere Stellung bei der ›Welt‹ aufzugeben und sich in das Wagnis der Selbstständigkeit – und auch noch als Berater – zu stürzen. Und dabei war mir auch nicht sofort klar, was er mit ›Positionierungsberater‹ meinte. Bevor ich noch nachdenken konnte, ob ich ihm den Erfolg zutraute, setzte er selbstbewusst nach mit der Frage, ob er wohl ›Jamestown‹ zu den ersten Kunden zählen dürfe.« Kahl erbat sich einige Tage Bedenkzeit und rief mich dann mit einer Zusage an.

Die nächsten Gespräche führte ich mit Jürgen Stinner, dem Vorstand der Westdeutschen Immobilienbank, mit Heinz Fritsch, dem Chef der für Bau- und Immobilienthemen zuständigen Abteilung des TÜV Süddeutschland, mit den Fondsinitiatoren Dr. Wolfgang Görlich und Rudi Pfeiffer von der SAB, mit Rolf-Alexander Schellenberg, Vorstand der börsennotierten Immobilien-AG Bau-Verein zu Hamburg, und mit Dr. Volker Gerstenmaier, Vorstand des Bankhauses Ellwanger & Geiger. Außer dem Schwaben Gerstenmaier, dem die 120.000 DM, die ich als Jahreshonorar nannte (ich hatte die von John von Freyend genannte Summe auf die Zahl von 10.000 DM im Monat aufgerundet), zu viel waren, sagten alle zu. All das, was die Firma später vorzuweisen hatte, gab es damals nicht: keine Firmenbroschüre mit Referenzen zufriedener Kunden, keine Beschreibung des Geschäftsmodells, keine Mitarbeiter, keine schönen Geschäftsräume – nichts. Es existierte nur meine Idee. Pfeiffer hatte mir allerdings empfohlen, das, was ich vorhatte, zu Papier zu bringen.

Ich schrieb eineinhalb Seiten unter der Überschrift »Dr. ZitelmannPB.GmbH: Positionierung ist unsere Kernkompetenz. Wir machen Ihr Unternehmen und Ihre Produkte unverwechselbar.« Der Begriff »Positionierungsberatung«, für den das Kürzel »PB« im Firmennamen stand, war neu. Ich fand die üblichen Bezeichnungen, die sich wenig originell zwischen »Kommunikation« und »communication« bewegten, langweilig und austauschbar. Und wenn ich versprach, meine Kunden »unverwechselbar« zu machen, war es auch wichtig, dass ich mein künftiges Unternehmen richtig positionierte, also anders war als die anderen. Das sollte schon im Firmennamen zum Ausdruck kommen. Der Firmenname spiegelte allerdings auch wider, dass ich im Grunde genommen noch nicht so ganz genau wusste, was ich machen wollte und was die Schwerpunkte der Arbeit sein würden.

Als Firmengrundsätze nannte ich auf dem Blatt »Einfachheit und analytische Präzision« und betonte: »Wir beraten ausschließlich Unternehmen der Immobilienwirtschaft«. Dann zählte ich eine Reihe von Leistungen auf, von der Mitwirkung beim Schreiben von Prospekttexten und Texten für Imagebroschüren über die Konzeption des Internet-Auftritts bis zur Entwicklung von Kundenzeitschriften und Kundenbefragungen. Die Presse- und Öffentlichkeitsarbeit war nur ein Punkt von vielen. Pfeiffer hatte mir allerdings schon vorausgesagt: »Schreiben Sie mal alles auf, später werden Sie sehen, dass Sie wahrscheinlich nur mit einem oder zwei dieser Dinge reüssieren und Geld verdienen werden.« So kam es dann auch. Ich denke, die Zusagen der ersten Kunden waren vor allem Ausdruck des Vertrauens in meine Person und nicht in ein ganz bestimmtes Geschäftskonzept – dafür war es noch viel zu unklar.

Ich hatte auch einen Beratungsvertrag ausgearbeitet. Der Bayreuther Jura-Professor Karl-Georg Loritz und der Richter Hans-Joachim Beck halfen mir bei der Formulierung von Vertragspassagen, die die Haftung minimierten, so z.B.: »Insofern die von der Dr. ZitelmannPB.GmbH verfassten Textentwürfe steuerliche und rechtliche Fragen berühren, handelt es sich also nur um eine marketingmäßige Aufbereitung der von den Steuer- und Rechtsberatern des Unternehmens vorgegebenen Darstellungen ... Das Unternehmen wird die Dr. ZitelmannPB.GmbH in Prospekten und in prospektmäßigen Darstellungen ihrer Produkte nicht nennen, insbesondere nicht als Prospektverantwortliche. Unberührt davon ist, dass die Dr. ZitelmannPB.GmbH als Marketing-Beraterin des Unternehmens genannt werden darf und umgekehrt auch die Dr. ZitelmannPB.GmbH das Unternehmen als Kunden in ihren Firmendarstellungen benennen darf.«

Später verfeinerte ich die Vertragstexte. Gründlich durchdachte und ausformulierte Verträge waren mir von Anfang an sehr wichtig.

Juristische Themen haben mir schon immer besonders gelegen, obwohl ich nie Jura studiert habe. Aber bei Ullstein hatte ich alle Autorenverträge ausgehandelt, und ich denke stets in Verträgen. Wichtig war mir, dass sich die Verträge automatisch verlängerten, wenn sie nicht sechs Wochen vor Ablauf eines Jahres gekündigt wurden. Damit vermied ich es, immer wieder neu zu verhandeln. Der erste Kunde, die IVG, blieb 13 Jahre lang treu, bis sie in die Insolvenz ging. Jamestown ist bis heute, also seit 17 Jahren, ununterbrochen Kunde des Unternehmens.

Bald nach den sieben mündlichen Zusagen unterschrieben die ersten Kunden schon die Verträge, und ich machte einen Termin bei Dr. Döpfner und Dr. Wolfram Weimer (damals Vize-Chefredakteur der »Welt« und Döpfners Nachfolger, als dieser Mitte 2000 in den Vorstand wechselte). Das Gespräch mit Döpfner fand am 22. Mai 2000 statt. Döpfner wollte nicht, dass ich gehe, denn er hatte gesehen, dass wir mit der Immobilienseite Anerkennung gefunden hatten. Ich fragte ihn, welche Perspektive ich denn bei der Zeitung hätte. »Sie können der bekannteste Immobilienjournalist Deutschlands werden«, antwortete er, worauf ich selbstbewusst entgegnete: »Der bin ich doch heute schon.« Ich sagte ihm auch, ich sei enttäuscht, dass einige meiner weiteren Vorschläge, die ich dem Springer-Verlag für das Immobilienthema gemacht hatte (etwa im Internet-Bereich), nicht umgesetzt worden sind und ich nicht einmal eine Reaktion darauf bekommen hatte.

Döpfner bot mir, ebenso wie in einem weiteren Gespräch auch Weimer, eine Gehaltsanhebung an, aber da hatte ich ja schon die Zusagen von Firmen, die mir – wenn ich bei der »Welt« kündigte und mein eigenes Unternehmen startete – insgesamt 840.000 DM im Jahr bringen würden. Selbstbewusst sagte ich zu Weimer: »Das mit der Gehaltsanhebung ist nett, aber ich möchte jetzt eine Million verdienen, die werde ich hier bestimmt nie bekommen.« Da wollte er nicht widersprechen. Weimer meinte noch zum Abschied: »Herr Zitelmann, Sie haben die leider seltene Fähigkeit, sich lange, ausdauernd für etwas begeistern zu können. Behalten Sie das bei!«

Ich schrieb Döpfner am 2. Juni und bedankte mich für seine Bereitschaft, »meinem Wunsch zu entsprechen, das Beschäftigungsverhältnis vor Ablauf der vertraglichen Kündigungsfrist zu beenden, was ich auch deshalb für wichtig erachte, damit zwischenzeitlich auch nicht der geringste Anschein möglicher Interessenkollisionen aufkommen könnte«. Als meinen Nachfolger hatte ich ihm Robert Ummen vorgeschlagen, der mein Stellvertreter war und dem ich es zutraute, meine Arbeit fortzuführen.

Am 1. Oktober 2000 nahm meine Firma die Beratungstätigkeit auf. Sie bestand aus mir und einer einzigen Mitarbeiterin, die mir ein Professor für Immobilienwirtschaft empfohlen hatte. Das war Sandra Puls, die zehn Jahre im Unternehmen bleiben sollte und später die Abteilung »Corporate Publishing und Research« leitete.

Am Anfang stand ich vor der Frage, ob ich als Berater mit einer Assistenzkraft langfristig selbstständig bleiben oder eine richtige Firma aufbauen wollte. Ich entschied mich für Letzteres. Ich mietete gleich fünf Räume in einem Bürogebäude nahe dem Berliner Kurfürstendamm an, obwohl ich für mich und Sandra Puls nur zwei brauchte. Ich richtete alle Räume sogar schon komplett mit Möbeln und PCs ein, worüber sich manche Besucher zunächst wunderten, denn sie blieben auch noch eine Weile leer. Meine Erklärung damals: »Die leeren Stühle hier erinnern mich daran, dass ich eine richtige Firma aufbauen möchte, die wachsen soll. Ich denke, Vakuum hat die Tendenz, sich zu füllen.«

Den Mietvertrag hatte ich vorsorglich so ausgehandelt, dass ich für alle Fälle gewappnet war, also sowohl für das Wachstum der Firma als auch für ein Scheitern. Damit rechnete ich zwar nicht, aber ich war sehr sicherheitsorientiert. Der Mietvertrag war für uns zehn Jahre lang fest, doch ich hatte für die gesamte Laufzeit ein jährliches Sonderkündigungsrecht und musste bei Ausübung auch keine Pönale zahlen, obwohl der Vermieter auf seine Kosten umfangreiche Umbauten vorgenommen hatte. Für den Besitzer einer Büroimmobilie ist das zugegebenermaßen kein vorteilhafter Mietvertrag, für mich war er jedoch genau richtig. Ich war stolz darauf, dass es mir gelang, auch mit den später wechselnden Eigentümern des Bürogebäudes und ebenso für unsere Bürogebäude in Hamburg, wo wir einige Jahre eine Niederlassung hatten, stets wieder Zehnjahresverträge mit jährlichem Sonderkündigungsrecht auszuhandeln, die mir zugleich Sicherheit und Flexibilität garantierten. Auch für die Büroräume der Modelagentur in Berlin-Mitte, die ich im Jahr 2009 gegründet hatte, war der Vertrag so ausgelegt. Damit ersparte ich mir bei der Aufgabe dieser Tätigkeit und auch bei der Schließung unserer Hamburger Niederlassung eine Menge Kosten.

Was wir damals machten, war neu. Bis dahin gab es in der Immobilienbranche keine professionelle PR-Beratung. Was es gab, waren einige »Berater«, die eine aus meiner Sicht nicht seriöse Doppelrolle als Journalisten bzw. Analysten und Berater einnahmen. Insbesondere in der Fondsbranche spielten sie leider eine große Rolle. Für mich war die Vermischung dieser beiden Tätigkeiten inakzeptabel. Jemand, der sich als Journalist ausgibt, aber gleichzeitig Geld für PR-Beratung nimmt, ist fragwürdig. Heinz Gerlach beispielsweise, der den »Direkten Anlegerschutz« herausgab, ließ sich von Unternehmen mit hohen Summen bezahlen, die dann positiv in seinem Blatt dargestellt wurden, während die, die ihn nicht bezahlen wollten, Gefahr liefen, niedergeschrieben und an den Pranger gestellt zu werden.

Für mich war es daher sehr wichtig, dass ich mich und die neue Firma von Anfang an klar positionierte. »Wir sind Berater und keine Journalisten«, erklärte ich überall. Ich wollte die PR-Beratung als seriöse Beratungsdienstleistung, wie es sie in anderen Branchen gibt, auch in der Immobilien- und Fondswirtschaft etablieren. Das war neu.

Ich war sogar empfindlich, wenn ich als »ehemaliger Immobilienredakteur« der »Welt« bezeichnet wurde. Es war verständlich, dass ich als Redner bei Kongressen oder bei anderen Gelegenheiten anfangs oft so vorgestellt wurde, denn in dieser Funktion hatte mich die Branche ja kennengelernt. Für mich war es jedoch erstens sehr wichtig, mich richtig zu positionieren, also als Berater und eben nicht mehr als Journalist. Zweitens: Ich wollte nie in meinem Leben ein »Ehemaliger« sein. Menschen, die mit dem Etikett des

Im Alter von sieben Jahren bekam ich meine erste Schreibmaschine, eine »Adler«.

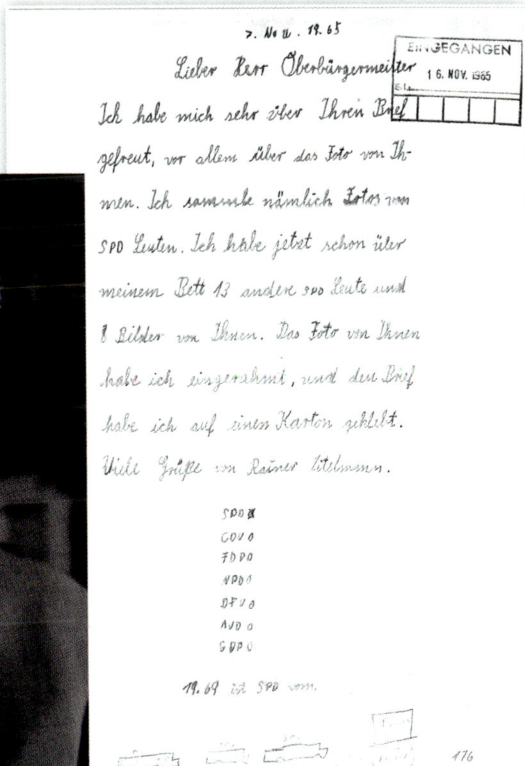

7. Nov. 1965

EINGEGANGEN 16. NOV. 1965

Lieber Herr Oberbürgermeister

Ich habe mich sehr über Ihren Brief gefreut, vor allem über das Foto von Ihnen. Ich sammle nämlich Fotos von SPD Leuten. Ich habe jetzt schon über meinem Bett 13 andere SPD Leute und 8 Bilder von Ihnen. Das Foto von Ihnen habe ich eingerahmt, und den Brief habe ich auf einen Karton geklebt.

Viele Grüße von Rainer Zitelmann.

SPD X
CDU 0
FDP 0
NPD 0
DFU 0
AUD 0
GDP 0

19.69 ist SPD vorn.

176

Im Alter von acht Jahren schickte ich an Willy Brandt ein Büchlein mit Karikaturen. Er antwortete mir persönlich und schickte mir eine Autogrammkarte.

Bei einer Demonstration der Roten Zelle in Frankfurt. Ich bin ganz rechts im Bild.

Proletarier aller Länder und unterdrückte Völker vereinigt Euch!

30 Pfennig

Nr. 11 / 2. Jahrgang

ROTE FAHNE

7. Juni 1971

erscheint 14 tägig

Zentralorgan der Kommunistischen Partei Deutschlands Marxisten Leninisten KPD/ML

Die Arbeiter-

Die »Rote Fahne«: Ich half mit, sie zu drucken, und verkaufte sie vor den Betriebstoren.

Meine »Haschzeit«, in der ich vorübergehend nichts von Politik wissen wollte und mich auch von der Schule abmeldete.

Der Althistoriker Professor Klaus Bringmann, der mich sehr förderte.

Professor K. O. Freiherr von Aretin, mein Doktorvater.

Meine historischen Bücher wurden in mehrere Sprachen übersetzt: hier die italienische, englische und tschechische Edition.

Als Cheflektor der Verlage Ullstein und Propyläen forderte ich die Linke heraus – nicht zuletzt durch die Publikation von Büchern linker Nonkonformisten.

Erklärung zur Aktion gegen Rainer Zitelmann

Wir haben am 8.11.1993 das Auto (metallischroter 3er BMW, B-MW 4796) von Dr. Rainer Zitelmann, Friedrich Wilhelm Platz 3, Berlin-Friedenau abgefackelt.
Er gehört zu den Schlips und Kragen Faschisten, die dezent im Hintergrund, dafür aber in strategisch wichtigen Positionen agieren. Zitelmann gehört zu der Riege revisionistischer Historiker um Ernst Nolte. Ab 1987 war er wissenschaftlicher Assistent beim Zentralinstitut für sozialwissenschaftliche Forschung an der FU Berlin. Während dieser Zeit veröffentlichte er zwei Machwerke. Das eine "Hitler, Selbstbildnis eines Revolutionärs" beschäftigt sich mit Adolf Hitler als glänzendem Staatsmann, den selbst keine Schuld an der millionenfachen Verfolgung und Ausrottung Oppositioneller zukommt. Den Begriff Revolutionär benutzt Zitelmann durchaus positiv, denn Hitler habe mit vielen geschi... ...nen
gebrochen. Nach e... ...Maoist.

Sein zweites Werk ... ausgegeben:
"Die braune Elite ... nn bearbeitet
wieder sein Liebl... ...in Führerbild
bei dem Jung- und ... geraten.
Hitler, der kühle ... ßen- und
innenpolitischen ...
Persönlichkeit: "... ...stens die
Radikalität und d... denen er all
seine Ansichten, ... nd zweitens
sein Versuch, sei... den und zu
einem in sich ges... ür alle
Probleme Lösungen ... le, die
anderen Menschen ... n zur
Verzweiflung. Rad... nahm Hitler
wirkliche oder ve...
Zitelmann vertrit... rsache des
Holocaust gewesen,... Zuspitzung
der Radikalisieru...
Wohlgemerkt, er l... on Juden, er
verharmlost sie l... ne Folge
historischer Geset... die Täter
nicht anders hand... rifft.

Zwischendrin stre... e, um den
äußeren Anschein ... nigen, die
nicht zu dieser V... im Dritten
Reich eine ganz a... eichheit und
Chancen, sondern ... und
Unterdrückung." W... Folter, Mord
Vergewaltigung.

Würde mensch bis hierher noch denken können, es handele sich um einen intellektuellen Neurechten, der versucht neue Brauntöne in der deutschen Vergangenheit zu entdecken, der sieht sich eines besseren belehrt. Er bewegt sich im eindeutig rechtsradikalem Umfeld.

Seinen Einstand zum Wechsel zum Ullstein/Langen-Müller Verlag, dem drittgrößten Verlagshaus der BRD, gab er mit dem Sammelband "Die Schatten der Vergangenheit-Impulse zur Historisieung des Nationalsozialismus". Dort schreiben unter anderem Ernst Nolte und Michael Wolfssohn.

(18)

1992 verübten Linksextreme einen Brandanschlag auf mein Auto.
Die Erklärung zu dem Brandanschlag gaben die Täter bei der »taz« ab.

Samstag, 18. Dezember 1993

GEISTIGE WELT

DIE WELT G

Die lähmende Langeweile der intellektuellen Scheindebatten und die Tabus der Linken

Wenn Herrschaftsfreie herrschen

Pluralismus ist eines der wichtigsten Merkmale einer demokratischen Gesellschaft. Die Vielfalt politischer und weltanschaulicher Bekenntnisse wird nicht als Mangel, sondern als Vorzug der offenen Gesellschaft gesehen. In der Folge der Kulturrevolution von 1968 kam es aber zu einer Verschiebung des politischen Koordinatensystems. Die einstigen Tabubrecher haben neue Tabus aufgerichtet. Denkverbote behindern die freie Diskussion. Der linke Konformismus hat zu einem Pluralismus-Verständnis geführt, das rechte und konservative Positionen ausgrenzt.

Von RAINER ZITELMANN

Als ich vor Jahren ein Buch des Hohenpriesters der „herrschaftsfreien Kommunikation" in einer großen, liberalen Tageszeitung kritisch zu besprechen wagte, bekam ich einige Tage später die Kopie eines Beschwerdebriefes, den der Kritisierte an den leitenden Redakteur dieser Zeitung gerichtet hatte. Er beklagte sich, ... be Karte" für mich. Angesichts solcher Erfahrungen wird man verstehen, wie lächerlich ich das Gerede über „herrschaftsfreie Diskurse" finde.

Ein unerträglicher Konformismus herrscht heute in weiten Teilen der Republik, insbesondere dort, wo „kritische" Geister besonders einflußreich sind, also an geistes- und sozialwissenschaftlichen Fachbereichen der Universitäten, in Medien und in Gewerkschaften. Steffen Heitmann hat jüngst zu Recht konstatiert, daß es bei den Themen „Frauen, Ausländer, NS-Vergangenheit" Tabus und Denkverbote gebe. Allein der Hinweis auf die Existenz dieser Tabuzonen provozierte eine aufgeregte Medienkampagne, die schließlich dazu führte, daß Heitmann seine Kandidatur zurückziehen mußte. Die Kampagne bewies dabei gerade, daß Heitmann mit seinem Hinweis auf die Existenz dieser Tabus recht hatte.

Ähnlich wie Heitmann ging es vor fünf Jahren dem Bundestagspräsidenten Jenninger, dessen Rede zum 50. Jahrestag der Novemberpogrome heftige Reaktionen auslöste. In einem Fernsehinterview, in dem er seinen Rücktritt begründete, erklärte er: „Man muß daraus lernen, nicht alles darf man beim Namen nennen in Deutschland." Bald hieß es, dieser Satz sei der eigentliche Skandal.

Gibt es die von Heitmann, Jenninger und anderen kritisierten Denkverbote wirklich? Was die NS-Vergangenheit anlangt, so können wir eine erstaunliche Diskrepanz zwischen der internen Debatte in Historiker-Kreisen auf der einen und der öffentlichen Debatte auf der anderen Seite feststellen. Während Geschichtswissenschaftler, ob nun politisch eher links oder konservativ, zunehmend die Notwendigkeit einer „Historisierung" des Nationalsozialismus anerkennen, werden die überkommenen Schwarzweißbilder in den Medien und der öffentlichen Debatte zum verbindlichen politischen Glaubensbekenntnis stilisiert.

Auch in der Diskussion über Einwanderung, Asyl und Ausländerpolitik herrschen Tabus, Sprachregelungen und Denkverbote. Aufschlußreich sind dabei die Auswertungen von Meinungsumfragen. So zitiert der Frankfurter Politikwissenschaftler und Rechtsextremismus-Forscher Hans-Gerd ... EMNID-Umfrage als Beleg für die Zunahme der Ausländerfeindlichkeit: 75 Prozent der Befragten meinten, es gebe zu viele Ausländer in der Bundesrepublik, und 51 Prozent lehnten die These ab: „Die Lebensart von Ausländern kann unsere Lebensart bereichern."

Der Berliner Politikwissenschaftler Hajo Funke benutzt eine Umfrage des Wissenschaftszentrums Berlin für seine Zwecke: Als Indiz für einen verwerflichen „Ethnozentrismus" reicht ihm die Ablehnung der Aussage: „Wir sollten jeden Ausländer, der gern in unserem Land leben will, willkommen heißen." Werden Umfragen so interpretiert, dann ist es natürlich kein Wunder, wenn das Ergebnis lautet, eine Mehrheit der Deutschen sei ausländerfeindlich.

In Wirklichkeit haben – zumindest heute noch – wohl die meisten Deutschen eine vernünftige und differenzierte Einstellung: Sie akzeptieren die Ausländer, die sich in die deutsche Gesellschaft integrieren und friedlich mit uns zusammenleben wollen. Aber sie machen sich auch Sorgen um die zunehmende Ausländerkriminalität, die ebenfalls ein Tabuthema ist.

Immer wieder wird von Politikern, Journalisten und Politikwissenschaftlern behauptet, die Kriminalität von Ausländern sei nicht höher als die Kriminalität von Deutschen. Jüngst wurde diese These wieder von der Ausländerbeauftragten Cornelia Schmalz-Jacobsen vorgetragen, die sogar meint, die Verwendung des Begriffs „Ausländerkriminalität" bestärke „Vorurteile".

Statistische Analysen, wie sie etwa von Jochen Kummer in seinem Buch über „Ausländerkriminalität" vorgestellt werden, belegen indes, daß die Kriminalität von Ausländern selbst dann deutlich höher ist, wenn man solche Straftatbestände unberücksichtigt läßt, die nur von Ausländern begangen werden können. Und natürlich heißt es eine Vogel-Strauß-Politik zu betreiben, wenn man künftig Ausländer in der Kriminalstatistik nicht mehr gesondert ausweist. Diese Forderung, die beispielsweise von der FDP-Bundesjustizministerin Sabine Leutheusser-Schnarrenberger, dem SPD-Innenminister von Nordrhein-Westfalen Herbert Schnoor oder ... wurde, würde zwar bei der Verschleierung dieses Problems helfen, nicht jedoch bei seiner Lösung.

Das Argument, die Nennung der Zahlen fördere die Ausländerfeindlichkeit, ist charakteristisch für eine problematische Haltung. Gefragt wird nicht mehr primär, ob eine bestimmte Tatsachenbehauptung – sei sie historischer oder tagespolitischer Art – richtig oder falsch sei. Sicher ist es in manchen Fällen notwendig, die Folgewirkung unbequemer Wahrheiten zu bedenken. Doch ein Verschweigen dieser Wahrheiten führt in den seltensten Fällen zu der erwünschten Wirkung, da die entsprechenden Fakten dann von anderen Kräften aufgegriffen und für ihre Zwecke instrumentalisiert werden.

Die Erfahrungen mit der Asyl-Debatte sollten uns zu denken geben. Jahrelang wurde dieses Thema weitgehend ignoriert, so daß extremistischen Kräften die Möglichkeit gegeben wurde, es für ihre Propaganda zu benutzen. Zudem wird häufig übersehen, daß eine Gesellschaft auf Verdrängungen ähnlich reagiert wie das Individuum: Die Probleme gewinnen eine Eigendynamik, die schwer zu kontrollieren ist. Die Verdrängung eines Problems kann somit sogar zu seiner Verschärfung und Zuspitzung führen und letztendlich rationale Lösungen erschweren. Insofern führt die Aufrichtung von Tabus und Diskussionsverboten nicht selten zum Gegenteil dessen, was man sich davon erwünscht.

Die Tabuisierung bestimmter Ansichten ist auch in der Diskussion über die Beziehungen zwischen Mann und Frau zu beobachten. Wer etwa zu behaupten wagt, daß es jenseits der körperlichen Unterschiede auch biologisch determinierte Unterschiede in der Psyche und im Verhalten von Männern und Frauen gebe, wird schnell des „frauenfeindlichen Sexismus" beschuldigt – es sei denn natürlich, eine Frau weist auf diese Differenzen hin, weil sie damit die Überlegenheit der Frauen nachweisen will.

Kaum einer hat den Mut, „Frauenprojekte" oder die Einrichtung von „Gleichstellungsbeauftragten" oder von Professuren für „Frauenforschung" zu kritisieren. Diese Projekte sind in vielen Fällen überflüssig und ... zung von Fraueninteressen als den ideologischen Zielen von Feministinnen. Das Beispiel einiger amerikanischer Universitäten, wo heute jeder als nicht „political correct" gilt, der den Ideologien des Multikulturalismus und des Feminismus kritisch gegenübersteht, sollte uns eine Warnung sein.

Kritik am Feminismus gilt aber weithin schon als Zeichen „frauenfeindlicher" Gesinnung, so wie einst die Kommunisten jede Kritik an ihrer Ideologie als Ausdruck „arbeiterfeindlicher" Ansichten brandmarkten. Die Vertreter dieser Ismen erheben jeweils einen Alleinvertretungsanspruch, so daß jede Kritik an den Ideologen als Ausdruck einer „Feindschaft" gegenüber der betreffenden Menschengruppe gewertet wird.

Jeder Fernsehzuschauer kennt die Talkshows, in denen ein – möglichst plumper – Vertreter des „männlichen Chauvinismus" von fünf oder sechs weiblichen und männlichen Anhängern des Feminismus niedergemacht wird. Überhaupt werden politisch Andersdenkende zu vielen dieser TV-Veranstaltungen nur eingeladen, um sie dem Hohn und Spott der Mitdiskutanten, des Publikums und einer bekennenden Moderatorin auszuliefern.

Die psychologischen Mechanismen, die der Fernsehzuschauer „live" erleben darf, erinnern an die Experimente amerikanischer Soziologen über den Konformitätsdruck in Gruppen: Wenn fünf Komplizen des Versuchsleiters behaupten, der kürzeste von drei parallelen Strichen sei der längste und der längste sei der kürzeste, dann behaupten das auch zwei Drittel der Versuchspersonen.

Daß es solche linken Talkshows gibt, ist gar nicht schlimm, denn sie haben auch für Andersdenkende einen gewissen Unterhaltungswert. Bedenklich stimmt indes, daß es nach wie vor unvorstellbar ist, eine entsprechende rechte Talkshow im öffentlich-rechtlichen Fernsehen zu etablieren.

Überhaupt: daß Feministinnen, National-Allergiker, Multi-Kulti-Anhänger und Betroffenheitsapostel ihre Thesen aktiv und vehement vertreten, ist an sich kein Grund zur Aufregung. Sie alle haben ihren Platz in einer pluralistischen Gesellschaft. Bedenklich wird es jedoch, wenn deutlicher Widerspruch und auch Widerstand gegen solche Bestrebungen diffamiert und unterdrückt wird, wenn Andersdenkende ausgegrenzt und Kritiker mundtot gemacht werden.

Die beschriebenen Phänomene sind Indizien für eine Verschiebung des politischen Koordinatensystems, das zwischen 1968 und 1989 immer weiter nach links gerückt ist. Diese Verschiebung hatte auch die Aufkündigung des antitotalitären Konsenses zur Folge: Links- und rechtsextreme Bestrebungen werden – anders als noch in den fünfziger Jahren – mit zweierlei Maß gemessen und führen in der Öffentlichkeit zu sehr unterschiedlichen Reaktionen.

So ist es in vielen Städten an der Tagesordnung, daß Parteitage und Veranstaltungen von rechten und rechtsextremen Gruppen verboten, behindert oder gestört werden, während etwa Veranstaltungen der linksextremen PDS als selbstverständlich akzeptiert werden. Ein anderes Beispiel: Vielerorts verhindern linke Antifa-Gruppen mit massiven Drohungen gegen Kioskbesitzer und Zeitschriftenhändler, daß eine rechtsintellektuelle Zeitung wie die „Junge Freiheit" verkauft wird, die bestimmt nicht weiter rechts steht als die alternative „taz" links.

Die linksextreme Zeitschrift KONKRET, in der sogar offen zur Gewalt gegen Deutsche aufgerufen werden darf, wird hingegen mit Selbstverständlichkeit akzeptiert. Namhafte Verlage scheuen sich nicht, in dieser Zeitschrift zu inserieren, während politischer Mut dazu gehört, beispielsweise Redaktionsräume für eine Zeitung wie die erwähnte „Junge Freiheit" zu vermieten. Gegen einen Berliner Jungunternehmer, der dies wagte, wurde sogleich eine massive Kampagne entfesselt.

Die Behinderung der Pressefreiheit wird als demokratische Tugend umgedeutet – wenn sie sich nur gegen „rechts" richtet. Die Behinderung der Versammlungs- und Demonstrationsfreiheit firmiert als Zeichen „engagierter" Zivilcourage – wenn sie sich nur gegen rechts richtet. Dies zeugt von einer antidemokratischen und antipluralistischen Haltung. Denn eine Demokratie muß neben einer starken Mitte auch eine Linke und eine Rechte akzeptieren. Selbst die Existenz von links- und rechtsextremen Bestrebungen ist ein Merkmal des demokratischen Verfassungsstaates, wenngleich er sich gegen Extremisten wehren muß. In jeder Demokratie gibt es Links- und Rechtsextremisten, während linke und rechte Diktaturen den jeweils entgegengesetzten Extremismus gewaltsam unterdrücken.

Ich spreche hier jedoch nicht von rechten Extremisten, sondern von einer demokratischen Rechten, die in Deutschland nach wie vor ausgegrenzt wird. Bezeichnend ist schon die Angst, sich überhaupt als „Rechter" zu bekennen, weil „rechts" und „rechtsextrem" im allgemeinen Sprachgebrauch weitgehend zu Synonymen geworden sind. Veranstaltungen wie „Rock gegen rechts" verraten eine solche Gleichsetzung.

Linksintellektuelle in Deutschland sollten es lernen, rechte Intellektuelle als gleichberechtigte Gesprächspartner zu akzeptieren. Im sogenannten Historikerstreit erklärte der Berliner Philosoph Ernst Tugendhat, man könne nicht mehr mit Ernst Nolte sprechen, sondern nur noch über ihn. Die darin zum Ausdruck kommende Intoleranz ist charakteristisch für die Atmosphäre unter deutschen Intellektuellen. Der sogenannte „herrschaftsfreie Diskurs", wie ihn sich viele Linksintellektuelle vorstellen, ist eine interne Veranstaltung für Linke und Liberale – die akzeptierte Toleranzspanne reicht von Gregor Gysi bis Heiner Geißler. Rechts von Heiner Geißler steht nur noch, was moralisch verdächtig und intellektuell nicht ernst zu nehmen ist.

In Wirklichkeit sind die Intellektuellen mit dem Heiligenschein der moralischen Überlegenheit diskreditiert. Jahrelang haben sie die Zweistaatlichkeit als erstrebenswerten End- und Idealzustand der deutschen Geschichte verklärt. Allerdings soll nicht verschwiegen werden, daß daran auch konservative Intellektuelle beteiligt waren. Aber linksliberale Intellektuelle sind noch einen Schritt weitergegangen. Im Zeichen eines primitiven Anti-Antikommunismus wurde nahezu jede Kritik an den kommunistischen Diktaturen tabuisiert. ZEITreisende waren naiv genug, eine vom Staatssicherheitsdienst perfekt vorbereitete Erkundungstour durch die DDR mitzumachen und danach eine Apologie der „anderen Gesellschaft" zu liefern. Es war verpönt, den Begriff „Diktatur" zur Charakterisierung des DDI Systems zu verwenden.

Das wäre alles gar nicht schlimm, käme von den betre fenden Politologen, Journa sten, Künstlern und Politike heute ein Wort der Selbstkrit und der Einsicht. Man würde gerne jedem seine Irrtümer ve zeihen, der Lernfähigkeit b weist, doch die Zeit selbstkri scher Reflexion ist für viele a scheinend schon wieder vorb Statt dessen wird der Kampf g gen Rechtsextremismus u Ausländerfeindlichkeit funkti nalisiert, um vom eigenen Vers gen abzulenken. Die „Faschi mus-Keule" soll dabei keine wegs nur die Rechtsextremist treffen, sondern sie wird geg alle Konservativen geschwu gen, die sich den Sprachregelu gen nicht unterwerfen wollen.

So ist eine muffige, sticki Atmosphäre in Deutschland e standen, die übertrifft, was d Linke über die Adenauer-Z behaupten konnte. Die lähme de Langeweile der intellektu len Scheindebatten rührt au daher, daß niemand mehr f denken kann, ohne an den za reichen Tabus, Frage- u Denkverboten anzustoßen, d in den letzten 25 Jahren Deutschland aufgerichtet w den. Heute geht es darum, die Tabus zu brechen, Frageverbo nicht länger zu akzeptieren u die Freiheit der Diskussion g gen Diskussionsverhinderer e zuklagen. Das alles sind al linke und liberale Forderunge die sich heute aber meist geg die Linksliberalen richten.

Allerdings haben sich au viele rechte und konservati Intellektuelle in ihrem Ghet behaglich eingerichtet. Sie li ... monie der Linken vor allem ein Ergebnis des jämmerlichen Versagens der traditionellen Konservativen ist. Sie sprechen nicht die Sprache der jungen Menschen und sehnen sich nur nach den „guten alten fünfziger Jahren" zurück.

Wir brauchen also eine offene Diskussion, die auch von linken und liberalen Nonkonformisten und Querdenkern befruchtet wird. Die beginnende Diskussion über die neuen innen- und außenpolitischen Herausforderungen zeigt ohnehin, daß die Grenzen vielfach nicht mehr an den überkommenen Scheidelinien zwischen Linken, Liberalen und Konservativen gezogen werden.

Wenn ein sozialdemokratischer Vordenker wie Tilman Fichter heute fordert, die SPD müsse sich auf die nationale Tradition Kurt Schumachers besinnen, dann steht er vielen Nationalliberalen und Konservativen näher als manchen Parteigenossen. Fichter formulierte kürzlich in einem Interview: „Es ist eine traurige Tatsache, daß aus mangelndem Glauben an die Demokratiefähigkeit der Deutschen ein großer Teil der westdeutschen politischen Klasse ihren inneren Frieden mit der Spaltung gemacht hatte. Jetzt kommt es auf die jungen Deutschen an, zu beweisen, daß sie sehr wohl demokratiefähig sind und die Teilung unseres Landes historisches Unrecht gewesen ist."

Die Kritik des Friedensforschers und ehemaligen Bundestagsabgeordneten der GRÜNEN Alfred Mechtersheimer an der multikulturellen Gesellschaft und sein Plädoyer für einen „neuen Patriotismus" fand auch den Beifall von rechten Intellektuellen. Und die Kritik des Liberalen Manfred Brunner sowie des Sozialdemokraten Karl Schiller am Maastricht-Projekt und der geplanten Abschaffung der D-Mark deckt sich in vieler Hinsicht mit den Argumenten des bayerischen Ministerpräsidenten. Angesichts der dramatischen Veränderungen in Deutschland und Europa liegt es auf der Hand, daß die politische und die intellektuelle Debatte nicht in den gewohnten Stereotypen und Denkschablonen fortgeführt werden kann.

Dr. Rainer Zitelmann ist seit dem 1. Dezember Ressortleiter der GEISTIGEN WELT. Er war von 1987 bis ... en Universität Berlin, anschließend Cheflektor des Ullstein-Verlages.

Ab Dezember 1993 verantwortete ich die traditionsreiche Beilage »Geistige Welt« der Tageszeitung »Die Welt« – hier ein Artikel von mir gegen den linken Konformismus.

Im April 1995 mit dem ehem. Generalbundesanwalt Alexander von Stahl (FDP) und mit Steffen Heitmann. Die CDU wollte ihn als Kandidaten für das Amt des Bundespräsidenten in das Rennen schicken – durch eine linke Medienkampagne wurde das verhindert.

Bei SAT.1 in der Talkrunde mit dem Moderator Erich Böhme, Professor Arnulf Baring und Ignatz Bubis u. a. – es ging um unseren Aufruf zum 8. Mai 1995.

die tageszeitung ■ Samstag, 26. März 1994 Kultur 19

Eine große nationale Aufgabe

■ Tilman Fichter zu der Notwendigkeit einer nationalen Politik und zu seinem Verhältnis zum Neokonservativen Zitelmann

In der letzten Woche sorgte eine Erklärung für Aufsehen, in der sich eine Reihe namhafter Historiker, Politiker und Autoren mit Rainer Zitelmann solidarisierten, unter ihnen Tilman Fichter. Zitelmann war

...natürlich war das intendiert. Als ich angesprochen wurde, ging es darum, ob Zitelmann aus der *Welt* gedrängt wird. Wir haben uns auch nicht mit seinen Positionen gemein gemacht in unserer Erklä-

Rechten überläßt. Ich habe die Erfahrung gemacht, daß viele Linke vor der Einheit der Deutschen Angst haben, weil sie letztlich nicht an die Demokratiefähigkeit des eigenen Volkes glauben.

literarisch verklärt den Faschismusverdacht gegen das eigene Volk zu erheben.

Da haben Sie eine sehr frühe Ausgabe gelesen. Der Stellenwert, den Sie programmatisch der Na-

wie eine solche Politik aussehen kann. Scharping hat hier große Möglichkeiten.

Soziale und Demokratiefrage d'accord. Doch wozu der Rückgriff auf die ideologische Klammer der

ist, je mehr die Leute erkannt haben, was im Dritten Reich für Verbrechen angerichtet wurden, daß die nationale Problematik von der Politik und der alternativen Intelligenz nicht bewältigt worden ist: Sie

Der SPD-Politiker Tilman Fichter verteidigte mich 1994, hier in einem Interview mit der linken »taz«

1995 bei einer Fernsehdiskussion unter Leitung von Professor Guido Knopp über Hitler. Teilnehmer waren u. a. Marcel Reich-Ranicki, Margarete Mitscherlich, Professor Klaus Hildebrand, Professor Eberhard Jäckel und ich.

1997 luden mich die FDP-Bundestagsfraktion und das Haus der der Geschichte zu einem Vortrag anlässlich des 100. Geburtstages des FDP-Gründers Thomas Dehler ein.

Auf der gemeinsamen Veranstaltung von FDP und dem Haus der Geschichte mit Hermann Otto Solms (FDP) und Professor Wengst vom Institut für Zeitgeschichte.

Ende der 90er-Jahre hielt ich häufig Vorträge zu Immobiliensteuern, hier bei den Erfurter Steuergesprächen, u. a. mit dem renommierten Steuerexperten Dr. Gerd Stuhrmann vom Bundesfinanzministerium.

1996 kaufte ich meine erste Wohnung als Kapitalanlage in Potsdam. Wie man sieht, handelte es sich um ein Sanierungsobjekt.

1999 erschien mein Buch *Reich werden mit Immobilien*. Der Buchtitel war auch ein persönliches Programm für mich.

Meinen 50. Geburtstag feierte ich 2007 mit vielen Gästen, Christoph Kahl von Jamestown hielt die Festrede.

Jürgen Kelber, ein langjähriger treuer Kunde – und meine langjährige Freundin Monika.

Lothar Estein von der US-Treuhand, für den ich eine M&A-Transaktion einfädelte.

2010 feierten wir das 10-jährige Firmenjubiläum. Christoph Kahl hielt auch diesmal die Festrede, daneben meine damalige Freundin Jenna.

John von Freyend, damals Vorstandsvorsitzender der IVG Immobilien AG, gab den Anstoß zur Gründung meiner Firma Dr. ZitelmannPB. Auch er hielt eine Festrede zum 10-jährigen Jubiläum.

Ich bin sicher der häufigste Gast im »China Club« in Berlin und war über 2.000 Mal dort. Hier halte ich einen Vortrag vor dem Management des Unternehmens Jamestown, das aus den USA zu Besuch gekommen war.

Mit dieser Immobilie in Neukölln machte ich aus 0 Euro 4 Millionen Euro. Die Mieten hob ich in den elf Jahren kaum an.

Mein Freund Jürgen-Michael Schick, Präsident des Immobilienverbandes IVD, und Hermann Otto Solms (FDP) bei einer Veranstaltung unserer »Liberalen Immobilienrunde« im April 2015.

Den legendären Investor Jim Rogers lernte ich in Singapur kennen.

2016 erschien mein Buch *Financial Freedom* in der Volksrepublik China und fand dort große Beachtung, auch im Fernsehen. Die erste Auflage war rasch ausverkauft.

Mein Buch *Setze dir größere Ziele* wurde in viele Sprachen übersetzt – vor allem in asiatischen Ländern ist es erfolgreich.

Kurze Pause zwischen zwei Bizepssätzen. Eine der Aufnahmen aus meinem 2014 erschienenen Buch *Erfolgsfaktoren im Kraftsport*.

Im Urlaub (hier auf Bali) habe ich mich mit meiner langjährigen Freundin Trang entspannt. Dort sind auch einige meiner Bücher entstanden.

Promotiontour durch fünf chinesische Städte für die chinesische Ausgabe der *Psychologie der Superreichen* im August 2018, hier in Shanghai.

Mit dem renommierten chinesischen Okonomen Zhang Weiying in Peking, August 2018.

Andere Dimensionen: Ein Video, das in China mit mir aufgenommen wurde, wurde in einer Woche 850.000 Mal aufgerufen.

LibertyCon, Januar 2019, Washington D.C.

THINK – Konferenz des Institute of Economic Affairs, London, Juli 2019.

Auf dem Annual Membership Meeting des Institute for International Finance, der weltweit größten Interessenvertretung der Finanzindustrie, Oktober 2019, Washington.

TV-Interview in Seoul,
Mai 2019.

4 Le Monde DIMANCHE 21 - LUNDI 22 - MARDI 23 AVRIL 2019

l'époque

Le Monde 23.4.2019

UN POGNON DE DINGUE

Salauds de riches !

On les jalouse, on les envie, surtout on ne les aime pas. Même quand ils donnent leur argent pour la bonne cause. L'historien allemand Rainer Zitelmann a étudié dans plusieurs pays, dont la France, les mécanismes de cette détestation

Punchlines blindées

La roue de la fortune

Seuls 12 % des Français pensent que les riches donateurs veulent faire le bien d'autrui, tandis que 25 % estiment qu'ils donnent d'abord pour leur propre bénéfice (déductions fiscales, réputation)

Eine ganze Seite: Interview in
»Le Monde«, April 2019.

Korea Economic Daily 31/5/19

"과도한 국가 개입이 경제 위기 자초"

독일 학자 라이너 지텔만
신간 <부유한-->에서 주장

»Korea Economic Daily«, Mai 2019.

Foto: Dennis König Photographie

Foto: Thomas Schweigert Photographie

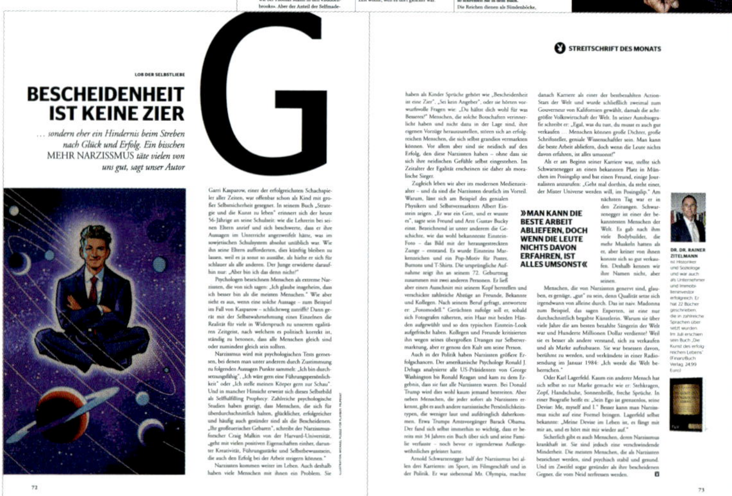

Ich habe die Medienpräsenz verstärkt: Hier ein Beispiel aus dem Monat September 2019, in dem zwei große Interviews in »Bilanz« (6 Seiten) und der Schweizer »Handelszeitung« (4 Seiten) erschienen sind sowie ein Gastbeitrag von mir im »Playboy«.

Meine Bücher werden in zahlreiche Sprachen übersetzt, hier Ausgaben aus China, USA/Großbritannien, Korea, Tschechien und Ungarn.

In Deutschland halte ich neben Fachvorträgen auch Motivationsvorträge, hier vor 500 Finanzdienstleistern in Hannover im August 2019.

Foto: Momentesammler Patrick Reymann

Vortrag in meiner Heimatstadt Darmstadt, Immopreneur-Kongress, November 2018.

Urlaub in Capri, August 2019.

Urlaub in Nha Trang (Vietnam), August 2013.

Ausblick von meinem Penthouse in Manhattan, das jedoch meist vermietet ist.

Ehemaligen herumlaufen, signalisieren damit aus meiner Sicht, dass sie früher etwas Wichtigeres getan und geleistet haben als heute. Einem Bekannten erklärte ich: »Gerhard Schröder hat auf seiner Visitenkarte ja auch nicht stehen ›ehemaliger Ministerpräsident von Niedersachsen‹, sondern ›Bundeskanzler‹.«

Für mich war dieser Punkt deshalb immer sehr wichtig, weil ich mehrfach im Leben meine Schwerpunkte geändert hatte: vom Historiker zum Verlagslektor, später zum Journalisten, dann zum PR-Unternehmer. Zwar war ich stolz auf das, was ich zuvor erreicht hatte, dennoch wollte ich nicht zu viel daran erinnern, weil es mir eben sehr wichtig war, jeweils mit dem wahrgenommen zu werden, was ich aktuell tat. Wir alle stecken Menschen gerne in Schubladen, und wenn jemand einmal in einer Schublade steckt, dann kommt er nur schwer wieder heraus. Wir sind nicht ohne Weiteres bereit, unsere Wahrnehmung zu korrigieren. Verständlicherweise nahmen mich andere Menschen zu Beginn meiner journalistischen Laufbahn noch als Historiker wahr und zu Beginn meiner Tätigkeit als PR-Unternehmer noch als Journalisten. Und hätte ich nicht konsequent immer wieder gesagt: »Hört zu, das war ich, aber ich bin jetzt etwas anderes«, dann hätte es länger gedauert, diese Wahrnehmung zu korrigieren. Deshalb wollte ich nie ein »Ehemaliger« sein.

Zu Beginn meiner Tätigkeit als PR-Unternehmer war es für mich darüber hinaus sehr wichtig, die richtigen Kunden auszuwählen. Ich wollte keine unseriösen Unternehmen vertreten. Damals kam der Berliner Fondsinitiator Egon Banghard auf mich zu, aber ich lehnte ihn, obwohl er ein sehr netter Typ ist, als Kunde ab. Er war auch wohl keiner, der seinen Kunden bewusst schaden wollte, aber er redete sich autosuggestiv ein, dass seine – in Wahrheit stark überteuerten – Steuersparfonds ein gutes Investment seien. Damit gelang es ihm, auch von Prominenten wie Franz Beckenbauer und dem SAP-Gründer Dietmar Hopp hohe Millionenbeträge einzusammeln. Banghard war ein wenig enttäuscht, als ich ihn ablehnte. Später sah ich mich in dieser Entscheidung bestätigt, denn er wurde wegen Betruges zu dreieinhalb Jahren Gefängnis verurteilt.

Solche Kunden wollte ich nicht vertreten. Für mich und für meine Mitarbeiter war es wichtig, dass wir uns mit unseren Kunden grundsätzlich identifizieren konnten, auch wenn ich einzelne Produkte manchmal durchaus kritisch sah (was ich den Kunden dann übrigens sehr deutlich und oft nicht sehr diplomatisch sagte). Zudem erfolgt ein Imagetransfer von den Kunden, die man berät, zum eigenen Unternehmen. Letztlich bin ich auch der Meinung, dass man – glücklicherweise – für unseriöse Unternehmen dauerhaft gar keine erfolgreiche PR machen kann, denn das hieße ja, dass es möglich wäre, die Medien und die Öffentlichkeit anhaltend zu täuschen. Das waren die Gründe, warum wir immer wieder Immobilien- und Fondsgesellschaften, die auf uns zukamen, als Kunden ablehnten.

Unabhängig von diesen Überlegungen akzeptierte ich nach der Akquise der ersten sieben Kunden zunächst schon aus Kapazitätsgründen überhaupt keine weiteren Kunden mehr, weil ich eine vernünftige Beratung nicht hätte gewährleisten können. Diesen Ratschlag hatte mir John von Freyend schon bei dem Gespräch in seinem Wagen gegeben: »Nehmen Sie nicht zu viele Kunden an, damit Sie das halten können, was Sie versprechen.« Das beherzigte ich, und selbst als kurz nach Gründung der Firma die Immobilien-Tochtergesellschaft der Deutschen Bank, die damals Deutsche Grundbesitz hieß, Interesse an unserer Beratung bekundete, lehnte ich aus Kapazitätsgründen zunächst ab, obwohl ich auf diesen Kunden sehr stolz gewesen wäre. Bald stellte ich weitere Mitarbeiter ein, und die Deutsche-Bank-Tochter wurde dann unter Walter Klug einer unserer treuesten Kunden und blieb auch nach dessen Ausscheiden für viele weitere Jahre bei uns an Bord.

Betriebswirtschaft habe ich nie studiert, allerdings auch nie vermisst. Ich hatte häufiger Freundinnen, die Betriebswirtschaft studierten. Ich half ihnen ein wenig bei Hausarbeiten und bekam dadurch mit, was dort gelehrt wurde. Nichts davon hätte mir in meiner unternehmerischen Tätigkeit geholfen. Auch wie man Businesspläne schreibt, wusste ich nicht. Ich habe heute noch einen Zettel, den ich damals schrieb – eine halbe DIN-A4-Seite. Das war mein Businessplan, wenn man so will. Auf dem waren die Kosten für mein Gehalt und das einer Mitarbeiterin aufgeführt. Die Ausgaben für Miete, Internet, Telefon, Bürobedarf, Reinigung, Steuerberatung, Buchführung, Zeitungsabonnements summierten sich auf monatlich 35.000 DM, die Einnahmen lagen bei 70.000 DM, weil jeder Kunde 10.000 DM zahlte. Sie erstatteten auch die Reisekosten zu den Beratungsgesprächen.

Die Gewinnmarge war also von Anfang an sehr hoch. In den 15 Jahren, bis ich die Firma verkaufte, lag sie in der Spitze bei 63 Prozent, im Schnitt bei 48 Prozent. Das war nur möglich, weil die Firma über eine lange Zeit hinweg faktisch fast eine Monopolstellung hatte und wir teilweise Zusatzeinkünfte aus M&A-Aktivitäten oder Immobilienvermittlung erzielten, die nichts mit der PR-Tätigkeit zu tun hatten. Aber auch abgesehen davon sind solche Gewinnmargen heute, wo die Gehälter in Berlin erheblich gestiegen sind und wo es stärkeren Wettbewerbsdruck gibt, nicht mehr annähernd in dieser Höhe erzielbar. Der Gewinn war schon im letzten Jahr, bevor ich die Firma verkaufte, auf 36 Prozent gesunken, und mein Nachfolger Holger Friedrichs und ich waren uns beide beim Verkauf klar, dass sie sich eher noch halbieren dürfte, was dem Branchenschnitt entspricht.

Denn die Situation hat sich in den vergangenen Jahren erheblich geändert. Es gab zwar anfänglich einige Wettbewerber, wie etwa die Firma von Frank Schmeichel. Er ist ein lustiger Typ, der – so wie ich – stark polarisiert. Schmeichel war seinerzeit im Ullstein-Verlag mein Kollege gewesen; er leitete dort die Presseabteilung, als ich Cheflektor war. Als mir mein bester Mitarbeiter Holger Friedrichs Ende 2015 eröffnete, dass er die Firma verlassen würde, überlegte ich vorübergehend, die Firma an Schmeichel zu verkaufen, falls ich Friedrichs nicht für die Idee eines Management-Buy-out hätte gewinnen können. Am liebsten hätte ich beiden die Firma verkauft, aber Friedrichs wollte sich lieber alleine selbstständig machen.

Außer Schmeichel hatten wir erstaunlicherweise über viele Jahre keine ernstzunehmenden Wettbewerber, obwohl der Erfolg meines Unternehmens viele dazu animierte, unsere Firma zu kopieren.

Konkurrenz machte uns in den letzten Jahren insbesondere Thomas Rücker, ein besonders netter Kollege, der selbst früher als Kommunikationschef der IVG und des Berliner Wohnungsunternehmens GSW über viele Jahre unser Kunde war und sich später selbstständig machte. Doch bis zu meinem Ausscheiden aus dem Unternehmen im Februar 2016 blieben wir unangefochten Marktführer – und ein Jahr später war die Firma, die auch nach dem Verkauf zunächst noch meinen Namen trug, weiterhin die Nr. 1.

Kapitel 11: 15 Jahre Marktführer

Kurz nachdem ich meine Firma verkauft hatte, führte die Fachzeitschrift »immobilien-manager« eine Umfrage unter Immobilienunternehmen und Immobilienjournalisten durch, also in den beiden Gruppen, mit denen mein Unternehmen in den vergangenen 15 Jahren täglich zu tun hatte. Inzwischen waren wir nicht mehr allein: In den Jahren zuvor hatten zahlreiche andere PR-Agenturen die Immobilienbranche entdeckt und traten als Wettbewerber auf. Dennoch lautete das Ergebnis der Befragung: Bei allen Kompetenzfragen und bei der Frage nach dem Ruf im Markt setzten Immobilienjournalisten die Dr. ZitelmannPB. auf Rang 1. Darüber hinaus belegte die Dr. ZitelmannPB. bei beiden befragten Gruppen, also bei Immobilienunternehmen und Immobilienjournalisten, Rang 1 bei der Frage nach der Bekanntheit im Markt.

Um es vorweg zu betonen: Ich berichte in diesem Kapitel über die Firma Dr. ZitelmannPB., wie sie zu der Zeit war, als ich Eigentümer und Geschäftsführer war. Manches davon ist heute noch so, aber mein Nachfolger hat auch eine Menge geändert – zum Vorteil des Unternehmens. Bewährte Dinge hat er beibehalten, andere Dinge umgekrempelt. Diese Lernfähigkeit ist meiner Meinung nach die wichtigste Voraussetzung für einen erfolgreichen Unternehmer.

Ich bin der Überzeugung, der Erfolg einer Firma hängt nicht so sehr davon ab, wie viel Sie wissen, wenn Sie sie gründen, sondern wie rasch Sie dazulernen, nachdem Sie einmal gegründet haben. Bei mir war es jedenfalls so. Zwar hatte ich anfangs einen bunten Strauß von Leistungen der »Positionierungsberatung« angeboten, aber schon im ersten Jahr merkte ich, dass vielen Kunden vor allem die Presse- und Öffentlichkeitsarbeit wichtig war. Als ehemaliger Journalist dachte ich, davon verstünde ich etwas, doch das war nicht der Fall. Zumindest verstand ich weniger davon, als notwendig war, um unsere Kunden erfolgreich in die Medien zu bringen.

Wenn man etwas nicht weiß, ist das nicht schlimm, aber man muss halt Leute finden, die diese Lücke füllen. Deshalb war es ganz entscheidend, dass ich genau ein Jahr nach Gründung der Firma Holger Friedrichs eingestellt hatte. Erst durch ihn wurde die Firma zur führenden PR-Agentur im Immobilienbereich. Mit Staunen beobachtete ich, wie Friedrichs anfing, unsere Kunden professionell in der Pressearbeit zu beraten und Gespräche mit Journalisten zu vereinbaren. Unsere Kunden waren begeistert, und ich war es auch.

Nicht alle Mitarbeiter teilten diese Begeisterung. Es gab Auseinandersetzungen, in denen es hieß: »Wir sind doch keine PR-Agentur, wir machen Positionierungsberatung.« Ich erwiderte, es sei völlig unwichtig, mit welchem Programm wir ursprünglich angetreten seien, sondern viel entscheidender sei es, was unsere Kunden als wichtig erachteten. Und das war die Presse- und Öffentlichkeitsarbeit, von der Friedrichs mehr verstand als jeder andere in der Firma, einschließlich meiner eigenen Person.

Wie bringt man Unternehmen in die Zeitung? Für viele Menschen hat PR etwas Geheimnisvolles. Da ist manchmal von »Spindoctors« die Rede, die im Hintergrund die Fäden ziehen und die Medien im Sinne ihrer Auftraggeber manipulieren. In Wahrheit ist die Presse- und Öffentlichkeitsarbeit keine Geheimwissenschaft, sondern ein Handwerk, das nach sehr einfachen Regeln funktioniert.

Für uns gab es zwei Möglichkeiten, unsere Kunden in die Medien zu bringen: Der erste Weg war die Vereinbarung von Gesprächen mit Journalisten, der zweite Weg die Platzierung sogenannter

»Namensbeiträge«. Gespräche zwischen Journalisten und Unternehmensvertretern müssen für beide Seiten einen Nutzen bringen: Der Journalist muss für sich bzw. seine Leser neue Informationen erhalten, das Unternehmen wiederum will als kompetenter Marktteilnehmer zitiert werden. Der PR-Berater ist der ehrliche Makler zwischen beiden Seiten. Unternehmen verstehen oft nicht, was für Journalisten interessant ist – und was nicht. Sie neigen dazu, allzu werblich aufzutreten und dem Journalisten etwas »verkaufen« zu wollen, was diesen wiederum abstößt. Aufgabe eines PR-Beraters ist es daher, gemeinsam mit dem Unternehmen herauszufinden, welche Kernbotschaften es aussenden will, und dann zu überlegen, wie man diese so attraktiv verpackt, dass sie das Interesse von Journalisten finden. Dazu muss ein PR-Berater in der Lage sein, wie ein Journalist zu denken.

Schon kurz nach Gründung meiner Firma hatte ich die Idee, Veranstaltungen mit Journalisten zu organisieren, in denen diese selbst berichten, »wie sie es denn gerne hätten«. Das war ein Rollentausch. Vorne stand ein Journalist und referierte über sein Medium und seine Arbeitsweise. Im Publikum saßen Vertreter der Unternehmen, die zuhörten und Fragen stellten. Die erste Veranstaltung dieser Art führte ich am 24. Oktober 2000 im Rahmen der Berliner Immobilienrunde durch. Markus Gotzi, damals Redakteur der Zeitschrift »Capital«, sprach über das Thema: »Welche Fehler machen Immobilienunternehmen im Umgang mit den Medien – und was kann man besser machen?« Jens Friedemann von der FAZ hielt einen Vortrag zur Krisenkommunikation: »Was tun, wenn es brennt? Wie sollen Immobilienunternehmen in Krisensituationen mit Medien umgehen?« Robert Ummen, mein Nachfolger bei der »Welt«, informierte über die Kriterien, nach denen Journalisten Nachrichten auswählen. Stefan Loipfinger beantwortete die Frage: »Warum werden manche Fonds in den Medien besprochen und andere nicht?«, Jochen Dietrich von n-tv erläuterte die Immobilienberichterstattung des Nachrichtensenders.

In den folgenden Jahren führte ich regelmäßig derartige Veranstaltungen durch, und es gab keine bedeutende überregionale

Tageszeitung oder Immobilien-Fachzeitung, deren Redakteure nicht die Möglichkeit nutzten, ihre Arbeitsweisen vor diesem Branchenforum zu erklären. Alle Medien sandten Journalisten als Referenten in unsere Runden: Publikumsmedien wie die »Süddeutsche Zeitung«, die »Welt«, die FAZ und das »Handelsblatt« ebenso wie alle führenden Wirtschaftsmedien und natürlich Fachmedien wie die »Immobilien Zeitung«. Auch Vertreter von Nachrichtenagenturen wie Bloomberg und Thomson Reuters sprachen bei uns.

Darin spiegelte sich wider, dass wir nicht nur bei Immobilienunternehmen – unseren Kunden –, sondern auch bei den Immobilienjournalisten Vertrauen aufgebaut hatten. Ich denke, sie schätzten an uns, dass wir sie nicht mit Marketingphrasen abspeisten, sondern stets versuchten, ihnen interessante Informationen aus der Immobilienbranche zu vermitteln, und dies in einer betont sachlichen Art, ohne Schaumschlägerei.

Selbstverständlich muss man die wichtigen Journalisten kennen und einen guten Draht zu ihnen aufbauen. Das ist jedoch nicht so entscheidend wie das Verständnis dafür, welche Botschaften man wie verpackt und wie man einen genuinen Nutzen auch für den Journalisten findet. Bei uns war es jedenfalls nicht so, dass Journalisten über unsere Kunden berichteten, um uns damit einen Gefallen zu tun. Warum denn auch? Friedrichs war und ist ein Meister darin, Schnittmengen zwischen den Interessen der Medien und denen der Unternehmen zu entdecken und Gespräche zwischen ihnen zu vereinbaren und zu begleiten.

Hier konnte ich nichts Sinnvolles beitragen. Friedrichs hatte ja einige Jahre PR-Erfahrung hinter sich, ich hingegen hatte auf der anderen Seite gestanden und war Journalist gewesen. Was ich gut konnte, war Artikel zu schreiben. Und das war das zweite Standbein unserer Pressearbeit. Viele Medien boten und bieten die Möglichkeit, dass Vorstände, Geschäftsführer oder Experten eines Unternehmens Namensbeiträge zu Fachthemen veröffentlichen. So gab es in der FAZ über Jahre hinweg jeden Freitag zwei Rubriken, in denen Personen aus der Immobilienwirtschaft unter ihrem Namen Gastkolumnen veröffentlichen konnten. Wir nannten das »Autorenbeiträge«.

Die Unternehmensvertreter selbst tun sich oft schwer, solche Artikel ohne Hilfe zu verfassen. Regelmäßig fallen die Artikel zu werblich aus. Wir sprachen von »pro domo Artikeln«, in denen das Unternehmen sich oder seine Produkte mehr oder minder unverblümt selbst lobt. Solche Artikel druckt kein seriöses Blatt ab. Auch bei Autorenbeiträgen muss eine Win-win-Situation für beide Seiten bestehen: Das Medium soll einen Artikel bekommen, in dem für die Leser Informationen vermittelt oder interessante Meinungen vertreten werden. Derjenige, unter dessen Namen diese erscheinen, kann damit wiederum Kompetenz beweisen.

Um einen solchen Artikel für ein Qualitätsmedium zu schreiben, muss man eine Menge mitbringen. Man muss wissen, welche Themen der Redakteur, der über den Abdruck entscheidet, mag und welche nicht. Das haben wir herausgefunden, indem wir genau analysierten, worüber das Medium Autorenbeiträge veröffentlichte und worüber nicht. Natürlich haben wir die Journalisten auch direkt gefragt. Im Übrigen sammelten sich Erfahrungswerte darüber an, welche unserer Artikelangebote abgedruckt und welche abgelehnt wurden. All diese Informationen hat das einzelne Immobilienunternehmen naturgemäß nicht oder nur in einem geringen Maß.

Zudem muss man wissen, in welcher Sprache ein solcher Artikel geschrieben sein muss, wie lang er sein darf, was man fachlich voraussetzen sollte und was nicht. Der viele Jahre lang für Immobilienthemen bei der FAZ zuständige Journalist Jens Friedemann erzählte mir mal, dass ein Unternehmen ihm einen sechs Seiten langen Artikel anbot, mit dem Hinweis, dieser dürfe auf gar keinen Fall gekürzt werden. Tatsächlich war in der Rubrik nur Platz für etwa 4.000 Zeichen, was zwei Manuskriptseiten entspricht. Außerdem bekommen Journalisten oft von schlechten PR-Agenturen »pro domo Artikel« angeboten, in denen in kaum verhohlener Weise für die Produkte des Unternehmens geworben wird. All das ist für Journalisten ärgerlich.

Bald fand ich heraus, dass man in der Presse- und Öffentlichkeitsarbeit unterschiedliche Kompetenzen braucht. Friedrichs konnte am besten Kunden betreuen, mit ihnen Themen entwickeln und dann auf Journalisten zugehen, um Gespräche zu vereinbaren. Ich selbst habe nie Pressegespräche vereinbart und begleitet, auch weil ich das Gefühl habe, dass ich eine zu dominante Persönlichkeit bin, zu viel rede und mich nur schwer im Hintergrund halten kann. Hingegen schrieb ich gerne die Autorenbeiträge für unsere Kunden. In den 15 Jahren verfasste ich viele Hundert solcher Artikel als Ghostwriter, die in Medien wie der »Börsen-Zeitung« oder der FAZ unter dem Namen unserer Kunden veröffentlicht wurden.

Nachdem ich das nicht mehr alleine leisten konnte, stellten wir Mitarbeiter ein, die sich ebenfalls darauf verstanden. Allerdings genügt es nicht, gut formulieren zu können, sondern man muss sich tiefe Fachkenntnisse aneignen und teilweise fast wissenschaftlich in die nicht immer einfachen Fachgebiete eindringen. Der erste Texter neben mir war Peter Dietze, ein besonders netter Kollege, der über zehn Jahre in unserer Firma blieb und eine gute Feder hatte. Später stellten wir viele weitere Mitarbeiter für die Namensbeiträge ein. Der beste von allen war Dr. Oliver Wenzlaff, der zuvor bei einem Immobilien-Projektentwickler gearbeitet hatte und von dessen Artikeln die Kunden begeistert waren und sind.

Anderen PR-Agenturen, die nicht auf Immobilienthemen spezialisiert sind, fehlte in der Regel das fachliche Wissen, um solche Artikel zu schreiben. Deshalb legte ich sehr viel Wert auf die innerbetriebliche Aus- und Fortbildung. Wir veranstalteten regelmäßig Schulungen zu Immobilien-Fachthemen, teilweise auch in englischer Sprache. Zudem besuchten die Mitarbeiter die von mir veranstaltete »Berliner Immobilienrunde«, um ihr Fachwissen zu vertiefen.

Bei den meisten PR-Agenturen gibt es einen Kundenbetreuer, der alles macht: Er soll neue Kunden an Land ziehen, Gespräche mit Journalisten vereinbaren und Texte schreiben. Ich finde das nicht sehr klug. Die Kompetenzen und die Persönlichkeitsmerkmale, die für diese Aufgaben wichtig sind, unterscheiden sich so stark, dass man kaum eine Person findet, die all dies in gleicher Weise beherrscht. Meine Folgerung daraus war, dass ich bald schon einzelne Abteilungen mit unterschiedlichen Arbeitsbereichen in unserer Firma bildete. Aufgabe der PR-Abteilung war es, Journalisten anzurufen, Termine zu vereinbaren und zu begleiten sowie Pressegespräche zu organisieren. Aufgabe der Textabteilung war es, Autorenbeiträge zu schreiben oder auch Texte für Broschüren, Internetauftritte oder Kundenmagazine. Später richtete ich eine weitere Abteilung ein, die sich ausschließlich mit der Online-Positionierung und der Suchmaschinenoptimierung befasste. Die Aufgabe der Neukundengewinnung wiederum lag bei mir, doch dazu später mehr.

Das Schwerste für uns – wie wahrscheinlich für jedes Dienstleistungsunternehmen – war es, die richtigen Mitarbeiter zu finden. Dieser Aufgabe maß ich die größte Bedeutung bei. Denn das Schlimmste, was einer PR-Agentur passieren kann, ist, dass über sie gesagt wird: »Da ist oben ein Chef, der ist kompetent und akquiriert die Kunden, die später dann von inkompetenten Mitarbeitern verprellt werden.« Zwar lässt es sich nicht vermeiden, dass es Kompetenzunterschiede gibt, aber unsere Kunden erwarteten zu Recht für den stolzen Preis, den sie bei uns bezahlten, erstklassige Mitarbeiter.

Auch bei der Mitarbeiterauswahl lernte ich durch Erfahrung. Sehr bald schon führte ich einen Schreibtest für Bewerber ein. Die Kandidaten bekamen einen längeren, anspruchsvollen Text – etwa zu einem juristischen Thema – und mussten diesen in einfachen Worten, verständlich und kurz zusammenfassen. Daran scheiterten die meisten Bewerber, auch solche, die vorher Journalisten waren oder in anderen PR-Firmen gearbeitet hatten. Viele waren intellektuell nicht in der Lage, komplexe Zusammenhänge zu verstehen, geschweige denn, diese dann verständlich darzustellen. Diese Fähigkeit war jedoch, vor allem für Mitarbeiter der Textabteilung, entscheidend.

Wir gestalteten die Tests immer anspruchsvoller. Später mussten sich unsere Bewerber vier Wochen lang in ein ihnen unbekanntes Thema einlesen – zum Beispiel in das Thema »offene Immobilienfonds« –, um dann in einem mündlichen Test zu beweisen, dass sie in der Lage waren, sich in ein neues Sujet einzuarbeiten. Bei diesen fachlich sehr anspruchsvollen Tests waren zwei meiner

Mitarbeiter und ich dabei. Die Bewerber wurden regelrecht in die Mangel genommen, viele unterschätzten den Schwierigkeitsgrad. Am Schluss gaben wir eine Note, so wie in der Schule, und Kandidaten, die schlechter als mit »2« abschnitten, wurden abgelehnt.

Nach einigen Jahren rückten wir davon wieder ab. Die Situation auf dem Arbeitsmarkt hatte sich verändert, und wir fürchteten, wir würden in den vier Wochen, die zwischen Erstgespräch und Test lagen, zu viele Kandidaten an andere Firmen verlieren, bei denen sie nicht erst einen aufwendigen Test absolvieren mussten.

Als ich 2012 in den USA den LSAT-Test entdeckte, den dort Bewerber für Law Schools zu bestehen haben, war ich begeistert: Hier wurde genau das getestet, worauf es bei uns ankam: Kann jemand anspruchsvolle Texte verstehen und logisch denken? Vorwissen ist bei diesen Tests nicht erforderlich. Der komplette Test wäre viel zu lang gewesen, aber einige Seiten daraus mussten unsere Bewerber von nun an absolvieren. Die Testverfahren wurden immer wieder geändert, und auch heute sind es andere als damals. Was gleich blieb, war stets ein höherer Anspruch an die Qualität der Mitarbeiter, als ihn viele andere PR-Agenturen haben.

Wir machten bessere Erfahrungen damit, gute Leute frisch von der Universität zu holen und sie bei uns als Trainees auszubilden, als Leute mit Agenturerfahrung einzustellen. Mit dem typischen PR-Mitarbeiter, der Kulturwissenschaften oder Literaturwissenschaft studiert hat und schon in der Schule mit der Mathematik auf Kriegsfuß stand, konnten wir in der Regel nichts anfangen. In der Branche lachten mich manche aus, weil ich großen Wert auf die Abiturnote eines Bewerbers legte, vor allem auf die Noten in Deutsch und Mathematik. Aber ich hatte die Erfahrung gemacht, dass jemand, der im Abitur eine schlechte Note hat – beispielsweise eine 2,6 –, auch in unseren Tests in der Regel nicht überzeugend abschnitt.

Es gab zwar Ausnahmen, aber in der Regel schnitten die gut ab, die in der Schule ein 1er-Abi hingelegt hatten. Die Abiturnote war mir wichtiger als der Studienabschluss, da es viele Fächer gibt – besonders in den Geisteswissenschaften –, bei denen ein Großteil der Absolventen eine 1 bekommt, womit diese Note wenig Aussagekraft hat. Auch beim Abitur wird inzwischen die 1 viel leichter vergeben als früher (bundesweit hat jeder Vierte ein 1er-Abi!), aber die Spreizung dieser Noten ist doch höher als in vielen Studienfächern.

Zudem stellte ich sehr gerne ehemalige Leistungssportler ein, so wie Holger Friedrichs, der zehn Jahre lang bei Bayer Uerdingen Fußball gespielt hatte. Der ideale Bewerber hatte ein 1er-Abitur, war in seiner Jugend Leistungssportler und studierte später ein wirtschaftswissenschaftliches Fach. Natürlich hatten wir aber auch sehr gute Mitarbeiter, auf die keines dieser Merkmale zutraf.

Ein Problem in unserer Firma war die hohe Mitarbeiterfluktuation. Es sprach sich bald herum, dass wir die am besten ausgebildeten Mitarbeiter im Bereich der Immobilien-PR hatten. Insbesondere eine große PR-Agentur warb im Laufe der Jahre immer wieder Mitarbeiter bei uns ab. Allerdings blieben sie nicht lange bei diesem neuen Arbeitgeber, sondern zogen weiter. Unter der Mitarbeiterfluktuation leiden viele Beratungsunternehmen, insbesondere im PR-Bereich.

Wie hoch wir im Ansehen der Immobilienbranche standen, sieht man beispielsweise daran, dass die Pressesprecher des Zentralen Immobilien Ausschusses – das ist einer der führenden Verbände der Immobilienbranche – bei uns ausgebildet wurden. Denis McGee, ein hervorragender Mitarbeiter unserer PR-Abteilung, war dort – nach einer Zwischenstation bei einem anderen Unternehmen – Pressesprecher. Und als er den Verband verließ, heuerte der ZIA wieder einen unserer besten Leute an, Andy Dietrich, den stellvertretenden Leiter der PR-Abteilung.

Unsere Kunden ärgerten sich, wenn sie immer wieder mit neuen Ansprechpartnern konfrontiert wurden. Das Problem in unserer Firma wurde verschärft durch meinen Führungsstil, der zu Recht immer wieder kritisiert wurde. Ich stelle extrem hohe Anforderungen an mich – und entsprechend auch an die Mitarbeiter. Ein Beispiel dafür sind meine Vorstellungen von Termintreue. Ich hatte und habe kein Verständnis dafür, wenn Terminzusagen gegenüber einem Kunden nicht eingehalten werden: »Überlegt euch vorher genau, wenn ihr eine Terminzusage abgebt, aber wenn ihr sie erst einmal gegeben habt, dann muss sie zu 100 Prozent eingehalten werden, statt dem Kunden zu erklären, warum es doch nicht geklappt hat. Ein Versprechen ist, wie wenn man den Knopf bei einer Rakete gedrückt hat – die kann man auch nicht mehr zurückholen.«

So bin ich von meinen Eltern erzogen worden, für die unbedingte Pünktlichkeit und Zuverlässigkeit sehr wichtig waren. Ich selbst kann von mir sagen, dass ich noch nie in meinem Leben einen Text auch nur einen Tag später als vereinbart abgegeben habe. Das verlangte ich auch als Maxime für meine Firma, aber dennoch kam es immer wieder dazu, dass einzelne Mitarbeiter gegenüber den Kunden gegebene Versprechen brachen. In solchen Fällen reagierte ich ziemlich extrem, sodass ich Mitarbeiter vor den Kopf stieß. Ich litt regelrecht darunter, dass ich erstmals in meinem Leben – als verantwortlicher Geschäftsführer – für nicht eingehaltene Terminzusagen kritisiert wurde.

Besonders unbeliebt war in meiner Firma die sogenannte »Freitagssitzung«, und mein Nachfolger Holger Friedrichs erwarb sich sofort Pluspunkte bei den Mitarbeitern, als er diese als erste Amtshandlung nach meinem Ausscheiden abschaffte und stattdessen Meetings in einer freundlicheren Atmosphäre einführte. Bei meinem Ausscheiden aus der Firma stellten die Mitarbeiter in einem Abschiedsbuch für mich Daten und Fakten über die Firmengeschichte zusammen. Unter anderem lernte ich daraus, dass es 425 Freitagssitzungen gegeben hatte – zumindest lagen über so viele Sitzungen die Protokolle vor.

In den ersten zehn Jahren versammelten sich jeden Freitag früh alle Mitarbeiter der Firma – mit Ausnahme der Assistenz – in unserem Sitzungssaal. Die Mitarbeiterzahl schwankte in den späteren Jahren zwischen 40 und 50. Die Sitzung begann mit etwas Positivem, nämlich mit kurzen Präsentationen der Abteilungsleiter über den »Output« der vergangenen Woche, also jener Artikel, die in den Medien über unsere Kunden erschienen waren und die auf unsere Arbeit zurückgingen. Das war meist sehr erfreulich, denn es verging keine Woche, ohne dass Artikel erschienen, die entweder auf von uns initiierte Pressegespräche zurückgingen oder die wir als Namensbeiträge für unsere Kunden verfasst hatten.

Die wichtigste Funktion der Sitzung war aus meiner Sicht, Schwachstellen zu identifizieren und insbesondere über Kunden zu sprechen, von denen ich den Eindruck hatte, dass für sie in den letzten Wochen nicht genug getan worden war. Für jede Sitzung suchte ich genau jene Kunden heraus, bei denen Unzufriedenheit drohte, weil sie vernachlässigt wurden. Schon wenn ich einige Tage vor der Sitzung per Mail bekannt gab, über welche Kunden ich am kommenden Freitag sprechen würde, fingen die Mitarbeiter an, sich verstärkt mit diesen zu beschäftigen.

Manche Chefs wollen gar nicht so genau wissen, was in ihrer eigenen Firma schlecht läuft. Wenn sie einen Mitarbeiter nach dem Stand eines Projektes fragen und der antwortet: »Alles im grünen Bereich«, sind sie damit zufrieden. Zu insistieren und mit bohrenden Fragen der Sache auf den Grund zu gehen, könnte ja zu Konflikten führen und vor allem dazu, dass man als Chef aktiv handeln muss. Wer sich dagegen als Chef selbst täuscht, indem er unangenehme Dinge ausblendet, kann sich einreden, alles sei in Ordnung, und vor allem: Er muss nicht handeln.

Sagt ein Mitarbeiter: »Ich gehe davon aus, dass ...«, dann akzeptieren manche Vorgesetzte allzu rasch eine solche Antwort. Bei mir war und ist das anders. Erklärt mir ein Mitarbeiter auf meine Frage nach dem konkreten Sachstand: »Ich gehe davon aus, dass ...« oder »Ich denke, es müsste ...«, dann übersetze ich das für mich so: »Ich habe keine Ahnung, wie der Stand der Sache ist«. Mitarbeiter wussten, dass ich »rotsehe«, wenn mir jemand mit solchen vagen Formulierungen kam. Ich fragte so lange nach, bis ich ganz genau wusste, was vorgeht – und vor allem: was nicht gut läuft.

Meine Rolle in der Firma definierte ich als die des »obersten Anwalts der Kunden«: »Ich habe die Kunden gebracht und denen eine Leistung versprochen. Und ich möchte, dass wir unsere Versprechen halten.« Es gab manche Kunden, die drängten und mahnten, wenn sie den Eindruck hatten, dass sie vernachlässigt worden waren. Andere waren zurückhaltender und beschwerten sich auch dann nicht, wenn sie eigentlich Grund dazu gehabt hätten. Besonders für diese Kunden fühlte ich mich verantwortlich. »Wenn ihr euch nur um die Kunden kümmert, die meckern, dann habt ihr irgendwann nur noch Meckerkunden«, hörten die Mitarbeiter immer wieder von mir.

Ich denke, das alles war nicht nur legitim, sondern auch dringend notwendig. Gerade für eine Firma, die faktisch über viele Jahre ohne ernstzunehmenden Wettbewerb agierte, ist diese Selbstkritik besonders wichtig. Ich fand mich bestätigt, als ich las, wie Bill Gates effiziente Meetings definiert: »Wir verlieren nie viel Zeit damit, darüber zu sprechen, was wir richtig machen. Das ist nicht unsere Firmenkultur. In jedem Meeting geht es darüber: ›Klar, wir haben in sieben Kategorien gewonnen, aber was ist mit der achten Kategorie?‹«

Was jedoch kontraproduktiv war: Ich stellte die Mitarbeiter, die für die Versäumnisse verantwortlich waren, vor versammelter Mannschaft bloß. Den anderen Kollegen taten diese Mitarbeiter leid, sie sahen nicht deren Fehler, sondern einen Chef, der jemanden niederbürstete.

Andererseits war ich auch stets selbst offen gegenüber Kritik. Ich war immer der Meinung, wer hart austeilt, muss auch einstecken können. Man kann nicht von Mitarbeitern verlangen, dass sie berechtigte Kritik annehmen, und selbst als Chef empfindlich reagieren, wenn man kritisiert wird. Eine Zeit lang übernahm es eine Abteilungsleiterin, aufzuschreiben, wann ich mich wieder danebenbenommen hatte, und mir diese Kritik nach jeder Freitagssitzung zu mailen. Ich war dafür dankbar, aber mir fiel es schwer, mich dauerhaft zu ändern. Schließlich sah ich ein, dass es besser war, wenn nicht alle Mitarbeiter bei der Sitzung teilnahmen, sondern überwiegend die Führungskräfte. Nun hieß es: Jeder kann kommen, aber keiner *muss* – es sei denn, er gehört zu den Abteilungsleitern.

Ich bin ehemaligen Mitarbeiter dankbar, dass sie mir trotz meiner Schwächen nicht böse sind, sondern bis heute unterstreichen, wie viel sie in der Firma gelernt haben. Meine erste Mitarbeiterin, Sandra Puls, die lange die Abteilung Corporate Publishing leitete, schrieb in einem Büchlein, das mir die Mitarbeiter zum Abschied schenkten: »Ich glaube, so viel, wie ich bei Ihnen in zehn Jahren gelernt habe und erfahren durfte, ist einmalig. Sie haben einen sehr großen Anteil daran, dass ich heute selbst erfolgreich ein kleines Unternehmen führe.« Julian Caspari, der unsere SEO-Abteilung leitete, schrieb ebenfalls, dass er bei mir in viereinhalb Jahren so viel gelernt habe, wie man sonst in 18 Jahren in einer anderen Firma lerne. Dadurch fühle er sich nun gerüstet für sein eigenes Unternehmen. Ich bin stolz darauf, dass ich einigen talentierten jungen Menschen Rüstzeug mitgegeben habe, das sie befähigte, selbst Unternehmer zu werden – trotz und vielleicht zum Teil auch wegen der harten Schule. Vier von fünf langjährigen Abteilungsleitern, die im Schnitt neun Jahre bei unserer Firma waren, sind heute selbst unternehmerisch tätig.

Meine persönlichen Stärken lagen – neben dem Verfassen von Namensbeiträgen – hauptsächlich in der Neukundengewinnung und in der Lösung schwieriger Situationen mit bestehenden Kunden. Zudem habe ich einen Sinn für Zahlen und Verträge, was leider manchem, der sich selbstständig macht, fremd ist. Ich wusste in jedem Moment, wo wir finanziell standen, ließ permanent die Gewinnprognosen anpassen und beschäftigte mich ausführlich und gerne mit den Zahlen, die mir die Buchführung lieferte. Neben Holger Friedrichs und meiner persönlichen Referentin war für mich unsere Buchhalterin Mandy Bastian, die mich mit ihrer großen Genauigkeit und Zuverlässigkeit beeindruckte, eine der Schlüsselpersonen.

Sie wusste, dass ich nachfragen würde, warum diese Rechnung noch nicht bezahlt sei oder wie jene Zahl zustande komme. Nach meiner Überzeugung scheitern viele Firmen daran, dass sich ihr Inhaber zwar für die Inhalte interessiert, aber zu wenig für die Zahlen. Und obwohl ich sonst gerne alles delegiere, unterschrieb ich jede Rechnung und jeden Überweisungsträger persönlich. Das hilft, die Kosten im Blick zu behalten.

Namensbeiträge zu schreiben und neue Kunden zu gewinnen machte mir großen Spaß, weil hier meine beiden Talente zur

Entfaltung kamen, nämlich in kurzer Zeit gute Texte schreiben zu können und etwas zu verkaufen. Der Verkauf der Dienstleistungen unserer Firma fiel mir leicht, weil ich wusste, dass wir besser als unsere Mitbewerber sind.

In den ersten zehn Jahren war eine sehr aktive Kundenakquise nicht notwendig. Erstens verfügten wir ja über einen stabilen Kundenstamm, und zweitens kamen auch ohne aktives Zutun immer wieder potenzielle Kunden auf uns zu, weil wir uns einen sehr guten Ruf in der Branche erarbeitet hatten. In den letzten Jahren musste ich mich hingegen sehr viel stärker um die Kundengewinnung kümmern, und das hatte seinen Grund in der Marktentwicklung.

In der Anfangszeit waren die meisten unserer Kunden Initiatoren von geschlossenen oder offenen Immobilienfonds. In dieser Branche kannten uns alle, und auch ich kannte fast alle Marktteilnehmer persönlich. In den Jahren nach 2008 brach jedoch die Branche der geschlossenen Fonds fast komplett zusammen. Das war Folge der Finanzkrise, der schärferen gesetzlichen Regulierung, aber auch vieler selbst verschuldeter Skandale. 2007 hatte das mit geschlossenen Fonds platzierte Eigenkapital noch bei 12,6 Mrd. Euro gelegen, 2013 waren es nur noch 2,2 Mrd. Euro. Wir verloren in dieser Zeit viele unserer langjährigen Kunden. Nicht etwa, weil wir einen schlechten Job gemacht hätten, sondern weil diese Branche, von der wir gelebt hatten, in Auflösung war.

In diesen Jahren kündigten uns Initiatoren wie Doric, DWS, DFH, Commerz Real, Buss Capital, HGA Capital, BA/CA Real Invest, Flex, Hahn, Hamburg Trust, HCI Capital, HIH, Lloyd, Oltmann, Voigt & Collegen, FHH und WestLB Trust. Mit vielen dieser Kunden hatten wir sehr lange zusammengearbeitet, mit manchen bereits mehr als ein Jahrzehnt. Etliche dieser Kunden hatten ihren Sitz in Hamburg, sodass wir das Hamburger Büro auflösten. Nur sehr wenige Marktteilnehmer, die exzellente Ergebnisse gebracht hatten, blieben erfolgreich. Die meisten Initiatoren geschlossener Fonds stellten ihr Neugeschäft ein. Das war eine für uns hochdramatische Situation.

Parallel dazu gerieten auch die offenen Immobilienfonds in die schwerste Krise ihrer bis dahin 50-jährigen Geschichte. Obwohl wir viele Kunden aus diesem Bereich betreuten, darunter die Tochtergesellschaften der Deutschen Bank, der Commerzbank, der Credit Suisse, der Dresdner Bank und von Morgan Stanley, hatte ich seit Jahren auf Fehlentwicklungen aufmerksam gemacht. Ich hatte die Strickfehler bei der Konstruktion der offenen Immobilienfonds gesehen und war auch nicht überzeugt, dass die Bewertung der Immobilien immer sachgerecht erfolgte.

Die Vertreter der offenen Immobilienfonds saßen lange auf einem hohen Ross und waren äußerst empfindlich gegenüber jeder Kritik. Nach der Finanzkrise mussten viele Fonds die Rücknahme von Anteilsscheinen aussetzen. Dabei waren die gleichmäßige Wertentwicklung sowie die Möglichkeit, jeden Tag seinen Anteilsschein zurückgeben zu können, die wichtigsten Verkaufsargumente für die offenen Immobilienfonds gewesen. Zahlreiche offene Fonds wurden geschlossen, und die Anleger kamen nicht mehr an ihr Geld. Das betraf Fonds der KanAm, der AXA, der UBS, der Credit Suisse, der SEB, der DEGI, von TMW und von Morgan Stanley. Fondsvermögen in Milliardenhöhe wurden eingefroren, danach wurden die meisten dieser Fonds aufgelöst.

Jetzt zeigte sich, dass die Bewertungen durch die Gutachter oft nicht gestimmt hatten, denn zu den von ihnen angesetzten Werten ließen sich die Immobilien in vielen Fällen nicht verkaufen. Das führte zu massiven Abwertungen, und erstmals verloren Anleger offener Immobilienfonds, die früher als »mündelsichere« Anlagen galten, Geld. Später sah sich der Gesetzgeber gezwungen, als Reaktion auf dieses Desaster die gesetzlichen Rahmenbestimmungen für die offenen Immobilienfonds zu verändern. Wer sich neu an einem offenen Immobilienfonds beteiligt, muss seitdem zwei Jahre warten, bis er seine Anteilsscheine zurückgeben kann.

Die Dramatik dieser Entwicklung und die Konsequenzen für die Branche sah ich wesentlich früher als viele andere Dienstleister, die im Segment der geschlossenen und offenen Fonds tätig waren und die dadurch selbst in eine heftige Krise gerieten. Mich erinnerte diese Entwicklung an die Auflösung der ML-Bewegung, die ich in meiner Jugend erlebt hatte: Solche Prozesse vollziehen sich in einer erstaunlichen Geschwindigkeit und Radikalität.

Ein befreundeter Analyst sagte mir: »Nun ja, da kann man nichts machen, da werden Sie die Hälfte der Mitarbeiter entlassen müssen.« Das wäre für mich jedoch die allerletzte Notlösung gewesen, die ich um jeden Preis vermeiden wollte. Ich hatte nie ein Problem damit, Mitarbeiter zu entlassen, die versagt hatten. Aber bis heute musste ich in meinem Leben noch nie jemandem gegenübertreten und sagen: »Sorry, Sie waren loyal und haben einen super Job gemacht, aber Sie müssen gehen, weil ich Sie nicht mehr bezahlen kann.«

Als meine größte Leistung rechne ich es mir an, die schwierige Situation mit den geschlossenen – und auch mit den offenen – Immobilienfonds sehr frühzeitig erkannt zu haben und vor allem die richtigen Konsequenzen daraus gezogen zu haben. Für mich hieß es, innerhalb der Immobilienbranche verstärkt in anderen Kundensegmenten zu akquirieren. Wir hatten früher schon hie und da einmal Projektentwickler oder große Maklerunternehmen als Kunden gehabt, aber das waren nie viele. Und in der Szene der Projektentwickler waren wir bei Weitem nicht so bekannt wie in der Fondsszene.

Einem anderen Dienstleistungsunternehmen der Immobilienbranche, das wir berieten, erklärte ich: »Wenn man Geld in dieser Branche verdienen will, muss man schauen, in welchen Bereichen heute Geschäft gemacht wird, und dort die Kunden gewinnen.« Das klingt einfach und logisch, aber in der Praxis hieß das, völlig neue Kundensegmente zu erschließen. Denn die Immobilienbranche ist äußerst heterogen, es gibt dort sehr unterschiedliche Unternehmen mit grundverschiedenen Geschäftsmodellen und »Kulturen«.

Den Wohnungsprojektentwicklern und den Wohnungsunternehmen ging und geht es – anders als den Fondsgesellschaften – sehr gut. Ihr Geschäft boomt, weil angesichts der Wohnungsknappheit in den Metropolen die Mieten und die Kaufpreise stark gestiegen sind und ein erheblicher Nachholbedarf im Wohnungsneubau besteht. Daher richtete ich meine Anstrengung darauf, unsere Firma bei diesen Unternehmen bekannter zu machen und sie als Kunden zu gewinnen.

Hilfreich war dabei die »Berliner Immobilienrunde«. Auch sie war von den Marktänderungen negativ betroffen. Zunächst hatten die Veranstaltungen von den Steuerthemen gelebt, danach von Themen aus dem Fondsbereich, besonders zu vertrieblichen Fragen. Nun entwickelte ich ein neues Veranstaltungsformat. Wohnungsprojektentwickler in Berlin, Hamburg, München und Frankfurt stellten auf Veranstaltungen in diesen vier Städten ihre interessantesten Projekte vor, im Publikum saßen weitere Projektentwickler sowie Investoren oder Vertreter von Banken. Dadurch lernte ich die wichtigsten Projektentwickler in Deutschland kennen und – mindestens ebenso wichtig – diese lernten mich und meine Firma kennen. Den Verlust der Kunden aus dem Bereich der offenen und geschlossenen Fonds konnten wir so durch die Gewinnung von Projektentwicklern ausgleichen. Zudem fanden wir andere renommierte Immobilienunternehmen als Kunden, etwa CBRE, das größte Immobilienberatungsunternehmen der Welt.

Ein wichtiges Instrument, um uns in der Branche bekannt zu machen, waren die »Immobilien News der Woche«. Ich gab diesen Newsletter schon seit dem Jahr 2000 heraus, als ich die Firma gegründet hatte. Wir verschickten ihn per E-Mail an einige Tausend Entscheider in der Branche sowie an sämtliche Immobilienjournalisten. In den »News« wurden und werden die wichtigsten Nachrichten zu Immobilienthemen knapp zusammengefasst und kommentiert. Wir abonnierten alle wichtigen Tageszeitungen, Wirtschaftsmedien und Fachzeitschriften und werteten diese unter den Gesichtspunkten aus, die für Führungskräfte der Immobilienbranche wichtig sind.

In den ersten zehn Jahren machte ich alles selbst: Ich bekam jeden Freitag zwei prall gefüllte Schnellhefter mit allen in der vergangenen Woche erschienenen Artikeln zu Immobilienthemen, las diese und schrieb auch alle Zusammenfassungen und Kommentare. Das war einerseits eine enorme Arbeit an den Wochenenden, andererseits war ich durch die wöchentliche Lektüre und die Zusammenfassungen stets sehr gut informiert. Irgendwann ging ich dazu über, die Zusammenfassungen der Zeitungsartikel an die Mitarbeiter zu delegieren und selbst nur die Kommentare und die Buchbesprechungen zu verfassen. Beides mache ich auch heute noch, nach dem Verkauf der Firma.

Die »Immobilien News« machten eine Menge Arbeit, nicht nur für mich, aber sie steigerten unseren Bekanntheitsgrad und hielten uns im Gespräch. Viele Führungskräfte der Branche begannen Montagfrüh die Woche mit der Lektüre des Newsletters, der es ersparte, selbst Dutzende Zeitungen zu lesen. Unser Wochenperiodikum half auch bei der Neukundengewinnung, denn in der Branche waren wir schon dadurch bekannter als die Wettbewerber. Alle zwei Wochen brachten wir zudem eine angepasste englische Übersetzung heraus, die »German Real Estate News«.

Dass die Mitarbeiter irgendwann begannen, die »Immobilien News der Woche« selbst zu schreiben, war für mich nur konsequent. Mein ganzes Leben lang habe ich immer so viel delegiert wie möglich, nach dem Motto: »Alles, was auch ein anderer machen kann, auch wenn es vielleicht nur 90 Prozent so gut wird, wie wenn ich es machen würde, delegiere ich.« Dadurch hatte ich Freiraum gewonnen, um an Wochenenden, an denen ich bisher an den »Immobilien News« gearbeitet hatte, wieder Bücher zu schreiben.

Nach meinem Buch »Setze dir größere Ziele!« folgten die »Worte des Erfolges«. Die Idee zu dem Büchlein kam mir nachts im Traum, und ich begann gleich am Morgen danach mit dessen Umsetzung. Ich sah im Traum ein Büchlein im Format der »Mao-Bibel« vor mir, die mich als Teenager ständig begleitet hatte. Der Inhalt sollte natürlich ein anderer sein: Ich trug 140 Aphorismen und Zitate von Persönlichkeiten aus 2000 Jahren zusammen. Die Aussprüche, die ich sammelte und kommentierte, stammten von Philosophen ebenso wie von modernen Schriftstellern, von erfolgreichen Unternehmerpersönlichkeiten wie von Wissenschaftlern und Künstlern – von Cicero über Goethe bis zu Steve Jobs. Dabei ging es um Themen wie »Vertrauen«, »Überzeugen und Verkaufen«, »Lernen aus Leidenschaft«, »Entscheidungen treffen« und »Selbstvertrauen gewinnen«.

Dann suchte ich nach einer Druckerei, die das Büchlein exakt in der gleichen Ausstattung herstellen könnte wie die »Mao-Bibel«, nur mit blauem statt rotem Umschlag. Gleichzeitig ließ ich eine Geschenkausgabe mit zwei CDs herstellen, die man kostenlos von meiner Website herunterladen kann.

Ich schrieb zudem ein Buch über mein Hobby, das mir viel bedeutete, seit ich 20 Jahre alt war: »Erfolgsfaktoren im Kraftsport«. Dafür fand ich einen angesehenen Fachverlag. Viel anstrengender als das Schreiben des Buches war es, zur Illustration der Übungen Modell zu stehen. Das hatte ich ursprünglich nicht vorgehabt, aber der Verlag bat mich, das selbst zu machen. Ich war von Natur aus als Teenager sehr dünn gewesen, hatte mir aber viel Wissen über Trainingstheorien angeeignet und regelmäßig trainiert. Stolz bin ich, dass ich – anders als viele andere Sportler – niemals der Versuchung erlag, mit anabolen Steroiden nachzuhelfen.

Das Kraftsport-Buch schickte ich Albert Busek, dem Herausgeber der deutschen Ausgaben der führenden Kraftsport-Zeitschriften »Flex« und »Muscle & Fitness«. Busek ist seit fünf Jahrzehnten einer der engsten Freunde von Arnold Schwarzenegger und hat dessen Karriere von Anfang an begleitet. Ich lernte Busek kennen, und er ließ mich regelmäßig in den Kraftsport-Zeitschriften Artikel schreiben. Dafür hätte ich damals, als ich die »Immobilien News« an den Wochenenden selbst verfasste, keine Zeit gehabt.

Meine Wochenenden sahen ansonsten immer ähnlich aus: Meist besuchte ich nachts, so von Mitternacht bis etwa vier Uhr früh, Diskotheken, mit 20 Jahren ebenso wie mit 30, 40 oder 50 Jahren. Ich ging erst zwischen vier und fünf Uhr früh schlafen, stand dennoch um acht Uhr wieder auf und war nicht müde. Nach dem Schreiben ging ich samstags und sonntags zum Sport und sonntags in die Kirche. Für mich ist es ein wichtiges Ritual, einmal in der Woche das »Vaterunser« zu beten und zwei Kerzen anzustecken. Ich bete für die Gesundheit meiner Eltern und der Menschen, die mir nahestehen. Und ich danke Gott für die Kraft und für die Gesundheit, die er mir geschenkt hat.

Samstag- und sonntagmittags holte ich den Schlaf nach, den ich nachts nicht gehabt hatte. Nach dem Mittagsschlaf schrieb ich meist wieder etwas und ging dann vor dem nächtlichen Ausgehen noch einmal für eine Stunde schlafen. Ich schlafe lieber mehrmals am Tag verteilt einige Stunden als – wie die meisten anderen Menschen – nachts sieben oder acht Stunden am Stück.

Unter der Woche sah mein Tagesablauf natürlich ganz anders aus. Oft war ich an drei oder vier Tagen in anderen Städten. Morgens nahm ich meist einen Flieger um neun Uhr, und dann ging es auf Geschäftsreisen nach Frankfurt, München, Köln oder in andere Städte. Ein Hotel brauchte ich selten, abends kam ich in der Regel zurück. Da ich im Flieger immer schlief, war das nicht anstrengend für mich und ich konnte am späten Abend noch Mails und Post erledigen und zum Sport gehen – manchmal erst um 22 Uhr oder sogar noch später.

Ich war in den vergangenen Jahren sehr viel in ganz Deutschland unterwegs. Jedes Jahr führte ich über 100 Gespräche mit potenziellen Neukunden. Denn in der Regel reichte ein Treffen nicht, um einen neuen Kunden zu gewinnen. Meist waren es drei, vier oder fünf Gespräche, die sich über viele Monate oder gar mehrere Jahre hinzogen, bis ein Kunde unterschrieb. Etwa jedes zehnte Unternehmen, dem ich unsere Firma vorstellte, gewann ich als Kunden.

Es wären mehr gewesen, wenn ich bei dem Preis und den Konditionen flexibler gewesen wäre. Aber genau dies wollte ich nicht. Die meisten potenziellen Kunden, mit denen ich sprach, sahen unsere Leistungsfähigkeit und hätten auch gerne mit uns zusammengearbeitet. Aber sie hatten ein Problem mit zwei Dingen: erstens mit der Laufzeit unserer Verträge und zweitens mit der Höhe des Honorars.

Meine Geschäftspolitik bestand darin, nur Kunden zu akzeptieren, die bereit waren, einen Vertrag mit einer Laufzeit von 15 Monaten zu akzeptieren, wobei das Honorar monatlich zwischen 9.000 und 12.000 Euro betrug. Ich hatte die durchschnittlichen Honorare gegenüber den Anfangsjahren im Laufe der Zeit ungefähr verdoppelt. Zudem hatten die meisten Verträge eine Klausel, wonach sich das Honorar jährlich um mindestens 2,5 Prozent erhöhte. Auch in

Zeiten, als die Kundengewinnung schwierig war, erlag ich nicht der Versuchung, die Honorare zu reduzieren. Eine erhebliche Reduktion, so meine Überlegung, hätte Begehrlichkeiten bei bestehenden Kunden geweckt und zudem unsere Gewinnmarge geschmälert; eine nur leichte Reduktion hätte hingegen bei der Gewinnung neuer Kunden nicht geholfen.

Jeder potenzielle Neukunde hatte eine andere Vorstellung: Viele Unternehmen wollten nur bestimmte Leistungsbausteine, dafür aber lediglich 3.000 oder 4.000 Euro bezahlen. Das lehnte ich prinzipiell ab. Andere Firmen wollten sich nicht für 15 Monate binden, sondern nur für einzelne Projekte Vereinbarungen abschließen. Auch das machte ich nicht mit. Wieder andere Unternehmen wollten uns auf der Basis von Stundenhonoraren oder in Abhängigkeit von erschienenen Presseartikeln bezahlen – das kam für mich erst recht nicht infrage, weil auch Journalisten so etwas nicht mögen.

Ich erwarb mir den Ruf, sehr hart in den Verhandlungen zu sein. Wenn ein bestehender Kunde kündigte und mir vorschlug, er wolle künftig projektbezogen weiter mit uns zusammenarbeiten, lehnte ich stets ab, weil ich befürchtete, dass sich dies herumsprechen und ich damit unser Geschäftsmodell zerstören würde. Selbst wenn es renommierte Gesellschaften waren, wie etwa die Deutsche-Bank-Tochter DWS, die Immobilientochter der Bank Austria Real Invest, Deloitte & Touche oder der Zentrale Immobilienausschuss (ZIA): Ich ließ einen Kunden lieber ziehen, als mich auf eine projektbezogene Zusammenarbeit einzulassen, die mir diese Unternehmen vorschlugen.

Allerdings bemühte ich mich immer wieder, Kunden, die gekündigt hatten, zu überzeugen, dass sie es sich anders überlegten, und den Schritt rückgängig zu machen, was nicht selten gelang. Darauf war ich dann besonders stolz. Holger Friedrichs und die anderen Mitarbeiter waren stets neugierig, »ob es dem Zitelmann wieder gelingt, den Kunden umzudrehen«.

Auch wenn ich mit meiner harten Haltung kurzfristig Kunden verlor und viele grundsätzlich interessierte Unternehmen nicht als Kunden gewinnen konnte, bewährte sich unter dem Strich die

Strategie, strikt an dem Geschäftsmodell der langfristigen Verträge festzuhalten und in der Preispolitik nicht nachzugeben. Denn es sprach sich in der Branche, in der jeder jeden kennt, herum, dass in dieser Beziehung nicht mit mir zu reden war. Einmal fragte mich die Geschäftsführerin eines Unternehmens in der Endphase der Vertragsgespräche zwischendrin zum Preis: »Kann man da noch verhandeln?« Ich sagte einfach kurz »Nein« und redete ohne Unterbrechung von einem anderen Thema weiter. Die Geschäftsführerin fragte nicht mehr nach und unterschrieb. Friedrichs saß neben mir und blickte etwas ungläubig drein. »Verstehen Sie, die wollte nur für sich und ihren Geschäftsführer-Kollegen sagen können, dass sie wegen des Preises nachgefragt habe, aber sie hätte es nie daran scheitern lassen«, sagte ich ihm zur Erklärung.

Das heißt nicht, dass ich nicht manchmal dem Kunden ein wenig entgegengekommen wäre. Einer sagte mir zum Beispiel: »Das Honorar wäre ja in Ordnung, aber nur dann, wenn ich auch zufrieden bin.« Ich hatte einen spontanen Einfall und fragte ihn: »Wenn Sie nach 15 Monaten verlängern, dann würde das doch Ihre Zufriedenheit zeigen?« Der Kunde: »Ja klar, warum fragen Sie?« Daraufhin schlug ich vor: »Ich gehe beim Honorar in den ersten 15 Monaten um 1.000 Euro im Monat herunter. Die stelle ich in das Risiko. Die zahlen Sie nur nach, wenn Sie nach 15 Monaten zufrieden sind, also verlängern.« Damit zeigte ich ihm erstens mein Selbstvertrauen in unsere Leistungsfähigkeit und vermittelte ihm zweitens das Gefühl, er habe doch noch etwas herausgeholt.

Anderen Kunden aus dem Bereich der geschlossenen Fonds bot ich an, das Pauschalhonorar zu reduzieren, dafür jedoch eine variable Zusatzvergütung zu vereinbaren, die einmal im Jahr fällig würde und sich an dem platzierten Eigenkapital bemessen würde. »Damit reduzieren Sie Ihr Risiko für den Fall, dass Ihr Geschäft doch nicht so gut läuft. Und wenn es sehr gut läuft, freuen wir uns gemeinsam und Sie haben dann gewiss kein Problem, uns eine schöne variable Zusatzvergütung zu zahlen.«

Ein Ärgernis war für mich mitunter, dass Kunden gerne die Vorteile mitnahmen, wenn ich – unabhängig von der PR-Beratung –

wertvolle Kontakte für sie herstellte, aber meinten, das sei ja im Honorar inbegriffen und dafür müssten sie nicht bezahlen. Deshalb schrieb ich in die Verträge, dass solche Leistungen (ich nannte das »Beziehungsmanagement«) nicht in dem Pauschalhonorar inbegriffen sind, sondern gesondert vergütet werden. Manche drückten sich dennoch um die Zahlung, weil sie davon ausgingen, ich würde das schon nicht einfordern, um den Hauptvertrag nicht zu gefährden. Für diese arg kurzfristig denkenden Kunden, die ich hier nicht nennen will, erbrachte ich solche Leistungen nicht mehr.

Andere verhielten sich dagegen sehr fair und zuverlässig. Besonders erwähnen möchte ich Lothar Estein von der US-Treuhand, einem Unternehmen, das – ähnlich wie Jamestown – geschlossene US-Immobilienfonds initiiert. Ich hatte auch von diesem Unternehmen einen sehr guten Eindruck und mich an einigen Fonds beteiligt. Estein, der seit 20 Jahren in Orlando wohnt und daher in Deutschland nicht so intensive Kontakte hat wie ich, bat mich eines Tages, einen Partner für ihn in Deutschland zu suchen, um das institutionelle Geschäft auszubauen. Er versprach mir vorher eine Vergütung, die sich daran orientierte, welchen Preis er für die Beteiligung erzielen würde. Ich fand für ihn einen Partner und schließlich bekam ich – ohne jede Diskussion – eine Vergütung im oberen sechsstelligen Bereich, obwohl ich an der Einfädelung dieses Deals nur wenige Tage gearbeitet hatte. Das merkte ich mir, und seitdem sage ich jedem, dass man sich nach meiner Erfahrung 100 Prozent auf ihn verlassen kann. Er hat mich 2016 erneut damit beauftragt, ihm zu helfen, und ich konnte wieder einen für das Unternehmen sehr wichtigen Beitrag leisten. Daraus lernte ich, dass gute Ideen und ein gutes Beziehungsnetzwerk oft mehr Geld bringen als bloßer Fleiß und harter Arbeitseinsatz. Allerdings war viel Fleiß notwendig, um ein solches Netzwerk über etliche Jahre aufzubauen. War es einmal geknüpft, konnte man damit jedoch gut verdienen. Ein anderer Kunde zahlte uns ein Prozent Provision für die Vermittlung von drei Wohnimmobilienprojekten an institutionelle Investoren für einen Preis von insgesamt 80 Millionen Euro. So konnten wir manchmal Zusatzeinnahmen zu den Honoraren aus den PR-Verträgen generieren.

Diskussionen gab es anfangs manchmal, weil unsere potenziellen Kunden aus der Immobilien- und Fondsbranche Interessenkonflikte befürchteten, wenn wir auch für ihre Wettbewerber arbeiteten. Es gab fast kein Akquisegespräch, bei dem dieses Thema nicht angesprochen wurde. Aber später in der Zusammenarbeit spielte es keine Rolle mehr. Im Gegenteil: Wir hatten die Fachkompetenz bei Immobilienthemen und das Netzwerk zu Immobilienjournalisten ja nur deshalb, weil wir nicht nur für eines, sondern für mehrere Unternehmen arbeiteten. Oft organisierten wir sogar gemeinsame Pressegespräche mit drei oder vier unserer Kunden, weil es für Journalisten mitunter attraktiv ist, bei einem Termin gleich mehrere unterschiedliche Stimmen und Sichtweisen zum Thema einzufangen.

Zurück zu den Kundenverträgen: Ich war, wie geschildert, generell nicht sehr kompromissbereit bei meinem Geschäftsmodell und wollte lieber weniger Kunden betreuen, diese jedoch langfristig und mit einem ordentlichen Honorar, als zu viele Kunden anzunehmen, die dann unzufrieden würden, weil die Kapazitäten zu deren Betreuung nicht ausreichten. Ohnehin bestand meist ein Missverhältnis zwischen der Zahl der Kunden und der Zahl der qualifizierten Mitarbeiter, was zu einer ständigen Überlastung von Mitarbeitern führte, die nicht selten über 60 Stunden in der Woche arbeiteten. Das war einer der Gründe für die hohe Fluktuation. Ein sehr guter Mitarbeiter erklärte mir bei seiner Kündigung: »Dr. Zitelmann, ich habe so viel hier gelernt und hatte viel Freude bei der Arbeit. Aber ich muss mich jetzt entscheiden, ob ich mir einen neuen Arbeitgeber oder eine neue Freundin suche. Meine jetzige Freundin, die mir sehr wichtig ist, macht das auf jeden Fall nicht mehr mit.«

Zu der hohen Arbeitsbelastung für die Mitarbeiter kam der extreme Stress hinzu. Die Immobilienbranche ist eine harte Branche, in der Kunden (zu Recht) große Ansprüche stellen, wenn sie einen hohen Preis bezahlen, aber dies dann manchmal auch sehr hart formulieren. Damit konnten viele Mitarbeiter nicht umgehen. Ich führte daher Schulungen dazu durch, wie man mit Kundenkritik klarkommt. Das half den Mitarbeitern. Aber zu dem Stress, den Kunden verursachten, kam noch der Druck hinzu, den ich ausübte.

All das spitzte sich im Jahr 2015 zu, als ich ein wenig das Interesse an der Firma verloren hatte und mit größerer Begeisterung bei meiner zweiten Doktorarbeit war. Das war ein Grund dafür, warum Holger Friedrichs, der diese Probleme erkannte, mir Ende Dezember ankündigte, er wolle die Firma in vier Wochen verlassen. Umso schöner ist es, dass ich mich – wie im Prolog zu diesem Buch beschrieben – mit ihm einigen konnte und er heute das Unternehmen erfolgreich fortführt. Insgesamt waren die 15 Jahre sehr erfolgreich. Ich hatte ein Unternehmen aufgebaut, das aufgrund seiner hervorragenden Reputation unangefochtener Marktführer und zugleich wirtschaftlich ungewöhnlich erfolgreich war.

Neben dem wirtschaftlichen Erfolg war es mir wichtig, in der Immobilien- und Fondsbranche die seriösen Kräfte zu stärken, unseriöse Kräfte zurückzudrängen und auf das Verbandswesen Einfluss zu nehmen. Besonders viele unseriöse Marktteilnehmer tummelten sich in der Branche der geschlossenen Fonds. Der »Verband Geschlossener Immobilienfonds« (VGI), der sich 2004 in »Verband Geschlossener Fonds« (VGF) umbenannte, spiegelte das wider. Der Vorsitzende war Thomas Engels von der Falk-Gruppe, der später wegen Untreue zu einer Gefängnisstrafe von drei Jahren und drei Monaten verurteilt wurde. Geschäftsführer war Carsten Lucht, der schon von seinem Habitus und äußeren Erscheinungsbild her – hochgezwirbelte Bartspitzen wie Kaiser Wilhelm I. – wie die Karikatur eines Vertreters des »Grauen Kapitalmarktes« wirkte.

Im Jahr 2005, als die Schwäche der Fondsbranche in der Lobbyarbeit im Zusammenhang mit der Verabschiedung des sogenannten »Anlegerschutzverbesserungsgesetzes« allen Marktteilnehmern schmerzlich bewusst wurde, kamen verschiedene Fondsinitiatoren mit dem Plan auf mich zu, einen neuen Verband zu gründen. Ich war dagegen, weil dies zu einer weiteren Zersplitterung der Kräfte geführt hätte. Mit dem VGF gab es ja schon einen Verband, der lediglich den Nachteil hatte, dass einige seriöse Marktteilnehmer dort nicht vertreten waren und er von unseriösen Initiatoren dominiert wurde. Stattdessen entwickelte ich die Idee, diesen Verband zu unterwandern, indem ihm seriöse Marktteilnehmer beitraten, um dann den Vorstand und die Geschäftsführung zu entmachten.

Tatsächlich gewann ich mehrere unserer Kunden für diesen Plan, darunter die Unternehmen Jamestown, HGA Capital (eine Tochter der HSH Nordbank) und DB Real Estate (eine Tochter der Deutschen Bank). Der Plan ging auf: Es traten auf meine Initiative mehrere renommierte Fondsinitiatoren dem Verband neu bei. Der Verband trennte sich von seinem Geschäftsführer Carsten Lucht. Vorstand Thomas Engels musste schon einige Monate vorher gehen, und dessen Nachfolger wurde nicht mehr bestätigt. Der neue VGF-Vorstand bestand aus Vertretern von sieben Unternehmen, von denen vier Kunden meiner Firma waren (die anderen drei wurden später Kunden). Der runderneuerte Verband, der sich später in »Bundesverband Sachwerte und Investmentvermögen« umbenannte, wurde von der Politik als Gesprächspartner ernst genommen und leistete in vieler Hinsicht eine bessere Arbeit als zuvor. Seriöse Marktteilnehmer waren gestärkt und unseriöse Marktteilnehmer geschwächt worden – so wie ich es geplant hatte.

Weil ich mir meine Unabhängigkeit wahren wollte, strebte ich nie Verbandsfunktionen an. Obwohl ich der Initiator des erneuerten Verbandes war, begleitete ich seine Aktivitäten durchaus kritisch. Insbesondere kritisierte ich eine Kampagne, in der der Verband geschlossene Fonds mit einer groß angelegten Imagekampagne schönfärberisch als »neue Wirtschaftswunder« pries. Geworben wurde mit frisierten Zahlen über die Renditen geschlossener Fonds, und mir war klar, dass diese Kampagne genau das Gegenteil dessen bewirken würde, was beabsichtigt war.

Die vielen Anleger, die Geld mit geschlossenen Fonds verloren hatten, würden sich veralbert fühlen und die Medien die Kampagne eher zum Anlass zu kritischen als zu positiven Berichten über die Branche nehmen. Genauso kam es dann auch. Dass ich diese Kampagne in meinen »Immobilien News« sehr scharf kritisierte und einige Kunden von mir darin unterstützte, ihre Kritik öffentlich vorzutragen, trug mir eine Menge Ärger mit anderen Kunden ein. Einer drohte sogar mit dem Abbruch der Geschäftsbeziehungen.

Rein wirtschaftlich gesehen waren meine Bemühungen um eine seriöse Interessenvertretung der Fondsbranche übrigens für mich eher abträglich. Denn der VGF begann, Seminare zu Themen der Fondsbranche anzubieten, die meiner »Berliner Immobilienrunde« Konkurrenz machten. Teilweise wurden die Überschriften meiner Veranstaltungen fast wörtlich abgeschrieben und die Seminare zu einem günstigeren Preis angeboten. Ich sagte dem neuen Vorstand Dr. Joachim Seeler: »Ich will ja keine Urkunde für meine Verdienste, aber wenn der Verband jetzt als Wettbewerber zu meinen Veranstaltungen auftritt, dann ärgert mich das schon.«

Auch auf die Gründung eines anderen Verbands nahm ich Einfluss. Mit John von Freyend von der IVG, der – wie in Kapitel 11 berichtet – eine wichtige Rolle beim Start meines eigenen Unternehmens gespielt hatte, diskutierte ich häufig darüber, wie man das hoffnungslos zersplitterte Verbandswesen in der Immobilienwirtschaft einen könnte. Aus diesen Gesprächen entwickelte sich die Idee, eine neue Vereinigung ins Leben zu rufen, den »Zentralen Immobilienausschuss«. Der ZIA wurde 2006 gegründet. Ursprünglich sollte es eigentlich nicht ein neuer Verband werden, sondern ein Zusammenschluss bestehender Verbände, um die Zersplitterung zu überwinden. So vermittelte ich Gespräche mit dem VGF und dem »Immobilienverband Deutschland« (IVD). Der IVD, der 2004 aus einer Fusion der Maklerverbände RDM und VDM hervorgegangen ist, war vom ersten Tag an Kunde der Dr. ZitelmannPB. und ist es bis heute geblieben. Beide Verbände schlossen sich zunächst dem ZIA an.

Ich stellte John von Freyend einen aus meiner Sicht geeigneten Geschäftsführer für den ZIA vor, nämlich Axel von Goldbeck, Anwalt bei der damals mit Ernst & Young Real Estate verbundenen Kanzlei Luther und Kunde meiner Firma. Später entwickelte sich der ZIA in eine andere als die anfangs beabsichtigte Richtung, weil immer mehr Einzelunternehmen beitraten, was seinen Erfolg jedoch nicht schmälerte. Der Verband war seit der Gründung Kunde meiner Firma; wir gestalteten die Presse- und Öffentlichkeitsarbeit und standen auch sonst in einem engen fachlichen Dialog.

Nachdem John von Freyend 2009 das Präsidentenamt niederlegte und Andreas Mattner von dem Shoppingcenter-Entwickler ECE sein Nachfolger wurde, kühlten sich die Beziehungen ab. Zwar blieb der Verband noch einige Jahre Kunde meiner Firma. Aber mir gefiel nicht, dass Mattner, ein sehr engagierter CDU-Politiker, eine unkritische Haltung gegenüber der Regierungspolitik einnahm. So wurde beispielsweise die sogenannte »Mietpreisbremse« in ersten Stellungnahmen anpasserisch als Schritt in die richtige Richtung gepriesen, was ich ganz anders sah. Mattner war glücklich, wenn CDU-Minister zu seinem Verbandstag kamen, markige Worte für Marktwirtschaft und Eigentum fanden und den Immobilienleuten Komplimente machten, wie wichtig sie für die Volkswirtschaft seien. Ich war – und bin – dagegen der Meinung, dass man Politiker an ihren Taten messen soll und nicht an schönen Worten bei Verbandstagen.

Persönlich initiierte ich im Jahr 2000 die WVFI. Diesen Verein mit dem sperrigen Namen »Wissenschaftliche Vereinigung zur Förderung des Immobilienjournalismus« gründete ich zusammen mit Professor Karl-Werner Schulte, der als Begründer der wissenschaftlichen Immobilienökonomie in Deutschland gilt. Eine der Aktivitäten des WVFI war die jährliche Verleihung des »Deutschen Preises für Immobilienjournalismus«. Mir war es wichtig, dass damit auch kritische Journalisten ausgezeichnet wurden. Um die Unabhängigkeit zu gewährleisten, entwickelte ich ein System, das aus festen und aus jährlich rotierenden Jurymitgliedern bestand.

Es gelang mir, renommierte Persönlichkeiten für die Jury zu gewinnen, darunter meinen früheren Chef bei der »Welt«, Thomas Löffelholz, und den angesehenen Medienwissenschaftler Professor Hans Mathias Kepplinger. Natürlich war auch Professor Schulte Jurymitglied. Ich selbst war Vorstand des Vereins und Jürgen Michael Schick wurde zu meinem Stellvertreter gewählt. Jährlich bei der Immobilienmesse »Expo Real« in München wurde im Rahmen einer feierlichen Veranstaltung der Preis verliehen. Nach dem Verkauf meiner Firma im Jahr 2016 trat ich als Vorstand zurück und Holger Friedrichs wurde als neuer Vorstand gewählt.

Politisch fühlte ich mich in der Immobilienbranche wohl mit meinen Überzeugungen. In der Welt der Wissenschaft und der Medien ist derjenige, der nicht irgendwie politisch links steht, meist ein Außenseiter. Das störte mich nicht besonders, weil ich ja ganz gerne gegen den Strom schwimme. Andererseits fand ich es durchaus angenehm, dass die Menschen in der Immobilienwirtschaft politisch überwiegend ähnlich denken wie ich.

Die »Immobilien Zeitung« führt im Umfeld der Bundestagswahlen Befragungen in der Immobilienbranche durch. Auf die Frage: »Wenn heute Bundestagswahl wäre, welcher Partei würden Sie Ihre Stimme geben?«, antworteten 2009 42 Prozent FDP, 29 Prozent CDU/CSU, 14 Prozent Grüne und 9 Prozent SPD. Bei der Befragung vor der Bundestagswahl 2013 lagen CDU/CSU bei 46 Prozent, die FDP immerhin noch bei 18 Prozent, die SPD bei 11 Prozent, die Grünen bei 9 Prozent und die AfD bei 8 Prozent. Bei den Führungskräften der Branche, mit denen ich zu tun hatte, war das Meinungsbild noch ausgeprägter konservativ oder liberal. Nur in Hamburg traf man vereinzelt Sozialdemokraten in der Branche.

Obwohl die meisten Immobilienleute ähnlich wie ich denken, sind viele in politischer Hinsicht leider ziemlich naiv. Sie glauben, wenn man »den Politikern« die Zusammenhänge – etwa über die Wohnungswirtschaft und das Mietrecht – nur geduldig erkläre, würden sie es verstehen und sachgerechte Entscheidungen treffen. Unternehmer und Manager neigen dazu, ihre eigene Rationalität auf den Ablauf politischer Entscheidungsprozesse zu projizieren, und wundern sich immer wieder, wenn dort ganz andere Kriterien den Ausschlag geben. Denn manche Politiker mögen sich eher von Ideologien leiten lassen, andere beschließen symbolische Maßnahmen zur Befriedigung ihrer Klientel, wohl wissend, dass diese in der Praxis oft wenig bewirken.

Auch wenn ich politisch in der Immobilienbranche – anders als in dem intellektuellen Umfeld, in dem ich mich davor bewegte – nicht mehr gegen den Strom schwamm, sondern mich eher im Einklang befand, galt dies ganz und gar nicht für meine Investitionen. Hier war ich wieder ein Außenseiter, doch dafür sollte ich belohnt werden.

Kapitel 12: Investor: Millionär gegen den Strom

Nachdem ich beschlossen hatte, reich zu werden, begann ich Bücher zu lesen und Seminare zu besuchen, um mir auf diesem Gebiet Wissen anzueignen. Ich war (und bin) ja auch ein Intellektueller, und die meisten Intellektuellen sind finanzielle Analphabeten. Das war ich auch. Nun las ich sehr viel über Aktien, Investments und über Strategien, wie man reich wird. Einige Bücher und Seminare prägten mich besonders stark. Ende der 90er-Jahre besuchte ich ein Seminar über Börsenpsychologie, bei dem ich den – kurz darauf verstorbenen – Börsenaltmeister André Kostolany erlebte. In dem Seminar ging es darum, wie man mit antizyklischem Investieren Geld verdienen kann. Was ich bisher immer schon in meinem Leben getan hatte, nämlich gegen den Strom zu schwimmen, schien sich im Finanzbereich auszuzahlen.

1998 kam das Buch »Investment-Biker« von Jim Rogers heraus, das mich faszinierte. Mit Rogers konnte ich mich identifizieren. Er hatte, so wie ich, Geschichte studiert, er schrieb Bücher und vor allem: Er war ein sogenannter »Contrarian«. So werden Investoren genannt, die damit Geld verdienen, dass sie gegen den Strom schwimmen. Oft kaufte Rogers Aktien von Unternehmen, die sich in großen Schwierigkeiten befanden. Andere schüttelten darüber nur den Kopf. Der Erfolg gab ihm jedoch recht. Denn in einer Zeit, als der amerikanische Aktienindex S&P 500 nur um 47 Prozent stieg, gewann der von Rogers gemeinsam mit dem bekannten Investor George Soros gemanagte Quantum-Fonds 4.200 Prozent.

Sehr viel später, als ich finanziell schon erfolgreich war, lernte ich Rogers in Singapur persönlich kennen, und wir entdeckten viele Gemeinsamkeiten. »Wenn andere über dich lachen«, so Rogers, »dann bist du auf dem richtigen Weg. Je mehr Leute über dich lachen, desto sicherer kannst du sein, dass du richtigliegst.« Rogers steht zweimal im »Guinness-Buch der Rekorde«, das ja damals im Ullstein-Verlag unser bestverkaufter Titel war: Zweimal umrundete er die Welt, einmal auf dem Motorrad, einmal in einem eigens für ihn umgebauten Mercedes SLK.

Ein anderes Buch, das mich faszinierte, erschien ebenfalls 1998, nämlich »Der Weg zur finanziellen Freiheit« von Bodo Schäfer. Ich arbeitete damals noch bei der »Welt« und war der erste Journalist, der das Buch besprach. Was mir daran gefiel, waren nicht die Ausführungen über Aktien (die kamen mir allzu optimistisch vor), sondern das, was Schäfer über die mentalen Voraussetzungen zur Reichtumsbildung schrieb. Er forderte die Leser auf, sich mit ihren tief verborgenen Einstellungen – er nannte sie Glaubenssätze – zum Thema Geld auseinanderzusetzen. Waren diese Glaubenssätze förderlich oder hinderlich, um vermögend zu werden? »Ihre Art zu denken hat Sie zu dem gemacht, was Sie heute sind. Dieselbe Art zu denken wird Sie aber nicht dorthin bringen, wo Sie gerne wären«, schrieb er. Das leuchtete mir ein. Er schrieb, dass man sich selbst über die Motive Rechenschaft ablegen solle, warum man überhaupt reich werden wolle. Zu meinen eigenen Motiven werde ich am Schluss dieses Kapitels etwas sagen.

Kurz nach Veröffentlichung der Besprechung lernte ich Schäfer persönlich kennen und besuchte seine Seminare. Ich hatte mir damals schon als Immobilienjournalist einen Namen gemacht, und so bot ich Schäfer an, auf seinen Seminaren zum Thema Immobilien zu sprechen. Das hatte auch den Vorteil, dass ich für die Seminare, deren Teilnahmegebühr einige Tausend Mark kostete, nichts bezahlen musste und stattdessen Honorare mit nach Hause nehmen durfte. Außerdem lernte ich dort andere interessante

Menschen kennen, so wie etwa die n-tv-Finanzjournalistin Carola Ferstl, die ebenfalls bei Schäfer referierte und ein Buch mit ihm schrieb. Zu meinem Buch »Reich werden mit Immobilien« schrieb Schäfer das Vorwort. Darin schrieb er über mich: »Er lebt, was er spricht« – für mich selbstverständlich, aber leider nicht für alle Autoren von Büchern über Erfolg und Reichtum.

Von einem dreitägigen Seminar mit dem Titel »Durchbruch zum finanziellen Erfolg« im Jahre 1999 habe ich heute noch den Seminarordner mit 286 Seiten. Auf Seite 133 sollte jeder eintragen, welche Geldsumme er gerne einmal besitzen würde. Damals war ich zwar nicht mehr so arm wie 1996 bei dem Gespräch mit Peter Gauweiler, aber mein kleines »Vermögen« bewegte sich irgendwo im unteren sechsstelligen Bereich. Die erste Million schien jedenfalls ein ganzes Stück entfernt. Schäfer warnte uns: »Schreiben Sie keine Summe auf, die zu gering ist, denn Sie werden später wahrscheinlich nicht mehr erhalten, als Sie sich heute aufschreiben.« Ich nahm allen Mut zusammen und schrieb in meinen Aktenordner: 10 Millionen. Das waren damals noch Mark, nicht Euro. D-Mark-Millionär war ich dann tatsächlich schon zwei Jahre später – viel rascher, als ich es mir erhofft hatte.

Aus Büchern wie »Denke nach und werde reich« von Napoleon Hill oder »Die Macht Ihres Unterbewusstseins« von Joseph Murphy lernte ich, dass Reichtum im Kopf entsteht und man sein Unterbewusstsein »programmieren«, sich bestimmte finanzielle Ziele setzen muss. Dabei kam ich auf die Idee, eine Methode anzuwenden, die ich schon mit Anfang 20 gelernt hatte, nämlich das autogene Training, das der deutsche Arzt Professor Johannes Heinrich Schultz Anfang der 30er-Jahre erfunden hatte. Mit dieser Methode kann man sich wie bei einer Selbsthypnose in einen Zustand tiefster Entspannung versetzen. Ursprünglich hatte ich das autogene Training auf Empfehlung meines Internisten gelernt, weil ich Magenprobleme hatte. Daraufhin programmierte ich mir Formeln ein wie »Magen und Darm funktionieren ganz ruhig und störungsfrei«, die tatsächlich wirkten. Jetzt nutzte ich die Methode, um mir finanzielle Ziele einzuprogrammieren.

1999 begann ich damit, mir an jedem Silvesterabend aufzuschreiben, wie viel ich im nächsten Jahr verdienen wollte, und diese Zahl programmierte ich täglich während des autogenen Trainings in mein Unterbewusstsein ein. Ich mache das bis heute, nur dass ich mir seit zehn Jahren nicht mehr das Ziel setze, wie viel ich verdienen will, sondern wie groß mein Vermögen beim nächsten Jahreswechsel sein soll. Natürlich programmiere ich mir auch andere Ziele ein, die nichts mit Geld zu tun haben.

Vielleicht schütteln Sie darüber den Kopf. Aber bei den Interviews mit 45 Superreichen, über die ich im nächsten Kapitel berichte, fand ich heraus, dass viele andere Reiche ähnliche Methoden anwenden. Wenn Sie mit Ihrem derzeitigen Kontostand zufrieden sind, dann brauchen Sie das nicht zu probieren. Falls jedoch nicht, wäre es ja vielleicht einen Versuch wert. Der eine reagiert auf einen solchen Bericht mit der Meinung: »Das funktioniert doch sowieso nicht«. Der andere ist offen für Neues und probiert es aus.

Obwohl Deutschland Ende der 90er-Jahre im Aktienrausch war und auch Schäfer in seinen Seminaren die Aktienanlage stark propagierte, hielt ich mich weitgehend davon fern. Einmal kaufte auch ich einen Fonds, der am Neuen Markt investierte. Aber nachdem der seinen Wert verdoppelt hatte und die Stimmung immer euphorischer wurde, verkaufte ich rasch wieder. Mir war die Sache mit den Aktien zu heiß geworden, weil jeder von Aktienanlagen schwärmte. Sogar die Eltern einer ehemaligen Freundin, einfache Leute, die sich nie in ihrem Leben mit Aktien befasst hatten, »investierten« kräftig – und verloren damit später eine Menge Geld.

Weiterhin kaufte ich vermietete Eigentumswohnungen. Das waren zunächst Steuersparmodelle wie die erste kleine Wohnung in Potsdam, die ich im 8. Kapitel erwähnt habe. 1997 erwarb ich die nächste Wohnung in Berlin-Pankow und 1998 eine in Berlin-Mitte. 2016 habe ich die Wohnung in Berlin-Mitte wieder verkauft und schaute mir noch einmal die Zahlen an:

Die Wohnung kostete mich (einschließlich Nebenkosten wie Makler und Grunderwerbsteuer) 154.130 DM. Darin enthalten waren Modernisierungskosten von 89.700 DM, die ich in den kommenden zehn Jahren vollständig abschreiben konnte, was eine Steuerersparnis von ungefähr 40.000 Mark bedeutete. Da ich nur 34.130 DM Eigenkapital eingesetzt hatte, lag mein effektiver Eigenkapitaleinsatz nach Steuern sogar unter 0. Im Jahr 2016 verkaufte ich die Wohnung für 228.000 Euro. Da nach einer Haltefrist von zehn Jahren die Gewinne aus dem Verkauf von privat gehaltenen Immobilien steuerfrei sind, hatte ich aus 0 DM somit 228.000 Euro gemacht. Die Mieteinnahmen hatte ich konsequent für die Tilgung des Darlehens eingesetzt, wie später auch bei meinen anderen Wohnungen.

Die Lage in der Invalidenstraße in Berlin-Mitte fand ich sehr attraktiv. Der Bauträger, der die 1959 gebauten Wohnungen modernisierte, kam in Schwierigkeiten, nachdem die Steuerförderung ausgelaufen war. Um diese in Anspruch zu nehmen, muss der Erwerber die Wohnungen vor Beginn der Modernisierung kaufen. Da der Vertrieb das nicht zuwege brachte, hatte der Bauträger die Wohnungen modernisiert, bevor sie alle verkauft waren. Ohne Steuervorteile ließ sich kaum noch ein Käufer finden, und dies brachte den Bauträger in ernste Schwierigkeiten.

Während ich bisher nur einzelne Wohnungen gekauft hatte, wagte ich es 2001 erstmals, eine etwas größere Anzahl zu erwerben. Dem Bauträger drohte wegen seiner akuten Notlage die Insolvenz. Das war für mich die Gelegenheit, gleich ein kleines Wohnungspaket günstig zu erwerben. Die einzelnen Wohnungen waren vorher für 2.900 DM/qm verkauft worden. Ich kaufte dem Bauträger jetzt 15 Wohnungen für 1.461.800 DM ab, was einem Quadratmeterpreis von 1.896 DM entsprach, also 1.000 DM günstiger als vorher. Dazu kamen Nebenkosten wie Grunderwerbsteuer und Makler, sodass die gesamten Anschaffungskosten bei 1.524.384 DM lagen. Ich hatte mir das Geld fast komplett von der DKB Bank geliehen und nur 25.000 DM Eigenkapital investiert.

2016, als der Immobilienmarkt in Berlin boomte und jeder in Berlin Wohnungen kaufen wollte, verkaufte ich das Paket für 2,75 Millionen Euro. Nachdem ich meine Restschuld von 483.000 Euro (inklusive einer kleinen Vorfälligkeitsentschädigung, weil ich das Darlehen vorzeitig ablöste) bei der Bank beglichen hatte, blieben mir 2.267.000 Euro. Die ursprünglichen 25.000 DM (12.782 Euro) Eigenkapital hatten sich in 15 Jahren um den Faktor 177 vermehrt. Das entspricht einer durchschnittlichen Jahresrendite von 41 Prozent über 15 Jahre. Die Mieteinnahmen, die ich jedoch über viele Jahre vorwiegend für Zinsen, Tilgung, Instandhaltungskosten und Steuern verwendete, habe ich hierbei nicht berücksichtigt. Der Wertsteigerungsgewinn war steuerfrei, weil ich die Wohnungen länger als zehn Jahre im Privatbesitz behalten hatte.

Übrigens ging der Bauträger trotzdem in die Insolvenz. Die Wohnungen gehörten jetzt der Bank, der ich weitere 16 Wohnungen in der gleichen Wohnanlage abkaufte, für 868 Euro/qm, also noch etwas günstiger. Heute muss man für den Quadratmeter dort das Vier- bis Fünffache bezahlen.

Meine Neigung, gegen den Strom zu schwimmen, hatte sich ausgezahlt. Damals, als der Bauträger verzweifelt nach Käufern für diese Wohnungen in der Invalidenstraße suchte und sich keiner fand, kaufte ich sie – zu einem entsprechend günstigen Preis. Heute, wo jeder in Berlin-Mitte kaufen will, verkaufe ich wieder – zu einem entsprechend teuren Preis. Dabei waren kaum Eigenmittel notwendig, weil ich mir fast das gesamte Geld von der Bank geliehen hatte.

Manche Menschen schrecken vor Immobilien-Investments zurück, weil sie den damit verbundenen Aufwand fürchten. Mein Freund Professor Karl-Werner Schulte, der Begründer der Immobilienökonomie in Deutschland, fragte mich nach dem Zeitaufwand für meine Immobilieninvestments und wies zu Recht darauf hin, dass diese Opportunitätskosten ebenfalls in Rechnung gestellt werden müssten. In meinem Fall war der Aufwand denkbar gering. Überschlägig geschätzt stammt heute die Hälfte meines Vermögens aus den Erträgen von Immobilieninvestments (laufende Mietrendite und Veräußerungsgewinne) und die andere Hälfte aus unternehmerischen Aktivitäten. Aber ich schätze, dass der Zeitaufwand für die Immobilieninvestments nur wenige Prozent des Zeitaufwands betrug, den ich für meine unternehmerischen Aktivitäten aufwendete.

Wenn ich eine Immobilie erwarb, befasste ich mich einige Tage damit. Für den Unterhalt benötigte ich kaum Zeit, da ich alles an einen Verwalter delegierte. Denn natürlich wollte ich mich nicht selbst um die Mieter kümmern, dafür hatte ich weder Zeit noch Nerven. Also engagierte ich eine kleine, eigentümergeführte Hausverwaltung, deren Chef ich jederzeit, selbst abends oder am Wochenende, anrufen kann. Ich bin nicht der einzige Kunde, dafür habe ich zu wenige Immobilien, aber ein wichtiger Kunde. Und sicher kein bequemer.

Ich habe den Verwalter dazu gebracht, mir jeden Freitag ein sogenanntes Reporting zu faxen, was er sonst nicht macht. Auf nur einer Seite gibt es stichwortartige Kurzinformationen über die Themen Leerstand, Kündigungen, Mietrückstände und Instandhaltungsmaßnahmen. So bin ich jederzeit informiert und muss meist nur sein Fax mit einer kurzen Notiz zurücksenden, um beispielsweise eine größere Ausgabe für eine Instandhaltungsmaßnahme freizugeben.

Wie wichtig eine solche gute Verwaltung ist, merkt erst, wer sie nicht mehr hat. Ich habe einige Wohnungen in Bremen gekauft und mich dort ständig über die sehr langsame und wenig kundenorientierte Verwaltung geärgert, die ich dann bald durch meinen Berliner Verwalter anleiten ließ. Doch es blieb beschwerlich, und ich merkte an diesem Beispiel, dass zu erfolgreichen Immobilieninvestitionen eine gute Verwaltung gehört.

Ich möchte den Leser jetzt nicht mit weiteren Immobilieninvestments langweilen, doch eine Geschichte gerne noch erzählen. Sie findet sich auch in meinem Buch »Reich werden und bleiben« und zeigt anschaulich, wie es sich lohnt, gegen den Strom zu schwimmen.

Im Jahr 2004 erwarb ich ein Mehrfamilienhaus mit 24 Wohnungen in Neukölln. Jeder riet mir von dieser Investition ab – außer dem Makler Jürgen Michael Schick, der mir das Haus verkaufte und es elf Jahre später für den vierfachen Preis an einen anderen Investor weiterveräußerte. Als ich meinen Bekannten, darunter viele Immobilienexperten, erzählte, ich wolle ein Mehrfamilienhaus in Neukölln erwerben, waren die Reaktionen einhellig negativ. Die Deutsche Bank lehnte die Finanzierung ab, weil Neukölln ein zu riskanter Standort für ein Immobilieninvestment sei.

Es lohnt sich noch einmal, in alten Zeitungen zu blättern, denn heute, wo der Berliner Wohnimmobilienmarkt als der attraktivste in Europa gilt, kann man sich kaum noch vorstellen, wie absurd eine Investition in Berlin-Neukölln damals erscheinen musste. Im Berliner »Tagesspiegel« vom 20. März 2002 wird über ein »Berlin Future Panel« des Deutschen Instituts für Wirtschaftsforschung (DIW) berichtet. Das DIW konstatierte, wenn Deutschland beim Wachstum die rote Laterne in Europa habe, dann hinke Berlin in Deutschland noch einmal hinterher. Der Tourismus gehe zurück, die Umsätze im Einzelhandel seien drastisch eingebrochen. In der »Berliner Morgenpost« vom 22. August 2003 hieß es, der Leerstand auf dem Berliner Wohnungsmarkt habe einen »Rekordstand« erreicht. 160.000 Wohnungen stünden leer. Streit gab es zwischen dem Bausenator Peter Strieder (SPD) und Gernot Klemm von der PDS: Sie diskutierten, so die Zeitung, ob es ausreichen werde, Plattenbauten in großem Stil plattzumachen, was Strieder forderte, oder ob wegen des Überangebots zusätzlich Altbauten in der Innenstadt abgerissen werden müssten, wie die PDS verlangte.

Die »Immobilien Zeitung« berichtete am 10. Februar 2004 unter der Überschrift »Berliner Wohnungsmarkt unter Druck« über den Leerstand von 130.000 Wohnungen. Die Zeitung zitierte eine Studie der HypoVereinsbank, wonach die Grundstückspreise für Eigenheime weiter nachgaben. Für einfache Wohnlagen prognostizierten die Banker einen Preisverfall. Eigentumswohnungen würden zwischen 1.000 und 5.000 Euro/qm verkauft, aber »fast niemand« wolle Neubauwohnungen oder Wohnungen mit mehr als zwei Zimmern erwerben.

»Spiegel TV« informierte im November 2004: »Neukölln gilt als Armenhaus Berlins. In dem Stadtteil mit über 300.000 Einwohnern ist fast ein Viertel der Menschen arbeitslos. Hier herrscht die größte Sozialhilfedichte Europas.« Eine Schlagzeile der »Berliner Zeitung« im Januar 2004 lautete: »Neukölln – Bald ein unregierbares

Gebiet«. Und die »Welt« titelte am 9. September 2004: »Neukölln: Zentrum der Armut – Sozialhilfe als Normalität«.

Hatte ich die Zeitungen und die negativen Research-Berichte über Berlin nicht gelesen? Doch, das hatte ich. Ich war aber der Meinung, dass die negativen Nachrichten und Meinungen mehr als eingepreist waren. Das Haus in Neukölln war ja gerade deshalb extrem günstig, weil es sonst niemand kaufen wollte. Immobilienpreise werden berechnet nach einem Multiplikator zur Jahresnettokaltmiete. Sie betrug in diesem Fall 151.000 Euro, und ich erwarb die Immobilie für 1.020.000 Euro. Das war tatsächlich ein Schnäppchenpreis, denn damit kaufte ich sie für einen Multiplikator von 6,8 bzw. mit einer Bruttoanfangsrendite von fast 15 Prozent!

Inklusive der Kosten für den Makler und die Grunderwerbsteuer sowie für anfängliche Instandhaltungsmaßnahmen bezahlte ich 1.215.000 Euro. Zum Glück hatte ich einen klugen Banker, der damals bei der DKB arbeitete. Er begriff, dass das ein Schnäppchen war und dass ich mit dieser Investition nichts falsch machen konnte. Die Bank lieh mir 1.164.000 Euro für den Kauf und die Nebenkosten sowie weitere 78.000 Euro für die Modernisierung. Das waren zusammen 1.242.000 Euro, also sogar 27.000 Euro mehr als Kaufpreis, Nebenkosten und Kosten für die Modernisierung. Ich erwarb die Immobilie somit ohne Eigenkapital.

Allerdings vereinbarte ich eine sehr hohe Tilgung von anfänglich sechs Prozent. Darum betrug die Restschuld Ende März 2015 nur noch 224.000 Euro. Als die Preise am Berliner Immobilienmarkt extrem stark anstiegen und teilweise Preise bezahlt wurden, die ich nicht nachvollziehen konnte, entschloss ich mich, das Haus zu verkaufen, und erzielte einen Kaufpreis von 4,2 Mio. Euro. In den zehn Jahren nach dem Kauf hatte ich die Mieten nur moderat angehoben, aber während ich 2004 das Mehrfamilienhaus zum 6,8-Fachen der Jahresnettokaltmiete gekauft hatte, konnte ich es 2015 zum 24-Fachen verkaufen. Auf diese Weise ist es mir in etwa zehn Jahren gelungen, aus null Euro vier Mio. Euro zu machen. Das ist zwar ein außergewöhnliches Immobilieninvestment, wie es nur selten gelingt. Trotzdem – oder auch: gerade deshalb – kann man eine Menge aus diesem Investment lernen.

Wenn Sie eine Immobilie kaufen, dann müssen Sie – wie bei jeder anderen Investition – ein Bild der Zukunft haben. Ich hatte Anfang des Jahrtausends, so wie andere auch, die Probleme am Berliner Immobilienmarkt gesehen: hohe Leerstandsraten, stagnierende oder sogar sinkende Mieten. Ich sah aber zugleich die Chancen, die genau darin lagen. Schon am 18. April 2000 veröffentlichte ich einen großen Artikel in der »Welt« mit der Überschrift: »Die Preise werden sich in zehn Jahren verdoppeln«. Angesichts der trübseligen Verfassung des Marktes – in dem Artikel war von Preiseinbrüchen bei Wohnungen in mittleren Lagen von bis zu 50 Prozent die Rede – wollten das viele nicht glauben.

Aber ich hatte eine logische Begründung: »Eine Verknappung am Wohnungsmarkt ist zu erwarten«, so argumentierte ich in meinem Artikel, »weil in der Vergangenheit der Neubau und die Modernisierung in Berlin stets steuerlich angetrieben waren. Mit dem Auslaufen der Sonder-AfA Ende 1998 müssen Investoren erstmals ohne spezifische steuerliche Vorteile auskommen. Bei dem niedrigen Mietniveau lohnt sich dies jedoch oft nicht …« Meine Folgerung: Das Angebot werde zurückgehen und mittel- bis langfristig würden Mieten und Preise erheblich steigen. Experten könnten recht behalten, die eine Verdoppelung der Preise in den kommenden zehn Jahren erwarteten.

Es ist schwer, den richtigen Zeitpunkt für ein Investment zu finden. Liegen die Preise am Boden, fühle ich mich sicher. Sobald sie steigen und die Stimmung dreht, werde ich unsicher. Neukölln ist ein gutes Beispiel. Der Boom dort begann vor einigen Jahren. Die Preise stiegen zunächst vom 9-, 10-Fachen auf das 12-, 13-Fache. Das kam mir schon teuer vor: »Bin ich verrückt, in Neukölln zum 13-Fachen zu kaufen? Das ist ja fast doppelt so viel, wie ich bezahlt habe!« Damit lag ich gründlich daneben. Womit ich nicht rechnete, war, dass die Preise noch viel stärker anstiegen, ja, regelrecht explodierten. Hätte ich damals zum 13-Fachen gekauft, könnte ich heute wohl zum nochmals verdoppelten Preis wieder verkaufen.

Wer überwiegend gegen den Strom investiert, muss das akzeptieren. Wer antizyklisch agiert, verkauft wahrscheinlich meist zu früh und schaut dann zu, wie die Preise weiter steigen. Oder er hört zu früh auf zu kaufen. Geärgert habe ich mich darüber keine Sekunde, das ist nicht meine Mentalität. Ich denke, wir haben alle genug damit zu tun, uns mit der Gegenwart auseinanderzusetzen und für die Zukunft zu planen, und es wäre Energieverschwendung, sich den Kopf über verpasste Chancen zu zerbrechen, die davon ja nicht wiederkommen.

Oft ist es ohnehin besser, wenn man als Investor nichts tut und das Geschehen nur beobachtet. Viele Investoren verlieren Geld, weil sie meinen, ständig irgendetwas tun zu müssen. Hyperaktivität kann besonders dann zum Verhängnis werden, wenn man gerade ein Geschäft mit sehr großem Erfolg abgeschlossen hat. Denn genau dann werden viele Investoren übermütig, weil sie das gute Geschäft ihrer eigenen Genialität zuschreiben. Im Überschwang des Selbstbewusstseins wollen sie unbedingt wiederholen, was ihnen gelungen ist, und investieren kurz nach Abschluss ihres letzten Investments erneut. Die Wahrscheinlichkeit, dass dieses Folgeinvestment schiefgeht, ist hoch, denn erstens ist Selbstüberschätzung keine gute Basis für erfolgreiche Investments und zweitens waren sie ja deshalb mit dem letzten Geschäft erfolgreich, weil die Marktpreise auf einem hohen Niveau sind. Und wenn sie auf diesem Niveau mit einem neuen Investment einsteigen, ist die Wahrscheinlichkeit, dass es auch diesmal wieder so gut läuft, eher gering.

Deshalb ist es gerade nach dem Abschluss eines erfolgreichen Investments – etwa durch den Verkauf einer Immobilie – oft besser, erst einmal nichts zu tun. Was heißt »nichts tun« für mich konkret? Größere Geldsummen einer Bank leihen würde ich nicht. Ich habe stattdessen kurzlaufende Bundesanleihen gekauft, trotz der Negativzinsen. Das sehe ich nicht als Investition an, sondern als Parkstation für mein Geld, um es später – vielleicht erst in einigen Jahren – wieder anzulegen, wenn sich neue Opportunitäten auftun. Es ist ein großer Vorteil für einen privaten Investor, dass er – anders als institutionelle Investoren – die Option hat, »nichts zu tun«.

Natürlich kann man mit der Einschätzung falsch liegen. So wie das bei mir 2004 der Fall war, als ich – aus heutiger Sicht – zu früh aufhörte, am Berliner Markt zu kaufen.

Sie können diesen Überlegungen indirekt entnehmen, dass ich als Investor stets sehr langfristig gedacht habe. Mit »langfristig« meine ich nicht einige Monate, sondern einen Zeitraum von zehn Jahren oder mehr. Zwar ist auch mit kurzfristigen Investments eine Menge Geld zu verdienen – wenn man beispielsweise in einem rasch aufstrebenden Markt Immobilien oder Aktien kauft, um sie kurz danach wieder mit Gewinn zu verkaufen. Ich kenne Leute, die damit eine Menge Geld verdient haben. Das Risiko dabei ist jedoch sehr hoch, da der Erfolg ausschließlich von äußeren Marktbedingungen abhängt, die man selbst überhaupt nicht beeinflussen kann. Wenn Sie mit hohem Fremdkapitaleinsatz eine solche Strategie verfolgen, können Sie damit sehr schnell reich werden, aber ebenso schnell auch arm werden. Etwas zu kaufen, um es danach kurzfristig zu einem höheren Preis wieder zu verkaufen, empfinde ich eher als Spekulation denn als Investment. Und Spekulant war ich nie.

Ich habe mich bei Immobilien nie an allgemeine Investmentweisheiten gehalten. Eine dieser Weisheiten lautet, man solle möglichst breit diversifizieren, um das Risiko zu reduzieren. Danach ist ein Investment umso riskanter, je stärker man sich fokussiert. Eine andere Weisheit lautet, dass das Risiko umso höher sei, je mehr Fremdkapital man einsetze.

Ich kenne alle Argumente, die für diese Grundsätze angeführt werden, und dennoch glaube ich, dass man sie nicht sklavisch befolgen sollte. Diversifizierung ist sinnvoll für denjenigen, der einen Markt nicht kennt oder nicht versteht, was er tut. Reich werden kann man damit natürlich nicht. Und ich kenne keine Theoretiker, die diese Grundsätze predigen und selbst damit vermögend geworden sind.

Ich habe immer die spezifischen Parameter einer Investition untersucht und mir dann ein Urteil über das konkrete Risiko in diesem Fall gebildet – statt zu versuchen, deduktiv aus allgemeinen

Lehrsätzen auf die spezifischen Risiken eines konkreten Investments zu schließen. Das heißt zum Beispiel: Ich empfand meine Investitionen mit sehr hohem Fremdkapitaleinsatz nicht als riskant. Wenn ich eine Immobilie zum 6,8-Fachen kaufe, dann habe ich einen sehr großen Sicherheitspuffer, der mich auch dann schützt, wenn sich die Dinge anders entwickeln als erwartet. Ich fand dieses Investment als sehr viel weniger riskant, als es beispielsweise heute der Erwerb einer Immobilie mit geringer Fremdfinanzierung in München zum 40-Fachen wäre – obwohl die meisten Menschen dies bestimmt als sehr viel sicherer betrachten würden.

Solche grundsätzlichen Überlegungen über Investments und über das eigene Verhalten sind, das wird oft übersehen, für den Erfolg als Investor noch wichtiger als das Fachwissen, das man über ein bestimmtes Gebiet mitbringt. Wer erfolgreich sein will, muss Fachwissen mit einer gut durchdachten Investitionsphilosophie verbinden, deren Kernelement die Einsicht in die Psychologie des Marktes und das Wissen über die Gefährdungen durch verzerrte Wahrnehmungen und Selbstüberschätzung ist. Ich denke, dass der Investor, der über ein hohes Reflexionsvermögen und über eine Selbstdistanz verfügt, einen großen Vorteil hat, weil es genau daran den meisten Menschen, wenn es um die Geldanlage geht, mangelt.

Nachdem ich 2004 das Haus in Neukölln gekauft hatte, machte ich bei Immobilien zunächst eine Pause und setzte auf Gold. Auch damals lachten mich viele aus, denn da war es noch nicht Mode, Gold zu kaufen. In den Jahren 2003 und 2004 war der Goldpreis stagniert oder gar leicht gefallen, auf etwa 320 Euro für die Unze. Heute, da ich diese Zeilen schreibe, liegt er bei etwa 1.200 Euro. Ich habe es dennoch nicht verkauft, denn eine Beimischung von Gold ist für mich eher eine Versicherung. Der faire Preis für Gold ist ohnehin noch viel schwerer zu bestimmen als bei Aktien oder Immobilien, weil es, anders als bei diesen Anlagen, beim Gold keine laufenden Erträge gibt. Ich mache mir jedoch seit vielen Jahren Sorgen wegen der aus meiner Sicht verrückten Politik der Notenbanken. Niemand weiß, wie dieses Experiment endet, und da ist es gut, wenn man für den Fall der Fälle Gold hat.

Was die Immobilien anbelangt, habe ich auch Glück gehabt, dass ich ausgerechnet in Berlin wohnte und mir dort selbst ein Bild vom Immobilienmarkt machen konnte. Einerseits kann es ein Vorteil sein, in der eigenen Stadt zu kaufen, weil man sich dort besser auskennt. Doch kann der Kauf in der eigenen Stadt auch ein großer Fehler sein, wenn dort die Immobilienpreise dauerhaft stagnieren oder sogar fallen.

Kennt man sich in einem Markt nicht aus, kann es besser sein, in einen Fonds zu investieren. Das Problem ist, dass es nur sehr wenige gute geschlossene oder offene Immobilienfonds gab und gibt. Die meisten Anleger haben mit geschlossenen Immobilienfonds Geld verloren, und bei den offenen Immobilienfonds sind die Renditen meist sehr bescheiden gewesen. Wer hier auf den falschen Fonds setzte, verlor ebenfalls Geld.

Ich selbst kenne niemanden, der häufiger in geschlossene Immobilienfonds investierte und damit – so wie ich – ausschließlich positive Erfahrungen gesammelt hat. Vor allem bei Investitionen in den USA habe ich stark auf Fonds gesetzt, weil ich mich dort nicht so gut auskenne. Zudem bin ich zwar heute vermögend, aber eben bei Weitem nicht so reich, dass ich mir zum Beispiel Büroimmobilien in Manhattan kaufen könnte, wie dies das Unternehmen Jamestown macht, über das ich schon berichtet habe. Darum habe ich in Fonds von Jamestown und der US-Treuhand investiert und damit ausnahmslos sehr gute Erfahrungen gemacht.

Es war von Vorteil, dass ich dic handelnden Personen einschätzen konnte. Bei Christoph Kahl und Lothar Estein, die diese beiden Unternehmen leiten, vereinen sich drei Dinge: jahrzehntelange Erfahrung, Intelligenz und Ehrlichkeit. Alle drei Dinge sind wichtig, und wenn eines davon fehlt, wäre mir das Risiko zu groß, mein Geld einem solchen Fondsmanager anzuvertrauen. Intelligenz und ein gutes Gespür für den jeweiligen Markt sind eine Voraussetzung, aber jeder Anfänger macht Fehler und zahlt Lehrgeld. So, wie Sie sich wahrscheinlich nicht von einem frisch gebackenen Chirurg operieren lassen würden, sondern lieber von jemandem, der schon einige Tausend Operationen gemacht hat, vertraue ich mein Geld lieber jemandem an, der seit Jahrzehnten in einem Markt aktiv ist. Erst aufgrund der in der Vergangenheit vollbrachten und dokumentierten Leistungen kann man sich ein zutreffendes Bild machen.

An mehreren Publikumsfonds von Jamestown habe ich mich beteiligt, leider nur mit fünf- oder sechsstelligen Beträgen. Leider, denn die jährlichen Ergebnisse für die Anleger dieser Fonds lagen nach US-Steuern bei 13,4 Prozent, 14,8 Prozent, 17,5 Prozent, 21 Prozent und 29,1 Prozent. Da ich die Fonds mehrere Jahre nach ihrer Emission am Zweitmarkt erworben hatte, lagen die jährlichen Renditen, auch wenn ich manche über Nominalwert kaufte, wegen der deutlich kürzeren Laufzeit für mich sogar noch sehr viel höher als für die anderen Anleger, die bereits bei der Emission zu 100 Prozent eingestiegen waren und deren jährliche Renditen wegen der längeren Haltezeit entsprechend geringer ausfielen. Die Renditen, die ich mit diesen Fonds erzielte, betrugen 23,8 Prozent, 25,4 Prozent, 25 Prozent, 29,4 Prozent und 44 Prozent.

Ich schrieb an Kahl, das Einzige, was ich bei diesen Investments bereute, sei die Tatsache, nicht mit größeren Beträgen beteiligt gewesen zu sein. In den vergangenen Jahren habe ich mich dann allerdings mit siebenstelligen Beträgen an einem institutionellen Fonds von Jamestown beteiligt, der anfangs zweistellige Renditen erwirtschaftete und aktuell über 8 Prozent bringt. Auch die Ergebnisse bei zwei US-Treuhand-Fonds, in die ich investierte, waren erfreulich.

Neben Erfahrung und Intelligenz sind aus meiner Sicht die Ehrlichkeit und die innere Einstellung des Fondsmanagers entscheidende Voraussetzungen. Ich habe in der Immobilienbranche leider auch Menschen kennengelernt, denen es ausschließlich um die Vermehrung ihres eigenen Vermögens ging – auch dann, wenn sie mit dem Geld anderer Menschen, also von Investoren, arbeiteten. Im schlimmsten Fall waren sie dazu noch unehrlich oder hatten sogar eine zynische Einstellung zu ihren Anlegern.

Und ich habe Fondsinitiatoren kennengelernt (deren Namen möchte ich lieber nicht nennen, da ich keine Lust auf Prozesse habe), die selbst niemals auf die Idee gekommen wären, in einen ihrer Fonds zu investieren und die ganz offensichtlich die Anleger, die dies taten, für bemitleidenswerte Dummköpfe hielten – was leider nicht immer ganz falsch war. Für mich ist so etwas dennoch abstoßend, und es ist übrigens eine Mindestvoraussetzung, damit ich in einen Fonds investiere, dass derjenige, der ihn auflegt, es selbst mit für ihn bedeutenden Beträgen tut. Aber natürlich ist das keine Garantie für ein gutes Investment. Es gibt auch weniger intelligente Fondsinitiatoren, die nicht einmal in der Lage sind, die unzureichende Qualität ihres eigenen Fonds zu erkennen.

Etwas, das ich gelernt habe, ist: Investiere vor allem in einem Bereich, in dem du dir ein eigenes Urteil bilden kannst. Ich bin manchmal selbst von diesem Grundsatz abgewichen. Einmal habe ich – allerdings nur einen geringen Betrag – in einen Schiffsfonds investiert. Das war, wie könnte es bei mir anders sein, auf dem Höhepunkt der Krise im Schiffsbereich, sodass ich dachte, ich könnte hier antizyklisch investieren. Wie das Investment ausgeht, ist noch unklar. Bisher hat es sich eher negativ entwickelt.

In einem anderen Fall habe ich ein Unternehmen gegründet, ohne mit dem Metier vertraut zu sein. 2009 startete ich die CAT Model Management AG. Ich wusste, dass ich von dem Modelbusiness zu wenig verstand. Aber ich dachte, es genüge, dass ich von renommierten Agenturen – wie etwa Elite, Ford oder Mega Model – Booker mit langjähriger Erfahrung abwarb, weil diese ja mehr davon verstanden. Eine Bookerin hatte vorher bei Ford in New York gearbeitet, ein anderer bei Elite in Prag.

Versteht man selbst zu wenig von einem Geschäft, dann ist die Auswahl des richtigen Personals und Managements eher Glück, und darauf sollte man sich nicht verlassen. Wir hatten zwar einige Prestigeerfolge, brachten Models in die »Vogue« und hatten einen guten Auftritt auf der Berliner »Fashion Week«, aber der wirtschaftliche Erfolg blieb aus. Zwei Jahre später stellte ich das Geschäft wieder ein. Zum Glück schmerzte mich der Verlust nicht sehr, da ich rechtzeitig die Reißleine gezogen hatte.

Auch dies ist eine wichtige unternehmerische Eigenschaft: Sie müssen sich eingestehen, wenn Sie danebengelegen haben – was immer wieder passieren wird –, und das Investment rechtzeitig beenden, statt zu lange daran festzuhalten. Wenn Sie rechthaberisch sind, schaden Sie sich selbst. Ich bin zwar selbst ziemlich rechthaberisch, aber mein Sicherheitsbedürfnis ist glücklicherweise größer, sodass ich bei CAT die Reißleine zog, statt noch mehr in das Projekt zu investieren.

Auch bei einem von mir gegründeten Buchverlag (»ambition«) habe ich das getan. Schon nach kurzer Zeit musste ich einsehen, dass ich davon zu wenig verstand. Ich hatte mir eingebildet, wegen meiner früheren Tätigkeit beim Ullstein-Verlag verstünde ich davon genug, doch das war lange her und der Markt hatte sich seitdem ganz erheblich geändert.

Immerhin brachte ich einige gute Titel heraus, so etwa ein Buch, das Warren Buffetts Schwiegertochter über dessen Investmentphilosophie geschrieben hatte. Harald Christ, Selfmade-Millionär und 2009 im Schattenkabinett von Frank-Walter Steinmeier als Wirtschaftsminister vorgesehen, überzeugte ich 2011, ein Buch über »Deutschlands ungenutzte Ressourcen – Aufstieg, Bildung und Chancen für alle« bei »ambition« zu publizieren. Aber ich brachte den Verlag nicht in die Gewinnzone, und ich verstehe bis heute nicht, wie kleine Verlage das schaffen.

Ich habe mich in beiden Fällen – bei der Modelagentur und dem Buchverlag – nicht so verhalten, wie es in Büchern über Erfolg und positives Denken empfohlen wird und wie es Autobiografien erfolgreicher Menschen nahelegen. Dort heißt es stets, man müsse unbedingt durchhalten und dürfe auf gar keinen Fall aufgeben. Wer nur genügend Ausdauer habe und fest genug an seine Idee glaube, werde am Schluss Erfolg haben. In der Tat gibt es viele Beispiele dafür – so etwa die Biografien von Steve Jobs oder von Howard Schultz, dem Begründer von Starbucks. Bei den Persönlichkeiten, deren Erfolgsgeschichten wir lesen und von denen wir uns inspirieren lassen, hat sich das Durchhalten ausgezahlt. Doch im Geschäftsleben gibt es keine Garantie für ein »Happy Ending«, auch nicht für den, der noch so fest an seine Idee glaubt.

Was ist mit all den Persönlichkeiten, die trotz oder gerade wegen ihrer hohen Ausdauer am Schluss scheitern? Über sie werden in der Regel keine Biografien geschrieben, und sie schreiben auch keine Autobiografien. Aber ich habe einige solche Unternehmer erlebt, die nicht rechtzeitig zugeben oder erkennen wollten, dass eine Idee nicht oder nicht mehr funktionierte. So wie ein Spieler, der versucht, seine Verluste durch neue, riskantere Einsätze wettzumachen, warfen sie dem schlechten Geld gutes hinterher. Hätten sie sich rechtzeitig eingestanden, dass die Geschäftsidee doch nicht so gut war, wie sie ursprünglich dachten, oder einfach unter anderen Marktbedingungen nicht mehr funktionierte, dann wären sie heute vielleicht nicht pleite und hätten möglicherweise sogar mit einer anderen Idee große Erfolge feiern können. Aufgeben ist, anders als in vielen Büchern über positives Denken gepredigt, nicht stets etwas Schlechtes, sondern oftmals ein Gebot unternehmerischer Klugheit. So hatte ich das jedenfalls gesehen, und deshalb beendete ich meine unternehmerischen Versuche in der Model- und Verlagsbranche, bevor ein großer finanzieller Schaden entstanden war.

Aus diesen beiden Fehlschlägen habe ich mehrere Dinge gelernt. Erstens sollte man sich nicht verzetteln, sondern auf das fokussieren, was man gut kann. Zweitens lernte ich erst durch die Erfahrungen mit der Modelagentur und mit dem Buchverlag wieder die Immobilienbranche wertzuschätzen. Mir liegt die Mentalität der Menschen in der Immobilien- und Fondsindustrie, trotz der schwarzen Schafe, die es leider dort gibt. In der Modeindustrie tummeln sich hingegen viele sehr sensible Charaktere, die sich selbst als Künstler sehen und wenig Geschäftssinn mitbringen.

Auch wenn der Immobilienbranche vorgeworfen wird, hier gehe es oft nicht mit rechten Dingen zu, habe ich diese Erfahrung eher im Modelbusiness gemacht. Ich legte beispielsweise großen Wert darauf, dass auch die Models der ausländischen Agenturen, mit denen wir kooperierten, präzise ihre Steuern zahlten, aber das waren viele nicht gewohnt. Als wir nach den Umsatzsteueridentifikationsnummern fragten, mussten wir feststellen, dass diese meist frei erfunden waren. Auch war ich der Meinung, dass die Verträge, die die meisten Agenturen mit ihren Models abschließen, wegen überhöhter Provisionen unwirksam sind und einer rechtlichen Anfechtung nicht standhalten würden.

Nach diesen Erfahrungen erkannte ich, dass meine Ausgangsentscheidung, den Reichtum im Immobilienbereich zu suchen, absolut richtig war. Denn es gibt einfach Branchen, wo die Margen sehr viel geringer sind, und Modelagenturen und Buchverlage gehören eindeutig dazu. Nach dem Fehlschlag mit der CAT Model Management AG überlegte ich vorübergehend, eine Modelagentur zu kaufen bzw. mich an ihr zu beteiligen. Aber bei der Prüfung der Zahlen sah ich, wie gering die Gewinnmargen dort waren. Hätte ich anfangs auf eine solche Branche gesetzt, wäre es jedenfalls sehr viel schwieriger gewesen, dort so gut zu verdienen wie im Immobiliensegment. »Reich werden mit Immobilien« hatte ich mein 1999 erschienenes Buch genannt, und das war für mich nicht nur ein Buchtitel, sondern auch ein persönliches Programm.

Worum ging es mir persönlich beim »Reichwerden«? Diese Frage sollte sich jeder stellen, der reich werden möchte. Es gibt beispielsweise Menschen, die streben vor allem nach Luxus. Sie wollen reich werden, um sich mehrere kostspielige Autos, Villen und andere Luxusgüter zu leisten. Ich habe zwar ein schönes Auto, einen Bentley, doch den habe ich schon vor sieben Jahren gekauft, und ich hatte nie mehr als ein Auto gleichzeitig. Ich habe heute ein schönes Haus und eine schöne Uhr und gebe manchmal sehr viel Geld für Urlaubsreisen aus. Doch so schön all dies ist, es ist für mich nicht entscheidend und hätte nie eine ausreichende Motivation dargestellt.

Zu Recht fragte mich ein Freund: »Sie haben schon so viel Geld – das ist mehr als genug, um sich sicher zu fühlen. Warum wollen Sie noch mehr, das können Sie doch gar nicht ausgeben?« Eine gute Frage. So wie viele andere Reiche habe ich das Geld nicht verdient, um alles wieder auszugeben. Ich habe es auch nicht verdient, um es zu vererben.

Was motivierte und was motiviert mich? Ich habe öfter darüber nachgedacht und mit Freunden gesprochen, und letztlich sind es genau vier Dinge:

Erstens: Freiheit. Darüber habe ich bereits im achten Kapitel ausführlich geschrieben. Die Freiheit und Unabhängigkeit, die man mit Geld genießt, war und ist für mich – wie übrigens auch für viele andere Reiche – das allerwichtigste Motiv.

Zweitens: Sicherheit. Ich war mein Leben lang ein Sicherheitsfanatiker. Als ich jung war, prophezeite mir ein Freund, dieses extreme Sicherheitsstreben werde mir mein Leben lang im Wege stehen. In der Tat habe ich mir selbst sehr oft im Weg gestanden. So hat mich das Sicherheitsstreben lange davon abgehalten, den Weg in die Selbstständigkeit zu gehen. Erst als ich durch nebenberufliche Tätigkeiten das Selbstbewusstsein gewonnen hatte, dass ich auch selbstständig Geld verdienen könnte, und als mir die späteren Kunden fest zusagten, sich für mindestens ein Jahr zu verpflichten, wagte ich die Gründung meiner eigenen Firma. Vielleicht mögen Sie einwenden, die Gründung einer Firma und die Investitionen mit hohem Fremdkapitaleinsatz widersprächen meiner Behauptung, ich sei ein Sicherheitsfanatiker. Als ich jedoch meine Firma gründete und die Immobilien kaufte, empfand ich dies gar nicht als riskant. Vielleicht war dies nur Ausdruck des Überoptimismus, der viele Unternehmer charakterisiert. Aber wenn es eine Selbsttäuschung gewesen sein sollte, dann hat sie mir genutzt. Vermögend zu sein hat bei mir jedenfalls neben dem Freiheitsmotiv vor allem mein Sicherheitsmotiv befriedigt.

Drittens möchte ich ein Motiv ansprechen, das ich in diesem Buch ansonsten ausklammere. Ich hatte schon in meiner Jugend ein Faible für sehr schöne Frauen. Mir war früh bewusst, dass ich mich im Alter nicht alleine auf Charme und Aussehen würde verlassen können, sondern dass ich als vermögender Mann eindeutig attraktiver wäre. Ich sage offen, dass auch dies ein sehr wichtiges Motiv war.

Viertens: Ich wollte mir und anderen etwas beweisen. Als Wissenschaftler und als Journalist hatte ich Fähigkeiten bewiesen, doch in beiden Bereichen ist es schwer, objektiv zu messen, wie gut man wirklich ist. Zumindest ist es schwerer als im finanziellen Bereich oder etwa im Sport. Wer als Wissenschaftler gegen den

Strom schwimmt, findet vielleicht erst sehr spät Anerkennung, möglicherweise zeitlebens nicht, und erst nachfolgende Generationen würdigen seine Leistungen. Er selbst muss lange Zeit oder gar immer mit dem Etikett leben, er sei »umstritten«, was – zumindest in Deutschland – nicht als Kompliment gemeint ist.

Am Leben eines Unternehmers und Investors gefällt mir dagegen, dass der Erfolg leichter sichtbar und messbar ist, weil der Markt darüber entscheidet. Geld war und ist für mich insofern einfach ein Maßstab dafür, dass ich Dinge richtig beurteilt habe. Keiner kann als Investor behaupten, er sei klüger als alle anderen, wenn sein Kontostand dies nicht belegt. »Warum bist du nicht reich, wenn du so klug bist?«, pflegt Jim Rogers solche verkannten Investment-Genies zu fragen.

Zudem habe ich eine starke rechthaberische Ader, wie der Leser dieses Buches unschwer erkennen mag. Ich finde es nicht schlimm, darauf hinzuweisen, dass man recht behalten hat, wenn es denn so war. Darüber ärgern sich höchstens diejenigen, die unrecht hatten und das nicht zugeben möchten. Und mir bereitete es immer wieder Freude, wenn ich zunächst wegen meiner Investments ausgelacht worden war, am Schluss aber allen sagen konnte: »Nicht ich, sondern ihr habt euch geirrt!« Die Anerkennung, die ich von vielen Lesern meiner »Immobilien News der Woche« bekam, resultierte vor allem daher, dass ich nachweislich mit meinen Einschätzungen – so etwa über den Berliner Immobilienmarkt, über Wohnimmobilien als attraktive Assetklasse, über offene Immobilienfonds und deren Fehlentscheidungen oder über Gold – richtig gelegen habe. Was ich dort schrieb, befolgte ich natürlich auch selbst.

Im Vorwort zu diesem Buch schrieb ich, dass ich mich nicht selbst analysieren möchte, zumal dies sehr schwer ist. Ich fand es dennoch an dieser Stelle wichtig, über meine Motive zu schreiben, weil ich mir sehr sicher bin, dass dies die vier wichtigsten Gründe für mich waren, reich zu werden. Ich stehe zu jedem dieser Motive, auch wenn ich mir selbstverständlich bewusst bin, dass die ersten beiden Motive gesellschaftlich eher akzeptiert sind und sich auch viel besser anhören als das dritte und das vierte.

Wie sind andere Menschen reich geworden? Was hat sie angetrieben? Was kann ich von ihnen lernen? Diese Fragen haben mich neugierig gemacht, und darum entschied ich mich 2015, in die Wissenschaft zurückzukehren – diesmal mit einer Doktorarbeit über die Superreichen.

Kapitel 13: Was ich von 45 Superreichen lernte

Für erfolgreiche Menschen habe ich mich immer interessiert. Das war einerseits Ausdruck der Neugier eines Wissenschaftlers, der wissen, verstehen und erklären will. Andererseits wollte ich schlicht herausfinden, warum manche Menschen erfolgreicher sind als andere, weil ich ja selbst Erfolg haben wollte. 2011 schrieb ich das Buch »Setze dir größere Ziele!«, das in Deutschland in mehreren Auflagen erschien und in sieben Sprachen übersetzt wurde. Für dieses Buch analysierte ich die Lebenswege von 50 sehr erfolgreichen Persönlichkeiten – vor allem Unternehmer und Investoren, aber auch Schauspieler, Musiker und Sportler. Ich las Biografien über Steve Jobs, Bill Gates, Michael Bloomberg, Arnold Schwarzenegger, Warren Buffett, Coco Chanel, Larry Ellison, Garri Kasparow, Ray Kroc, Estée Lauder, Madonna, Mark Zuckerberg, Sam Walton, Ted Turner, David Ogilvy, Jack Welch, Michael Dell, Prinz Alwaleed, Richard Branson, Walt Disney und viele mehr.

Ich versuchte zu verstehen, was den Erfolg dieser Persönlichkeiten ermöglicht hatte. Viele von ihnen hatten sich sehr hohe Ziele gesetzt; Ziele, die zu erreichen die meisten Menschen als »unmöglich« erachten. Ich erkannte auch, dass Unabhängigkeit im Denken, Konfliktfähigkeit und der Mut, anders zu sein, viele dieser Erfolgsmenschen charakterisierten. Zudem wurde deutlich, welche Rolle Begeisterungsfähigkeit und Selbstdisziplin gespielt hatten und dass die meisten von ihnen erfolgreich waren, weil sie sich sehr stark fokussierten. Schließlich verfügten viele dieser Menschen über eine erstaunliche Fähigkeit zur Selbstvermarktung und Selbstinszenierung – das trifft in hohem Maße etwa auf Arnold Schwarzenegger, Richard Branson, Jack Welch und Madonna zu, aber auch auf Investoren wie Warren Buffett oder George Soros.

Vier Jahre nach »Setze dir größere Ziele!« schrieb ich das Buch »Reich werden und bleiben«. Ich suchte nach wissenschaftlicher Literatur, die sich mit dem Thema Reichtumsbildung befasst. Wenn Soziologen sich mit Reichen beschäftigt hatten, dann jedoch bislang kaum unter der Fragestellung der individuellen Reichtumsgenese, sondern eher unter dem Aspekt der »Ungleichheit«.

Eine Ausnahme war ein Forschungsprojekt an der Universität Potsdam, auf das ich während der Recherchen für mein Buch stieß. Es nannte sich »Vermögen in Deutschland«. Die Wissenschaftler hatten 472 Reiche mit sozialwissenschaftlichen Methoden befragt. Daraus waren schon eine Doktorarbeit und eine Reihe interessanter Aufsätze und Sammelbände entstanden.

Die Reichen, mit denen sich die Potsdamer Wissenschaftler beschäftigt hatten, besaßen im Durchschnitt ein Vermögen von 2,3 Millionen Euro. Damit waren sie schon deutlich reicher als die sogenannten »Reichen«, mit denen sich bis dahin der »Armuts- und Reichtumsbericht« der Bundesregierung befasst hatte, denn das waren Menschen, die 200 Prozent des Durchschnittseinkommens verdienten – aus meiner Sicht nicht wirklich Reiche. Menschen, die ein zwei- bis dreistelliges Millionenvermögen besaßen, waren hingegen nicht Gegenstand der Potsdamer Untersuchung gewesen.

Wie oft, wenn ich ein interessantes Buch gelesen hatte, nahm ich mit den Autoren Kontakt auf. Ich lernte den Leiter dieses Projektes kennen, Professor Wolfgang Lauterbach. Spontan entwickelte ich die Idee, die Lücke, die ich gesehen hatte, selbst zu füllen – mit einer wissenschaftlichen Studie über die Personen, die aus meinem Blickwinkel reich sind. Damit meine ich Menschen, die ein mindestens zwei- oder dreistelliges Millionenvermögen besitzen. Viele dieser Hochvermögenden kenne ich persönlich, und ich traute mir zu, im Laufe einer Untersuchung durch Empfehlungen weitere kennenzulernen. Lauterbach fand die Idee gut: »Da kann ich keinen Studenten dransetzen, denn die kennen diese Menschen nicht und bekommen auch keinen Zugang. Und selbst wenn, dann wäre es wohl schwer für einen Studenten, auf einer Augenhöhe mit diesen Menschen zu sprechen.«

Ich entwarf ein Programm, wie ich das Thema angehen sollte. Zuerst kaufte ich mir eine Menge Bücher über qualitative Sozialforschung, insbesondere über die Methoden, mit denen sozialwissenschaftliche Interviews geführt werden. Zwar hatte ich einige Jahre am Institut für sozialwissenschaftliche Forschung der FU Berlin gearbeitet und während meines Studiums einige Seminare in Soziologie besucht, aber das lag lange zurück. Zugute kam mir, dass ich als Journalist schon unzählige Interviews geführt hatte; allerdings gelten für sozialwissenschaftliche Interviews teilweise andere Regeln als für journalistische Interviews.

Auf einmal war ich wieder Wissenschaftler! Die Materie faszinierte mich zunehmend. Professor Gerd Habermann, der Zweitbetreuer der Arbeit, empfahl mir, vor Beginn der Interviews mit Dr. Thomas Petersen vom Allensbacher Institut für Demoskopie zu sprechen. Der kannte mich noch aus der Zeit, als ich mit Elisabeth Noelle-Neumann befreundet war. Mein nächster Schritt bestand darin, Forschungsfragen für die geplante Doktorarbeit zu entwickeln und daraus wiederum Leitfragen für die Interviews abzuleiten, die ich mit den Superreichen führen wollte.

Dabei stieß ich auf die amerikanische Unternehmerforschung, die in Deutschland bislang viel zu wenig beachtet worden war. Das wunderte mich, denn – dies war eines der Ergebnisse des Potsdamer Forschungsprojektes – die meisten Reichen waren ja als Unternehmer reich geworden. Also, überlegte ich, musste man doch die Ergebnisse der Unternehmerforschung für die Reichtumsforschung fruchtbar machen. Daraus konnten sinnvolle Fragestellungen für die Doktorarbeit abgeleitet werden. Es galt einerseits, genügend interessante Fragen zu formulieren, sich andererseits aber zu beschränken, da ich damit rechnete, dass mir die Reichen wohl nicht länger als eine bis maximal zwei Stunden zur Verfügung stehen würden.

Schließlich hatte ich nach einigen Monaten, in denen ich Hunderte Aufsätze und Bücher gelesen hatte, zwölf Themenkomplexe identifiziert, denen ich näher nachgehen wollte:

1. Besonderheiten in der Jugend (Schulzeit, Studium, informelle Lernerfahrungen im Sport und bei früher unternehmerischer Tätigkeit).
2. Motive für die Selbstständigkeit.
3. Die Rolle, die die bewusste Zielsetzung spielte.
4. Die Bedeutung, die »Geld« für die Interviewpartner hat.
5. Die Bedeutung, die verkäuferische Fähigkeiten für den finanziellen Erfolg hatten.
6. Die Rolle von Optimismus und Selbstwirksamkeit.
7. Die Risikoorientierung.
8. Das Verhältnis von analytischen und intuitiven (»Bauch«-) Entscheidungen.
9. Die Persönlichkeitsmerkmale der »Big-Five«-Theorie: Neurotizismus, Extraversion, Offenheit, Gewissenhaftigkeit, Verträglichkeit.
10. Die Ausprägung von Konfliktbereitschaft.
11. Der Nonkonformismus bzw. die Bereitschaft, gegen den Strom zu schwimmen.
12. Der Umgang mit Krisen und Rückschlägen.

Anfangs hatten mein Doktorvater und ich vereinbart, dass ich etwa 25 Interviews führen sollte. Ich war optimistisch – wenn auch nicht ganz sicher –, dass ich so viele finden würde. Mir nutzte mein verkäuferisches Talent: Fast alle, die ich persönlich um ein Interview bat, sagten zu. Und dies, obwohl der Interviewpartner selbst ja wenig davon hat, da die Interviews anonym geführt wurden und ich zusicherte, die Namen nicht zu veröffentlichen. Schließlich erhielt ich sogar Zusagen für 45 Interviews. Als 1.740 Seiten mit Interviewtexten gefüllt waren, sprach ich keine weiteren Persönlichkeiten mehr an, sondern begann mit der Auswertung. Es sollte mir nicht wieder so ergehen wie bei meiner geplanten Habilitation, wo ich am Ende im Material fast erstickt war.

Bei den Interviews leitete mich zuerst die wissenschaftliche Neugier, mehr über diese Menschen zu erfahren. Ich hatte von vornherein festgelegt, dass ich nur mit Selfmade-Millionären sprechen würde oder ausnahmsweise auch mit einigen Menschen, die zwar etwas geerbt, aber dieses Erbe ganz erheblich vermehrt hatten. Denn von Menschen, die ihren Reichtum allein einer Erbschaft verdanken, kann man nicht lernen, wie man aus eigener Kraft reich wird. Sie kommen daher in meiner Doktorarbeit nicht vor.

Die wissenschaftlichen Ergebnisse sind in meiner Doktorarbeit dargestellt, die im Februar 2017 als Buch unter dem Titel »Psychologie der Superreichen. Das verborgene Wissen der Vermögenselite« erschienen ist. Im Wintersemester 2016/2017 wurde sie an der Fakultät für Wirtschafts- und Sozialwissenschaften der Universität Potsdam mit »magna cum laude« als Promotion angenommen. Ich habe mich über diese Note gefreut, denn es war nicht ganz einfach, nach 25 Jahren, die ich nicht mehr wissenschaftlich gearbeitet hatte, den Weg zurück in die Wissenschaft zu finden. Von der ersten Idee für die Doktorarbeit bis zur Fertigstellung dauerte es genau zwölf Monate – im Durchschnitt sind es in den Sozialwissenschaften 56 Monate. Und ich hatte die Arbeit ja neben meiner Tätigkeit als Geschäftsführer meines Unternehmens und als Veranstalter der »Berliner Immobilienrunde« bewältigt. Ich freue mich über den zweiten Doktortitel, aber das war nicht der ausschlaggebende Grund für mein Dissertationsvorhaben. Neben der wissenschaftlichen Neugier und dem Bedürfnis, mir selbst zu beweisen, dass ich drei Jahrzehnte nach meiner ersten Promotion immer noch ein guter Wissenschaftler bin – und dies auch in einem anderen Fach, als ich ursprünglich studiert hatte –, interessierte mich das Thema der Arbeit ganz persönlich: Was kann ich von diesen Reichen lernen? Was haben sie genauso gemacht wie ich, was haben sie anders gemacht? Wo sollte ich noch dazulernen? Welche Verhaltensweisen sollte ich beibehalten, welche ändern?

Das war zwar kein Thema für die Doktorarbeit, aber diese Fragen beschäftigten mich ganz persönlich. Gibt es ein Geheimnis, ein »gemeinsames Drittes«, das alle diese finanziell überaus erfolgreichen Menschen verband? Gibt es gemeinsame Persönlichkeitseigenschaften?

Einerseits waren meine Interviewpartner sehr verschieden. Die Spanne reichte von einem extrem reichen Unternehmer, der nur einen Hauptschulabschluss hatte und zudem Legastheniker war, bis zum promovierten Selfmade-Multimilliardär. Neben vielen Unterschieden fand ich aber auch immer wiederkehrende Muster in der Biografie und in der Persönlichkeit dieser Menschen.

Bei vielen Interviewpartnern stieß ich zudem auf Gemeinsamkeiten mit meinem Lebenslauf. Die meisten von ihnen hatten schon unternehmerische Erfahrungen in ihrer Zeit als Schüler oder Studenten gesammelt oder Dinge verkauft. Ich habe im ersten Kapitel von meinen Zeitungsprojekten berichtet, bei denen ich Organisation, Verkauf und – in gewissem Grade – unternehmerisches Handeln schon sehr früh lernte.

Neugierig war ich, welche Rolle die bewusste Zielsetzung für diese Menschen spielte. Und da fand ich große Unterschiede: Es gab jene Menschen, die sich – so wie ich – irgendwann in ihrem Leben vorgenommen hatten, reich zu werden. Sie hatten sich, wie in populären Reichtumsratgebern empfohlen, schriftlich Ziele gesetzt und diese visualisiert. Es gab jedoch auch viele Gesprächspartner, die das nicht getan hatten. Sie waren irgendwann in ihrem Leben Unternehmer geworden, und der Reichtum hatte sich sozusagen als Nebenprodukt dieser Tätigkeit ergeben, ohne dass er von vornherein Ziel gewesen wäre. Daraus lernte ich, dass mein eigener Weg zum Reichtum nicht verallgemeinert werden kann und dass die Behauptung in populären Reichtumsratgebern, *nur* auf diesem Wege könne man reich werden, nicht stimmt.

Interessant war für mich, was die Menschen mit »Geld« verbinden, was sie motivierte. Bei den meisten standen – wie für mich – Freiheit und Unabhängigkeit an der Spitze der Motive. Aber dann gab es erhebliche Unterschiede: Einige Reiche hatten ein hohes Sicherheitsbedürfnis, auf andere traf das gar nicht zu. Es gab einige, die es schätzten, sich schöne Dinge im Leben leisten zu können, aber auch jenen Gesprächspartner, der mir erklärte, er sei nur ein Mal in seinem Leben in Urlaub gefahren und habe sich nie ein Hemd gekauft, das teurer als 30 Euro war.

Viele der interviewten Personen sind Nonkonformisten, die gerne ihre eigenen Wege gehen und oft gegen den Strom schwimmen. In dieser Beziehung konnte ich mich in ihnen wiedererkennen und fand mich in meinem Lebensweg bestätigt. Auch die Art, wie die Menschen mit Krisen und Rückschlägen umgingen, war oft ähnlich und ähnelte meinem Umgang mit solchen Situationen. Sie machten nicht andere für Rückschläge verantwortlich, sondern sich selbst. Und sie versuchten stets, in Krisen auch Chancen zur Fortentwicklung zu erkennen und wahrzunehmen. Meine Annahme, dass all dies Voraussetzungen sind, um als Unternehmer und Investor erfolgreich zu sein, bestätigte sich.

Auch stieß ich auf eine Gemeinsamkeit, die bislang in der Wissenschaft kaum beachtet worden war: Zwei Drittel der Interviewpartner erklärten, die Fähigkeit zu verkaufen habe ganz entscheidend zu ihrem Erfolg beigetragen. Mehr als jeder Dritte maß sogar 70 bis 100 Prozent seines Erfolges seinen verkäuferischen Fähigkeiten zu. Das »Nein«, das einem im Verkaufsprozess zunächst oft entgegenschlägt, sahen die Interviewpartner keineswegs negativ. Viele berichteten, ihre größte Freude sei es gewesen, dieses »Nein« in ein »Ja« zu verwandeln. Das trifft auch uneingeschränkt für mich zu, da konnte ich mich – wie auch in den meisten anderen Bereichen – in meinen Gesprächspartnern wiedererkennen.

Aber in drei Bereichen entdeckte ich ganz deutliche Unterschiede zwischen mir und den meisten Interviewpartnern. Das sind die Themen, über die ich in den nächsten Jahren wohl häufiger nachdenken werde. Gibt es hier für mich Lernmöglichkeiten? Gibt es Verhaltensmuster, die ich ändern sollte? Oder soll ich mein Anderssein annehmen und gerade als besondere Chance erkennen?

Erstens: Die meisten Reichen, mit denen ich sprach, sind zwar hochintelligent, aber, anders als ich, nicht intellektuell. In Wikipedia heißt es, als Intellektueller werde ein Mensch bezeichnet, der wissenschaftlich, künstlerisch, religiös, literarisch oder journalistisch tätig ist, dort ausgewiesene Kompetenzen erworben hat und in öffentlichen Auseinandersetzungen kritisch oder affirmativ Position bezieht. Für mich selbst sehe ich das Verbindende zwischen dem Intellektuellen, dem Unternehmer und dem Investor darin, dass alle den Mut haben sollten, gegen den Strom zu schwimmen und bestehende Meinungen und Traditionen infrage zu stellen, und zwar, wenn geboten, durchaus radikal infrage zu stellen.

Aber die wenigsten Intellektuellen sind sehr reich, und die wenigsten Reichen sind sehr intellektuell. Insofern bin ich eine Ausnahme – ein in dieser Hinsicht atypischer Intellektueller und ein atypischer Reicher. Intellektuelle sehen wegen ihrer hohen Bildung manchmal auf Reiche mit einer gewissen Überheblichkeit herab. Der amerikanische Sozialwissenschaftler Ferdinand Lundberg hat dies in seinem Buch über »Die Reichen und die Superreichen« verächtlich auf den Punkt gebracht, die meisten »Kapitalisten« seien wenig belesene »geistige Schulschwänzer mit Lebenskultur«. Umgekehrt gibt es eine anti-intellektuelle Attitüde bei manchen Reichen, die ihr Bild vom lebensfremden intellektuellen »Elfenbeinturmbewohner« pflegen.

Wenn ich sage, die meisten Reichen, mit denen ich für meine zweite Doktorarbeit sprach, seien nicht intellektuell, dann heißt dies keineswegs, dass sie nicht hochintelligent sind. Man darf eben nicht den Fehler machen (was viele Intellektuelle tun), Intelligenz mit Intellektualität und Bildung zu verwechseln. Jeder der 45 Gesprächspartner ist hochintelligent, aber die meisten sind nicht intellektuell.

Zudem ergaben sich keine Hinweise dafür, dass mit der Höhe der Bildungsqualifikation der Reichtum steigt. Das wurde deutlich, wenn man die reichsten Interviewpartner (über 300 Mio. Euro) mit der unteren Gruppe vergleicht (zwischen zehn und 30 Mio. Euro). In der unteren Gruppe waren immerhin drei Promovierte, sieben verfügten über ein abgeschlossenes Hochschulstudium. Nur einer hatte lediglich Abitur, ohne studiert zu haben. Von den Superreichen mit einem Nettovermögen von 300 Mio. Euro oder mehr war eine Person promoviert, fünf verfügten über ein abgeschlossenes Studium. Drei hatten zwar Abitur gemacht, danach jedoch nicht studiert bzw. das Studium abgebrochen. Und zwei hatten kein Abitur, sondern lediglich einen Haupt- bzw. Realschulabschluss.

Die Leistungen in der Schule und der Universität waren bei den meisten Reichen keineswegs überragend. Die meisten berichteten, sie hätten in der Schule nur mittelmäßige Leistungen vollbracht. Nur neun Interviewpartner sagten, dass sie im Abitur oder im Studium zu den Besten gehörten. Von diesen neun Personen gehörten sechs zur untersten Vermögenskategorie (10 bis 30 Mio. Euro), zwei zur Vermögenskategorie darüber (30 bis 100 Mio. Euro), und nur einer gehörte zur Gruppe derjenigen mit Vermögen über 300 Mio. Euro. Besonders zwei fielen durch hervorragende Leistungen auf – einer hatte das Abitur mit 1,0 abgeschlossen und war im Studium Jahrgangsbester. Der andere hatte mit 0,7 das beste Diplom der letzten zehn Jahre gemacht. Beide gehörten zur untersten Vermögenskategorie.

In meiner Arbeit bestätigte sich etwas, das schon Unternehmerforscher in den USA herausgefunden hatten: Viele Unternehmer und Investoren entscheiden überwiegend mit dem Bauch. Von den 45 befragten Reichen erklärten 24, die Bauchentscheidung überwiege, 15 sagten, die Analyse überwiege, und bei sechs war es 50/50 oder ließ sich nicht klar zuordnen. Das Bauchgefühl, dies betonten viele Interviewpartner, sei nicht angeboren, sondern entwickle sich durch die Summe der Erfahrungen. Ich lernte sowohl durch wissenschaftliche Studien als auch durch die Interviews, dass das Bauchgefühl keineswegs etwas Irrationales ist, sondern dass sich darin lebenslange Lernerfahrungen verdichten, die einem selbst meist gar nicht bewusst sind. Häufiger den »Bauch« zu befragen könnte sich vielleicht auch für mich lohnen.

Der zweite Unterschied zwischen mir und den meisten Interviewpartnern war deren sehr viel ausgeprägtere Risikoneigung und ein deutlich geringeres Sicherheitsbedürfnis. Ich bat jeden, seine Risikoneigung auf einer Skala von -5 bis +5 einzuschätzen. Dabei stand -5 für den extrem risikoaversen Menschen und +5 für den extrem risikofreudigen. Die große Mehrheit, nämlich 35 von 45, ordnete sich im positiven Bereich ein. Überraschend war, dass sich immerhin 25 von 45 Befragten sogar im höchsten Risikobereich, also zwischen +3 und +5 einordneten.

Mich selbst würde ich in der Risikoskala eher bei -1 einsortieren, aber niemals bei Werten wie +3 oder gar +5, wo sich die meisten Interviewpartner sahen. Ich nahm niemals Kredite für meine Firma auf (sondern nur für Immobilien, wo reelle Werte dagegen standen), ich handelte die sichersten Büromietverträge für meine Firma aus und suchte Sicherheit in meinem Geschäftsmodell langfristiger Kundenverträge. Auch das Streben nach extrem hohen Margen für meine Firma war vor allem Ausdruck meines Sicherheitsstrebens, da ich mich mit einem geringeren »Puffer« sehr unwohl und unsicher gefühlt hätte. Ja, ich habe sogar Angst, einer Bank größere Geldsummen zu leihen, und habe in den vergangenen Jahren lieber kurzlaufende Anleihen mit Negativzins gekauft, weil ich denke, es ist sicherer, die Bundesrepublik Deutschland oder die Vereinigten Staaten schulden mir Geld als etwa die Deutsche Bank. Und das Gold im Schließfach der Bank habe ich sogar noch gegen Raub und Diebstahl versichert. Es gibt auch viele andere Beispiele aus meinem Leben, die mir zeigen, dass ich niemand bin, der große Risiken sucht.

In den Interviews zeigte sich die hohe Risikoprägung vieler Interviewpartner. Viele räumten aber ein, ihr Risikoprofil habe sich im Laufe ihres Lebens reduziert. Vermutlich war das Eingehen höherer Risiken eine der Voraussetzungen dafür, dass sie reich wurden, und die spätere Reduzierung der Risikobereitschaft eine dafür, dass sie reich blieben. Man muss ja berücksichtigen, dass ich nur solche Menschen interviewt habe, bei denen es – zumindest bis zum Tag des Interviews – trotz Wechselfällen unter dem Strich gut gegangen war. Das war ein methodisches Problem, über das ich viel nachgedacht und in der Doktorarbeit auch geschrieben habe.

Würde man im Spielcasino nur alle Gewinner fragen, was sie getan haben, könnte man leicht zum Schluss kommen, das Eingehen hoher Risiken sei die Voraussetzung für den Erfolg. Würde man die Verlierer fragen, ergäbe sich dagegen, dass das Eingehen hoher Risiken die Ursache für das Scheitern ist.

Ich denke nicht, dass ich künftig im Leben höhere Risiken eingehen möchte als bisher. Da geht es mir wie vielen Interviewpartnern, die – älter geworden – nicht aufs Spiel setzen wollen, was sie erreicht haben.

Der dritte Unterschied: Ich bin deutlich unverträglicher als alle 45 Reichen, die ich interviewt habe. Das war eines der für mich überraschenden Ergebnisse. Ich hatte die Biografien von Unternehmern wie Steve Jobs oder Bill Gates gelesen, die extrem unverträglich und hochgradig schwierig waren. Daraus leitete ich ab, sehr hohe Konfliktfähigkeit sei eine Grundvoraussetzung für Erfolg. Diese These wurde sogar noch unterstützt durch die Unternehmerforschung. Persönlichkeitstests ergaben, dass Unternehmer weniger verträglich sind als andere Menschen. Ich bat alle reichen Interviewpartner, einen Persönlichkeitstest auszufüllen. Diesen Test habe ich im Anhang zu diesem Buch abgedruckt – und zwar mit den Antworten, die ich bei meiner Selbstbefragung gegeben habe.

Auf den ersten Blick entspreche ich in geradezu typischer Weise dem Unternehmerprofil, wie man es aus der Forschung kennt: Danach zeichnen sich Unternehmer durch sehr hohe »Gewissenhaftigkeit« einerseits und geringen »Neurotizismus« und geringe »Verträglichkeit« andererseits aus. Was ist damit gemeint? »Gewissenhaftigkeit« steht in der Persönlichkeitspsychologie nicht nur für das, was wir darunter umgangssprachlich verstehen. Der psychologische Begriff umfasst vielmehr Persönlichkeitsmerkmale wie Fleiß, Pünktlichkeit, Ehrgeiz, Durchhaltevermögen und Organisiertheit. Auf einer Skala von 0 bis 40 Punkten erreichten bis auf vier Ausnahmen alle Interviewpartner eine hohe Punktzahl von 25 bis 40, was eine stark ausgeprägte Gewissenhaftigkeit zeigt. Dies deckt sich mit anderen Forschungen über Unternehmer. Zwölf der

45 Interviewpartner lagen sogar zwischen 35 und 40 Punkten, wo auch ich selbst landete.

Mit »Neurotizismus« ist die psychische Stabilität gemeint. Auch hier bestätigten die Testergebnisse der von mir befragten Reichen die bisherige Unternehmerforschung. Alle Interviewpartner lagen in der Kategorie 0 bis 19 Punkte, was für psychische Stabilität spricht, 36 sogar in der Kategorie zwischen 0 und 9 Punkten, wo auch mein Testergebnis mit 5 Punkten liegt.

Wie erwähnt, geht die Unternehmerforschung von einer geringer ausgeprägten »Verträglichkeit« bei Unternehmern aus. Dieses Ergebnis konnte in meinen Forschungen nur teilweise bestätigt werden. Laut Testergebnis waren die Personen verträglicher, als man hätte erwarten sollen. Zwar zeigten die Interviews, dass manche der laut Test verträglichen Personen wahrscheinlich tatsächlich doch nicht so verträglich sind, doch für mich persönlich war etwas anderes interessant und überraschend: Kein einziger der 45 Befragten war nach dem Test so unverträglich wie ich mit nur 9 von 40 Punkten.

Das gab mir zu denken. Ich weiß, dass mir meine extrem ausgeprägte Konfliktfreudigkeit im Leben keineswegs nur genutzt, sondern auch geschadet hat. Sie war eine der Ursachen für die hohe Mitarbeiterfluktuation in meinem Unternehmen, die uns immer wieder Probleme mit Kunden bescherte. Der Vergleich mit den reichen Interviewpartnern nahm mir meine Selbstrechtfertigung, geringe Verträglichkeit sei nun einmal stets ein Persönlichkeitsmerkmal sehr erfolgreicher Menschen. Ja, die Verträglichkeit bei erfolgreichen Menschen ist insgesamt geringer, aber es ist eine Frage des Maßes.

Sicherlich ist es schwer – vielleicht sogar unmöglich –, die Persönlichkeit zu ändern. Psychologen behaupten jedenfalls, dass es nach dem 30. Lebensjahr relativ wenige Änderungen gibt. Daher glaube ich nicht, dass ich jemals ein besonders verträglicher und harmoniesuchender Mensch sein werde. Aber ich hoffe, allein schon die Tatsache, dass mir eine bequeme Ausrede für meine

Unverträglichkeit – zumindest teilweise – genommen wurde, könnte etwas bewirken.

Nun bin ich dort angelangt, wo ich nicht hinwollte, bei der Selbstanalyse. Um diese zu objektivieren, füge ich im Anhang den »Big-Five«-Persönlichkeitstest bei. Manche Formulierungen in dem Test sind nicht so glücklich – etwa mit doppelten Verneinungen, wo man sich beim Ankreuzen leicht vertun kann –, aber ich hatte mich nun einmal dazu entschieden, mit diesem Test zu arbeiten, und dann musste ich dies bis zum Ende durchhalten, damit die Ergebnisse vergleichbar sind.

Vielleicht haben Sie Lust, den Test selbst auszufüllen, wobei Sie den Nachteil haben, dass Sie schon vorher wissen, welches Profil zu einem Unternehmer oder einem Reichen passt – und welches nicht. Wenn Sie ehrlich zu sich selbst sind, können Sie vielleicht etwas für sich lernen. Falls Sie feststellen, dass Sie bei den Merkmalen Neurotizismus und Verträglichkeit Punktzahlen unter 20 haben und bei den anderen Merkmalen Punktzahlen über 20, falls Sie bei der Gewissenhaftigkeit vielleicht sogar zwischen 35 und 40 Punkten liegen, dann haben Sie – gleichgültig welchen Beruf Sie derzeit ausüben – zumindest das typische Persönlichkeitsprofil eines Unternehmers.

Mit meiner zweiten Doktorarbeit bin ich zur Wissenschaft zurückgekehrt. Sollte sich das finanzieren lassen, werde ich vielleicht später einmal ein »Institut für Reichtumsforschung« initiieren, in dem sich Wissenschaftler mit dem Thema Reichtum befassen. Zugleich bleibe ich der Immobilie verbunden und werde sehen, wie ich meine Kenntnisse und mein verkäuferisches Talent in den nächsten Jahren einbringen kann. Auch journalistisch habe ich mich in den vergangenen Jahren wieder stärker engagiert und schreibe regelmäßig Kommentare zu Themen aus Wirtschaft und Politik.

Kapitel 14: Publizist zur Finanz-, Euro- und Flüchtlingskrise

Seit 2007 bin ich wieder verstärkt publizistisch tätig. Ich habe einen eigenen Blog gestartet, »www.zitelmanns-finanzkolumnen.de«. Darin geht es um Themen aus Politik, Wirtschaft und Finanzen. Seit Juni 2015 veröffentlichte ich Hunderte Beiträge auf »wallstreet-online«. Damit verdiene ich kein Geld, aber ich schreibe gerne und freue mich, wenn ich sehe, dass meine Artikel von vielen Tausend oder Zehntausend Menschen aufgerufen werden. Im September 2016 fragte mich Wolfram Weimer, mein ehemaliger Chef bei der »Welt« und jetzt Herausgeber des »European«, ob ich dort Artikel schreiben wollte. Ich sagte gerne zu, und schon nach wenigen Wochen war ich einer der Autoren, dessen Artikel am häufigsten angeklickt und kommentiert wurden.

Ich setzte mich in meinen Artikeln mit den großen Krisen auseinander, die das politische Geschehen seit zehn Jahren prägten – die Finanz-, Euro- und die Flüchtlingskrise.

In diesem Kapitel werde ich relativ ausführlich aus diesen Kommentaren zitieren. Weil aus meiner Sicht keine der drei Krisen bis heute gelöst ist, es sich also nicht um abgeschlossene Ereignisse handelt, wird sich erst zeigen, wo ich recht behalte und wo nicht. Da ich hier insgesamt eine sehr pessimistische Sichtweise vertrete, hoffe ich, dass möglichst viele meiner Vorhersagen durch die tatsächliche Entwicklung widerlegt werden.

Die Finanzkrise, die im August 2007 ausbrach, sagte ich in einem Beitrag am 29. Januar 2007 voraus. Damals schien die Welt noch in Ordnung. In den USA stiegen die Immobilienpreise seit Jahren unaufhörlich, was vor allem eine Folgewirkung der Zinssenkungen nach dem Platzen der New-Economy-Blase war. Auch der DAX, der dann im März 2009 auf 3.600 Punkte fallen sollte, stand mit 6.683 Punkten noch über 3.000 Punkte höher. In meinen »Immobilien News« warnte ich in einem Beitrag unter dem Titel »Risiken nicht ignorieren« eindringlich vor »einer dramatischen Finanzkrise«.

Ich führte eine Reihe von Gründen für diese Warnung an, so vor allem »die extrem gestiegene Risikobereitschaft von Investoren, die auf der Suche nach einigermaßen auskömmlichen Renditen bereit sind, immer höhere Risiken einzugehen«. Anlass zur Sorge gebe auch »die Verschuldung amerikanischer Privatleute, die nicht mehr weiter ausgedehnt werden kann« sowie »die enorme, überbordende Liquidität an den internationalen Finanzmärkten, die wir im Immobiliensektor ebenso spüren wie in allen anderen Märkten«.

Der allgemein verbreitete Optimismus beruhigte mich nicht, sondern war gerade ein Anlass zur Sorge. »Optimisten«, so schrieb ich sieben Monate vor Ausbruch der Finanzkrise, »tun alle diese Risiken als Angstmache von Panikpropheten und Crashgurus ab. Und genau darin liegt die größte Gefahr: in der Sorglosigkeit der Marktteilnehmer, die fleißig Argumente sammeln, warum wir in der besten und sichersten aller Welten leben.« Ich warnte Immobilienanleger vor zu hohen Finanzierungen und schrieb: »Aus Sicherheitsgründen empfiehlt es sich jedenfalls, Risiken auch durch Investitionen in Assets abzusichern, die von einer Finanzkrise stark profitieren würden – so insbesondere Gold. Und eine sehr hohe Cashreserve wirkt auf jeden Fall beruhigend und eröffnet zudem

Chancen, bei einem möglichen Finanzcrash vielleicht sogar lukrative Investments tätigen zu können.« Damals lag der Goldpreis pro Unze unter 500 Euro, in der Finanzkrise sollte er in der Tat auf über 1.300 Euro steigen.

Nachdem die Finanzkrise ausgebrochen war, setzte ich mich vor allem mit zwei Fragen auseinander: mit der Diagnose der Ursachen und mit der »Therapie«, die von der Politik und den Zentralbanken betrieben wurde. In Politik und Öffentlichkeit wurde – und wird – fast unisono die Ansicht vertreten, die zunehmende Deregulierung und die »Entfesselung des Kapitalismus« seien die Ursachen für die Finanzkrise gewesen. Daraus folgte die Therapie, die in zwei Worten zusammengefasst lautet: »Mehr Staat«. Ich war und bin der Meinung, dass sowohl die Diagnose als auch die Therapie falsch sind.

Unter den Überschriften »Der Ruf nach dem Staat« und »Der entfesselte Staat« setzte ich mich im September 2008 kritisch damit auseinander. Nicht zu wenig, sondern zu viel politische Einflussnahme sei die Ursache für die sogenannte Subprime-Krise in den USA gewesen, die zum Auslöser der weltweiten Finanzkrise geworden war. Das widersprach der vorherrschenden Sichtweise, »zu viel Markt« sei die Ursache der Verwerfungen gewesen. »Ich halte diese Diagnose für falsch«, schrieb ich am 8. September 2008. »Der Ursprung der jetzigen Krise lag genau im Gegenteil, nämlich in dem massiven Versuch der Fed, die Gesetze des Marktes auszutricksen und in Folge des Platzens der New-Economy-Blase und des 11. September durch drastische Zinssenkungen die Finanzwelt mit Liquidität zu überfluten. Zudem setzte der amerikanische Staat durch zahlreiche Förderprogramme, steuerliche Anreize und durch die halbstaatlichen Institutionen Fannie und Freddie falsche Impulse und schaffte Rahmenbedingungen, die entscheidend zu den Fehlentwicklungen am US-Hausmarkt beitrugen. Die soziale Utopie, jeden Amerikaner zum Eigenheimbesitzer zu machen, und zwar auch jene Bevölkerungskreise und Personen, die dazu eigentlich überhaupt nicht in der Lage sind, war eine der Ursachen für die jetzige Krise.«

Ich zitierte den aus meiner Sicht verräterischen Satz aus den Memoiren des vormaligen amerikanischen Notenbankchefs Alan Greenspan: »Mir war bewusst, dass die Lockerung der Bedingungen für Subprime-Kreditnehmer die Risiken an den Finanzmärkten erhöhen würde. Ich glaubte aber damals wie heute, dass die Vorzüge eines breiteren Wohneigentums das Risiko wert waren.« Ich fand und finde das absurd und fragte damals, Anfang September 2008: »Der Beinahe-Zusammenbruch des weltweiten Finanzsystems als angemessener Preis für die sozialpolitisch wünschenswerte Erhöhung der Wohneigentumsquote in den USA um einige Prozentpunkte?!« Übrigens, so sagte ich richtig voraus, dürfte die Wohneigentumsquote in den USA aufgrund der zahlreichen Zwangsversteigerungen nach dem Platzen der Hauspreisblase bald deutlich zurückgehen – »ein weiteres Beispiel dafür, wie staatliches Handeln in der Konsequenz oftmals das Gegenteil des Intendierten bewirkt«.

Die Therapie, die einerseits aus Zinssenkungen und andererseits aus einer viel stärkeren Regulierung bestand, sah ich kritisch. Schon am 17. September 2007, kurz nach Ausbruch der Krise, warnte ich in einem Kommentar: »Werden die Zinsen gesenkt, dann wird damit allenfalls etwas Zeit gewonnen, aber zu einem späteren Zeitpunkt würde die Finanzkrise mit noch größerer Zerstörungskraft ausbrechen. Der Markt lässt sich überlisten – aber nicht dauerhaft, sondern allenfalls vorübergehend.«

Da die Politik die Ursachen der Finanzkrise nicht verstehen konnte oder wollte, bot sie billige populistische Erklärungen an, die ich immer wieder scharf kritisierte. »Die Politik«, hieß es in dem Kommentar am 14. Dezember 2009, »hat die Ursachen der Finanzkrise nicht ernsthaft diskutiert. Statt ernsthafter Analyse bestimmt Populismus das Handeln. Die politische Klasse hat sich darauf verständigt, dass gierige Manager und insbesondere zu hohe Bonuszahlungen die Ursache der Krise seien … Das sollte uns alle beunruhigen: Wie viel Vertrauen kann der Patient (das sind wir alle) in einen Arzt haben, der die Krankheit nicht versteht und bei dem die offensichtliche Fehldiagnose zu einer Therapie führt, die nur kurzfristig eine Gesundung des Patienten vorgaukelt, in Wahrheit jedoch den Keim für einen erneuten, sehr viel stärkeren Ausbruch der Krankheit legt?«

Im Jahr 2010 begann dann in der Tat die Eurokrise, die aus meiner Sicht einerseits ihre tieferen Ursachen in einer fehlerhaften Konstruktion des Euro hat und andererseits eine Folge der falschen Therapie der Finanzkrise war. Bereits im Mai 2010 warnte ich unter der Überschrift »Die ›Rettung‹ des Euro wird die europäische Währung langfristig schwächen«: »Der Kern der ›Rettungsaktion‹ für den erst seit elf Jahren bestehenden Euro liegt darin, dass man nunmehr sämtliche Grundsätze, die seinerzeit von der Politik lautstark als unverzichtbare Garanten einer stabilen Gemeinschaftswährung propagiert wurden, verletzt.« Am 11. Juni 2012 schrieb ich einen Kommentar mit der Überschrift: »Nicht das Scheitern des Euro, sondern seine ›Rettung um jeden Preis‹ ist das höchste Risiko«. Darin hieß es, Merkels Politik »Geld gegen Reformen« wäre an sich gar nicht verkehrt, wenn die betroffenen Länder bereit wären, wirklich tiefgreifende Strukturreformen – z.B. am Arbeitsmarkt – vorzunehmen. Das hielt (und halte) ich für unrealistisch: »Im Grunde müssten sich die europäischen Staaten zu der Erkenntnis durchringen, dass nach dem Experiment des Sozialismus auch das Modell des europäischen Wohlfahrtsstaates gescheitert ist. Notwendig sind nicht kleine Reförmchen, sondern eine radikale Deregulierung und konsequente Implementierung marktwirtschaftlicher Strukturen. Dazu ist man in keinem einzigen europäischen Land bereit.«

Im Oktober 2012 überschrieb ich daher meine Finanzkolumne zur Zukunft der europäischen Währung: »Der Euro wird nicht sein oder er wird schwach sein.« Dort vertrat ich die Meinung, dass die Politik der Europäischen Zentralbank und ihres Chefs Mario Draghi nur kurzfristig zu einer Linderung führen werde, langfristig aber erhebliche Risiken beinhalte, da sie nicht von marktwirtschaftlichen Reformen begleitet werde. Unter der Überschrift »Die neue Sorglosigkeit – oder: Worte und Papier werden auf die Dauer nicht reichen« schrieb ich: »Was geholfen hat, waren *Worte* von Mario

Draghi, der erklärte, alles zu tun, um den Euro zu retten. Unterstützt wurden diese Worte durch massive Anleihenkäufe, also durch die Produktion von jeder Menge neuem Geld. Dabei hat die EZB ihre Unabhängigkeit verloren, was sich noch bitter rächen wird. Worte und Papier werden jedoch auf die Dauer nicht reichen. Die Probleme werden nicht gelöst, sondern nur verkleistert und verdrängt. Verdrängte Probleme kommen jedoch irgendwann wieder hoch und entfalten dann eine ungeahnte destruktive Kraft.«

Wenn ich solche düsteren Sätze schrieb, hoffte ich stets, dass ich mich irrte. Ich spürte in mir oft einen Widerstreit zwischen Wunsch und Hoffnung einerseits und der nüchternen Analyse der Fakten andererseits. Mein Wunsch war und ist, dass sich meine Vorhersagen als falsch herausstellen. Ob ich nun den Zusammenbruch des Euro oder den Ausbruch einer schlimmeren Finanzkrise vorhersagte – stets höre ich im Hinterkopf eine Stimme: »Hoffentlich behältst du unrecht«. Denn obwohl ich rechthaberisch bin, sind mir mein Vermögen und das Leben in geordneten Verhältnissen sehr viel wichtiger als die Genugtuung, recht behalten zu haben. In schlimmen politischen und wirtschaftlichen Lagen ist es ein sehr schwacher Trost, wenn man sich sagen kann, man habe diese richtig vorhergesehen.

Ebenfalls gilt dies für meine Erwartung, dass irgendwann SPD, Linke und Grüne auf Bundesebene zusammengehen werden. Nach den Bundestagswahlen von 2013 sagte ich am 23. September in einem Kommentar mit der Überschrift »Deutschland rückt nach links« voraus: »Früher oder später besteht die Gefahr, dass die Linksunion aus SPD, Grünen und Linken an die Macht kommt, die schon heute eine Mehrheit von 319 gegen 311 Sitze im Bundestag hat.«

Damals beteuerte die SPD, auf Bundesebene werde sie auf keinen Fall eine Koalition mit den Linken eingehen. Ich erinnerte in meinem Beitrag an die Historie: »Als die Grünen erstmals auf der Bildfläche auftauchten, erklärte der damalige Hessische Ministerpräsident Börner, solchen Leuten sollte man ›mit der Dachlatte‹ auf den Kopf hauen, aber niemals mit ihnen koalieren. Kurz darauf schloss die SPD die erste Koalition mit den Grünen in Hessen. Dann hieß es von der SPD, man könne mit den Grünen zwar auf Landesebene koalieren, aber auf Bundesebene sei eine Koalition ausgeschlossen. Joschka Fischer machte dann die Grünen auf Bundesebene koalitionsfähig.

Als die PDS ... auf der politischen Bühne auftauchte, schloss die SPD jedwedes Zusammengehen aus. Doch schon bald rückte sie von diesem Kurs ab und ließ sich in Sachsen-Anhalt von ihr tolerieren. Im nächsten Schritt gab es in mehreren Bundesländern auch formelle Koalitionen von SPD und Linken. Nun hieß es – wie damals mit Blick auf die Grünen –, man könne auf Landesebene zusammenarbeiten, aber auf Bundesebene niemals. Spätestens in vier Jahren, vielleicht jedoch schon früher, wird die SPD von dieser Position abrücken und auch auf Bundesebene mit der Linken zusammengehen.« So weit mein Kommentar, den ich unmittelbar nach der Bundestagswahl 2013 formulierte.

Im Dezember 2014 schrieb ich nach der Wahl in Thüringen, durch die Bodo Ramelow zum ersten Ministerpräsidenten der Linken in einem Bundesland wurde, einen weiteren Kommentar unter der Überschrift »Rot-rot-grün: Rotpause für Deutschland.« Hier begründete ich, warum ich an ein Zusammengehen von SPD, Linken und Grünen auf Bundesebene glaubte:

»Ideologisch sind sich SPD, Grüne und Linke in vieler Hinsicht näher als SPD und Union. Der Mindestlohn war eine Idee der Linken – bis die SPD diese Idee übernahm. Auch in zahlreichen anderen Punkten hat sich die SPD in der Zeit nach Schröder der Linken angenähert. Inzwischen schämen sich die meisten SPD-Genossen für die Agenda 2010, obwohl diese eine der wichtigen Ursachen für unseren heutigen Wohlstand ist.

Ideologische, programmatische und machtpolitische Erwägungen zeigen also alle in die gleiche Richtung: rot-rot-grün.

Was hindert Linke, Grüne und SPD heute noch, im Bund zusammenzugehen?

Die fehlende Akzeptanz in der Bevölkerung. Diese soll jetzt erreicht werden, indem man am Beispiel Thüringen den Bundesbürgern zeigt, wie ›harmlos‹ dieses Bündnis angeblich ist. Dafür wurde Bodo Ramelow vorgeschickt, der für die Linkspartei jedoch genauso wenig typisch ist wie der baden-württembergische Ministerpräsident Kretschmann für die Grünen.

Differenzen in der Außen-, Sicherheits- und Europapolitik werden von der SPD als Haupthindernis für ein Zusammengehen mit der Linken auf Bundesebene angeführt. Die gleichen Differenzen gab es jedoch auch, bevor die – einstmals streng pazifistischen – Grünen mit der SPD zusammengingen. Der Machtpolitiker Joschka Fischer zwang die Grünen dann jedoch auf einen neuen Kurs, der u.a. das Ja zu Auslandseinsätzen der Bundeswehr und zur Nato beinhaltete. Damit machte er seine Partei aus Sicht der SPD koalitionsfähig. Wenn es Gregor Gysi gelingt, mit seiner Dialektik zu erklären, warum man eigentlich nie für den Nato-Austritt gewesen sei und warum eine rot-rot-grüne Bundeswehr doch im Ausland eingesetzt werden darf, dann fällt auch der letzte Hinderungsgrund für die SPD gegen das Linksbündnis auf Bundesebene weg.«

So weit meine Prognosen aus den vergangenen Jahren. Ich hoffe, sie werden deshalb nicht eintreten, weil SPD, Grüne und Linke bei den Bundestagswahlen am 24. September 2017 keine Mehrheit der Mandate erreichen werden. Sollte es jedoch von der Zahl der Mandate her möglich sein, dann fürchte ich, dass meine pessimistische Erwartung Wirklichkeit wird. Ich bot sogar in einem Artikel für den »European« eine Wette über 10.000 Euro an, dass die SPD mit Linken und Grünen zusammengehen würden, wenn es rechnerisch reichte. Niemand war bereit, dagegen zu wetten.

Vermutlich hielten und halten mich viele Leser meiner Kolumnen für einen hoffnungslosen Pessimisten. Doch wer diese Autobiografie gelesen hat, wird finden, dass ich zwar nicht zum – von mir als gefährlich angesehenen – Überoptimismus neige, aber bestimmt kein Schwarzseher bin. Allein die nüchterne Analyse führte mich zu diesen Schlüssen, von denen ich hoffe, dass sie sich doch nicht als richtig herausstellen werden. Für mich ist es sehr wichtig zu versuchen, die Realität so zu sehen, wie sie ist – und nicht so, wie ich sie mir wünsche.

Pessimistisch war ich von Anfang an hinsichtlich Merkels Strategie zur Lösung der Flüchtlingskrise. In zahlreichen Kommentaren setzte ich mich kritisch mit ihrer Politik auseinander. Am 17. Februar 2016 analysierte ich in einem Beitrag für »wallstreet-online« die von ihr propagierte »europäischen Lösung« des Flüchtlingsproblems. Damals setzte die deutsche Kanzlerin noch alles darauf, die anderen europäischen Länder zu einer gemeinsamen Politik auf ihrer Linie zu bewegen. Ich fragte in dem Beitrag: »Ist es nicht – hoffentlich – realistischer, dass Deutschland irgendwann auf die Linie von Österreich oder Großbritannien einschwenken wird, als dass diese Länder auch eine grenzenlose Willkommenskultur praktizieren?«

Ein weiteres Kernelement der Linie der Bundeskanzlerin lautete, die Politik müsse die Fluchtursachen beseitigen. Auch wenn es auf den ersten Blick logisch klingen mag, dass man an den Ursachen ansetzen müsse, hielt und halte ich dies für eine unrealistische Strategie. Am 29. Februar 2016 setzte ich mich auf »wallstreet-online« ausführlich in einem Beitrag unter der Überschrift »Fluchtursachen beseitigen – ist das eine Lösung?« mit diesem Ansatz auseinander. Mein zentraler Punkt: Es stehe weder in der Macht Deutschlands noch der EU, die Fluchtursachen zu beseitigen. Nach Zahlen des Heidelberger Instituts für Konfliktforschung gab es 2015 weltweit 424 Konflikte, darunter 21 Kriege, von denen neun im Mittleren Osten und Afrika stattfanden. Zudem hungern nach Angaben der Welternährungsorganisation FAO von sieben Milliarden Menschen auf der Welt 795 Millionen; allein in Afrika sind es 232 Millionen. Die EU und ihre Mitgliedsstaaten leisteten zusammengenommen einen Anteil von über 50 Prozent an der weltweiten Entwicklungshilfe und stellten dafür nach Auskunft des Bundesministeriums für wirtschaftliche Zusammenarbeit jährlich über 58 Milliarden Euro zur Verfügung. »Doch diese Hilfe«, so schrieb ich, »kann die Ursachen für Elend und Not in der Welt nicht beseitigen.«

Die Ursachen sind korrupte Regierungen – etwa in vielen afrikanischen Ländern – und Systeme, die nicht marktwirtschaftlich ausgerichtet sind. Zum Beleg zitierte ich das Ranking der wirtschaftlichen Freiheit, das regelmäßig von der renommierten Heritage Foundation erstellt wird. Dieses Ranking misst den Grad der wirtschaftlichen Freiheit in einzelnen Ländern. An der Spitze stehen Hongkong, Singapur, Neuseeland, die Schweiz, Australien, Kanada, Chile, Irland, Estland und Großbritannien. »Aus diesen Ländern flieht niemand wegen wirtschaftlicher Not.« Dagegen rangieren am Schluss des Rankings genau jene Länder, aus denen die Menschen fliehen, vor allem afrikanische Länder.

Die Folgerung in dem Artikel: »›Fluchtursachen beseitigen‹ hieße in der Konsequenz, dass in Ländern, in denen es keine wirtschaftliche Freiheit gibt, marktwirtschaftliche Systeme etabliert werden. Und dass in Ländern, in denen Korruption und Diktatur herrschen, demokratische und rechtsstaatliche Systeme etabliert werden. Das können jedoch nur die Menschen in diesen Ländern tun. Marktwirtschaft und Demokratie lassen sich nicht exportieren, wie zahllose gescheiterte Versuche Amerikas gezeigt haben.«

In einem Beitrag für »The European« am 20. September kritisierte ich die »Standardphrase aller Merkelianer«, man müsse die »Fluchtursachen beseitigen«. Merkel hatte zuvor erklärt, wir müssten jetzt den Afrikanern eine Perspektive geben, damit nicht die nächste Flüchtlingswelle auf uns zurolle. »Es ist vermessen, wenn Frau Merkel meint, wir könnten die Probleme Afrikas lösen und ›wir‹ könnten ›den Afrikanern eine Perspektive geben‹, damit sie ihre Länder nicht verlassen müssen. Das können weder wir Europäer alleine noch zusammen mit den Amerikanern. Die Verhältnisse in diesen Ländern können nur von den Menschen dort geändert werden.«

Im Februar 2016 verfasste ich einen Beitrag für ein fiktives Geschichtsbuch des Jahres 2116, in dem es um die »Ära Merkel« ging. Ich war der Meinung, dass die Bilanz kritisch ausfallen werde. Im Geschichtsbuch könnte in 100 Jahren stehen:

»Sie (Merkel) war über weite Teile ihrer Kanzlerschaft in Deutschland sehr beliebt. Ihre Amtsperiode war von ständig sinkenden Arbeitslosenzahlen begleitet. Dies war jedoch, wie Wirtschaftshistoriker in zahlreichen Studien nachgewiesen haben, nicht

Ergebnis ihrer Wirtschaftspolitik, sondern jenes ihres Vorgängers Gerhard Schröder ... In der Regierungszeit von Merkel kam es jedoch dann durch einige ihrer Entscheidungen zu einer Phase, die Historiker heute als ›Erosion des Rechtsstaates‹ bezeichnen.«

Als Beleg führte ich die Rechtsbrüche im Zusammenhang mit der Euro-Rettungspolitik an, bei der fast alle wesentlichen Bestimmungen des Maastrichter Vertrages – insbesondere das sogenannte Bail-out-Verbot – verletzt wurden. Auch die spontane Abschaltung der Kernkraftwerke nach der Reaktorkatastrophe in Japan, der Bruch des Dublin-Abkommens und die unkontrollierte Öffnung der Grenzen in der Flüchtlingskrise waren und sind nach meiner Überzeugung Belege dafür, dass Merkel zu einer Erosion der Rechtsstaatlichkeit beigetragen hat. Mindestens ebenso schwer wiegt, dass sie Deutschland in Europa so stark isoliert hat, wie dies nie zuvor in der europäischen Nachkriegsgeschichte geschehen ist. Aus diesem Grunde, so meine Argumentation, werde die Gesamtbilanz der Ära Merkel – auch im Vergleich zu den anderen Kanzlern in der bundesrepublikanischen Nachkriegsgeschichte – negativ ausfallen.

Werden spätere Historiker wirklich so über Merkel urteilen, wie ich es in meinem Aufsatz über das Geschichtsbuch des Jahres 2116 geschrieben habe? Je nach politischen Verhältnissen in der Zukunft könnte das Urteil gnädiger, aber auch vernichtend ausfallen. Wir alle können nicht in die Zukunft schauen – und dennoch sind wir jeden Tag genau dazu gezwungen. Das gilt für den politischen Beobachter ebenso wie für den Unternehmer und Investor. Jede Investition ist in die Zukunft gerichtet, und wenn ich ein falsches Bild der Zukunft habe, ist die Wahrscheinlichkeit hoch, dass ich mit meiner Investition scheitere.

Paradoxerweise ist gerade der Historiker, dessen Profession die Analyse vergangener Geschehnisse ist, in besonderem Maße in einem Denken geschult, das notwendig ist, um künftige Entwicklungen wenn schon nicht vorherzusagen, so doch zumindest zu ahnen. Der liberale Ökonom Ludwig von Mises hat sogar starke Gemeinsamkeiten in der Herangehensweise eines Historikers und Unternehmers beobachtet, worauf sein Branchenkollege Jesús Huerta de Soto hinweist: »Ähnlichkeit besteht zwischen der Alarmiertheit, die ein Geschichtswissenschaftler zeigen muss, wenn er wichtige vergangene Gegebenheiten auswählt und interpretiert, und der Alarmiertheit eines Unternehmers, die dieser in Bezug auf Gegebenheiten zeigen muss, von denen er glaubt, dass sie geschehen werden. Mises stellt daher fest, dass Geschichtswissenschaftler und Unternehmer sehr ähnliche Ansätze anwenden.« De Soto bezieht sich hier auf eine Äußerung von Mises: »Der handelnde Mensch schaut wie mit den Augen eines Historikers in die Zukunft.«

Freude habe ich daran gewonnen, satirische Artikel zu schreiben. Satire hat mich schon immer fasziniert – sie war Thema meines Deutsch-Aufsatzes im Abitur gewesen. Mit der »politischen Korrektheit« kann man am besten satirisch umgehen, denn sie bietet immer wieder Anlässe, herzhaft zu lachen. In einem Artikel spießte ich im Januar 2017 die Forderung des Bundesumweltamtes auf, Fleisch und Milchprodukte statt mit sieben künftig mit 19 Prozent Mehrwertsteuer zu belegen – aus Gründen des Klimaschutzes:

»Fleisch habe ich zwar bisher schon nicht gegessen, aber das nahm ich jetzt zum Anlass, 100 Prozent vegan zu leben. Bisher hatte ich mir nämlich irgendwie noch nicht genügend Gedanken darüber gemacht, dass ich auch durch den Verzehr meines täglichen Joghurts dazu beitrage, dass die Eisbären aussterben. Dabei ist der Zusammenhang doch ganz offensichtlich: Wenn Kühe pupsen, produzieren sie eine Menge Methan. Und tragen damit zur Erderwärmung bei – und damit auch zum Abschmelzen der Pole. Also verzichte ich künftig auf meinen Joghurt. Immerhin hat das einen Vorteil: Ich muss dann nicht mehr ökologisch korrekt die Joghurt-Becher zwecks nachhaltiger Wiederverwendung auskratzen.«

In einem anderen Artikel setzte ich mich mit der »Gender-Schreibweise« auseinander, die an die Stelle des bis dahin von Feministinnen verwandten »Binnen-I« (LehrerInnen) getreten war. Die Grünen hatten die Schreibweise mit dem * damit begründet, dass das Binnen-I immer noch diskriminierend sei. Transsexuelle, transgender und intersexuelle Personen würden so »unsichtbar gemacht« und diskriminiert. Eigenartigerweise wurde die Schreibweise bei bestimmten

Worten jedoch nicht konsequent durchgehalten, wie ich in einer Kolumne anmerkte. Ich hatte über Sprachunterricht berichtet, den mir eine Lehrer*in in politisch korrekter Schreibweise erteilte:

»Falsch waren die Terrorist*innen, Mörder*innen und Verbrecher*innen, so klärte mich meine Lehrer*in auf. ›Ist doch klar, dass frau (er sagte immer ›frau‹ statt ›man‹) so was nicht sagen kann. Hast du schon einmal gehört, dass frau von ›Terroristen und Terroristinnen‹ spricht oder von ›Gefährder*innen‹?‹ Ich gebe zu, dass ich so etwas noch nie gehört hatte. Ich traute mich zu widersprechen: ›Also immerhin gibt es auch weibliche Terroristen, ich meine natürlich Terrorist*innen. Grenzt man die nicht aus, wenn nur die männliche Form verwendet wird?‹ Ausgrenzen wollte ich nämlich wirklich niemanden mehr, auch keine Terrorist*innen. Vielleicht würden durch den Begriff ›Terroristen‹ transsexuelle, transgender und intersexuelle Attentäter sogar ›unsichtbar gemacht‹, wie es im Antrag der Grünen hieß, über den die ›Süddeutsche Zeitung‹ so positiv berichtet hatte.«

Kapitel 15: Meine zwölf Lebensregeln

Manche Leser, die das Manuskript dieses Buches vorab lasen, empfanden es als Mangel, dass ich nicht mehr über Gefühle, innere Dialoge, Selbstzweifel und Stimmungen geschrieben habe. Natürlich habe ich Gefühle, aber Menschen, die mich besser kennen, wissen, dass mir Dinge fremd sind, die den meisten anderen Menschen sehr vertraut sind. Was dies genau ist, weiß ich nicht – und ich kann es wohl auch nicht wissen. Denn wir alle kennen bloß unsere eigenen Empfindungen. Empathie können wir nur aufbringen, insofern wir Empfindungen anderer Menschen nach-empfinden, weil wir selbst glauben, schon so empfunden zu haben.

Manchmal haben mich andere Menschen als Maschine bezeichnet; einige meinten, ich könne Emotionen viel stärker kontrollieren oder sogar vollständig ausblenden. Nun, eine Maschine bin ich bestimmt nicht. Aber ich habe im Laufe meines Lebens verstanden, dass ich irgendwie anders bin, ohne dies selbst genau artikulieren zu können.

Vielleicht lässt Sie folgendes Erlebnis verstehen, was ich meine: Ich saß vor einigen Jahren hinten in einem Taxi und fuhr vom Flughafen nach Hause. Ich telefonierte mit einem Geschäftspartner, es ging um schwierige Themen. Auf einmal startete das Taxi ein Überholmanöver, mit dem Ergebnis, dass ein LKW uns schwer rammte. Das Taxi schlingerte gefährlich, und es gab einen Totalschaden.

Nur durch großes Glück passierte weder mir noch dem Taxifahrer etwas. Während des Unfalls beendete ich nicht etwa das Telefonat, sondern führte es mit ruhiger Stimme fort. Ich berichtete meinem Gesprächspartner knapp und sachlich, was in diesen Sekunden gerade geschah, dass also das Taxi vom LKW gerammt wurde und ins Schlingern geriet. Ich berichtete dies ohne jede Aufregung in der Stimme und führte das Fachgespräch konzentriert fort, da ich in diesen Sekunden sofort merkte, dass wir beide sicher an einer Katastrophe vorbeigeschrammt waren.

Ich vergewisserte mich ohne Unterbrechung des Telefonats kurz, dass dem Taxifahrer tatsächlich nichts passiert war, drückte ihm meine Karte in die Hand, falls ein Zeuge benötigt würde, stieg aus und winkte ein anderes Taxi herbei. Das Gespräch mit dem Geschäftspartner setzte ich – auf das Taxi wartend – noch einige Minuten fort. Im Büro berichtete ich knapp von dem Geschehen, setzte dann jedoch meine Arbeit fort. Meine Assistentin überredete mich allerdings, zum Arzt zu gehen – der solle untersuchen, ob mir nicht vielleicht doch etwas passiert sei, was jedoch nicht der Fall war. Die einzige Emotion, die ich unmittelbar nach dem Ereignis empfand, war eine freudige Erleichterung über den guten Ausgang – denn ich hätte ja bei einem so schweren Unfall auch verletzt im Krankenhaus landen können. Als ich von dem Vorfall berichtete, waren andere Menschen verblüfft und konnten mein Verhalten nicht verstehen. Es gibt ähnliche Beispiele aus meinem Leben, die meine Mitmenschen erstaunt haben.

Wenn Ihrer Meinung nach etwas in diesem Buch fehlt, dann nicht in dem Text, sondern in dem Menschen. Ich selbst sehe dies nicht als Mangel, und wenn es einer sein sollte, dann bestätigt mein Leben das, was Napoleon Hill in seinem Klassiker »Denke nach und werde reich« schrieb: dass sich jeder Nachteil in einen zumindest gleich großen – oftmals sogar in einen weitaus größeren – Vorteil verwandeln lässt.

Was manche Menschen befremdet, sind vielleicht einige meiner Lebensregeln und die extreme Konsequenz und Striktheit, mit der ich sie befolge. Im Laufe der Jahrzehnte habe ich diese

Lebensregeln entwickelt, die mich in meinem Denken und Handeln leiteten. Bewusst oder unbewusst werden alle Menschen von Glaubenssätzen, Weltanschauungen und Heuristiken geführt, die ihr Denken und Handeln bestimmen. Für mich waren und sind die wichtigsten Überzeugungen diese zwölf:

1. Traue dich, sehr selbstbewusst zu sein, und sei bescheiden im Lernen.
2. Sieh die Welt, wie sie ist, nicht, wie du sie dir wünschst, und nicht, wie »man« sie sehen soll.
3. Wenn du nie scheiterst, hast du dir deine Ziele zu klein gesteckt.
4. Selbstvermarktung und Eigen-PR sind wichtig.
5. Habe keine Angst vor Autoritäten!
6. Es ist nie zu spät, etwas Neues anzufangen.
7. Was dir keinen Spaß macht, lass von anderen erledigen.
8. Habe keine Angst, andere um einen Gefallen zu bitten (aber tue auch was für sie).
9. Ehrlichkeit zahlt sich aus.
10. Sei zuverlässig – ohne Einschränkung und Ausnahme.
11. Mache einen Sport daraus, das »Nein« zu überhören.
12. Ohne Akquise und Networking wirst du keinen Erfolg haben.

Traue dich, sehr selbstbewusst zu sein, und sei bescheiden im Lernen. »Wer sich zum Wurm macht, kann nachher nicht klagen, wenn er mit Füßen getreten wird«, wusste schon der Philosoph Immanuel Kant. Sehr selbstbewusste Menschen – und zu denen zähle ich mich – polarisieren. Ich fühle mich wohl in der Gegenwart selbstbewusster Menschen. Und so wie mir geht es auch anderen, aber keineswegs jedem. Sehr selbstbewusste Personen stoßen manchmal jene ab, denen es an Selbstvertrauen mangelt.

Erfolgreiche Menschen strahlen meist ein ungeheures Selbstbewusstsein aus. Denken Sie an Arnold Schwarzenegger, Richard Branson und Jack Welch oder an erfolgreiche Menschen in Ihrem Bekanntenkreis. Was jedoch ist Ursache und was ist Wirkung? Sind diese Menschen deshalb so selbstbewusst, weil sie so erfolgreich sind, oder sind sie so erfolgreich, weil sie so selbstbewusst sind? Ich denke, beides trifft zu. Die Entwicklung von Selbstbewusstsein gleicht einem dynamischen Regelkreis. Sie kann als sich selbst verstärkender Prozess beschrieben werden. So war es jedenfalls bei mir. Meinen Eltern verdanke ich es, dass ich schon als Kind und Jugendlicher sehr selbstbewusst war. Mein Vater und meine Mutter waren davon überzeugt, dass ihr Sohn etwas ganz Besonderes sei. Sie vermittelten mir die Überzeugung, ich sei mit außergewöhnlichen Begabungen und besonderen Fähigkeiten gesegnet. Das klingt vielleicht vermessen, aber genau dieses Gefühl vermittelten mir meine Eltern.

Das Selbstvertrauen, das ich dadurch erlangte, war Basis für kleine und große Erfolge und auch die Ursache dafür, dass ich mit den Niederlagen gut umgehen konnte. Mein Selbstvertrauen wuchs durch die Erfolge, die ich erzielte. Ich glaube nicht, dass Menschen dauerhaft wirklich selbstbewusst sein oder bleiben können, wenn sie nicht nachweisbare und unbestreitbare Erfolge erzielen.

Es hört sich gut an, wenn man sagt, Selbstvertrauen komme von innen und hänge nicht an äußeren Erfolgen. Ich glaube das nicht. Selbstbewusstsein braucht Beweise. Wenn Sie sich selbst stets sagen, wie toll Sie sind, aber in Ihrer Lebenswirklichkeit nichts zuwege bringen, dann spüren Sie, dass Sie sich anlügen. Bei mir waren jedenfalls äußere Erfolge wichtig für die Entwicklung meines Selbstvertrauens. Dass ich meine beiden Staatsexamina und meine erste Promotion mit Auszeichnung bestand, stärkte mein Selbstbewusstsein ebenso wie die Anerkennung meiner wissenschaftlichen Leistungen durch die Fachwelt, meine Erfolge als Unternehmer und Immobilieninvestor oder schöne Frauen an meiner Seite. Und natürlich stärkte es mein Selbstbewusstsein, dass es mir drei Jahrzehnte nach meiner ersten Promotion gelang – neben meiner unternehmerischen Tätigkeit –, ein zweites Mal erfolgreich zu promovieren und einen Beitrag zur Forschung zu leisten.

»Bescheidenheit ist eine Zier«, sagt ein Sprichwort. Obwohl es auf den ersten Blick widersprüchlich wirkt, glaube ich, dass darin (wie in vielen Sprichwörtern) eine Wahrheit steckt. Bescheidenheit war für mich wichtig, wenn es darum ging, Neues zu lernen. Als ich meine akademische Laufbahn schon erfolgreich absolviert und Führungspositionen im Verlag und bei einer renommierten Tageszeitung bekleidet hatte, war ich dennoch bescheiden genug, von einem Versicherungsvertreter zu lernen, der nur einen Realschulabschluss besaß, und bescheiden genug, um mich mit einfachen Menschen bei der Volksfürsorge abends in die Schulung zu setzen und das ABC von der Hausrat- und Kfz-Versicherung bis zur Kranken- und Lebensversicherung zu lernen. Später in meinem Leben habe ich oft Seminare besucht, die andere für überflüssig hielten, weil sie meinten, »das« wüssten sie schon alles.

Sieh die Welt, wie sie ist, nicht, wie du sie dir wünschst, und nicht, wie »man« sie sehen soll.

Ich strenge mich an, die Welt so zu sehen, wie sie ist. Ist das nicht banal? Würde das nicht jeder Mensch für sich beanspruchen? Mag sein. Aber bei vielen Menschen vermengen sich tatsächlich Wunschdenken und Realitätserfassung. Das ist sogar inzwischen wissenschaftlich durch die Forschungen der Behavioral Economics erwiesen. Verständlich ist, dass sich die Anhänger einer Fußballmannschaft wünschen, sie möge siegen. Aber eigenartig ist schon, dass die Anhänger beider Mannschaften auch überwiegend felsenfest daran glauben, dass es so kommen wird. »Der Wunsch ist der Vater des Gedankens«, sagt ein Sprichwort. Ich fand es stets wichtig, gegen diese allzu menschliche Tendenz zum Wunschdenken anzukämpfen.

Ich glaube einfach nicht daran, dass man taugliche Erfolgsstrategien entwickeln kann, wenn man sich selbst betrügt und vom Wunschdenken leiten lässt. Optimismus hat nicht nur Vorteile, sondern führt oft zu einer verzerrten Wahrnehmung der Wirklichkeit. Ich habe viele Unternehmer scheitern sehen, weil sie unbeirrt positiv dachten – auch als alle Fakten dagegensprachen. Sie haben nicht rechtzeitig die Reißleine gezogen und stattdessen gutes Geld schlechtem hinterhergeworfen. Sie wurden Opfer ihres Überoptimismus. Forschungen bestätigen, dass Überoptimismus eine der am meisten verbreiteten kognitiven Verzerrungen ist. Es mag oft unbequem oder manchmal sogar schmerzhaft sein, die Realität so zu sehen, wie sie ist. Doch mein Motto lautete stets: »Man soll keinen anderen Menschen betrügen, aber vor allem nicht sich selbst.«

Können wir die Realität überhaupt erkennen? Manche Wissenschaftler bestreiten das – für sie ist alles nur ein sprachliches »Konstrukt«. Eine objektive Realität gebe es nicht. Diese Wissenschaftler erinnern mich an jene Philosophen, deren Tagung an einem großen Fluss stattfand. Sie diskutierten heftig darüber, ob es eine objektive Realität gebe. Der Fluss trat über und am Ende ertranken viele von ihnen. Könnten wir die Realität nicht erkennen und handelte es sich bei unseren Theorien nur um subjektive Konstrukte, dann wäre es unmöglich, Menschen zum Mond zu schicken. Ob eine Annahme oder Theorie die Realität zutreffend widerspiegelt oder nicht, merken wir an den praktischen Ergebnissen. Der Unternehmer, der von falschen Voraussetzungen ausgeht und sich selbst betrügt, wird das in der Regel letztlich an geringeren Gewinnen oder gar Verlusten ablesen können.

Es hindert Menschen auch daran, die Realitäten zu erkennen, wenn sie sozial erwünschte, wohlklingende Lebensweisheiten so lange wiederholen, bis sie sie am Ende selbst glauben. Viele dieser Lebensweisheiten dienen ganz offensichtlich eher dem Trost der Zukurzgekommenen, als dass sie zutreffend die Realität beschreiben: »Es kommt nicht auf das Aussehen an, sondern auf die inneren Werte« ist einer der Sprüche, die ganz offensichtlich nicht stimmen. Im Grunde weiß das jeder – und es ist sogar durch wissenschaftliche Forschungen belegt. Verständlich ist, dass Menschen, die nicht mit einem guten Aussehen gesegnet sind, sich wünschen, das Aussehen möge keine Rolle spielen. Aber jede schöne Frau weiß, dass ihre Chancen, einen erfolgreichen Mann zu erobern, größer sind als die einer unattraktiven Frau.

»Geld ist nicht wichtig« – das sagen entweder jene, die keines haben, um sich damit zu trösten, oder jene, die mehr als genug davon angehäuft und vergessen haben, wie es ist, mit sehr wenig Geld auskommen zu müssen. Millionen spielen jede Woche Lotto, um reich zu werden, Arbeiter streiken für höhere Löhne und leitende

Angestellte arbeiten – leider – manchmal bis zum Burn-out, um die nächste Karrierestufe zu erreichen. Sie tun das alles, weil sie wissen, dass Geld wichtig ist.

Wenn du nie scheiterst, hast du dir deine Ziele zu klein gesteckt. Wer selbstbewusst ist, setzt sich immer größere Ziele. Aber kein Mensch hat stets nur Erfolge. Das Scheitern gehört zum Leben dazu – und ich habe das nie negativ gesehen. Manche Prediger des positiven Denkens verkünden, das Schlimmste sei es, aufzugeben. Ich finde das nicht. Als ich erkannte, dass ich mit meiner CAT Model Management AG und meinem »ambition Verlag« finanziell nicht erfolgreich sein würde, gab ich diese Aktivitäten auf. Wäre es besser gewesen, weitere Hunderttausende oder gar Millionen Euro in diese Unternehmen zu investieren, nur um recht zu behalten?

Ich bin letztlich bei der »Welt« mit meinem Versuch gescheitert, der Zeitung ein neues Profil zu geben. Ich hatte meine Kräfte über- und die Gegenkräfte unterschätzt. Ich habe Fehler gemacht, die schließlich dazu führten, dass ich als Ressortleiter der »Geistigen Welt« zurücktreten musste. Mir hat die Zeit dieser Kämpfe aber eine Menge Spaß gemacht, und ich setzte damit Signale, die etwas bewirkt haben.

Wer sich stets neue, ambitionierte Ziele steckt, wird häufiger scheitern. »Wenn dir alles gelingt, was du versuchst, dann versuchst du nicht genug«, meinte Gordon Moore, der amerikanische Computerpionier und Mitbegründer von Intel. Gewinner sind nicht deshalb Gewinner, weil ihnen alles gelingt. Im Gegenteil: Gewinner setzen sich große Ziele und experimentieren auf dem Weg, diese zu erreichen. Sie verlangen keine Garantie, dass etwas gelingen wird, bevor sie es anpacken. Sie wissen und akzeptieren, dass vieles von dem, was sie ausprobieren, scheitern wird. »Wenn du nicht hin und wieder scheiterst, dann tust du sicher nichts sonderlich Einfallsreiches«, hat der amerikanische Schauspieler und Regisseur Woody Allen treffend gesagt.

Ich habe in diesem Buch von Krisen berichtet und von schwierigen Herausforderungen, von Niederlagen und Rückschlägen. Ich finde all dies nicht ungewöhnlich für jemanden, der Freude am Widerspruch hat, gerne gegen den Strom schwimmt und immer wieder neue Herausforderungen sucht. Menschen, die ein sehr gleichförmiges Leben leben, ohne größere Krisen und Rückschläge, versäumen meiner Meinung nach viel: Da sie nie ihre Grenzen ausloten, finden sie auch niemals heraus, was in ihnen wirklich steckt.

Ich wollte stets wissen, was ich wirklich erreichen kann. Deshalb bin ich beispielsweise Unternehmer geworden. Denn es gibt nur eine Möglichkeit, das herauszufinden und das eigene Potenzial auszuloten: Indem man Neues wagt und dabei unbekanntes Terrain erkundet.

Seit dem Jahr 1999 führe ich ein »Traumalbum«, in dem ich jedes Jahr meine Ziele aufschreibe. Auf der ersten Seite habe ich in ganz großer Schrift ein Zitat abgeschrieben, von dem ich heute nicht mehr weiß, in welchem Buch ich es gefunden habe: »Das Versagen ist nicht das Schlimmste, das uns widerfahren kann. Das Schlimmste ist, gar nicht erst zu versuchen, unsere Wünsche zu befriedigen. Wenn Sie es versuchen, haben Sie in jedem Fall eine Chance auf Erfolg. Wenn Sie es nicht versuchen, haben Sie bereits versagt.«

Die größten Krisen, die ich in meinem Leben durchzustehen hatte, waren jeweils der Auftakt zu den größten Erfolgen. Zu Beginn des Jahres 1996 steckte ich in einer solchen tiefen Krise. Alles, was ich in den nachfolgenden zwei Jahrzehnten erreicht habe, insbesondere meine Erfolge als Unternehmer und Investor, verdanke ich dieser Krise – und meiner Reaktion darauf. Ich habe die Erfahrung gemacht, dass ich Krisen brauche, die mich durcheinanderrütteln und zum Nachdenken bringen. Denn solange alles relativ gleichförmig verläuft, bin auch ich – das gebe ich zu – oft zu bequem, etwas in meinem Leben zu ändern.

Selbstvermarktung und Eigen-PR sind wichtig.
Alles, was ich getan habe, war nach außen gerichtet. Es ist kein Zufall, dass ich Bodybuilding als Sportart gewählt habe, weil das Ergebnis sofort für jeden sichtbar ist (zumindest am Strand). Viele Nonkonformisten gefallen sich darin zu behaupten, die Meinungen »der anderen« seien ihnen gleichgültig. Ich halte das für eine Lebenslüge. Niemandem ist es gleichgültig, wie andere Menschen über ihn denken, auch dem Nonkonformisten nicht. Wir sind soziale Wesen, und die Urteile unserer Mitmenschen sind wichtig für uns. Das heißt nicht, dass man es immer allen recht machen sollte. Im Gegenteil. Auf diese Weise gewinnt niemand Konturen. Nur Langweiler ohne Profil machen es stets allen recht.

Aber wie andere uns sehen, entscheidet über unseren Erfolg. Als Inhaber der Dr. ZitelmannPB. habe ich stets auf Selbstvermarktung und Imagepflege Wert gelegt. Es nützt nichts, wenn Sie der beste PR-Berater in einer Branche sind und Ihre potenziellen Kunden nichts davon wissen. Ich habe tausendfach jeden Montag meine »Immobilien News der Woche« verschickt, obwohl ich damit keinen Euro verdiente. Doch ich wollte, dass die Führungspersönlichkeiten der Immobilien- und Fondsbranche die Woche mit »Zitelmann« begannen. Auf der Immobilienmesse Expo Real ließ ich 15.000 Tafeln Schokolade verteilen. Auf jeder Tafel stand der Aufdruck: »Immobilienkommunikation: Dr. ZitelmannPB.« Dass wir Marktführer sind, haben wir stets laut und deutlich betont. Der Grund war nicht Eitelkeit, sondern die Erkenntnis, dass viele Kunden lieber dem Marktführer vertrauen, weil sie unbewusst davon ausgehen, dass sich der Beste durchsetzt. Ich kaufe meinen Rasierer von Braun und mein Smartphone von Apple, obwohl es vielleicht bessere gibt. Ich war zwar davon überzeugt, dass unser Unternehmen die beste Beratungsqualität erbrachte, aber ich halte nichts davon, wenn sich Unternehmen mit der »Qualität« ihrer Leistung brüsten, weil das jeder tut. Gute Qualität zu liefern, behauptet jeder, aber Marktführer zu sein, darf nur der behaupten, der nachweisbar die Nummer eins ist.

Zur Selbstvermarktung gehört der Mut, Ecken und Kanten zu zeigen. Nehmen Sie dieses Kapitel, das Sie gerade lesen. Wird es jedem gefallen? Bestimmt nicht! Wird es Menschen geben, die sagen: »Hm, der Zitelmann hat aber ein ziemlich überzogenes Selbstbewusstsein.«? Bestimmt! Aber nur dann, wenn Sie sich trauen, zu polarisieren und Widerspruch herauszufordern, werden Sie zu einer unverwechselbaren und emotional aufgeladenen Marke.

Habe keine Angst vor Autoritäten!

Ich hatte immer das Gefühl, mit anderen Menschen auf Augenhöhe zu sprechen. Das galt für meinen Doktorvater, einen international angesehenen Historiker, den ich (sicherlich allzu forsch) zurechtwies, als er zweimal hintereinander nicht gelesen hatte, was wir vereinbart hatten. Und als einige sehr berühmte Professoren ihre vertraglichen Verpflichtungen beim Propyläen-Verlag über Jahre hinweg verletzten, war es kein Problem für mich, Klartext mit ihnen zu reden.

In meiner Zeit im Springer-Verlag wurde ich mehrfach zum persönlichen Gespräch mit dem damaligen Vorstandsvorsitzenden Jürgen Richter bestellt. Der Anlass war nicht angenehm, ihm gingen die öffentlichen Kontroversen um mich, einen Redakteur des Verlages, gehörig auf die Nerven. Die meisten Angestellten wären wohl befangen gewesen, würde der Vorstand sie einbestellen. Ich spürte jedoch keine Furcht und fühlte mich in keinem Moment des Gespräches unterlegen. Im Gegenteil. Ich hatte mir zuvor zurechtgelegt, wie das Gespräch meiner Meinung nach verlaufen sollte, und so verlief es dann auch.

Ich fühlte mich auch auf Augenhöhe, als ich mit 45 Superreichen – darunter einige Milliardäre – die Interviews für meine zweite Doktorarbeit führte. Ich habe und hatte großen Respekt vor ihren Leistungen, aber ihre meist sehr starke Persönlichkeit hat mich niemals eingeschüchtert oder verunsichert.

Respekt vor der Leistung verdienstvoller Menschen – ob es nun international renommierte Professoren, Selfmade-Milliardäre oder erfolgreiche Persönlichkeiten auf anderen Gebieten sind – ist für mich eine selbstverständliche Grundhaltung. Ich bewundere die Leistung dieser Menschen, aber ich weiß, dass sie trotz allem Fehler, Schwächen und Defizite haben, so wie wir alle. Das macht sie menschlich.

Mein Vater hat eine sehr starke Persönlichkeit und ist außerordentlich gebildet und redegewandt. In meiner Kindheit hatte ich viele, oft sehr anstrengende Streitgespräche mit ihm zu führen. Ich habe mich gegen ihn aufgelehnt, und das hat mir die Kraft und das Selbstvertrauen gegeben, später im Leben Autoritätspersonen furchtlos gegenübertreten zu können. Wären meine Kindheit und Jugend harmonisch und relativ konfliktfrei verlaufen, dann hätte ich diese Stärke wohl nicht gewonnen. Ein Schmetterling entwickelt die Fähigkeit zu fliegen erst dadurch, dass er mit hoher Kraftanstrengung den Kokon sprengt und damit seine Flügel stärkt.

Es ist nie zu spät, etwas Neues anzufangen.
Mit 39 Jahren habe ich als Neuling angefangen, Immobilien und Versicherungen zu verkaufen. Mit 43 Jahren kündigte ich bei der »Welt« und machte mich als Unternehmer selbstständig. Mit 58 Jahren habe ich meine zweite Doktorarbeit geschrieben und ein Jahr später promoviert. Mit 59 Jahren verkaufte ich meine Firma und startete neue Geschäftstätigkeiten in der Immobilienbranche. Am Ende des Vorwortes zu diesem Buch schrieb ich: »Ich stehe erst am Anfang.« So fühle ich mich auch. Mein Vater, Arnulf Zitelmann, ist 88 Jahre. Er erzählt mir von seinen nächsten Buchprojekten. Meine Mutter, Dietlinde Zitelmann, ursprünglich Kindergärtnerin, startete nach dem Ende ihrer Berufstätigkeit zahlreiche neue Aktivitäten. So absolvierte sie im Alter von über 70 Jahren eine Ausbildung als Atelierleiterin für Ausdrucksmalen bei Laurence Fotheringham und gibt seitdem fortlaufend – mit inzwischen 84 Jahren – Kurse für Ausdrucksmalen in ihrem eigenen Malatelier.

Ich habe nie das Gefühl gehabt, es sei zu spät, etwas Neues zu beginnen. Ich halte es für eine dumme Ausrede, man sei zu jung oder zu alt dafür. Ich rechne anders. Meinen ersten Job an der Uni trat ich im Alter von 30 Jahren an. Das heißt: Ich habe heute 30 Jahre aktives

Berufsleben hinter mir. Wenn ich, so wie mein Vater, noch mit 88 Jahren arbeite, dann habe ich gerade etwa die Hälfte hinter mir und die andere Hälfte noch vor mir. Daran, mit 65 in Rente zu gehen, habe ich nie gedacht, obwohl ich schon sehr lange nicht mehr aus wirtschaftlichen Gründen arbeiten muss.

Deshalb verstehe ich niemanden, der 45 Jahre alt ist und meint, es sei zu spät, etwas Neues zu beginnen. Selbst wenn diese Person nur bis zum Alter von 67 Jahre arbeiten wollte (was schade wäre), hätte sie vermutlich gerade einmal die Hälfte des Berufslebens hinter sich. Warum sollte es zu spät sein, Neues zu wagen? Und wann ist der richtige Zeitpunkt, etwas Neues zu starten? Wenn Sie nicht mehr mit Begeisterung bei dem sind, was Sie heute tun. Alle meine beruflichen Tätigkeiten als Wissenschaftler, Cheflektor, Journalist und PR-Unternehmer haben mir große Freude gemacht. Aber wenn ich merkte, dass die Begeisterung nachließ, begann ich etwas Neues.

Das Gemeinsame an den Neustarts war, dass ich mir Berufe aussuchte, für die weder ein Studium noch eine formale Ausbildung erforderlich sind. Um beispielsweise Arzt oder Anwalt zu werden, müssen Sie mindestens fünf bis sechs Jahre studieren und danach ein zweijähriges Rechtsreferendariat und vielleicht sogar eine mehrjährige Ausbildung als Facharzt absolvieren. Selbst um den einfachen und schlecht bezahlten Beruf eines Friseurs auszuüben, muss man hierzulande eine dreijährige Ausbildung durchhalten.

Als Versicherungsvertreter, Immobilienmakler, Lektor, Journalist, PR-Unternehmer und Investor konnte ich dagegen ohne jede formale Ausbildung sofort neu starten. Ich sehe darin einen Vorteil, weil dies Berufe bzw. Tätigkeiten sind, für die man zwar eine Menge Fähigkeiten braucht, aber keine oder nur sehr geringe formale Ausbildungsvoraussetzungen. Daher eignen sie sich hervorragend für Quereinsteiger, so wie ich es war. Mir half, dass ich ein Autodidakt bin, der gerne und schnell eigenständig lernt.

Sicher kam mir zugute, dass sich in diesen Berufen viele Menschen tummeln, die nicht besonders qualifiziert sind, sodass in mancher Hinsicht der Wettbewerb weniger hart ist als etwa beim Arzt- oder Anwaltsberuf, wo schon während der langwierigen Phase von Studium und Ausbildung weniger Befähigte ausgesiebt werden. Warum soll man sich auf ein Feld begeben, für das die Zugangsvoraussetzungen besonders schwer und bis zu zehn Jahre Ausbildung erforderlich sind – um dann auch nicht mehr zu verdienen als etwa ein fleißiger Unternehmer oder Immobilienmakler? Dafür bedarf es schon einer Menge Idealismus oder des Gefühls einer besonderen Berufung. Wirtschaftlich gesehen ist eine solche Entscheidung dagegen vielfach nicht rational, besonders nicht in der heutigen Zeit, wo Ärzte und Anwälte längst nicht mehr so viel verdienen wie früher einmal. Natürlich genießt ein Arzt oder Anwalt ein viel höheres Ansehen als ein Immobilienmakler oder Journalist. Wenn mir ein Beruf große Freude macht und ich möglicherweise sogar noch sehr gut damit verdiene, dann ist mir das aber weniger wichtig. Im Gegenteil: Da sich viele intelligente Menschen durch diesen Imagefaktor abschrecken lassen, sind die Chancen gar nicht so schlecht, auf solchen in dieser Hinsicht weniger attraktiven Feldern wirtschaftlich erfolgreich zu sein.

Was dir keinen Spaß macht, lass von anderen erledigen.
Obwohl ich für andere Menschen als Musterbeispiel für Selbstdisziplin erscheine, handelte ich schon seit meiner Jugend in vieler Hinsicht tatsächlich nach einem ganz anderen Prinzip, nämlich nach dem, was ich als »Lustprinzip« bezeichnete. Das heißt: Ich weigerte mich, Dinge zu tun, zu denen ich keine Lust hatte. Als ich in der Schule merkte, dass mir das Fach Französisch nicht lag bzw. keinen Spaß machte, entschloss ich mich irgendwann, dem Unterricht künftig fernzubleiben. Ich akzeptierte dafür, dass im Zeugnis »ohne Leistung« stand, was gleichbedeutend mit einer 6 war. Später nahm ich nicht mehr am Sportunterricht teil, weil ich auch dazu keine Lust hatte. Im Abiturzeugnis steht daher bei Sport »ohne Leistung«. In der 13. Klasse hatte ich irgendwann überhaupt keine Lust mehr, in die Schule zu gehen, und schwänzte den Unterricht. Schließlich meldete ich mich von der Schule ab. Ein Jahr später

meldete ich mich nur deshalb wieder an, weil ich zwischenzeitlich gemerkt hatte, dass mir Arbeiten noch sehr viel weniger Freude bereitete. Als ich nach der Schule entweder Wehr- oder Ersatzdienst hätte leisten müssen, drückte ich mich vor beidem, indem ich bei der Musterung schummelte.

Schon früh lernte ich, sehr konsequent alles in meinem Leben zu delegieren, was mir keinen Spaß machte. Als Student hatte ich keine Freude daran, zu tapezieren oder die Wohnung zu renovieren. Ich überließ das einem Freund und half dem dafür bei seinen Hausarbeiten. Als Wissenschaftlicher Assistent verspürte ich keine große Lust, Hilfsarbeiten für meinen Chef zu erledigen. Und ich hatte Glück, dass der Professor mich gewähren ließ, mein »eigenes Ding« zu machen. Als Journalist hasste ich es, mich um das Layout zu kümmern und Seiten zu produzieren. Ich redete mich all die Jahre damit heraus, dass ich das nicht könne, und ließ es meine Kollegen machen. Als Unternehmer delegierte ich alles, was man überhaupt nur delegieren kann, nach dem Motto: »Was ein anderer 90 Prozent so gut kann wie du, soll er machen.«

Ich bin übrigens der Meinung, dass es anders schwer ist, reich zu werden. Wenn jemand, dessen Wertschöpfung 5.000 Euro am Tag beträgt, Dinge tut, für die ein anderer nur 100 Euro am Tag bekommt, verschwendet er nicht nur Zeit, sondern auch Geld.

Ist das unfair gegenüber anderen Menschen? Nein. Der liebe Gott hat die Begabungen unterschiedlich verteilt und nicht jedem macht das Gleiche Spaß. Meinem Mitarbeiter Holger Friedrichs bereitete es Freude, Pressegespräche mit Journalisten zu begleiten und zur Immobilienmesse MIPIM in Cannes zu fahren. Mir hätten diese Dinge keinen Spaß gemacht, und deshalb war ich froh, jemanden zu haben, der das sehr gerne und sehr gut tut.

Meine Assistentinnen haben mir alles abgenommen: von der Vereinbarung von Terminen (einschließlich Arzt- und Friseurtermine) bis zur Kommunikation mit der Putzfrau und der Organisation von Lebensmittellieferungen. Obwohl ich über fast zwei Jahrzehnte hinweg mehrfach in der Woche geflogen bin, habe ich noch nie im Leben selber einen Flug gebucht. Ich würde mir das durchaus zutrauen, wollte aber nie wissen, wie es geht, damit ich nicht in Versuchung komme, es selbst zu tun.

Das Ergebnis dieses konsequenten Delegierens: Ich hatte trotz meiner vielfältigen beruflichen Tätigkeiten eine Menge Freizeit. Das Gefühl, keine Zeit für wichtige private Dinge zu haben, stellt sich bei mir sehr selten ein. Ich hatte noch nie eine Freundin, die sich beschwerte, dass ich zu wenig für sie da war. Ich hatte Zeit, vier- oder fünfmal in der Woche zu trainieren, Freitag- und Samstagnacht in die Disko zu gehen und in Urlaub zu fahren. Vor allem habe ich meine Lebensfreude dadurch gesteigert, dass ich Dinge, die mir keine Freude machen, lieber von anderen Menschen erledigen ließ. So hatte ich eben mehr Zeit für jene Dinge, an denen ich Freude habe, etwa Bücher und meinungsfreudige Kolumnen zu schreiben, Kunden zu akquirieren oder Sport zu treiben.

Habe keine Angst, andere um einen Gefallen zu bitten (aber tue auch was für sie).

Während ich dieses Buch schrieb, schickte ich einzelne Kapitel oder das ganze Manuskript an etwa 25 gute Freunde und an Menschen, auf deren Urteil ich viel gebe. Das Buch hat durch ihre Kritik und Anregungen gewonnen. Aber für diese Menschen habe ich auch irgendwann im Leben etwas getan. Ich hatte nie Angst, andere Menschen um einen Gefallen zu bitten. Aber ich achtete stets darauf, dass ich nicht nur nehme, sondern auch gebe.

Ich gebe gerne und gehe auch in Vorleistung, ohne direkt eine Gegenleistung zu erwarten. Ich finde es schlimm, nur dann etwas für andere zu tun, wenn unmittelbar eine Gegenleistung winkt. Gewinne ich jedoch das Gefühl, dass die Beziehung allzu einseitig wird, also dass ich dauerhaft wesentlich mehr gebe, als ich bekomme, dann spreche ich das offen an. Wenn das nicht hilft und ich mich ausgenutzt fühle, lasse ich die einseitige Beziehung einschlafen.

Ich bin wahrscheinlich ein verkappter Lehrer und zeige anderen Menschen gerne, was ich alles weiß. Zum Glück trifft das nicht nur auf mich zu, sondern ebenso auf viele andere Menschen, die ihr

Wissen mit Freude präsentieren. Das habe ich stets ausgenutzt und wie ein Schwamm die Kenntnisse anderer Menschen aufgesogen. Auf diese Weise habe ich beispielsweise eine Menge über Immobiliensteuerrecht gelernt.

Warum nutzen Sie dieses menschliche Verlangen, das eigene Wissen zu zeigen, nicht stärker aus, um zu lernen und von anderen Menschen zu profitieren?

Ehrlichkeit zahlt sich aus.

Wir alle lügen zuweilen. Es gibt keinen Menschen, der nicht schon mehrfach in seinem Leben die Unwahrheit gesagt hat. Wir wissen aber auch, dass es ganz erhebliche Unterschiede gibt, wie oft jemand lügt. Ich gehöre zu den Menschen, für die Ehrlichkeit sehr wichtig ist. Das hat mit meiner Erziehung zu tun, aber auch mit meiner Erfahrung, dass es sich lohnt, ehrlich zu sein. Warum soll man sich angreifbar und erpressbar machen, wenn man als Angestellter bei der Spesenabrechnung schummelt? Warum soll man durch Steuerhinterziehung hohe Strafen riskieren und seinen Ruf gefährden? Ich bin, sieht man von einer zeitweise schwarz beschäftigten Putzfrau ab (das habe ich später geändert), auch gegenüber dem Finanzamt stets sehr ehrlich, obwohl ich genauso ungern Steuern zahle wie die meisten anderen Menschen.

Ich habe die Erfahrung gemacht, dass Vertrauen in zwischenmenschlichen Beziehungen und im Geschäftsleben unser wichtigstes Kapital ist. Die meisten Menschen spüren instinktiv, ob man einem Menschen trauen kann oder nicht, ob er ehrlich ist oder ein Lügner.

»Menschen, die bei kleinen Dingen achtlos mit der Wahrheit umgehen, kann man bei wichtigen Dingen nicht vertrauen«, hat Albert Einstein gesagt. Wenn ich merke, dass ein Mensch es immer wieder bei kleinen Dingen nicht so genau mit der Wahrheit nimmt, werde ich misstrauisch, obwohl ich an sich nicht zum Misstrauen neige. Da eine Übertreibung, dort eine »Notlüge« und hier eine Geschichte, die sich offensichtlich doch ein wenig anders zugetragen hat – wenn ich so etwas registriere, gehe ich davon aus, dass man diesem Zeitgenossen nicht trauen kann. Und so reagieren die meisten Menschen.

Ich habe erwähnt, wie wichtig mir mein Image ist. Ich bin der Überzeugung, der einfachste Weg, das Image eines ehrlichen und vertrauenswürdigen Menschen zu erlangen, ist ehrlich und vertrauenswürdig zu sein.

Sei zuverlässig – ohne Einschränkung und Ausnahme.
Menschen, die mich kennen, beschreiben mich vor allem als jemanden mit einer extrem ausgeprägten Selbstdisziplin. Von außen mag das so erscheinen. Aber der Begriff Selbstdisziplin gefällt mir nicht, weil ich damit die Vorstellung verbinde, dass man sich immer und immer wieder zwingen muss, Dinge zu tun, die man eigentlich nicht tun will. Das kommt jedoch bei mir selten vor, zumindest wäre es mir nicht bewusst. Selbstdisziplin ist nur am Anfang notwendig, wenn ich mir beispielsweise etwas an- oder abgewöhnt habe. Später wurde das neue Verhalten zur Gewohnheit, und dann war nur noch ausnahmsweise Selbstdisziplin erforderlich. Ich habe mir beispielsweise im Laufe der Jahre abgewöhnt, Alkohol zu trinken, zu rauchen, Kaffee zu trinken oder Schokolade und Eiscreme zu essen. Am Anfang war Selbstdisziplin notwendig, heute ist es längst eine Gewohnheit.

Was andere als Selbstdisziplin bei mir bezeichnen, möchte ich lieber mit dem Begriff der unbedingten Zuverlässigkeit beschreiben. Zuverlässig sein heißt für mich: Worte und Taten müssen übereinstimmen. Wenn ich anderen Menschen etwas verspreche, muss ich es einhalten. Und zwar ohne Ausnahme und Einschränkung. Auch wenn ich mir selbst etwas verspreche, gelingt es mir meist, dies einzuhalten. Pünktlichkeit beispielsweise ist nur eine besondere Erscheinungsform von Zuverlässigkeit.

Nach meiner Erfahrung macht es das Leben einfacher, wenn man zuverlässig ist. Und es zahlt sich aus. Denn wer das Image hat, dass bei ihm Worte und Taten übereinstimmen, gewinnt den Respekt seiner Mitmenschen und kann von ihnen mehr fordern. Unzuverlässige Menschen haben sich nicht unter Kontrolle. Sie reden anders, als sie handeln. Sie nehmen sich Dinge vor, die sie nicht umsetzen. Solche Menschen genießen keinen Respekt.

Mein Verständnis von Zuverlässigkeit ist extrem. Daher kommt es immer wieder zu Konflikten – beruflich und privat – mit Menschen, die nicht verstehen, dass ich »Zuverlässigkeit ohne Einschränkung und Ausnahme« nicht als Metapher meine, sondern wörtlich.

Mache einen Sport daraus, das »Nein« zu überhören.

Manchen Menschen in meiner Umgebung ist das etwas peinlich: Wenn es im Restaurant etwas »nicht gibt«, argumentiere ich so lange mit dem Kellner, bis ich es doch bekomme. Sagt mir der Kellner, Omelett »gibt es nicht«, frage ich, ob es keine Eier und keine Pfanne gibt. Mehr braucht man ja nicht, um ein Omelett zu machen. Ich habe die Erfahrung gemacht, dass ich in mehr als 50 Prozent der Fälle, in denen ich das »Nein« nicht akzeptiere, am Ende doch zum Erfolg komme.

Das gilt für alle Lebensbereiche. Die Studienstiftung des deutschen Volkes lehnte ein Stipendium ab, aber ich akzeptierte das »Nein« nicht und bekam einige Monate nach der Absage auf meinen Einspruch hin doch noch eine Zusage. Die FAZ, ich habe auch das berichtet, schickte mir lange Zeit jeden meiner Rezensionsvorschläge zurück oder antwortete nicht einmal darauf. Ich blieb hartnäckig und wurde schließlich einer der am meisten gedruckten Rezensenten politischer Bücher in dieser Zeitung.

Viele spätere Kunden der Dr. ZitelmannPB. erklärten mir im ersten oder zweiten Gespräch, sie bräuchten unsere Leistungen nicht. Manchmal blieb ich viele Jahre am Ball, bis ich das »Nein« in ein »Ja« verwandelt hatte. Der Verkaufstrainer Martin Limbeck erklärte mir einmal, wenn ein Verkäufer nicht mindestens einmal in der Woche von einem potenziellen Kunden gesagt bekomme, er sei zu penetrant, dann habe er etwas falsch gemacht. Das hat mir gefallen. Auch vielen Kunden hat meine Hartnäckigkeit gefallen oder zumindest imponiert. Einer, um den ich mich viele Jahre bemüht hatte, begrüßte mich mit den Worten: »Sie sind sehr hartnäckig. Deshalb dachte ich, dass ich Sie doch mal empfangen muss.«

Die meisten Freundinnen überzeugte ich keineswegs sofort von mir, als ich sie das erste Mal ansprach. Wenn ich eine Frau zu einem Drink einlud und sie ablehnte, fragte ich eine halbe Stunde später noch einmal nach. Ich warb manchmal Monate oder Jahre um die Gunst einer Frau – und war mit dieser Hartnäckigkeit nicht selten erfolgreich.

Wer Selbstvertrauen hat, kann ein »Nein« gut verkraften. Er nimmt das »Nein« nicht als endgültig, sondern nur als vorläufigen Zwischenbescheid und als Ansporn, weiter am Ball zu bleiben und sich etwas Neues einfallen zu lassen.

Ohne Akquise und Networking wirst du keinen Erfolg haben. Alles, was ich im Leben erreicht habe, hatte mit Akquise und Networking zu tun. Als Kind musste ich Anzeigen akquirieren, um meine Schülerzeitung zu finanzieren. Als Historiker musste ich ein Netzwerk aufbauen, um wissenschaftliche Sammelbände herausgeben zu können, Forschungsdiskussionen anzuzetteln und dafür zu sorgen, dass meine Bücher nicht nur gelesen, sondern auch in Fachzeitschriften und Tageszeitungen besprochen wurden. Als Cheflektor des Verlages war es meine Aufgabe, neue Autoren für den Verlag zu gewinnen – und dies war nur möglich, weil ich unablässig und mit großer Begeisterung an meinem Netzwerk spann. Als Initiator der »Berliner Immobilienrunde« musste ich ständig neue, interessante Referenten für meine Veranstaltungen entdecken und gewinnen. Und als Unternehmer war die Gewinnung von Kunden und fähigen Mitarbeitern meine wichtigste Aufgabe.

Ich habe den Begriff »Verkäufer« stets als Ehrentitel gesehen. Manche Menschen verbinden mit Verkauf negative Assoziationen. Bei meiner zweiten Doktorarbeit lernte ich, dass die meisten Selfmade-Millionäre einen Schlüssel für ihren wirtschaftlichen Erfolg in ihrem verkäuferischen Talent sehen. Auch sie schämten sich nicht, wenn man sie als gute Verkäufer bezeichnete.

Arnold Schwarzenegger hat am Ende seiner Autobiografie wichtige Erkenntnisse aus seinem Leben zusammengefasst, darunter diese: »Egal, was du tust, du musst es auch gut verkaufen …

Menschen können große Dichter, große Schriftsteller, geniale Wissenschaftler sein. Man kann die beste Arbeit abliefern, doch wenn die Leute nichts davon erfahren, ist alles umsonst!«

Fleiß habe ich nicht als wichtige Tugend unter meinen zwölf Lebensregeln genannt. Das wird manch einen wundern, denn von anderen Menschen bin ich stets als ganz besonders fleißig beschrieben worden. Ich habe erwähnt, dass mein erster Doktorvater in seinem Gutachten sogar von einem »an Besessenheit grenzenden Fleiß« schrieb, und dies würden vermutlich die meisten Menschen unterschreiben, die mich kennen.

Ich selbst sehe das nicht so. Ich glaube nicht, dass ich fleißiger bin als etwa viele Taxifahrer. Ich habe bei meinen Interviews mit den Superreichen viele Menschen kennengelernt, die sehr viel fleißiger sind als ich. Und wenn ich beobachte, wie viel die Vorstände und Geschäftsführer der Unternehmen, die wir beraten haben, leisten, dann gehöre ich bestimmt nicht zu den Fleißigsten – misst man Fleiß in der Zahl der Arbeitsstunden pro Woche.

Viel wichtiger als Fleiß ist meiner Meinung nach Effizienz. Das ist eines meiner Lieblingsthemen. In meiner Firma führte ich sogar regelmäßig »Effizienzschulungen« durch, bei denen ich den Mitarbeitern erklärte, was Effizienz ist und warum Effizienz der Schlüssel zum Erfolg im Berufsleben ist. Ich habe dabei einen Lieblingssatz immer wiederholt: »Ihr könnt die Zahl der Stunden, die ihr arbeitet, nicht einmal um 50 Prozent erhöhen, aber die Effizienz um ein Vielfaches steigern.«

Viele Menschen erreichen wenig in ihrem Berufsleben, weil sie zwar ziemlich geschäftig sind, aber zu viele Dinge tun, bei denen nichts oder nur wenig herauskommt. Bestimmt haben Sie schon von dem Pareto-Prinzip gehört, nach dem 20 Prozent unserer Aktivitäten für 80 Prozent des Ergebnisses verantwortlich sind. Ich habe immer darauf geachtet, dass die Quote bei mir höher ist und ich mich nicht verzettle mit Dingen, die nicht besonders produktiv sind.

Die meisten Aktivitäten lassen sich in mehrere Bestandteile zerlegen: In einen Teil, zu dem Wissen, Erfahrung und Intelligenz gebraucht werden. Dieser Teil ist meist nicht sehr zeitraubend. Und dann gibt es einen anderen Teil, der vor allem Fleiß erfordert und sehr aufwendig ist. Die meisten Menschen machen den Fehler, beides zugleich zu tun, während ich die beiden Komponenten einer Tätigkeit zerschneide. Zudem sind viele Menschen schlecht organisiert, sodass ein viel zu großer Teil der aufgewendeten Energie einfach verpufft.

Der Eindruck, dass ich extrem fleißig sei, kommt von den Ergebnissen dessen, was ich tue. Die Menschen schließen fälschlicherweise von den Ergebnissen auf Fleiß. Zwar bin ich nicht faul, aber ebenso sicher bin ich nicht fleißiger als viele Angestellte, Manager und Unternehmer. Und die meisten Freiberufler sind wohl fleißiger, als ich es bin, wenn man – ich wiederhole es – Fleiß misst am Zeitaufwand.

Beim Begriff Fleiß schwingt außer »viele Stunden arbeiten« für mich etwas von »mühsamem« und »bemühtem« mit. Ist ein begeisterter Hobby-Sportler oder Briefmarkensammler fleißig? Ich denke, selbst wenn er viele Stunden seiner Zeit dem Hobby widmet, wird er sich wohl nicht in erster Linie als fleißigen Menschen sehen, weil ihm das Hobby vor allem große Freude macht. Wenn ich begeistert von einer Tätigkeit bin – und so ging und geht es mir ganz überwiegend bei den Dingen, die ich beruflich tat und tue –, empfinde ich mich nicht als fleißig.

Meine zwölf Lebensregeln haben mich zu dem geführt, was ich bis heute erreicht habe. Viele Elemente darin sind Konstanten, die mich vermutlich auch in den nächsten Jahren und Jahrzehnten leiten werden. Ich hoffe jedoch, dass ich offen dafür bleibe, alles infrage zu stellen – einschließlich einiger Grundsätze meiner Lebensphilosophie. Denn es ist wichtig, nicht in jene Falle zu tappen, die Niccolò Machiavelli, der florentinische Staatsmann und Schriftsteller, so beschrieben hat: »Es ist unmöglich, einen Mann, dem durch seine Art zu verfahren, viel geglückt ist, zu überzeugen, er könne gut daran tun, anders zu verfahren. Daher kommt es, dass das Glück eines Mannes wechselt; denn die Zeiten wechseln, er aber wechselt nicht sein Verfahren.«

Erfolg birgt die Gefahr, dass wir taub werden für Anregungen, wie man Dinge anders – und noch besser – tun könnte. Deshalb ist der Erfolg oft der größte Feind eines noch größeren Erfolges. Wenn eine Sache ganz offensichtlich nicht funktioniert, sind Menschen eher bereit, zuzuhören und sich für neue Methoden und Verfahrensweisen zu öffnen. Wer jedoch bislang gute Ergebnisse mit einer bestimmten Methode erzielt hat, wird sagen: »Warum soll ich etwas ändern, es hat doch schließlich bisher gut funktioniert?« Aber der Erfolg ist eben kein Beleg dafür, dass es auf andere Weise nicht noch sehr viel besser funktionieren könnte.

Ich bewundere Charlie Munger, den Partner des legendären Investors Warren Buffett. Seine Kinder haben ihn mal als Buch auf Beinen bezeichnet, weil er angeblich jeden Tag ein Buch liest – und zwar keineswegs vorwiegend über Finanzthemen, sondern über Politik, Geschichte, Philosophie und Naturwissenschaften. Mit 93 Jahren ist er als Investor immer noch hochaktiv und verdankt sein Milliardenvermögen auch seiner großen geistigen Offenheit. Munger meint, ein Jahr, in dem man seine Meinung nicht über ein wichtiges Thema geändert habe, sei ein verschwendetes Jahr.

Nun, das ist vielleicht zu apodiktisch. Aber ich nehme diesen Gedanken als Ermutigung zum inneren Dialog. Wahrheit wird ermittelt, dies ist meine Überzeugung, im Widerstreit der Meinungen. Dazu gehört auch der innere Widerstreit.

Kapitel 16: Ich erobere die Welt

»Setze dir größere Ziele« ist nicht nur der Titel eines meiner Bücher, sondern mein Lebensmotto. In den Jahren 1996 bis 2016 stand für mich das Ziel der finanziellen Freiheit im Vordergrund. Finanzielle Freiheit heißt für mich, nicht mehr arbeiten zu müssen, um meinen Lebensunterhalt zu verdienen, sondern von meinem Vermögen sehr gut leben zu können, ohne es anzutasten. Nachdem ich dieses Ziel erreicht hatte, stand ich vor der Frage, welche nächste Wegmarke ich mir setzen sollte. Noch mehr Geld? Dieses Ziel hätte mich nicht besonders motiviert, denn Geld war für mich nie Selbstzweck, sondern Mittel zum Zweck – um finanziell frei zu sein. Und das bin ich nun schon seit vielen Jahren.

Nachdem ich meine Firma verkauft und meine zweite Doktorarbeit beendet hatte, setzte ich mir ein neues, wirklich großes Ziel: Ich will die Welt erobern. Ich habe als Jugendlicher nur zwei Spiele mit Leidenschaft gespielt: »Monopoly« (hier geht es bekanntlich um Immobilien) und »Risiko«. Bei dem Spiel »Risiko« geht es darum, die Welt zu erobern, ein Land nach dem anderen zu besetzen. Und genau dieses Spiel setze ich heute im wirklichen Leben fort: Mit »die Welt erobern« meine ich natürlich nicht, dass ich ein zweiter Alexander der Große werden möchte, meine Ziele sind wesentlich bescheidener – und doch sehr ambitioniert: Ich will als Autor und Publizist weltweit bekannt werden, also quasi ein Land nach dem anderen für mich, meine Bücher und meine Botschaften erobern.

Obwohl ich – wie im vorangegangenen Kapitel gezeigt – seit 2007 verstärkt publizistisch tätig war, stand dies zunächst nicht im Vordergrund. Aber seit 2017 ist die publizistische und wissenschaftliche Tätigkeit immer stärker in den Mittelpunkt gerückt. Geändert hat sich dabei vor allem der geografische Fokus. Jeder Mensch hat einen geografischen Raum für sein Denken und Handeln. Als ich jung war, hatte ich eine Freundin, für die der Hauptfokus das Dorf Messel mit 3000 Einwohnern war, wo wir damals wohnten. Sie verreiste manchmal, aber der Bezugsrahmen ihres Denkens und Handelns blieb stets Messel. Bei manchen meiner Bekannten aus der Immobilienbranche ist der Bezugsrahmen die Stadt Berlin: Sie interessiert vor allem, was in dieser Stadt geschieht, verfolgen intensiv die regionalen Medien. Mein primärer Bezugsrahmen war in den Jahren bis 2017 stets Deutschland. Meine Firma war deutschlandweit aktiv und ich war ständig in Deutschland unterwegs – Frankfurt, Hamburg, München, Köln und Düsseldorf.

Doch nun hat sich mein Fokus erweitert. In den vergangenen drei Jahren hießen wichtige Stationen für mich London, Zürich, New York, Washington, Peking, Shanghai, Seoul usw.– ich werde in diesem Kapitel darüber berichten. Darüber hinaus ging und geht es für mich natürlich darum, mich, meine Bücher und meine Botschaften auch in Deutschland bekannter zu machen.

Im Februar 2017 erschien mein Buch »Psychologie der Superreichen«. Für manche Autoren endet die Arbeit an einem Buch, wenn es erschienen ist. Bei mir beginnt dann die zweite Phase, die PR. Ich glaube an das, was Arnold Schwarzenegger in seiner Autobiografie »Total recall« so formuliert hat: »Egal, was du tust, du musst es auch gut verkaufen … Menschen können große Dichter, große Schriftsteller, geniale Wissenschaftler sein. Man kann die beste Arbeit abliefern, doch wenn die Leute nichts davon erfahren, ist alles umsonst!«

Für mich sind Bücher zudem kein Selbstzweck, sondern nur ein Instrument, um die Ergebnisse meiner Forschungen und meine Botschaften zu verbreiten. Und diese Verbreitung sollte nunmehr weltweit geschehen. Ich will in diesem Kapitel am Beispiel meiner in den vergangenen Jahren erschienenen Bücher zeigen, wie ich dabei vorgehe.

Nachdem das Buch über die Superreichen in Deutschland erschienen war, wollte ich die Reichtumsforschung und die Ergebnisse meiner Arbeit in Deutschland so bekannt wie möglich machen. Ich nahm Kontakt mit dem »Spiegel« auf. Manche Freunde waren skeptisch: Würde der »Spiegel« als eher linkes Medium einen fairen Artikel über mein Buch bringen? Ich sehe ein Medium nicht als Einheit, sondern ich sehe den einzelnen Journalisten, und der Journalist, mit dem ich sprach, war nicht ideologisch, sondern neugierig. Und sein vier Seiten langer Artikel, der eine Woche vor Erscheinen des Buches herauskam. war ausgesprochen positiv: »Erstmals erforscht eine wissenschaftliche Arbeit, wie vermögende Menschen denken und handeln ... Vielleicht hat es einen wie Zitelmann gebraucht, um erstmals so nah an jene heranzukommen, deren Vermögen sich mindestens auf einen zwei- bis dreistelligen Millionenbetrag beläuft.« Das Buch fand in Deutschland große Beachtung – alle führenden Medien wie etwa die FAZ, »Die Welt«, die »Süddeutsche Zeitung«, das »Handelsblatt« und natürlich die Wirtschaftsmedien berichteten groß darüber, Sandra Maischberger lud mich in ihre ARD-Talkshow als Reichenforscher ein.

Da meine Dissertation weltweit die erste große wissenschaftliche Arbeit über die Psychologie von Ultra High Net Worth Individuals war, sah ich die Chance, diese Forschungsergebnisse auch in den USA und Asien bekannt zu machen. Dass deutschsprachige Bücher ins Englische übersetzt werden, ist relativ selten der Fall – es ist viel einfacher, Übersetzungen von Deutsch in andere Sprachen zu bekommen. Deshalb war ich froh, dass es meiner Agentin gelang, einen englischsprachigen Verlag zu finden, der das Buch 2018 unter dem Titel »The Wealth Elite« veröffentlichte. In Deutschland habe ich die PR für meine Bücher zum größten Teil selbst gemacht, da ich mich nie allein auf den Verlag verlassen wollte. Für einen Buchverlag ist jedes Buch eben nur eines von vielen, sodass man als Autor keine ungeteilte Aufmerksamkeit erwarten kann.

Mein englischer Verlag war es nicht gewohnt, professionell PR-Aktivitäten für ein Buch durchzuführen, und schnell war mir klar, dass ich bei der PR in Großbritannien und den USA auf mich allein gestellt sein würde. Hier hatte ich jedoch zunächst kein Netzwerk zu den wichtigsten Medien, also engagierte ich – auf meine Kosten – PR-Agenturen in Großbritannien und den USA, die das Buch und meine Person im englischsprachigen Raum bekannt machen sollten. Ich reiste nach London und New York, führte Gespräche mit Journalisten führender Medien und begann, für englischsprachige Medien Artikel zu schreiben.

Das Presseecho war toll. Renommierte amerikanische und britische Medien wie »Forbes«, »The Sunday Times« oder das zum »Wall Street Journal« gehörende »Market Watch« brachten Artikel über »The Wealth Elite«. In England, Schottland, Irland, den USA und Kanada hatte ich mehrere Dutzend Interviews mit Radiosendern. Die »Financial Times« schrieb im Oktober 2018: »Rainer Zitelmann's study of the psychology of the super rich is an ambitious project. Few could be better qualified for it than Dr Zitelmann – a historian, sociologist, journalist, businessman and investor. There has been no comparable study and it is a compelling read for all who need to understand the characteristics and motivations of rich entrepreneurs. These people drive economic growth, back innovation, create jobs and finance philanthropic projects. So why has such a study never been attempted before? It is hard to access these people and design questionnaires that generate a meaningful response.«

Ich wurde in Städte wie London und Washington eingeladen, um Vorträge über »The Wealth Elite« zu halten. Besonders beeindruckten mich die »Students for Liberty«, eine weltweit tätige libertäre Vereinigung von Studenten. Ich sprach im Januar 2019 auf dem Jahreskongress dieser Organisation in Washington. Ein toller Zufall: Als ich mit dem Taxi vom Flughafen zum Hotel fuhr und aus dem Fenster schaute, sah ich die Aufschrift »Cato« auf dem Bürohaus direkt gegenüber von meinem Hotel. Cato ist eines der einflussreichsten libertären Thinktanks in den USA, und es war schon seit Jahren mein Traum, dort ein Buch zu veröffentlichen und mit Cato zusammenzuarbeiten. Jetzt hatte mir der Zufall geholfen! Kaum im Hotel angekommen, schrieb ich eine Mail an Cato, stellte mich kurz vor und erklärte, dass ich als Referent beim Jahreskongress »LibertyCon« gegenüber im Hotel sei. Ich fragte nach einem Termin am nächsten Tag, um ein Buchprojekt zu präsentieren. Cato bestätigte einen Termin am nächsten Vormittag bei dem für Buchveröffentlichungen zuständigen Mitarbeiter und ihm stellte ich ausführlich mein Buch »Die Gesellschaft und ihre Reichen« vor, das gerade in der englischen Übersetzung war. Zwei Monate später sagte Cato zu, das Werk zu verlegen. Im März 2020 soll es dort unter dem Titel »Upward Classism« erscheinen. Der Kontakt mit Cato wird für mich einer der wichtigsten Bausteine bei meinem Ziel sein, mich und meine Thesen in den USA bekannt zu machen.

In China hatte ich ja bereits einen Verlag, der mein Buch »Reich werden und bleiben« veröffentlicht und mit großem Erfolg verkauft hatte. Dieser Verlag brachte 2018 auch meine »Psychologie der Superreichen« in Mandarin heraus und lud mich im August nach China ein. In den vergangenen Jahren ist die Zahl der Millionäre und Milliardäre in keinem Land so stark gestiegen wie in China. Und Millionen Chinesen träumen davon, selbst reich zu werden.

Ich reiste in fünf Städte – Peking, Guangzhou, Nanjing, Shanghai und Shenzhen –, hielt in jeder Stadt Vorträge und gab Dutzende Interviews. Ich fühlte mich wie ein Star, die Menschen standen an – jeder wollte ein signiertes Buch oder ein Foto mit mir. Die Dimensionen in China sind ganz andere als in Europa. Ein Video-Interview, das ich über mein Buch gab, wurde in einer Woche 850.000 Mal aufgerufen. Die Chinesen sind ungeheuer neugierig und vor allem hungrig nach Erfolg. Besonders die jungen Chinesen sind voll von Optimismus und Ehrgeiz. Nach meinem Vortrag in Peking kam ein Schüler zu mir, zehn Jahre alt. Er sprach gut Englisch. Und wollte meine Empfehlung, wann er beginnen solle, neben der Schule zu arbeiten, sich vielleicht selbstständig zu machen, um reich zu werden.

Die Chinesen glauben an den wirtschaftlichen Fortschritt – nicht nur für sich selbst, sondern auch für ihr Land. Bei dem Vortrag in Shanghai fragte ich, wie vielen der anwesenden Teilnehmer es besser gehe als ihren Eltern. Alle meldeten sich.

Und das zeigt genau, was in China geschehen ist. Nach den Zahlen der Weltbank lebten noch 1981 88 Prozent der Chinesen in »extremer Armut«, heute sind es weniger als 1 Prozent. Hunderte Millionen sind aus der Armut in die Mittelschicht aufgestiegen. Alles begann in den 80er-Jahren mit der Parole von Deng Xiaoping: »Lasst erst mal einige reich werden!« Diesen »einigen« eifern heute Millionen nach. Natürlich werden sie nicht alle reich. Aber für fast alle werden sich die Lebensverhältnisse verbessern, wenn China weiter seinen Weg der marktwirtschaftlichen Reformen gehen wird – was indes nicht sicher ist.

Ich sprach mit Professor Zhang Weiying, einem der bekanntesten Ökonomen Chinas, aus dessen Buch »The Logic of the Market« ich viel gelernt habe. Ich traf ihn in Peking und wir tauschten uns über die aktuellen Entwicklungen aus. Einig waren wir uns beide darin, dass die Erfolge Chinas in den vergangenen Jahrzehnten nicht auf einem besonderen »Dritten Weg« zwischen Kapitalismus und Sozialismus beruhen, sondern ausschließlich darauf, dass sukzessive die Macht des Staates in der Wirtschaft zurückgedrängt wurde – zugunsten von mehr Markt und Privateigentum.

Shenzhen, wo ich einen Vortrag auf Einladung einer Fondsgesellschaft hielt, ist ein Musterbeispiel für die Entwicklung in China. Zu sozialistischen Zeiten war es eine kleine Fischerstadt mit 30.000 Einwohnern. Von dort flohen viele Menschen in das benachbarte Hongkong. Später wurde Shenzhen eine der ersten »Sonderwirtschaftszonen« – so nannte man die Experimentierfelder, in denen es kapitalistischer zugeht als in Europa oder den USA. Heute ist Shenzhen eine pulsierende Metropole mit über zwölf Millionen Einwohnern. Viele sind Unternehmer, überall werden neue Startups gegründet, vor allem im Internetbereich.

Das Beispiel Chinas zeigt besonders deutlich, was Sozialismus und was Kapitalismus für die Menschen bedeuten. Dies war auch das Thema meines nächsten Buches, das im Jahr 2018 erschien: »Kapitalismus ist nicht das Problem, sondern die Lösung«. Als ich das Buch schrieb, hörte ich oft den Einwand: »Wissen wir das nicht alle längst – spätestens seit dem Zusammenbruch des Kommunismus Ende der 80er-/Anfang der 90er-Jahre –, dass der Kapitalismus dem Sozialismus überlegen ist? Wozu ein solches Buch?«

Eine meiner Stärken war es immer, bestimmte gesellschaftliche Entwicklungen vorauszusehen. Doch diesmal wurde ich leider schneller bestätigt, als ich es selbst vermutet hatte. Heute, zwei Jahre nach Erscheinen des Buches, ist klar, warum es so wichtig ist, an die Überlegenheit des Kapitalismus gegenüber dem Sozialismus zu erinnern. Denn sozialistische Ideen sind weltweit wieder auf dem Vormarsch. In den USA bezeichnen sich heute bei Meinungsumfragen mehr junge Menschen als Anhänger des Sozialismus (was auch immer sie darunter verstehen) denn als Anhänger des Kapitalismus. Sogar in den USA ist »Kapitalismus« für viele ein »dirty word« geworden und führende Demokraten wie Bernie Sanders bezeichnen sich selbst als Sozialisten. In Großbritannien wurde die Labour Party von radikalen Marxisten wie Jeremy Corbyn und John McDonnell übernommen. Und in Deutschland wird, 30 Jahre nach dem Fall der Mauer, wieder über Enteignungen diskutiert.

»Kapitalismus ist nicht das Problem, sondern die Lösung« unterscheidet sich darin von anderen Büchern zum Thema, dass ich keinem theoretischen, sondern einem wirtschaftshistorischen Ansatz folge. Sozialisten diskutieren am liebsten über Theorien und vergleichen gerne ihre schöne Utopie einer »gerechten« Gesellschaft mit der brutalen Realität des Kapitalismus. Das ist aus meiner Sicht so, als wenn man die Schilderungen einer romantischen Liebesbeziehung in billigen Liebensromanen, wie man sie am Bahnhof kaufen kann, mit einer real existierenden Ehe vergleichen würde. Das wäre natürlich unfair. Ich vergleiche in meinem Buch Dinge, die man wirklich vergleichen kann: China zu Maos Zeiten – und nach den kapitalistischen Reformen von Deng Xiaoping. Ich vergleiche die wirtschaftliche Entwicklung in der DDR und der Bundesrepublik Deutschland, in Nord- und Südkorea oder in Venezuela und Chile. Und ich zeige das Versagen des »demokratischen Sozialismus« in Großbritannien und Schweden in den 70er-Jahren und die positiven Effekte der marktwirtschaftlichen Reformen in den 80er- bzw. 90er-Jahren.

Auch dieses Buch fand große Beachtung in den Medien. In der FAZ gibt es die Seite »Die Ordnung der Wirtschaft«, auf der angesehene Ökonomen schreiben. Ich durfte dort eine ganze Seite veröffentlichen zum Thema »Warum Intellektuelle den Kapitalismus nicht mögen« – eine Zusammenfassung des 10. Kapitels meines Buches, das in den meisten Rezensionen besonders hervorgehoben wurde. »Spiegel-Online« brachte ein großes Interview zu diesem Buch. Ich wurde zu vielen Vorträgen und Diskussionen eingeladen. Besonders Spaß habe ich an Streitgesprächen mit Andersdenkenden. Im Dezember 2018 lud das Weltethos-Institut in Tübingen die Redakteurin der linken »taz« Ulrike Herrmann und mich ein: Sie sollte meine Bücher vorstellen, ich stellte drei ihrer kapitalismuskritischen Bücher vor. Mir war klar, dass in Tübingen das Publikum eher linksgrün sein würde, aber trotzdem – oder gerade deshalb – kam ich mit meinem »I love Capitalism«-T-Shirt, das inzwischen zu meinem Markenzeichen geworden ist. Ulrike Herrmann warf mir vor, ich hätte in meinem Kapitalismus-Buch ein wichtiges Buch über Japan nicht erwähnt, was allerdings kein Wunder ist, da Japan keines der Länder ist, mit denen ich mich in dem Buch befasse. Ich konterte mit dem Hinweis, dass im Literaturverzeichnis ihres Buches zum Wirtschaftsdenken im 20. Jahrhundert zwar 13 Bücher von Marx und Engels aufgelistet sind, aber keine einzige Veröffentlichung der liberalen Ökonomen Ludwig von Mises und Friedrich August von Hayek. Sie begründete dies damit, dass Hayek ja ein Philosoph gewesen sei und kein Ökonom. Auf dieses Argument entgegnete ich, mit der gleichen Begründung hätte sie ebenso gut Marx weglassen können, der ja auch ein Philosoph war. Und zudem hat Hayek 1974 immerhin den Nobelpreis bekommen – und zwar für Wirtschaftswissenschaften. Kein Ökonom?

In Großbritannien und den USA erschien mein Kapitalismus-Buch unter dem Titel »The Power of Capitalism«. Das

Presseecho war besonders in Großbritannien sehr groß. Durch das Buch knüpfte ich wertvolle Kontakte in London, und ich empfinde inzwischen die britische Hauptstadt fast als zweite Heimat, weil es dort viel mehr Gleichgesinnte gibt als in Deutschland. Eine wichtige Rolle spielen in London die libertären Thinktanks. Die erste sehr positive Besprechung von »The Power of Capitalism« kam von Madsen Pirie, dem Präsidenten des Adam Smith Institutes. Ich lernte ihn danach kennen – ein faszinierender Mann, der imponierend viele der großen libertären Denker und Politiker persönlich kannte. Mit 79 Jahren ist er körperlich und geistig total fit und man kann ihm stundenlang zuhören, wenn er von seinen Begegnungen mit Persönlichkeiten wie Maggie Thatcher und Friedrich August von Hayek berichtet.

Beeindruckt bin ich von dem, was libertäre Thinktanks in Großbritannien leisten. Im Juli 2019 lud mich das angesehene Institute of Economic Affairs zu einer Paneldiskussion seiner »Think Konferenz« ein, an der mehrere Hundert Schüler und Studenten teilnahmen. Die Tageszeitung »Daily Telegraph« veröffentlichte einen Gastbeitrag von mir, und besonders stolz war ich, dass die »Financial Times« das Buch »The Power of Capitalism« zu einer der wichtigsten Neuerscheinungen des Sommers 2019 kürte und mich danach zu einer Podiumsdiskussion einlud.

Kurz nach der Veröffentlichung der deutschen Ausgabe des Kapitalismus-Buches luden mich der koreanische und der chilenische Botschafter in Deutschland zu Gesprächen ein – über beide Länder hatte ich ja geschrieben. Das Kapitalismus-Buch erschien auch in Südkorea, und im Mai 2019 reiste ich auf Einladung des koreanischen Verlages zu einer PR-Tour nach Seoul. Südkorea ist ein besonders eindrucksvolles Beispiel dafür, was der Kapitalismus leisten kann. In den 60er-Jahren waren die beiden 1948 getrennten Koreas noch sehr arme Länder – so arm, wie heute die ärmsten afrikanischen Länder sind. Nordkorea ging den Weg der staatlichen Planwirtschaft, Südkorea ging den kapitalistischen Weg. In Nordkorea hungern die Menschen heute immer noch bei jeder Missernte, Südkorea ist eine der führenden Exportnationen, und

Marken wie LG oder Samsung genießen weltweit ein hohes Ansehen. Nordkorea steht beim Bruttoinlandsprodukt pro Kopf heute an 178. Stelle (drei Plätze vor Afghanistan), Südkorea steht an 29. Stelle (sechs Plätze vor Spanien).

Als ich die Rolltreppen meines Hotels in Seoul herunterfuhr, um zu sehen, was es dort gibt, entdeckte ich mit Staunen ein unterirdisches, gigantisches Shopping-Center mit einer Auswahl, wie ich dies noch nirgendwo in Europa gesehen hatte.

Ich traf in Seoul mit den Vertretern des Center for Free Enterprise und der Hayek-Gesellschaft zusammen und gab führenden Wirtschaftszeitungen Interviews. Eine große Rolle spielen YouTuber in Südkorea. Ich hatte Interviews mit Kanälen wie Sihn Ui Han Soo (über 700.000 Abonnenten), Pen & Mike (460.000 Abonnenten) und anderen und hielt einen Vortrag vor Studenten an der führenden Seoul National University. Das Ergebnis meiner PR-Tour war toll: Das Buch war schon drei Wochen nach Erscheinen ausverkauft und auf Platz 1 der Politischen Bücher in Südkorea. Vor allem meldete sich ein anderer angesehener Verlag in Südkorea, der durch die Presseberichte auf mich aufmerksam geworden war, und zeigte Interesse an meinem Buch »Psychologie der Superreichen«. Auch dieses Buch wird 2020 in Korea erscheinen und ich freue mich schon, dann wieder nach Seoul zu fliegen.

Nachdem ich mein Buch über den Kapitalismus geschrieben hatte, wollte ich das fortsetzen, was ich mit meiner Dissertation über die Superreichen begonnen hatte. Diesmal war die Fragestellung jedoch nicht, wie die Superreichen ticken, sondern wie die Bevölkerung reiche Menschen sieht und wahrnimmt. Wie ich darauf gekommen war? Erstens hatte mich geärgert, dass reiche Menschen zunehmend öffentlich diffamiert wurden. Der bekannte linke Journalist Jakob Augstein hatte einen Artikel im »Spiegel« mit der Überschrift »Zur Hölle mit den Reichen« versehen. Auf einer Demonstration am Vorabend des 1. Mai in Berlin konnte man auf einem der Plakate lesen: »Kill your landlord«, also: »Töte deinen Vermieter«. Ähnliche Hetzparolen gegen andere Minderheiten wären zu Recht auf große Empörung gestoßen, aber wenn sich der

Hass gegen reiche Menschen richtet, scheint das für die Medien kein Grund zur Aufregung zu sein. Zweitens wuchs meine wissenschaftliche Neugier, als ich entdeckte, dass es zu Vorurteilen über reiche Menschen kaum ernsthafte Forschungen gab.

Seit vor rund 100 Jahren Walter Lippmanns Klassiker »Public Opinion« erschien, befasst sich die Wissenschaft mit Vorurteilen und Stereotypen. Die Forschung hat dazu Tausende Aufsätze und Bücher hervorgebracht. Besonders intensiv wurden rassistische und sexistische Vorurteile untersucht. Sehr viel weniger Untersuchungen gibt es über Vorurteile, die auf der Klassen- bzw. Schichtzugehörigkeit basieren. Man spricht hier von Klassismus, analog zu Sexismus oder Rassismus. Inzwischen gibt es in den Vereinigten Staaten eine Reihe von Arbeiten, die sich mit Vorurteilen über arme Menschen befassen. Bislang kaum untersucht wurden jedoch Vorurteile über eine Minderheit: die Reichen.

Hier sah ich eine Lücke – und dies sollte das Thema meines nächsten Buches werden. Ich fing an, mich intensiv mit der Vorurteilsforschung zu befassen, und las dazu Hunderte Bücher und Fachaufsätze, vor allem aus den USA. Zudem befasste ich mich mit der wissenschaftlichen Neidforschung. Ich hatte vorher gar nicht gewusst, dass es zur Psychologie des Neides inzwischen eine breite Forschung gibt, besonders in den USA.

Um die Studie auf eine empirische Basis zu stellen, beauftragte ich die Meinungsforschungsinstitute Allensbach und Ipsos MORI, die im Mai und Juni 2018 eine repräsentative Bevölkerungsstichprobe in Deutschland, den Vereinigten Staaten, Großbritannien und Frankreich mit identischen Fragestellungen durchführten. In jedem Land wurden 1000 repräsentativ ausgewählten Personen Dutzende Fragen zu ihrer Einstellung über reiche Menschen gestellt.

Den Fragebogen erstellte ich zusammen mit Thomas Petersen vom Allensbacher Institut. Er ist ein Schüler der Allensbach-Gründerin Elisabeth Noelle-Neumann, mit der ich befreundet war. Petersen hat ein wissenschaftliches Standardwerk darüber geschrieben, wie Fragebögen in der Sozialforschung am besten formuliert und eingesetzt werden. Sein Wissen und seine jahrzehntelangen

Erfahrungen waren für mein neues Forschungsprojekt von großer Bedeutung.

Da Sozialneid nicht mit direkten Fragen (»Wie neidisch sind Sie?«) gemessen werden kann, wurden den Teilnehmern drei Aussagen vorgelegt, die ein Indikator für Sozialneid sein können: »Ich fände es gerecht, wenn die Steuern für Millionäre stark erhöht würden, auch wenn ich dadurch persönlich keinen Vorteil hätte«; »Ich wäre dafür, die Gehälter von Managern, die sehr viel verdienen, drastisch zu kürzen und das Geld an die Angestellten der Unternehmen zu verteilen, auch wenn diese dadurch vielleicht nur ein paar Euro im Monat mehr bekämen«; »Wenn ich höre, dass ein Millionär mal durch ein riskantes Geschäft viel Geld verloren hat, denke ich: Das geschieht dem recht.«

Als »Nicht-Neider« werden jene bezeichnet, die keine dieser drei Fragen bejaht haben. Mit »Ambivalenten« sind jene gemeint, die eine der drei Aussagen unterstützen. Als »Sozialneider« werden jene bezeichnet, die zwei oder drei Aussagen unterstützen, wobei als »harter Kern« jene bezeichnet werden, die alle drei Aussagen bejahen. Zur Gruppe der Neider gehören in Deutschland 33 Prozent, in Frankreich 34, in den USA 20 und in Großbritannien 18 Prozent. Da in allen Ländern die gleichen Fragen gestellt wurden, haben wir eine gute Vergleichsmöglichkeit.

Die Trennschärfe dieser Kategorien zeigt sich vor allem darin, dass sich die so ermittelten Gruppen der Neider und der Nicht-Neider auch bei der Positionierung zu Dutzenden weiteren Aussagen deutlich unterscheiden. So wurden von der Gruppe der Neider als häufigste Persönlichkeitsmerkmale der Reichen Egoismus, Rücksichtslosigkeit, Materialismus, Überheblichkeit, Gier, Gefühlskälte und Oberflächlichkeit genannt. Nur zwei der 25 Persönlichkeitsmerkmale, die Sozialneider am häufigsten nannten, sind positiv, 23 dagegen negativ. Häufigste Persönlichkeitsmerkmale der Reichen aus Sicht der Gruppe der Nicht-Neider waren dagegen Fleiß, Intelligenz, Wagemut, Materialismus, Einfallsreichtum und visionäres Denken.

Eine Frage diente dazu, herauszufinden, wie anfällig die Menschen in den vier Ländern für Sündenbockdenken sind. Den

Befragten wurde folgende Aussage vorgelegt: »Superreiche, die immer mehr Macht wollen, sind schuld an vielen Problemen auf der Welt, z.B. an Finanzkrisen oder humanitären Krisen.« In Deutschland ist die Zustimmung zu dieser Meinung mit 50 Prozent doppelt so hoch wie in Großbritannien und den USA (25 bzw. 21 Prozent). Das lässt vermuten, dass sich Aggressionen gegen Reiche und die Bereitschaft der Gesellschaft, gegen diese vorzugehen, in einer akuten Finanz- oder Wirtschaftskrise in Deutschland eher mobilisieren ließen als in den angelsächsischen Ländern.

Ein wichtiges Ergebnis der Befragung war, dass junge Amerikaner den Reichen deutlich skeptischer gegenüberstehen als ältere – in europäischen Ländern ist es umgekehrt. In einer Hinsicht, auch dies zeigt die Befragung, verhält es sich bei Reichen so wie bei anderen Minderheiten auch: Der unbekannte, fremde Reiche ist den meisten Menschen eher suspekt – der Reiche, den man persönlich kennt, wird dagegen sehr viel positiver beurteilt und entspricht so gar nicht den verbreiteten Stereotypen. In der Gesamtbevölkerung bringen die Deutschen folgende Eigenschaften mit Reichen in Verbindung: Egoismus, Materialismus, Rücksichtslosigkeit und Gier. Die meisten Menschen kennen jedoch keinen Millionär persönlich – als Millionär hatten wir Menschen definiert, die zusätzlich zur eigenen Immobilie noch mindestens eine Million Euro besitzen. Wenn man nur jene Menschen fragte, die einen Millionär persönlich kennen, dann fiel das Urteil ganz anders aus. Diese Menschen nannten den Millionär fleißig, intelligent, einfallsreich, optimistisch und visionär.

Zugleich beauftragte ich noch ein darauf spezialisiertes Unternehmen, die deutschen Medien systematisch unter dem Gesichtspunkt zu analysieren, wie hier Reiche dargestellt werden. Professor Mathias Kepplinger, einer der renommiertesten Publizistikwissenschaftler, war neben Thomas Petersen mein wichtigster Ratgeber bei diesem Projekt. Zudem initiierte ich eine Gruppe, die erstmals die Darstellung von reichen Menschen in Hollywoodfilmen analysierte. Die Analysen belegten, wie einseitig das in Medien gezeichnete Bild über reiche Menschen ist.

Das Buch »Die Gesellschaft und ihre Reichen« fand ein so großes Presseecho wie kein anderes Buch von mir zuvor. Der »Spiegel« berichtete wieder auf vier Seiten, die Londoner »Times« brachte sogar einen Artikel auf der ersten Seite und die französische »Le Monde« veröffentlichte ein ganzseitiges Interview mit mir. In deutschsprachigen Ländern berichteten Medien wie FAZ, »Welt«, »Focus«, »Neue Zürcher Zeitung«, »Standard« usw. sehr ausführlich. Interessant ist jedoch: Das Buch wurde zwar in den Medien ganz überwiegend sehr gelobt, die kritischen Ergebnisse darüber, wie Reiche in den Medien dargestellt werden, erwähnte jedoch kaum ein Artikel.

Oliver Luksic, der verkehrspolitische Sprecher der FDP-Bundestagsfraktion, den ich sehr schätze, lud mich zu einem Streitgespräch im Deutschen Bundestag ein. Mein Kontrahent war der Dortmunder Philosoph Christian Neuhäuser, der ein Buch mit dem Titel »Reichtum als moralisches Problem« geschrieben hatte. Er vertrat dort die These, man müsse moralisch ungerechtfertigten Reichtum verbieten, wobei aus seiner Sicht im Grunde alle Reichen moralisch fragwürdig sind. Enttäuscht war ich, dass er vor dem überwiegend liberalen Publikum mit seinen antikapitalistischen Ansichten hinter dem Berg hielt und versuchte, sich anzupassen. So musste ich immer wieder Stellen aus seinem Buch vorlesen, um den Zuhörern die wahren Ansichten des Professors aufzuzeigen, die er zu verbergen suchte. Übrigens können Sie das Streitgespräch auch auf YouTube sehen, so wie über 200 weitere Videos von mir.

Auch bei dem Buch »Die Gesellschaft und ihre Reichen« waren zunächst manche skeptisch, ob es relevant sei, sich so ausführlich wissenschaftlich mit Vorurteilen über Reiche und Spitzenverdiener zu befassen. Doch bereits kurz nach Erscheinen des Buches wurde deutlich, wie wichtig dieses Thema ist. Niemand regte sich auf, als linke Gruppen für eine große Demonstration »Gegen die Stadt der Reichen« zum 1. Mai 2019 in ganz Berlin mit Plakaten warben, die eine Guillotine zeigten. Und die Zeitschrift »Stern« veröffentlichte auf der Humorseite eine Karikatur, in der sich zwei Mütter unterhalten. Die eine sagt zur anderen: »Mein Sohn ist im Vorstand eines Berliner Wohnkonzerns«. Die andere erwidert: »Schade, dass es damals noch keine Fruchtwasseruntersuchungen gab.« Reiche als lebensunwertes Leben?

Selbst eine Zeitung wie die »Süddeutsche Zeitung« beklagte im August 2019, dass die Besserverdienenden in Deutschland zunehmend herabgesetzt werden: »Nun aber zeichnet sich im politischen Diskurs eine neue, beklemmende Entwicklung ab, am anderen Ende der Skala, dort, wo das Geld nicht fehlt, sondern sitzt: Es ist der Versuch, die Diskreditierung von Leistung und Erfolg salonfähig zu machen ... Das Bild vom faulenzenden Millionär aber ist ein ebenso ungerechtes Zerrbild wie das vom faulenzenden Arbeitslosen. Das weiß die SPD und verbreitet es dennoch mit kindlicher Freude. Jene, die ein gutes, aber keineswegs dekadentes Leben führen, weil sie hart dafür arbeiten, bleiben verblüfft bis fassungslos zurück.«

Ich schrieb nicht nur in meinen Büchern gegen solche Entwicklungen an, sondern begann auch in immer mehr Medien Artikel zu veröffentlichen. In den letzten Jahren hatte ich vor allem in »Wallstreet Online« publiziert, jetzt kamen Medien wie die »Neue Zürcher Zeitung« in der Schweiz, »City AM« in London und »Forbes.com« in den USA hinzu. Forbes.com verpflichtete mich sogar als wöchentlicher Kolumnist.

Erstmals seit über zwei Jahrzehnten befasste ich mich auch wieder als Historiker mit dem Thema meiner ersten Dissertation – mit Adolf Hitler. Der Lau-Verlag veröffentlichte 2017 die 5. Auflage meines Buches »Hitler. Selbstverständnis eines Revolutionärs« zusammen mit weiteren historischen Aufsätzen von mir und einem Nachwort von Jürgen W. Falter. Aus diesem Anlass las ich mich wieder intensiv in die Forschung über Hitler und den Nationalsozialismus ein. Ich kaufte mir ein ganzes Bücherregal mit den wichtigsten Erscheinungen der Nationalsozialismus-Forschung der letzten beiden Jahrzehnte und recherchierte die Aufsätze zum Thema in den historischen Fachzeitschriften – das Ergebnis war ein Vorwort mit 50 Seiten zum Thema »Hitler und der Nationalsozialismus in der jüngeren Geschichtsschreibung (1996 bis 2016)«.

Der Historiker und Nationalsozialismus-Experte Wolfgang Michalka schrieb in der Fachzeitschrift »Das Historisch-Politische Buch« über die Neuauflage: »Nach gut 30 Jahren abermaliger Lektüre wirkt Zitelmanns anregende Untersuchung keineswegs veraltet oder gar überholt, im Gegenteil: Sie erfährt von neueren Arbeiten über NS-Sozial- und Wirtschaftspolitik sowie ›Volksgemeinschaft‹ ihre zusätzliche Bestätigung.« In der Tat fand ich, dass die Forschung – vor allem über das nationalsozialistische Konzept der »Volksgemeinschaft« – vieles von dem untermauerte, was ich herausgefunden hatte.

2019 ging ich auch an die Überarbeitung eines weiteren Buches, das ich erstmals 2011 im Selbstverlag unter dem Titel »Worte des Erfolges« herausgebracht hatte. Es war inzwischen in mehreren Ländern erschienen – so in Ungarn, in Indien und in China. Für die chinesische Ausgabe hatte ich das Buch erweitert und entschloss mich, es auch in Deutschland neu herauszubringen. 2019 erschien es unter dem Titel »Die Kunst des erfolgreichen Lebens«.

Dieses Buch knüpft an mein Buch »Setze dir größere Ziele« an. Beide Bücher sind ganz anders als meine wissenschaftlichen und politischen Veröffentlichungen. Diese Erfolgsbücher sollen Menschen Nutzwert geben, konkrete Anregungen für ihr eigenes Leben. Die Bestätigung, die man als Autor durch solche Bücher erhält, ist ganz anderer Art als bei den wissenschaftlichen und politischen Publikationen. Ich bekomme jede Woche Zuschriften von Lesern, die mir berichten, wie sich ihr Leben durch diese Bücher verändert hat, wie sie es beispielsweise gewagt haben, sich selbstständig zu machen, und wie ihnen diese Bücher dabei geholfen haben, sich größere Ziele zu setzen und diese zu erreichen. Oft sprechen mich fremde Menschen an, die mir sagen, wie hilfreich meine Bücher sind. So etwas tut mir gut, und überhaupt versetzt mich das Verfassen solcher Bücher selbst in eine positive Stimmung und ich lerne selbst viel, wenn ich über diese Themen schreibe und Vorträge halte. Ein indianisches Sprichwort, das ich in meinem Buch zitiere, bringt es auf den Punkt: »Lehrer lehren nicht nur, sie lernen auch.«

Die Motivation, um Bücher wie »Setze dir größere Ziele« oder »Die Kunst des erfolgreichen Lebens« zu schreiben, ist also eine andere als bei meinen wissenschaftlichen Werken. Bei Büchern wie meinen Dissertationen über Hitler und über die Superreichen sowie bei meinem Werk zu den Vorurteilen über Reiche geht es mir vor allem darum, etwas Bleibendes in der Welt der Wissenschaft zu hinterlassen. Ich denke, Wissenschaftler werden auch davon getrieben, etwas zu hinterlassen, was sie selbst überdauert. So hoffe ich zum Beispiel, dass auch noch in hundert Jahren meine Studie zu den Vorurteilen über reiche Menschen oder meine Arbeit über Hitlers Weltanschauung als Pionierwerke betrachtet werden, auf denen viele weitere Studien aufbauen.

Ich verfolge also mit meinen Büchern ganz unterschiedliche Ziele:

- Mit Büchern wie »Hitler. Selbstverständnis eines Revolutionärs«, »Psychologie der Superreichen« oder »Die Gesellschaft und ihre Reichen« will ich einen bleibenden Beitrag zur Wissenschaft leisten.
- Mit Büchern wie »Kapitalismus ist nicht das Problem, sondern die Lösung« möchte ich, ebenso wie mit meinen politischen Artikeln, als Publizist die politische Diskussion beeinflussen.
- Mit Büchern wie »Setze dir größere Ziele«, »Reich werden und bleiben« und »Die Kunst des erfolgreichen Lebens« möchte ich vor allem (aber nicht nur) jungen Menschen für ihr Leben einen unmittelbaren Mehrwert geben und ihnen helfen, nach größeren Zielen zu streben und diese zu erreichen.

Ich versuche, meine Botschaften in einer breiten Palette von Medien zu vermitteln, nicht nur in Büchern und Zeitungen. Junge Menschen lesen leider nicht so viele Bücher und auch selten Printausgaben von Zeitungen. Sie beziehen viele Informationen aus sozialen Medien, aus YouTube, Facebook oder von Podcasts. Ich verstehe Autoren in meinem Alter nicht, die diese Medien ignorieren, nur weil sie nicht mit ihnen aufgewachsen sind. In den vergangenen

Jahren habe ich YouTubern oder Podcastern über 100 Interviews gegeben, und wenn ich heute auf der Straße oder in Clubs von fremden Menschen angesprochen werde, dann meist nicht deshalb, weil sie mich im Fernsehen erlebt oder von mir in der Zeitung gelesen haben, sondern weil sie eines dieser YouTube-Interviews gesehen oder einen Podcast gehört haben. Mit solchen Videos erreicht man oft Zehntausende Menschen, manchmal sogar mehr. Im September 2017 interviewte mich beispielsweise Kolja Barghoorn für seinen Kanal »Aktien mit Kopf« zum Thema Immobilieninvestments und bisher haben fast 200.000 Menschen dieses Video gesehen. Auch bei »Mission Money« – dem YouTube-Kanal von Focus-Money – haben über 150.000 Menschen ein Interview über Risiken beim Immobilienkauf gesehen. Ab dem Jahr 2018 wurde ich auch auf Facebook sehr aktiv und kommuniziere dort täglich. Inzwischen folgen mir dort über 25.000 Menschen (wenn Sie noch nicht dazugehören, würde ich mich freuen, wenn Sie meine Seite »Dr. Dr. Rainer Zitelmann« abonnieren).

Oft werde ich gefragt, warum ich bei meinem großen politischen Interesse nicht in die Politik gehe. Ich denke, dass ich dafür der Falsche wäre und Parteipolitik nicht meinem Talent entspricht. Ginge es in der Politik nur darum, gute Ideen zu entwickeln, mitreißende Reden zu halten und eine zündende PR-Strategie zu entwickeln und umzusetzen, dann würde das durchaus meinen Begabungen entsprechen. Aber es geht in der täglichen Parteipolitik leider viel mehr darum, sich in endlosen Sitzungen Reden von mittelmäßig talentierten Menschen anzuhören und im Übrigen zu sehen, wie man Bündnisse und Intrigen schmiedet, Intrigen von »Parteifreunden« abwehrt und anderen ein Bein stellt. Das alles wäre nichts für mich, und vor allem wäre mein Tagesablauf nicht mehr selbstbestimmt, sondern fast komplett fremdbestimmt.

Dennoch versuche ich, dort, wo ich kann, auch direkt Politik ein wenig zu beeinflussen. Ich kenne viele der führenden Persönlichkeiten der FDP, der ich ja nunmehr seit 25 Jahren angehöre. Ich stehe mit ihnen in einem kritischen Dialog und hoffe, manchmal ein wenig zu bewirken. Ein Beispiel war, als im Juni 2019 die Eckdaten eines Vorhabens der Berliner Linksregierung für einen »Mietendeckel« bekannt wurden. Das war eindeutig ein Rechtsbruch, da das Mietrecht keine Landes-, sondern eine Bundeskompetenz ist. Ich warb in der FDP intensiv dafür, dass die Bundestagsfraktion eine Normenkontrollklage in Karlsruhe initiieren sollte, die die Verfassungswidrigkeit feststellt. Nachdem die FDP zunächst gezögert hatte, erklärte sie schließlich doch, dass sie eine solche Klage unterstützen würde.

Immer noch bin ich der Meinung, dass die FDP viele Chancen, die sich aus dem Versagen der Union ergeben, nicht nutzt. Ich sage das auch öffentlich und bin froh, dass ich nicht an eine Parteidisziplin gebunden bin. Für einen Artikel »Die Angst der FDP vor der linken Empörungskultur«, den ich Anfang September 2019 in der »Welt« veröffentlichte, bekam ich von führenden FDP-Politikern Zustimmung und auch Kritik. Aber diese Möglichkeiten der politischen Einflussnahme sind sehr eingeschränkt, und ich bin sicher, dass ich in Deutschland und weltweit sehr viel mehr mit meinen Büchern, Vorträgen und Artikeln bewirken kann.

Seit dem Verkauf meiner Firma stehen für mich die wissenschaftliche und die publizistische Tätigkeit im Mittelpunkt. Und wie verdiene ich mein Geld? Mit Büchern kann man in der Regel kaum etwas verdienen – es sei denn, man schreibt Super-Bestseller wie die Harry-Potter-Romane. Aber auf einen Schriftsteller, der reich wird, kommen Hunderttausende, die arm bleiben. Hätte ich einen bescheidenen Lebensstandard wie die meisten Menschen, dann könnte ich inzwischen auch von den Einnahmen aus meinen Büchern und Vorträgen leben. Aber im Vergleich zu den Summen, die ich als Unternehmer oder Immobilieninvestor verdient habe, sind die Autorenhonorare zu vernachlässigen.

Zum Glück muss ich ja auch kein Geld mehr verdienen, aber ich habe dennoch nebenbei Dinge gemacht, die Geld bringen. Mit dem Käufer meiner Firma, die sich inzwischen umbenannt hat in PB3C, hatte ich für drei Jahre einen Beratungsvertrag vereinbart, der mir feste Einnahmen mit einem Zeitaufwand von nur wenigen Stunden im Monat ermöglichte. Ich beriet meinen Nachfolger insbesondere bei Vertragsangelegenheiten und gab auch öfter Schulungen für die Mitarbeiter meiner Exfirma. Es freut mich, dass sich meine ehemalige Firma weiter positiv entwickelte, so wie der Käufer Holger Friedrichs und ich es erhofft hatten. Schließlich hatte ich die Firma gegründet, es war mein »Baby«, und ich bin stolz, dass es mir gelang, etwas aufzubauen, was auch funktionierte, nachdem ich aus der Firma ausgeschieden war. Vielen Selbstständigen gelingt es ja nicht, ein Unternehmen aufzubauen, das ohne sie irgendwann genauso gut funktioniert.

Zudem arbeitete ich seit dem Verkauf meines Unternehmens mit zwei Maklerunternehmen zusammen – mit dem international führenden Immobilienberater Jones Lang LaSalle und mit dem Unternehmen Michael Schick Immobilien in Berlin. Für Jones Lang LaSalle stellte ich Kontakte zu Wohnungsprojektentwicklern her und akquirierte Verkaufsaufträge. Mit meinem Freund Jürgen Michael Schick arbeite ich zusammen, um sogenannte »Forward-Deals« zu vermitteln: Bei solchen Deals verkaufen Immobilienprojektentwickler ihre Immobilien an institutionelle Investoren und Family Offices, bevor diese überhaupt gebaut werden.

Damit meine Kontakte nach dem Verkauf der Firma nicht verloren gingen, führte ich die 1998 von mir gegründete Seminarreihe »Berliner Immobilienrunde« weiter. Inzwischen habe ich 367 Veranstaltungen durchgeführt, seit dem Verkauf der Firma waren es 49. Ich merkte jedoch, dass ich viel mehr Freude daran habe, Bücher und Artikel zu schreiben und Vorträge zu halten, sodass ich zunehmend weniger Zeit und Energie für die Tätigkeit im Immobilienbereich verwendete – maximal vielleicht fünf Prozent meiner Arbeitszeit. Natürlich konnte ich unter diesen Voraussetzungen keine wirklich hohen Erträge erwarten, denn richtig erfolgreich sein kann man – das belege ich ja immer wieder in meinen Büchern – nur dann, wenn man sich wirklich ganz auf ein Ziel fokussiert. Und mein Fokus sind heute, anders als in den Jahren 1996 bis 2016, eben nicht mehr die Immobilien.

Viele meiner Berliner Immobilien habe ich inzwischen verkauft, aber eine wollte ich eigentlich behalten: Ein Mehrfamilienhaus in

Berlin-Charlottenburg mit 25 Wohnungen und zwei Gewerbeeinheiten. Ich hatte das Haus im April 2009 gekauft. Damals war die wirtschaftliche Stimmung – und insbesondere die bei den Banken – wirklich düster. Es war sieben Monate nach dem Zusammenbruch der Bank Lehman Brothers. Ich spürte, dass auch die Nachfrage am Immobilienmarkt zurückging, da die Banken mit Finanzierungen sehr zurückhaltend waren und allgemein eine Katastrophenstimmung vorherrschte. Die Preise brachen zwar nicht zusammen, gaben aber etwas nach. Das war aus meiner Sicht genau der richtige Zeitpunkt, um zu kaufen. Ich konnte die Immobilie für einen sensationell niedrigen Faktor von 11,9 erwerben, was einer Bruttorendite von 8,4 Prozent entspricht.

In den vergangenen Jahren machte die Berliner Linksregierung aus SPD, Linken und Grünen Immobilieneigentümern das Leben immer schwerer. Überall wurden sogenannte »Milieuschutzgebiete« ausgerufen. In diesen Gebieten bestimmt nicht mehr der Eigentümer, sondern der Staat, was man mit der Immobilie machen darf. In der Regel ist beispielsweise eine Aufteilung in Wohnungseigentum nicht mehr möglich. Vorsorglich teilte ich 2018 das Mehrfamilienhaus auf, obwohl ich nicht vorhatte, die Wohnungen zu verkaufen. Es war eher eine präventive Maßnahme, falls auch dieses Gebiet irgendwann zum Milieuschutzgebiet erklärt würde. Und, in der Tat: Wenige Monate danach geschah dies, und hätte ich das Mehrfamilienhaus nicht zuvor aufgeteilt, wäre der Wert wohl um mindestens 20 Prozent gesunken.

Im Juni 2019 verkündete dann die Berliner Linksregierung, dass sie demnächst ein Gesetz verabschieden wolle, das die Mieten zunächst für fünf Jahre einfriert, wobei ich damit rechne, dass dies nach fünf Jahren verlängert wird. Derzeit wird sogar darüber diskutiert, ob Vermieter bei einem Mieterwechsel gezwungen werden sollen, die Mieten deutlich abzusenken. Mir war sofort klar, dass diese Politik mittelfristig zu stark sinkenden Preisen führen wird, weil hiermit das Eigentum entwertet wird. Anders als ursprünglich geplant, entschied ich mich sofort, das Haus in Charlottenburg zu verkaufen. Zwar gab es nicht mehr viele

Kaufinteressenten, da die meisten Investoren wegen des angekündigten Mietenstopps aufhörten, in Berlin zu kaufen. Aber mein Freund Jürgen Michael Schick, dem ich in solchen Situationen vertraue, fand einen Investor, der das Haus im September 2019 für 7,5 Millionen Euro erwarb. Das entsprach einem Verkaufsfaktor von 33,5, also fast dreimal mehr als im Jahr 2009, als ich das Haus gekauft hatte.

Ich hatte es damals für 1,85 Millionen Euro plus Nebenkosten erworben, aber dafür nur 468.000 Euro Eigenkapital eingesetzt. Ich hatte eine relativ hohe Tilgung vereinbart und darüber hinaus Sondertilgungen in Höhe von 751.000 Euro geleistet, sodass das Haus beim Verkauf schuldenfrei war. Rechnet man das anfangs eingesetzte Eigenkapital und die Sondertilgungen zusammen, dann hatte ich aus 1,22 Millionen Euro nunmehr 7,5 Millionen Euro gemacht, also einen Gewinn von 6,28 Millionen Euro.

Manche wenden ein, das sei »leicht verdientes Geld«. Einerseits ja. Andererseits: Es gehörte Mut dazu, in einer Katastrophenstimmung kurz nach der Lehman-Pleite einen solchen Kauf zu tätigen, und es gehörte eine richtige Analyse der politischen Entwicklung zehn Jahre später dazu, um die Immobilie in letzter Minute aufzuteilen und dann an einen Investor zu verkaufen. Was manche »Reichenkritiker« nicht verstehen: Reichtum ist keine »Schweißprämie«, sondern Belohnung für denjenigen, der das Risiko trägt, die Änderungen der wirtschaftlichen und politischen Rahmenbedingungen zutreffend analysiert und dann die Entschlusskraft hat, die richtigen Konsequenzen daraus zu ziehen.

Was habe ich mit dem Geld aus den Immobilienverkäufen gemacht? Zunächst habe ich einen Großteil in österreichischen und amerikanischen kurz laufenden Staatsanleihen geparkt – in der Hoffnung, irgendwann Investitionsmöglichkeiten zu finden. Zudem habe ich meine USA-Investments in einem institutionellen Fonds des Unternehmens Jamestown deutlich ausgebaut. Mit neuen Immobilieninvestments in Deutschland war ich wegen der extrem gestiegenen Preise äußerst zurückhaltend, mit wenigen Ausnahmen.

Ich habe auf Seite 200 – 202 von einem Mehrfamilienhaus in Neukölln berichtet – wie es mir gelang, mit diesem Investment aus null Euro vier Millionen Euro zu machen. Einen Teil des Ertrages investierte ich gleich wieder, und zwar in ein Mehrfamilienhaus mit 30 Wohnungen in Oranienburg bei Berlin, das ich im Juni 2015 für einen Faktor von 17,4 kaufte, was einer Rendite von knapp sechs Prozent entspricht. Inzwischen ist der Wert dieser Immobilie bereits deutlich gestiegen.

Im Immobilienbereich gibt es heute jedoch kaum noch Investitionsmöglichkeiten. Erstens sind die Preise sehr hoch und damit die Renditen sehr niedrig. Und zweitens müssen sich Investoren auf viele Jahre darauf einstellen, dass der Gesetzgeber das Wohnungswesen zunehmend sozialistisch umgestaltet. Zwar sind auch Aktien derzeit teuer, aber ich werde dennoch etwas mehr als bisher in einen ETF auf einen weltweiten Aktienindex investieren.

Als ich das vorliegende Buch schrieb, hatte ich meine Firma gerade verkauft. Das war eine der besten Entscheidungen in meinem Leben. Denn jetzt brenne ich wieder für meine Ziele. Zugleich sagen mir die Menschen, die mich kennen, ich sei viel lockerer und entspannter geworden. Solche Änderungen fallen ja vor allem Menschen auf, die man nicht täglich sieht. Mein Notar, bei dem ich seit 20 Jahren meine Immobilienverkäufe beurkunde, meinte zu mir, ich sei viel gelöster als zu der Zeit, als ich die Firma besaß. Wenn der Sommer, wie in den letzten Jahren, sehr schön ist, verbringe ich den ganzen Tag auf meiner Terrasse und lese Bücher. Denn Lesen ist meine Haupttätigkeit. Das Schreiben geht bei mir sehr, sehr schnell, aber um meine Bücher zu schreiben, muss ich ja zunächst unendlich viel lesen.

Fast alles, was ich tue, macht mir Freude. Fast alles, was mir keine Freude macht, delegiere ich an andere Menschen. Es gibt da nur wenige Ausnahmen. Ich lasse meine Bücher und Texte zwar von einem Übersetzer ins Englische übersetzen, aber ich kontrolliere Satz für Satz und Wort für Wort, ob die Übersetzung korrekt ist. Das ist unerlässlich, weil mir die englische Ausgabe meiner Bücher mindestens so wichtig ist wie die deutsche. Zudem ist die englische

Übersetzung meist auch die Basis für die Übersetzung in andere Sprachen. Die Prüfung der Übersetzungen und das Korrekturlesen der deutschen und englischen Druckfahnen meiner Bücher gehört jedoch zu den wenigen Tätigkeiten, auf die ich mich nicht freue, die ich aber dennoch selbst erledige.

Derzeit arbeite ich an einem neuen Projekt, das mir große Freude macht. Nachdem ich mich damit befasst hatte, wie man reich wird, befasse ich mich jetzt damit, wie Menschen berühmt werden. Die Kunst der Selbstvermarktung hat mich schon immer fasziniert, und so habe ich in den letzten Monaten viele Biografien von und über Menschen gelesen, die Meister auf diesem Gebiet sind. Das sind so verschiedene Persönlichkeiten wie Albert Einstein, Stephen Hawking, Donald Trump, Karl Lagerfeld, Prinzessin Diana, Arnold Schwarzenegger, Oprah Winfrey oder Muhammed Ali. Sie alle sind Genies der Selbstvermarktung – und dies wird das Thema von einem meiner nächsten Bücher werden.

Allerdings nimmt neben dem Schreiben der Bücher zunehmend auch die internationale Vortragstätigkeit viel Zeit in Anspruch, sodass es mit dem nächsten Buch noch etwas dauern wird. Ich schreibe dieses Kapitel im Oktober 2019 – und möchte hier einige Tage schildern. Am 11. Oktober nahm ich an einem Panel der European Asset Management Konferenz teil, die in London von der »Financial Times« veranstaltet wurde. Eingeladen worden war ich als Verfasser des Buches »The Wealth Elite« (deutsch: Psychologie der Superreichen).

Nach einem Tag Zwischenaufenthalt in Berlin ging es dann weiter nach Washington zu einer ganz besonderen Tagung. Das Institute of International Finance (IIF), die größte Vereinigung der Finanzindustrie auf der Welt, in der fast 500 Banken zusammengeschlossen sind, hatte mich zu ihrer Jahrestagung eingeladen. Ich war schon einige Tage vorher angereist, um mich mit Mitarbeitern des Cato Thinktanks zu treffen und zu besprechen, wie wir bei der PR für mein Buch »Upward Classism« (deutsche Ausgabe von »Die Gesellschaft und ihre Reichen«) vorgehen werden.

Es sind kleine Schritte, die mich meinem Ziel näher bringen: Am Vorabend des Panels, zu dem mich das Institut eingeladen hatte, war ich zu einem Gala Dinner anlässlich des 75. Jahrestages der Bretton Wood Konferenz eingeladen. Die Tischreden wurden u.a. gehalten von der neuen Direktorin des Internationalen Währungsfonds, Kristalina Georgieva, und vom Präsidenten der Weltbank, David R. Malpass. Auch James D. Wolfensohn, langjähriger Präsident der Weltbank, war dabei. Mein Tischnachbar war ein erfolgreicher Unternehmer, der bereits sieben Firmen im Bereich Fintech gegründet hat und zudem als Professor an einer Universität lehrt. Viele seiner Studenten kommen aus China – und fast alle kehren nach China zurück und gründen dort Unternehmen. Sein Vater war aus dem damals sozialistischen Tansania in die USA ausgewandert, und er hat für sich den amerikanischen Traum wahr gemacht.

Am darauf folgenden Tag, dem 18. Oktober traf ich morgens in Washington einen der mächtigsten Lobbyisten, den Präsidenten der »Americans for Tax Reform« Grover Norquist. Er hatte eng mit Ronald Reagan zusammengearbeitet und wurde dadurch bekannt, dass er fast allen republikanischen Kongressabgeordneten und vor allem praktisch jedem Präsidentschaftskandidaten der »Grand Old Party« das Gelöbnis abnahm, niemals höheren Steuern zuzustimmen, dem »Taxpayer Protection Pledge« (Steuerzahler-Schutz-Versprechen). Eine der wenigen Ausnahmen: Donald Trump hat die Selbstverpflichtung nicht unterzeichnet, und Norquist hat den Präsidenten mehrfach aufgefordert, seine Strafzölle insbesondere gegen Mexiko aufzuheben, bei denen es sich auch um Steuern handele. Den Kontakt zu Norquist vermittelt hatte mir Madsen Pirie, der Präsident des Adam Smith Institute in London. Spontan sagte mir Norquist zu, eine Buchvorstellung zu organisieren, wenn mein Werk über »Upward Classism« in den USA erscheint. Am Abend war ich noch mit einem engen Mitarbeiter von Norquist abendessen – es war ein toller Austausch und er vermittelte mir gleich Kontakte nach Frankreich. So baue ich Stück für Stück mein Netzwerk aus.

Bei der Konferenz am nächsten Tag waren Vertreter von allen großen Banken der Welt und von vielen Zentralbanken dabei. Die Diskussion, zu der ich eingeladen war, wurde von Martin Wolf von der »Financial Times« geleitet. Thema war »Capitalism's Crisis of Confidence«. Besonders gefreut habe ich mich, Dambisa Moyo persönlich kennenzulernen, die neben mir auf dem Podium saß. Ihr Buch »Dead Aid«, in dem sie begründet, warum Entwicklungshilfe Afrika mehr geschadet als genutzt hat, hat mich sehr beeindruckt und ich habe es in meinem Buch über den Kapitalismus mehrfach zitiert.

Die nächsten Jahre werden mich in viele Länder führen, ich werde auf der ganzen Welt neue, interessante Menschen kennenlernen. Ich will dem starken Trend zum Sozialismus und Staatdirigismus, den ich überall auf der Welt beobachte, etwas entgegensetzen und helfen, die Ideen von Freiheit, Eigenverantwortung und Erfolg zu verbreiten. Neulich hatte ich eine Kontroverse mit einem antikapitalistischen Philosophen, den ich in einem Beitrag in der »Neuen Zürcher Zeitung« kritisiert hatte. In seiner Entgegnung nannte er Menschen wie mich »Prediger der Freiheit«. Er hatte das negativ gemeint – und ich habe es als großes Kompliment empfunden.

Danksagung

Meine Bücher habe ich stets im Prozess der Fertigstellung der Kritik ausgesetzt. Meist schreibe ich ein Buch sehr schnell in einem Zug (bei diesem Buch dauerte es neun Tage), arbeite dann aber Wochen und Monate am Feinschliff. Dabei suche ich den Dialog mit Menschen, deren Kritik ich schätze. Bei diesem Buch habe ich das besonders intensiv getan. Dadurch bekam ich viele sehr wertvolle Anregungen. Manche fanden es schade, dass ich den persönlichen Bereich – also vor allem meine Freundinnen – ausgelassen habe, andere haben mich genau darin bestärkt.

Manche haben Teile des Manuskriptes gelesen, andere haben es Wort für Wort sehr intensiv begleitet. Großen Anteil an dem Projekt nahm mein Freund Ansgar Graw, der es auch lektoriert hat. Er berichtet seit 2009 als Senior Political Correspondent aus Washington, D.C. für die »Welt«-Gruppe. Mein Dank gilt den Politikwissenschaftlern Prof. Dr. Eckhard Jesse, meinem ehemaligen Chef am Zentralinstitut für Sozialwissenschaftliche Forschung, Prof. Dr. Jürgen W. Falter, sowie meinem ehemaligen Studenten Prof. Dr. Alexander Gallus, dem ehemaligen Chefhistoriker des ZDF, Prof. Dr. Guido Knopp, und Prof. Dr. Klaus Bringmann, meinem Lehrer in Alter Geschichte in Darmstadt. Danken möchte ich auch Prof. Dr. Karl-Werner Schulte, dem Begründer der wissenschaftlichen Immobilienökonomie in Deutschland.

Zwei Leser, von deren Kritik ich besonders profitierte, waren mein ehemaliger Chef bei der »Welt«, Dr. Thomas Löffelholz, sowie mein ehemaliger Mitarbeiter Dr. Oliver Wenzlaff. Zwar habe ich nicht alle Kritikpunkte aufgegriffen, aber vieles hat mich zum

Nachdenken angeregt und mir geholfen, Dinge besser zu erklären.

Hilfreich waren die Hinweise von Dr. Thomas Petersen vom Institut für Demoskopie Allensbach. Mein Dank gilt Gregor Kunz, Partner bei Roever Broenner Susat Mazars, Dr. Gerd Kommer, Geschäftsführer der Gerd Kommer Invest GmbH, Stefan Loipfinger, Wirtschaftsjournalist, und Kay Gerlach, Unternehmer.

Viele Freunde aus der Immobilienbranche haben das Manuskript begleitet: Jürgen Michael Schick, Präsident des Immobilienverbandes Deutschland und Inhaber des Maklerunternehmens Michael Schick Immobilien, mit dem ich seit Ende 2016 sehr eng als »Head of Institutional Investment« zusammenarbeite; Jacobo Mingazzini, Vorstand der Accentro Real Estate AG; Rolf Elgeti, persönlich haftender Gesellschafter der Obotritia Capital KGaA und Aufsichtsratsvorsitzender der TAG Immobilien AG; Dr. Hubert Spechtenhauser, Geschäftsführer der UniCredit Leasing; Dr. Helmut Knepel, ehemals Vorstand und Aufsichtsrat der Feri EuroRating AG; Angelika Kunath, ehemals Geschäftsführerin der Immobilienwerte Hamburg GmbH; Bernhard Schoofs, ehemals Vorstand der Unternehmensgruppe Hahn; Dr. Wolfgang Görlich, ehemals Inhaber des Emissionshauses Dr. Görlich GmbH; Dr. Oskar Kienzle, ehemals Vorstandsvorsitzender und Aufsichtsrat der IC Immobilien Holding AG.

Brigitte Seebacher-Brandt danke ich dafür, dass sie mir den Zugang zu Unterlagen aus dem Archiv von Willy Brandt ermöglichte. Dass der über 50 Jahre zurückliegende Briefwechsel eines Achtjährigen mit dem SPD-Parteichef und späteren Bundeskanzler vollständig erhalten war und rasch aufgefunden wurde, spricht für die Archivare der Friedrich-Ebert-Stiftung.

Mein Dank gilt auch Georg Hodolitsch, dem Programmleiter des FinanzBuch Verlages, der das Projekt von Anfang an unterstützt und begleitet hat.

Der NEO-FFI-Test

Im nun folgenden Test[I] liegen Ihnen 50 Aussagen vor, die Sie je nach Zustimmung oder Ablehnung bewerten sollen. Dabei steht

A. für klare Ablehnung
B. für relative Ablehnung
C. für Unentschiedenheit
D. für teilweise Zustimmung
E. für starke Zustimmung der jeweiligen Aussage.

Entscheiden Sie bitte spontan, welche Wertung am ehesten für Sie in Betracht kommt, und notieren Sie die jeweilige Punktwertung getrennt nach den Symbolen.

1. Ich denke oft, anderen Menschen unterlegen zu sein.
   A) 0 B) 1 C) 2 D) 3 E) 4 □ 0 Punkte

2. Unterhaltungen mit anderen Menschen bereiten mir Freude.
   A) 0 B) 1 C) 2 D) 3 E) 4 / / 4 Punkte

3. Inspirationen, die ich in der Natur oder in Museen finde, verarbeite ich gerne kreativ weiter.
   A) 0 B) 1 C) 2 D) 3 E) 4 ○ 0 Punkte

I Ich bedanke mich bei der Stark Verlagsgesellschaft für die am 31.3.2016 erteilte Genehmigung, diesen Test zu verwenden und abzudrucken. Er wurde entnommen dem Werk: Jürgen Hesse/Hans Christian Schrader, Persönlichkeitstests. Verstehen – durchschauen – trainieren, Stark Verlagsgesellschaft, München 2014, S. 89–94.

4. Rücksichtnahme und Sensibilität haben eine hohe Priorität in meinem Handeln gegenüber anderen.
A) 0 B) 1 C) 2 D) 3 E) 4 △ 1 Punkte

5. Perfektionismus ist oberstes Gebot bei all meinen Arbeitstätigkeiten.
A) 0 B) 1 C) 2 D) 3 E) 4 ▭ 3 Punkte

6. Es gibt Tage, an denen ich mir total wertlos vorkomme.
A) 0 B) 1 C) 2 D) 3 E) 4 □ 0 Punkte

7. Man kann mich mit Sicherheit als Frohnatur bezeichnen.
A) 0 B) 1 C) 2 D) 3 E) 4 ▱ 2 Punkte

8. Es kommt vor, dass ich bei Musik oder beim Lesen eines Buches vor Begeisterung eine Gänsehaut bekomme.
A) 0 B) 1 C) 2 D) 3 E) 4 ○ 3 Punkte

9. Meine Arbeitskollegen und meine Familie kennen mich als streitsüchtigen Menschen.
A) 4 B) 3 C) 2 D) 1 E) 0 △ 1 Punkte

10. Es fällt mir leicht, bei meiner Arbeit den vorgegebenen Zeitrahmen einzuhalten.
A) 0 B) 1 C) 2 D) 3 E) 4 ▭ 4 Punkte

11. Ängstlichkeit oder Furcht sind bei mir seltenere Gefühle.
A) 4 B) 3 C) 2 D) 1 E) 0 □ 2 Punkte

12. Ich umgebe mich gerne mit netten Menschen.
A) 0 B) 1 C) 2 D) 3 E) 4 ▱ 2 Punkte

13. Auf Reisen experimentiere ich gerne mit exotischen Speisen.
A) 0 B) 1 C) 2 D) 3 E) 4 ○ 0 Punkte

14. Bei Entscheidungen oder Meinungen zeige ich mich meist unnachgiebig und kompromisslos.
A) 4 B) 3 C) 2 D) 1 E) 0 △ 0 Punkte

15. Um gesteckte Ziele erreichen zu können, arbeite ich stetig und gewissenhaft.
A) 0 B) 1 C) 2 D) 3 E) 4 ▭ 4 Punkte

16. Es kommt wirklich nicht oft vor, dass ich mich deprimiert oder verlassen fühle.
A) 4 B) 3 C) 2 D) 1 E) 0 □ 0 Punkte

17. Meinen Lebensstil könnte man als sehr umtriebig und leicht chaotisch bezeichnen.
A) 0 B) 1 C) 2 D) 3 E) 4 ▱ 0 Punkte

18. Es kommt durchaus vor, dass mich Poesie emotional aufwühlt.
A) 0 B) 1 C) 2 D) 3 E) 4 ○ 0 Punkte

19. Ich finde es okay, Menschen, die man als unsympathisch empfindet, dieses auch zu signalisieren.
A) 4 B) 3 C) 2 D) 1 E) 0 △ 0 Punkte

20. Bei meinen Tätigkeiten gehe ich immer sehr systematisch vor.
A) 0 B) 1 C) 2 D) 3 E) 4 ▭ 4 Punkte

21. Wenn die Dinge mal nicht so gut laufen, lasse ich mich nicht so leicht entmutigen.
A) 4 B) 3 C) 2 D) 1 E) 0 □ 0 Punkte

22. Ich würde mich eher als einen Menschen bezeichnen, der es vorzieht, seine eigenen Wege zu gehen.
A) 4 B) 3 C) 2 D) 1 E) 0 ▱ 0 Punkte

23. Debatten über philosophische Themen halte ich für Zeitverschwendung.
A) 4 B) 3 C) 2 D) 1 E) 0 ○ 4 Punkte

24. Ich würde mich niemals als einen Skeptiker oder Zyniker bezeichnen.
A) 0 B) 1 C) 2 D) 3 E) 4 △ 2 Punkte

25. Gewissenhaftigkeit ist oberstes Gebot bei der Ausführung von Aufgaben, die mir übertragen werden.
A) 0 B) 1 C) 2 D) 3 E) 4 ▭ 4 Punkte

26. Ich spüre häufig die Symptome von Nervosität und starker innerer Anspannung.
A) 0 B) 1 C) 2 D) 3 E) 4 □ 0 Punkte

27. Ich bin sehr empfänglich für Humor und lache gerne.
A) 0 B) 1 C) 2 D) 3 E) 4 ▱ 3 Punkte

28. Es reizt mich, ungewöhnliche Ideen oder neuartige Theorien gedanklich durchzuspielen.
A) 0 B) 1 C) 2 D) 3 E) 4 ○ 4 Punkte

29. Ich bemühe mich, meine Mitmenschen mit Unvoreingenommenheit und Freundlichkeit zu behandeln.
A) 0 B) 1 C) 2 D) 3 E) 4 △ 1 Punkte

30. Mein Arbeitsplatz ist stets tadellos aufgeräumt und sauber.
A) 0 B) 1 C) 2 D) 3 E) 4 ▭ 4 Punkte

31. Ich leide häufig darunter, dass andere Menschen mich schlecht behandeln.
A) 0 B) 1 C) 2 D) 3 E) 4 □ 0 Punkte

32. Eigentlich bin ich eher ein Pessimist.
    A) 4 B) 3 C) 2 D) 1 E) 0 ▱ 3 Punkte

33. Ich bin der Meinung, dass man sein Wissen ständig erweitern sollte.
    A) 0 B) 1 C) 2 D) 3 E) 4 ○ 4 Punkte

34. Auf viele Menschen wirke ich eher kühl und arrogant.
    A) 4 B) 3 C) 2 D) 1 E) 0 △ 1 Punkte

35. Wenn ich etwas versprochen habe, halte ich es unter Garantie auch ein.
    A) 0 B) 1 C) 2 D) 3 E) 4 ▭ 4 Punkte

36. Man kann mich nicht so ohne Weiteres einfach beunruhigen.
    A) 4 B) 3 C) 2 D) 1 E) 0 □ 2 Punkte

37. Ich stehe sehr gerne im Mittelpunkt einer Gesellschaft.
    A) 0 B) 1 C) 2 D) 3 E) 4 ▱ 4 Punkte

38. Sich Tagträumereien hinzugeben, halte ich für ausgesprochene Zeitvergeudung.
    A) 4 B) 3 C) 2 D) 1 E) 0 ○ 3 Punkte

39. Um ein bestimmtes Ziel zu erreichen, kann ich bisweilen auch sehr rücksichtslos handeln.
    A) 4 B) 3 C) 2 D) 1 E) 0 △ 1 Punkte

40. Ich glaube, dass es mir wohl nie gelingen wird, mein Leben in geordnete Bahnen zu bringen.
    A) 4 B) 3 C) 2 D) 1 E) 0 ▭ 2 Punkte

41. Traurigkeit oder Niedergeschlagenheit verspüre ich äußerst selten.
    A) 4 B) 3 C) 2 D) 1 E) 0 □ 0 Punkte

42. Ich würde mich als einen eher aktiven Typ bezeichnen.
A) 0 B) 1 C) 2 D) 3 E) 4 ▱ 4 Punkte

43. Ich bin der Ansicht, bei ethischen Themen sollte man auch auf die Meinung von Religionsvertretern achten.
A) 4 B) 3 C) 2 D) 1 E) 0 ○ 2 Punkte

44. Es gibt Menschen, die mich für egoistisch und arrogant halten.
A) 4 B) 3 C) 2 D) 1 E) 0 △ 0 Punkte

45. Ich bin ein fleißiger Mensch, der seine Aufgaben gewissenhaft ausführt.
A) 0 B) 1 C) 2 D) 3 E) 4 ▭ 4 Punkte

46. Es kam schon vor, dass mir etwas so peinlich war, dass ich mich auf der Stelle hätte verkriechen können.
A) 0 B) 1 C) 2 D) 3 E) 4 □ 1 Punkte

47. Normalerweise ist es mir lieb, Aufgaben allein zu erledigen.
A) 4 B) 3 C) 2 D) 1 E) 0 ▱ 1 Punkte

48. Über hintergründige Themen aus Naturwissenschaft oder Philosophie nachzudenken, liegt mir fern.
A) 4 B) 3 C) 2 D) 1 E) 0 ○ 4 Punkte

49. Ich bin jemand, der Zusammenarbeit der Konkurrenz vorzieht.
A) 0 B) 1 C) 2 D) 3 E) 4 △ 2 Punkte

50. Es kommt öfters vor, dass ich sehr viel Zeit verstreichen lasse, ehe ich eine Aufgabe beginne.
A) 4 B) 3 C) 2 D) 1 E) 0 ▭ 4 Punkte

Summe der Punkte in den Einzelfaktoren:

□ = Neurotizismus: 5

▱ = Extraversion: 23

○ = Offenheit für Erfahrung: 24

△ = Verträglichkeit: 9

▭ = Gewissenhaftigkeit: 37

Je zehn Aussagen beziehen sich auf jede der fünf Faktorgruppen. Der Mittelwert (2 Punkte pro Aussage) liegt bei 20 Punkten pro Einzelfaktor. Dies ist auch der Wert, an dem Sie sich orientieren können. Das Maximum wären 40 Punkte. Ab 25 oder gar 30 und mehr Punkten pro Faktor ist der entsprechende Charakterzug extrem ausgeprägt.

Bücher von Rainer Zitelmann

Hitler. Selbstverständnis eines Revolutionärs. Berg, Hamburg 1987; 5. ergänzte Auflage: Lau Verlag, Reinbek 2017.

Adolf Hitler. Eine politische Biografie. Musterschmidt, Göttingen 1989.

Hg., mit Ronald Smelser: Die braune Elite. 22 biografische Skizzen. Wissenschaftliche Buchgesellschaft, Darmstadt 1989.

Hg., mit Uwe Backes und Eckhard Jesse: Die Schatten der Vergangenheit. Impulse zur Historisierung des Nationalsozialismus. Ullstein, Frankfurt/M. 1990.

Adenauers Gegner. Streiter für die Einheit. Straube, Erlangen 1991.

Hg., mit Michael Prinz: Nationalsozialismus und Modernisierung. Wissenschaftliche Buchgesellschaft, Darmstadt 1991.

Hg., mit Karlheinz Weißmann und Michael Großheim: Westbindung. Chancen und Risiken für Deutschland. Propyläen Verlag, Berlin 1993.

Hg., mit Ronald Smelser und Enrico Syring: Die braune Elite. 21 weitere biografische Skizzen. Wissenschaftliche Buchgesellschaft, Darmstadt 1993.

Wohin treibt unsere Republik? Ullstein, Frankfurt/M. 1994.

Hg., mit Klemens von Klemperer und Enrico Syring: »Für Deutschland«. Die Männer des 20. Juli 1944. Ullstein, Frankfurt/M. 1996.

Reich werden mit Immobilien. Direktinvestment, Immobilienfonds, Immobilienaktien. Haufe-Verlag, Planegg 1999.

Vermögen bilden mit Immobilien. Sicher anlegen und Steuern sparen mit Eigentumswohnungen, Mietshäusern, Immobilienfonds. Haufe-Verlag, Planegg 2004.

Die Macht der Positionierung. Kommunikation für Kapitalanlagen. Immobilien Informationsverlag, Köln 2005.

Setze dir größere Ziele! Die Erfolgsgeheimnisse der Sieger. ambition Verlag, Berlin 2011; aktualisierte und erweiterte Auflage: Redline Verlag, München 2014.

Hg.: Investieren in Sachwerte. ambition Verlag, Berlin 2011.

Kommunikation ist Chefsache. ambition Verlag, Berlin 2012.

Worte des Erfolges. ambition Verlag, Berlin 2012.

Erfolgsfaktoren im Kraftsport. Mehr Muskeln mit Kompakttraining, Intensitätstechniken & mentaler Programmierung. Novagenics Verlag, Arnsberg 2014.

Reich werden und bleiben. Ihr Wegweiser zur finanziellen Freiheit. FinanzBuch Verlag, München 2015.

Psychologie der Superreichen. Das verborgene Wissen der Vermögenselite. FinanzBuch Verlag, München 2017.

Kapitalismus ist nicht das Problem, sondern die Lösung. Eine Zeitreise durch fünf Kontinente. Finanzbuch Verlag, München 2018.

Die Gesellschaft und ihre Reichen: Vorurteile über eine beneidete Minderheit. FinanzBuch Verlag, München 2019.

Die Kunst des erfolgreichen Lebens: Weisheiten aus zwei Jahrtausenden von Konfuzius bis Steve Jobs. FinanzBuch Verlag, München 2019.

Ausgewählte Aufsätze von Rainer Zitelmann

(Die meisten dieser Aufsätze finden Sie unter: www.historiker-zitelmann.de. Nicht berücksichtigt wurden die Beiträge in Tages- und Wochenzeitungen sowie in Immobilien- und Bank-Fachzeitschriften sowie in Kraftsport-Zeitschriften.)

Hitlers Erfolge – Erklärungsversuche in der Hitler-Forschung, in: NPL Jg. XXVII/1 (1982), S. 47–69.

Der Nationalsozialismus, in: Fetscher, Iring; Münkler, Herfried (Hrsg.), Handbuch der politischen Ideen, Bd. 5, Neuzeit: Vom Zeitalter des Imperialismus bis zu den neuen sozialen Bewegungen, München 1987, S. 327–332.

Zur Begründung des ›Lebensraum‹-Motivs in Hitlers Weltanschauung, in: Michalka, Wolfgang (Hrsg.), Der Zweite Weltkrieg, München/Zürich 1989, S. 551–567.

Nationalsozialismus und Moderne. Eine Zwischenbilanz, in: Süß, Werner (Hrsg.), Übergänge. Zeitgeschichte zwischen Utopie und Machbarkeit, Berlin 1989, S. 195–223.

Vom Umgang mit der NS-Vergangenheit, in: Italiaander, Rolf (Hrsg.), Bewusstseins-Notstand. Thesen von 60 Zeitzeugen, Düsseldorf 1990, S. 69–79.

Nationalsozialismus und Antikommunismus. Aus Anlass der Thesen von Ernst Nolte, in: Backes, Uwe; Jesse, Eckhard; Zitelmann, Rainer (Hrsg.), Die Schatten der Vergangenheit. Impulse zur Historisierung des Nationalsozialismus, Frankfurt/M. – Berlin 1990, S. 218–243.

Die totalitäre Seite der Moderne, in: Prinz, Michael; Zitelmann, Rainer, Nationalsozialismus und Modernisierung, Darmstadt 1991, S. 1–20.

Wiedervereinigung und deutscher Selbsthass, in: Deutschland-Archiv. Zeitschrift für das vereinigte Deutschland, 8/1992, S. 811–819.

Träume vom neuen Menschen, in: Saage, Richard, Hat die politische Utopie eine Zukunft?, Darmstadt 1992, S. 27–33.

Hitler-Bild im Wandel, in: Bracher, Karl Dietrich; Funke, Manfred; Jacobsen, Hans-Adolf (Hrsg.), Deutschland 1933–1945. Neue Studien zur nationalsozialistischen Herrschaft, Düsseldorf 1993, S. 491–506.

Historiografische Vergangenheitsbewältigung und Modernisierungstheorie. Nationalsozialismus, Faschismus, Stalinismus, in: Faulenberg, Bernd; Stadelmeier (Hrsg.), Diktatur und Emanzipation. Zur russischen und deutschen Entwicklung 1917–1991, Koblenz 1993, S. 111–135.

Neutralitätsbestrebungen und Westorientierung, in: Zitelmann, Rainer; Weißmann, Karlheinz; Großheim, Michael, Westbindung. Chancen und Risiken für Deutschland, Frankfurt/M. – Berlin 1993, S. 173–194.

»Gerechtigkeit« als Anliegen des Historikers. Zum Selbstverständnis Ernst Noltes, in: Nipperdey, Thomas; Doering-Manteuffel, Anselm; Thamer, Hans-Ulrich, Bürgerkrieg der Ideologien. Antworten an Ernst Nolte. Festschrift zum 70. Geburtstag, Frankfurt/M. – Berlin 1993, S. 513–525.

Position und Begriff. Über eine neue demokratische Rechte, in: Schwilk, Heimo; Schacht, Ulrich (Hrsg.), Die selbstbewusste Nation. »Anschwellender Bocksgesang« und weitere Beiträge zu einer deutschen Debatte, Frankfurt/M. – Berlin 1994, S. 163–181.

Die liberale Demokratie und das Extremismus-Problem, in: Kappel, Heiner; von Stahl, Alexander, Für die Freiheit. Plädoyer für eine liberale Erneuerung, Berlin – Frankfurt/M. 1996, S. 59–73.

Vom antitotalitären zum antifaschistischen Geschichtsbild. Die Debatten zum 50. Jahrestag des 20. Juli 1944 und des 8. Mai 1945, in: Striefler, Christian; Templin, Wolfgang, Von der Wiederkehr des Sozialismus. Die andere Seite der Wiedervereinigung, Berlin – Frankfurt/M. 1996, S. 230–252.

Thomas Dehler und Konrad Adenauer, in: Haus der Geschichte der Bundesrepublik Deutschland (Hrsg.), Thomas Dehler und seine Politik. Wissenschaftliches Symposium am 8. Dezember 1997 aus Anlass des 100. Geburtstages von Thomas Dehler, Berlin 1998, S. 32–39.

Hitler und der Nationalsozialismus in der jüngeren Geschichtsschreibung (1996–2016), in: Rainer Zitelmann, Hitler. Selbstverständnis eines Revolutionärs, Neuausgabe. Lau Verlag, Reinbeck 2017, S. 14–64.

Personenregister

(Nicht berücksichtigt sind, wegen häufigerer Erwähnung, die Namen meiner Eltern.)

G

H

L

M

N

O

P

R

S

T

»›Setze dir größere Ziele‹ kann junge Menschen motivieren, Unternehmer zu werden. Man braucht dafür nicht unbedingt ein Studium, wie Zitelmann in dem Buch zeigt – und wie ich selbst aus eigener Lebenserfahrung weiß. Viel wichtiger sind gute unternehmerische Ideen – Ideen, die Nutzen stiften und anderen Menschen helfen.«

Dirk Roßmann. Roßmann begann als Unternehmer mit einer Drogerie, heute besitzt er fast 4000 Läden in sieben Ländern und ist Multimilliardär.

»Anhand interessanter biografischer Informationen über erfolgreiche Persönlichkeiten arbeitet der Autor heraus, wie auch andere Menschen erfolgreich sein können. Zitelmann ist selbst erfolgreicher Unternehmer und Doktor der Soziologie – ein Hintergrund, der ihm besondere Glaubwürdigkeit verleiht.«

Dr. Richard Smith, Professor für Psychologie, University of Kentucky.

»Dieses Buch enthält jede Menge sinnvolle Ratschläge von jemandem, der weiß, wovon er redet, und der das, was er da predigt, auch nachweislich selbst praktiziert. Obendrein lernt man so einiges über die Geschichte erfolgreicher Unternehmen, und über die unternehmerischen Persönlichkeiten, die hinter diesen stecken.«

Dr. Kristian Niemietz, Head of Political Economy, Institute of Economic Affairs, London

»Erstmals erforscht eine wissenschaftliche Arbeit, wie vermögende Menschen denken und handeln ... Vielleicht hat es einen wie Zitelmann gebraucht, um erstmals so nah an jene heranzukommen, deren Vermögen sich mindestens auf einen zwei- bis dreistelligen Millionenbetrag beläuft.«
Der Spiegel

»Es ist erstaunlich, wie wenig bislang über die sehr Reichen in Deutschland bekannt ist. Über Armut wird viel geforscht, dagegen gibt es nur eine kleine wissenschaftliche Literatur, die sich mit den Superreichen beschäftigt ... Nun erlaubt eine Dissertation erstmals einen Einblick in die Werdegänge und die Psychologie einer Reihe von Superreichen... Der besondere Blickwinkel des Buches zeigt sich im Titel über die ›Psychologie der Superreichen‹. Zitelmann verbindet Unternehmer- und Reichtumsforschung mit der Frage nach psychischen Dispositionen.«
Frankfurter Allgemeine Zeitung

»Ratgeber, die mit Tipps & Tricks für den Selfmade-Millionär locken, füllen die Bestsellerlisten seit Jahren. Der Erfolg bleibt angesichts der Verkaufszahlen gelinde gesagt verhalten. Welche Rezepte tatsächlich dazu geführt haben, dass es ein Mensch binnen weniger Jahre zum Millionär oder gar Milliardär schafft, zeigt ein neues Buch von Rainer Zitelmann.«
Süddeutsche Zeitung

»Rainer Zitelmann's study of the psychology of the super rich is an ambitious project. Few could be better qualified for it than Dr Zitelmann – an historian, sociologist, journalist, businessman and investor. There has been no comparable study and it is a compelling read for all who need to understand the characteristics and motivations of rich entrepreneurs.«
Financial Times

»Die erste internationale Studie zu Vorurteilen und Neid gegenüber Reichen ... Und was er herausfand, erzählt eine Menge über die Deutschen und darüber, wie sie zum Geld stehen.«
Der Spiegel

»Im Umgang mit gesellschaftlichen Minderheiten haben sich die Deutschen in der Vergangenheit nicht gerade ausgezeichnet. Dafür werden Minderheiten heute hofiert. Aber es gibt Ausnahmen. Wie der Soziologe Rainer Zitelmann in einer bemerkenswerten Studie zeigt, fallen darunter die Reichen .... Zitelmann nimmt sich der von Soziologen bisher nur wenig untersuchten Gruppe der Reichen an – und findet dabei Erstaunliches über die deutsche Gesellschaft heraus.«
Frankfurter Allgemeine Zeitung

»Zitelmann hat eine wissenschaftlich sehr gut begründete empirische Analyse vorgelegt. Die sozialpsychologische Forschung von Stereotypen in der ökonomischen Dimension beschäftigte sich bisher lediglich mit Randgruppen der Gesellschaft, die in den unteren Schichten zu finden sind (Arme, Obdachlose). Der Soziologe fügt der Erforschung von Stereotypen eine neue Minderheit hinzu, die Reichen.«
Neue Zürcher Zeitung

»Zitelmanns Buch ist Pflichtlektüre für Kapitalismus-Kritiker wie für Kapitalismus-Befürworter: Für die Kritiker ist es eine echte Herausforderung, denn er bringt eine Fülle von gut recherchierten Zahlen und Fakten. Kapitalismus-Befürwortern gibt Zitelmann eine Menge Argumente in die Hand, die so noch nie zusammengefasst und präsentiert wurden. Nachdenkenswert erscheinen vor allem auch seine originellen Überlegungen in dem 10. Kapitel: ›Warum Intellektuelle den Kapitalismus nicht mögen‹.«
Huffington Post

»Das Buch von Rainer Zitelmann ist ein wichtiger Beitrag im Jahr des zweihundertsten Geburtstages von Karl Marx, es rüttelt an der Architektur noch immer bestehender intellektueller Denkstrukturen ... Die Schrift wird damit zu einer Fundgrube prägnanter Argumente und für politisch Interessierte zu einem Lesevergnügen, zumal sie sprachlich brilliert ... Das Herzstück des Buches ist das Kapitel, das sich mit der Frage beschäftigt, warum viele Intellektuelle den Kapitalismus – trotz seiner offenkundigen Erfolge – nicht mögen.«
Neue Zürcher Zeitung

»Zitelmann argumentiert sorgfältig. Seine Beispiele sind gut recherchiert und mit Fakten und Anekdoten untermauert ... Sein Buch ist eine provokante Leseeinladung an jene, die die Orientierung verloren haben.«
Weltwoche

»It's a fascinating book and a much needed one.«
Madsen Pirie, Adam Smith Institute